COMO TER UM DIA IDEAL

Caroline Webb

Como ter um dia ideal

O que as ciências comportamentais têm a dizer para melhorar sua vida no trabalho

TRADUÇÃO
André Fontenelle

OBJETIVA

Grafia atualizada segundo o Acordo Ortográfico da Língua Portuguesa de 1990, que entrou em vigor no Brasil em 2009.

Título original
How to Have a Good Day

Capa
Claudia Espínola de Carvalho

Preparação
Tarcila Lucena

Índice remissivo
Probo Poletti

Revisão
Adriana Bairrada
Carmen T. S. Costa

Dados Internacionais de Catalogação na Publicação (CIP)
(Câmara Brasileira do Livro, SP, Brasil)

Webb, Caroline
Como ter um dia ideal : O que as ciências comportamentais têm a dizer para melhorar sua vida no trabalho / Caroline Webb ; tradução André Fontenelle. – 1ª ed. – Rio de Janeiro : Editora Objetiva, 2016.

Título original: How to Have a Good Day.
ISBN 978-85-470-0018-9

1. Comportamento – Aspectos psicológicos 2. Neuropsicologia 3. Psicologia industrial 4. Satisfação no trabalho – Aspectos psicológicos I. Título.

16-06300 CDD-650.1

Índice para catálogo sistemático:
1. Sucesso profissional : Administração 650.1

EDITORA SCHWARCZ S.A.
Praça Floriano, 19, sala 3001 – Cinelândia
20031-050 – Rio de Janeiro – RJ
Telefone: (21) 3993-7510
www.companhiadasletras.com.br
www.blogdacompanhia.com.br
facebook.com/editoraobjetiva
instagram.com/editora_objetiva
twitter.com/edobjetiva

A minha mãe e meu pai,
que me dotaram de confiança e de um propósito

Sumário

Introdução

A forma como vivemos o dia é, obviamente, a forma como vivemos a vida.
ANNIE DILLARD, ESCRITORA AMERICANA

Faz trinta anos que recebi meu primeiro contracheque. A rigor, não era um contracheque – só um punhado de notas e moedas dentro de um envelope, meu ordenado pelo trabalho como funcionária de um supermercado de bairro. Pensando bem, o emprego não era grande coisa. Era mal pago e, com certeza, não tinha nenhum charme. Eu abastecia as prateleiras, passava pano no chão e usava o uniforme da empresa, ainda com as manchas do portador anterior. O gerente era tosco e vigiava a loja de uma cabine bem acima do piso. E mesmo assim, não sei por quê, eu gostava. Entre os empregados, reinava a camaradagem, e às vezes até saíamos juntos à noite. Eu me orgulhava de agradar os clientes com minha rapidez no caixa. Sentia-me útil.

Seis anos depois, consegui uma função bem mais nobre como pesquisadora num instituto de ciências econômicas. Tinha sala própria e um espantoso número de cestos de coleta seletiva de lixo só para mim. Mas não demorou para que eu me sentisse péssima. Não conseguia com que ninguém prestasse atenção no meu trabalho, e eu me dispersei. Escrevi um relatório gigantesco, seriíssimo – sobre o desenvolvimento econômico na Europa pós-comunista –, que estou certa de que ninguém leu. Eu estava às voltas com aquilo que hoje nós chamaríamos de "problema de rico", e tinha consciência de que deveria erguer as mãos aos céus por ter aquele emprego. Mas foi ficando cada vez mais difícil ter força de vontade para sair da cama e ir trabalhar. E, àquela altura da vida, eu não sabia como dar uma virada. Fui empurrando com a barriga até o final do contrato de trabalho e, sem alarde, parti para outra.

Ao longo dos anos, tive diversos tipos de emprego, alguns piores que esses dois primeiros, outros melhores. Fui camareira de hotel, recepcionista e garçonete. Tive carreiras estressantes como economista, consultora de empresas e coach de executivos. Trabalhei no setor privado e no setor público; fui empregada de uma grande multinacional e criei minha própria e minúscula start-up. Em todos esses lugares sempre percebi a mesma coisa: que a qualidade da minha experiência cotidiana não tinha relação direta com meu cargo. Dava para ter dias felizes em empregos "ruins", enquanto nem sempre havia correlação entre as funções de maior prestígio e uma satisfação maior.

Esse paradoxo está na origem de minha eterna curiosidade sobre o que é necessário para que o trabalho seja gratificante, mental e emocionalmente. Virou uma espécie de causa pessoal a busca do jeito certo de lidar com a intensidade cada vez maior de minha vida profissional – mais ainda quando notei a constante frustração e o desânimo de meus colegas e clientes, que os impedia de dar o melhor de si. Na verdade, inúmeros estudos mostram que metade (ou mais) dos trabalhadores não se sente envolvida com o trabalho.[1] Junte a isso os dias ruins que até os mais motivados e felizes às vezes enfrentam, e o cenário é de um enorme desperdício de potencial humano. Apesar disso, falamos de insatisfação profissional como se fosse um descontentamento ocasional, algo que temos que ir levando até chegar o fim de semana, e motivo de brincadeiras com os amigos ("Que cara é essa hoje?", "Ah, sabe como é, tive que trabalhar", "Ah, é. Eu também. Bebe mais uma").

Por isso, dediquei boa parte da minha carreira pensando em maneiras de aumentar nossa probabilidade de responder alegremente "Sim, obrigada" à pergunta "Seu dia foi bom?". Meus doze anos na McKinsey & Company me ajudaram muito na busca desse objetivo ao me proporcionar a oportunidade de descobrir como era a vida cotidiana em centenas de locais de trabalho. Especializei-me em projetos que ajudavam empresas a transformar positivamente sua cultura interna, o que exigiu passar muito tempo estudando comportamentos, atitudes e processos. E, sempre que podia, eu fazia aos clientes as mesmas três perguntas: para você, o que é um dia feliz? E um dia ruim? O que falta para que haja mais dias bons? Em seguida, punha mãos à obra, ajudando-os a transformar os dias ruins em dias melhores. Isso, às vezes, exigia treinamento individual de lideranças; às vezes, reunia grupos numerosos para ajudar a repensar a forma de trabalharem juntos. Várias vezes constatei como mudanças relativamente pequenas – por exemplo, aprimorar a maneira de estabelecer prioridades ou resolver discordâncias – podiam resultar em grandes melhorias no desempenho e na satisfação no emprego. Era inspirador ver.

Ao longo desses anos, meu trabalho se baseou muito na quantidade cada vez maior de descobertas da ciência comportamental em relação àquilo que faz o ser humano progredir. Minha carreira original foi como economista, mas me interessei profundamente pelos avanços em outras ciências comportamentais, e por isso estudei também psicologia e neurociência. Depois, passei incontáveis horas (mais de seiscentas, pela última conta) lendo livros e artigos acadêmicos nessas três áreas, à procura de descobertas que eu pudesse transformar em conselhos práticos para meus clientes. Toda essa riqueza de pesquisas e experiência prática compõe a base de *Como ter um dia ideal.*

O QUE, AFINAL, É O DIA IDEAL?

Ano após ano, ouvi respostas recorrentes à minha pergunta "O que é um dia ideal?" – respostas que tinham conexão com as pequenas alegrias de meu humilde emprego no supermercado. Em primeiro lugar, notei que muitas pessoas dizem que a sensação de ser produtivo "dá um barato", assim como saber que o esforço foi significativo na obtenção de algo de valor. Os dias mais felizes, em geral, têm a ver com a sensação de confiança por estarem realizando um bom trabalho e terem o apoio necessário dos colegas. Por fim, as pessoas diziam que os dias felizes lhes dão, em geral, mais energia, e não menos. Não estou afirmando que o trabalho não era mental ou fisicamente cansativo, e sim que ele proporcionava satisfação e motivação suficientes para compensar o esforço exigido, por maior que fosse.

É claro que realizar apenas coisas agradáveis num determinado dia de trabalho é, em parte, questão de sorte. Quando temos que lidar com um colega difícil ou uma crise, obviamente não temos controle total sobre a qualidade daquele dia. Mas a experiência me levou a uma conclusão animadora: a margem de manobra é maior do que em geral nos damos conta. O segredo mora no aprendizado de parte da ciência por trás do funcionamento do cérebro e do comportamento das pessoas. O dia parece menos guiado pelo acaso quando compreendemos algumas das forças que moldam nossas decisões e nossas emoções, e quando reconhecemos o modo pelo qual nossos padrões de raciocínio podem afetar tudo, da nossa percepção da realidade ao humor daqueles à nossa volta. Ao dominar esses fundamentos, fica muito mais evidente a maneira de extrair o melhor, de nós mesmos e dos outros. E isso nos coloca em condições bem melhores de criar o tipo de dia que queremos viver.

Por exemplo, um executivo que conta sua história mais adiante neste livro relata que começou a participar de "reuniões inesperadamente boas" depois de aprender algo conhecido dos cientistas comportamentais: que até mesmo pequenas críticas à noção de competência de uma pessoa podem colocar o cérebro na defensiva, dificultando pensar de forma clara (o que, por sua vez, cria uma espécie de profecia autorrealizável). Nas reuniões, o estilo implacável desse executivo acabava, inadvertidamente, desencadeando essa reação defensiva naqueles à sua volta, o que gerava muita tensão. Mas assim que corrigiu a maneira de expressar suas ideias, a qualidade de sua interação com os outros se transformou quase instantaneamente.

Em outra parte do livro, um profissional calejado nos conta como "de repente" começou a ganhar oportunidades de promoção depois que experimentou novas técnicas, de origem científica, para aguçar o foco e a autoconfiança. Leremos sobre um líder que descobriu, para sua própria satisfação, talentos ocultos em sua equipe depois de pôr em prática estudos que mostram que o pensamento fica mais criativo quando se proporciona um tipo particular de espaço para pensar. Quando um empreendedor aprende noções sobre o sistema de recompensa do cérebro, descobre que é possível dizer "não" às pessoas e assim mesmo fazê-las se sentirem quase tão bem quanto se o pedido delas tivesse sido aceito.

Como ter um dia ideal trata de como aumentar o número de bons momentos assim, ao descobrirmos mais a respeito da ciência de nossas mentes incríveis.

SOBRE ESTE LIVRO

Organizei este livro em torno de sete "blocos" que espelham os temas das respostas à minha pergunta do "dia ideal". As duas primeiras seções criam uma base para tudo que você fizer, ao mostrar como estabelecer o tipo certo de prioridade e usar seu tempo da melhor maneira possível. Em seguida, há três seções que explicam como transformar grande parte de suas tarefas em algo prazeroso e gratificante, ajudando-o a tirar proveito de toda interação, maximizar sua criatividade e sua capacidade de reflexão, e aumentar seu carisma. Por fim, redigi duas seções sobre como conservar a alegria ao longo de um dia de trabalho, como aumentar sua resiliência frente às decepções e como traçar estratégias para gerar mais energia nesse processo.

Como bônus, no final do livro você encontrará conselhos para empregar as novidades na melhora de dois aspectos do trabalho moderno: o e-mail e as reuniões. Além disso, um checklist ajudará você a fazer proveito de diversas dicas para revigorar sua rotina, do despertar ao adormecer.

CIÊNCIA, CONSELHOS E CASOS

Ao longo do livro, você será apresentado a um misto de evidências científicas, técnicas a serem postas em prática e exemplos reais de pessoas que as empregaram na vida cotidiana. Vou falar um pouco sobre cada uma delas.

Antes de tudo, todos os conselhos de *Como ter o dia ideal* se baseiam em rigorosas evidências científicas da psicologia, da economia comportamental ou da neurociência. Tomei cuidado para que o foco se mantivesse em descobertas com ampla aceitação, replicadas por diversos grupos de pesquisadores, embora aqui e ali tenha pinçado experiências isoladas que permitiam ilustrar argumentos específicos e, ao mesmo tempo, provocar um sorriso (ou uma careta). Fiz de tudo para que a parte científica fosse explicada da forma mais simples possível, sem abrir mão da precisão. Com esse objetivo, na seção "Ciência básica", logo depois desta introdução, redigi um pequeno guia com três grandes temas transversais presentes em todos os conceitos do livro. É tudo de que você precisa para navegar com facilidade por essas informações.

O objetivo principal da obra é traduzir os dados científicos em técnicas graduais que melhorem sua vida cotidiana. Cada capítulo foi planejado para que você possa encontrar rapidamente o conselho que procura, com ícones para ressaltar as instruções práticas; e se encerra com um quadro, para referência imediata, sintetizando as sugestões apresentadas. Espero que a sequência escolhida para os capítulos contribua — mas, se estiver passando por alguma dificuldade específica no trabalho, pode pular direto para a parte que aborda sua preocupação do momento. A leitura fora de ordem não causará nenhum problema, sobretudo se tiver lido a seção "Ciência básica".

Como já mencionei, você também vai conhecer casos reais de dezenas de pessoas bem-sucedidas que contam como estes conselhos melhoraram seu cotidiano no trabalho. Essas personagens abarcam a maior parte dos setores da economia e abrangem todos os continentes (menos o mais gelado). Alguns estão no auge da carreira, enquanto outros estão a caminho do topo. Em quase todos os casos, usei os nomes verdadeiros, embora tenha omitido o sobrenome ou o nome da empresa, para poupá-los de uma chuva de pedidos de aconselhamento depois que suas ideias fossem publicadas. Espero que sejam tão inspiradoras para você quanto são para mim. E, antes que você pergunte: sim, eu sigo meus próprios conselhos diariamente — e por isso vou compartilhar exemplos de situações em que essas técnicas me ajudaram a progredir na carreira.

A BOA-NOVA

Além de mostrar como chegar ao auge da forma, *Como ter o dia ideal* pode extrair o melhor dos seus subordinados ou colaboradores. A maior parte das técnicas sugeridas pode ser aplicada a grupos, para aprimorar a relação dentro de uma equipe ou servir como base para reuniões importantes — mesmo que você não aplique as informações científicas que as embasam (se quiser reunir os colegas para discutir as sugestões do livro, encontrará material de apoio para debates coletivos no site www.howtohaveagoodday.com, em inglês).

Fora dos locais de trabalho comuns, também testemunhei a diferença para melhor que os conselhos listados representaram. Seja você um estudante universitário ou um voluntário em sua comunidade, um aposentado ou alguém que cuida dos afazeres de casa, pode empregar os princípios deste livro para aumentar sua eficiência e a satisfação de seu dia. Muitos clientes já me confidenciaram, ao longo dos anos, que essas técnicas melhoraram seus casamentos e reforçaram seus laços com filhos e amigos. Quando pergunto se estão bem, alguns dão um sorriso malicioso e me contam que estão usando parentes e amigos como cobaias involuntárias antes de ensaiar novas abordagens no trabalho. Portanto, onde quer que esteja, divirta-se fazendo experiências com as sugestões aqui apresentadas.

Todos nós enfrentamos situações que estão além do nosso alcance. Mas em alguns casos a ciência comportamental nos mostra de maneira espantosa o quanto podemos influenciar nossa forma de vivenciar o mundo. Quando tomamos a decisão de agregar esse conhecimento, o efeito é, no mínimo, transformador. Passamos a exercer maior controle e a desfrutar da nossa "sorte planejada". Isso se traduz em um número maior de dias ideais. Agora, mãos à obra.

COMO TER UM DIA IDEAL

ANTES DE COMEÇAR...	ENTÃO, A CADA TAREFA...	... E AO LONGO DO DIA
↓	↓	↓
PRIORIDADES Como definir o rumo que o dia vai tomar	RELACIONAMENTOS Como extrair o máximo de cada contato	RESILIÊNCIA Como atravessar períodos de derrotas e dificuldades
◆◆◆	◆◆◆	◆◆◆
PRODUTIVIDADE Como fazer as horas do dia renderem mais	REFLEXÃO Seja você mesmo, só que mais inteligente, sensato e criativo	ENERGIA Como aumentar seu entusiasmo e sua satisfação
	◆◆◆	
	INFLUÊNCIA Como maximizar o impacto de tudo que você diz e faz	

Ciência básica

Acreditarei em qualquer coisa, por mais absurda e ridícula que seja, se existirem evidências para sustentá-la. Quanto mais absurda e mais ridícula for essa coisa, mais firmes e sólidas essas evidências terão que ser.

ISAAC ASIMOV

Estamos em plena era de ouro da ciência comportamental, e a cada semana surgem novos conhecimentos a respeito de nossa maneira de pensar, sentir e agir. Neurocientistas, psicólogos e economistas passam boa parte do tempo destrinchando os grandes mistérios de nossa época: "Como dar conta da minha caixa de e-mails?", "Como parar imediatamente (ou mais tarde, ou no dia seguinte) de deixar tudo para amanhã?". Cada vez mais as pesquisas têm respostas a esse tipo de questão.

É natural que você pergunte o que há de novo. Por que, de uma hora para outra, tantas reportagens passaram a ser ilustradas com a imagem do cérebro? Afinal de contas, as três áreas que formam a base deste livro — psicologia, economia comportamental e neurociência — já existem há mais de um século. Mas só agora estamos assistindo ao cruzamento de tendências maiores, graças às quais essas três ciências comportamentais ficaram mais aplicáveis ao nosso cotidiano. Vou contar um pouco da história por trás disso antes de apresentar os três grandes temas científicos transversais que serão tratados aqui.

A PSICOLOGIA: MAIS FOCO NO BEM-ESTAR

Durante boa parte de sua história, a maior preocupação da psicologia foi investigar as causas da negatividade no comportamento. Os estudiosos produziram obras importantes na compreensão de patologias como a paranoia e a depressão; exploraram a dinâmica do medo e da agressividade. Assim, não chega a ser surpresa que uma das experiências mais famosas da psicologia tenha sido a polêmica investigação de Stanley Milgram em relação ao grau de submissão das pessoas à autoridade — em que ele testou se indivíduos estariam dispostos a ministrar choques elétricos letais em pessoas estranhas quando a ordem viesse de alguém com jaleco branco (o número de pessoas que obedeceram é perturbador).[1] Pesquisas assim ajudaram muito a lançar luz sobre a complexidade da mente humana e estabeleceram as bases para a ciência comportamental moderna, mas foram descobertas que não se traduziram de imediato em conselhos para uma vida melhor.

Nos últimos anos, porém, passou a haver uma tendência a investigar as condições que favorecem o comportamento positivo. Talvez o maior catalisador dessa tendência tenha sido a eleição de Martin Seligman, professor da Universidade da Pensilvânia, à presidência da Associação Americana de Psicologia, em 1998. O trabalho acadêmico anterior de Seligman se concentrava no estudo da sensação de impotência. No entanto ele anunciou com alarde que, durante seu mandato, o tema seria a "psicologia positiva", o estudo aprofundado daquilo que é necessário para que sejamos a versão ideal de nós mesmos. Desde então, os psicólogos direcionaram suas energias na compreensão do lado mais luminoso da experiência humana — aquilo que nos ajuda a progredir, melhora nosso estado de espírito e turbina nossa produtividade. É exatamente sobre esse tipo de coisa que a maioria de nós quer aprender, principalmente naqueles momentos em que nosso trabalho se assemelha a uma experiência de Milgram.

A ECONOMIA: MAIS REALISMO NAS TEORIAS DO COMPORTAMENTO

Simultaneamente, a teoria econômica começou a se dirigir a uma investigação mais completa da condição humana. O cerne da economia é o estudo da forma como as pessoas tomam decisões: depois de avaliar os custos e benefícios das alternativas disponíveis. Podem ser decisões banais, como a compra de um lanche, ou cruciais, como levar adiante ou não um projeto multimilionário. Seja como for, para prever que escolhas as pessoas farão, os economistas construíam modelos teóricos pressupondo que o ser humano sempre avalia de forma precisa e autônoma os benefícios de cada opção apresentada. Contudo, esses modelos não conseguem explicar grande parte de nosso comportamento cotidiano: por exemplo, a maneira como frequentemente tomamos decisões imediatas, com base em poucas informações; o fato de às vezes mudarmos de opinião, influenciados pelo pensamento alheio; a forma como, às vezes, somos generosos com os outros, sem qualquer expectativa de retribuição.

Isso incentivou dois psicólogos — Daniel Kahneman, da Universidade Princeton, e Amos Tversky, da Universidade Stanford — a passar para o "lado do inimigo" em 1979 e publicar um artigo na influente revista de economia *Econometrica*. Nesse artigo, enfatizavam que as pessoas *não* se comportam como autômatos em relação às decisões que tomam.[2] Ponderações emocionais e sociais orientam muitas de nossas decisões, em geral por um bom motivo e de maneira bastante previsível. Com isso, os dois desencadearam uma revolução. Não tardou a surgir um movimento batizado de "economia comportamental", dedicado a aplicar as poderosas ferramentas analíticas da economia ao estudo da tomada de decisões de pessoas reais, no mundo real. O resultado? Bem, Kahneman acabou ganhando o prêmio Nobel de economia em 2002. Mas, para nós, o mais importante é saber que os economistas passaram a ter uma compreensão muito mais sutil e precisa das decisões que tomamos no dia a dia e daquilo que nos leva para um lado ou outro.

A NEUROCIÊNCIA: MAIS REFINAMENTO NA MEDIÇÃO DA ATIVIDADE CEREBRAL

Por fim, a neurociência se beneficiou dos enormes progressos nas técnicas de observação do cérebro humano em ação. Há muito tempo os neurocientistas têm acesso a um leque de técnicas de varredura que ajudaram a revelar as estruturas e as atividades do cérebro. O preço dessas tecnologias de varredura, porém, costumava ser a exposição do cérebro a doses elevadas de radioatividade. Por isso, não eram recomendadas para pesquisas sem fins medicinais. A partir dos anos 1990, porém, o desenvolvimento de tecnologias menos nocivas de imagem (entre elas, a ressonância magnética) tornaram mais fácil observar o que ocorre no cérebro de pessoas *saudáveis* quando coisas normais acontecem com elas. Isso fez com que os pesquisadores pudessem enxergar quais áreas do cérebro são ativadas quando uma pessoa recebe uma gentileza ou se alegra com uma realização. Eles puderam observar a atividade neural associada à sensação de tristeza ou de estresse (sem contar a tristeza e o estresse de estar deitado em um tubo barulhento de metal ou com eletrodos presos na cabeça).

O resultado é a aquisição de um conhecimento cada vez mais detalhado, pelos neurocientistas, dos mecanismos biológicos por trás de nossos pensamentos, sentimentos e atos do cotidiano. E isso permite que eles explorem questões comportamentais que também fascinam os psicólogos e os economistas – por exemplo, questões em relação à nossa forma de abordar problemas e de lidar com interações sociais complexas. Na verdade, muitos dos estudos que cito aqui resultam de colaborações interdisciplinares nas três ciências comportamentais. É como se estivéssemos vivendo uma era de "neuropsicoeconomia" (ou coisa parecida). E esse caldo multidisciplinar é uma ótima notícia para nós. Significa que podemos tirar partido de perspectivas (biológicas, observacionais e analíticas) que se complementam em relação a questões importantes para o nosso trabalho – o que, por sua vez, resulta numa orientação mais proveitosa para que nosso desempenho seja o ideal.

Levando tudo isso em conta, é um momento excepcional para pensarmos na forma como a ciência pode nos ajudar a progredir.

TRÊS TEMAS GERAIS

Pois bem, como pôr em prática nas minúcias de nossa vida cotidiana todas essas informações científicas, empolgantes e em plena evolução? É aqui que entra *Como ter o dia ideal*. Este livro se dedica à tradução das pesquisas mais importantes para o mundo de trabalho atual – as tarefas difíceis, as agendas sobrecarregadas, as relações complicadas – para mostrar a você como aumentar a certeza de que seu dia será mais agradável e produtivo.

Antes de nos aprofundarmos nos conselhos para criar os sete blocos construtivos de um dia feliz, vou ressaltar os três grandes temas científicos que perpassam as fronteiras das disciplinas e serão recorrentes neste livro. Eles lhe darão uma base de evidências e conselhos apresentados nos diferentes capítulos (não tem problema se preferir pular para a parte I e se inteirar das aplicações práticas no final do livro, há um glossário e é sempre possível retornar a esta seção).

➠ 1. O duplo sistema cerebral: A atividade do cérebro se divide entre sistemas complementares – um proposital e controlado; o outro automático e instintivo. A combinação deles é o que nos torna inteligentes e produtivos. Mas podemos fazer nossos recursos cognitivos irem ainda mais longe se refinarmos a forma como agimos para levar em conta os pontos fortes e fracos de cada sistema.

➠ 2. O eixo de descoberta e defesa: Nosso subconsciente está o tempo todo à procura de ameaças contra as quais se defender e de recompensas a serem descobertas. Não é preciso muito para que nosso cérebro entre em modo de defesa, e quando entramos nesse modo não usamos nossa inteligência ao máximo. No entanto, certa dose de consciência de si e a busca de certos tipos de recompensa podem nos ajudar a retornar ao modo de descoberta, em que o raciocínio fica mais claro.

➠ 3. O ciclo mente-corpo: Há uma correlação maior entre o estado de nossa mente e o de nosso corpo do que costumamos imaginar. Disso resulta que certas intervenções físicas, muito simples, podem turbinar rapidamente nosso desempenho intelectual, nossa resiliência emocional e nossa confiança pessoal.

TEMA 1: O DUPLO SISTEMA CEREBRAL

Sob qualquer ponto de vista, nosso cérebro é impressionante. Ele mantém nossas funções vitais em ação e ao mesmo tempo nos dota de uma gigantesca capacidade de armazenamento de ideias e memórias complexas. Também realiza cálculos e processamentos admiráveis, que nos capacitam para tarefas tão variadas quanto fazer contas, adivinhar as intenções alheias, manter o sangue-frio quando provocados e contar piadas ruins. Se nosso cérebro fosse um smartphone, venderia como água.

Para que tudo isso seja possível, o cérebro funciona com dois sistemas paralelos. Cada um tem seus pontos fortes, e é a combinação de ambos que nos proporciona tanta potência intelectual. Há muitos anos os psicólogos têm notado que nossa mente parece operar em dois modos bastante diferentes — um mais analítico e outro mais instintivo.[3] Mas foi Daniel Kahneman quem trouxe esse conceito para o debate público na cerimônia de entrega do prêmio Nobel de economia em 2002. Ele centrou seu discurso na descrição da diferença entre a "intuição automática" e o "raciocínio deliberado", conceitos básicos de seu best-seller *Rápido e devagar: duas formas de pensar.*[4] Vamos tentar entender o que ele quis dizer e o que isso representa para nós no trabalho.

O sistema deliberado

Antes de tudo, vamos abordar o sistema de que temos mais consciência, aquele que controla o que fazemos de modo consciente e atento. A maior parte dele se situa na região do cérebro chamada de córtex pré-frontal, e recebe vários nomes diferentes. No meio científico, é às vezes chamado de sistema "controlado", "explícito" ou "reflexivo". Daniel Kahneman o chama de sistema "lento", por ser, de fato, o mais lento dos dois sistemas.[5] Vou chamá-lo de *sistema deliberado.*

O sistema deliberado é o responsável, em linhas gerais, pelo tipo de comportamento de adulto que nos causaria surpresa em um bebê (ou mesmo em um adolescente): ponderação, autocontrole e planejamento.

Ao dizer "ponderação", não me refiro ao raciocínio lógico; refiro-me a qualquer esforço para encontrar a reação ideal a uma situação não rotineira. Seja ao revisar um documento repleto de erros, seja dando um jeito de ajudar um colega estressado, dependemos de nosso sistema deliberado, pedindo-lhe que faça o seguinte: revise as informações, estabeleça uma relação entre elas e nossa experiência, compreenda a situação, proponha alternativas e avalie-as corretamente. Esse processo envolve tanto lógica quanto empatia e criatividade.

O autocontrole é um conceito mais amplo do que se imagina. Evidentemente, entra em jogo toda vez que resistimos a uma tentação — por exemplo, quando conseguimos segurar a língua em vez de vomitar aquela asneira que morremos de vontade de dizer ao colega que mudou de penteado. Mas a função de autocontrole do nosso sistema deliberado é crucial para aquilo que os cientistas chamam de "regulagem emocional" — ou seja, não perder a calma frente à contrariedade — e nossa capacidade de concentração diante de coisas que nos distraem.

Por fim, nosso sobrecarregado sistema deliberado é responsável pelo planejamento — isto é, o estabelecimento de metas e de maneiras de atingi-las. Isso requer de nós raciocínio abstrato: imaginar como será o futuro, ponderar os diversos caminhos que levam a ele e avaliar os possíveis benefícios da opção por um desses caminhos. Realizamos diariamente esse tipo de cálculo, mesmo quando nosso objetivo é simplesmente não nos atrasarmos para uma reunião.

Resumindo, o sistema deliberado é aquele que nos faz apresentar o melhor comportamento possível. Quando ele está no comando, somos ponderados, comedidos e confiáveis. Mas, sejamos francos, nem sempre isso acontece, porque o sistema deliberado sofre de diversas limitações.

INTELIGENTE — MAS DIMINUTO, SEQUENCIAL E LENTO

A primeira limitação é sua capacidade, por se basear, em grande parte, na chamada *memória de trabalho*. Parte bloquinho de informações novas, parte bibliotecário que pesquisa experiências armazenadas, nossa memória de trabalho é o espaço onde guardamos dados, enquanto decidimos o que fazer com eles. E não cabe mais do que isso no nosso bloquinho. Por muito tempo, acreditou-se que fosse possível reter mais ou menos sete itens de informação em nosso cérebro num determinado momento. Porém, pesquisas mais recentes indicam que só cabem três ou quatro, no máximo.[6]

Esses três ou quatro blocos de informação podem ser grandes ou pequenos. Por exemplo, suponha que você tenha tido uma nova e detalhada ideia para um projeto. Sua memória de trabalho está repleta de pensamentos em relação a essa nova ideia. Mas aí o nome de um colega vem à sua mente — alguém para quem você ficou de telefonar. Na mesma hora, uma mensagem pisca no monitor à sua frente. Talvez a luzinha do seu telefone esteja piscando. Todas essas coisas demandam espaço na sua memória de trabalho. De repente, seu sistema deliberado não consegue pensar na ideia de projeto com a mesma clareza, porque algumas das informações foram apagadas do bloquinho para dar lugar ao nome, à mensagem e à luzinha (o que era *mesmo* que eu tinha pensado?). Portanto, o tamanho da nossa memória de trabalho impõe um limite à capacidade do sistema deliberado de desempenhar bem em todas as atividades de raciocínio, autocontrole e planejamento descritas anteriormente.

Na verdade, enquanto o sistema deliberado consegue acessar três, talvez quatro itens de informação de cada vez, as pesquisas indicam que ele só é capaz de cuidar de *uma* coisa de cada vez. Pode impressionar a polivalência de quem fala ao telefone ao mesmo tempo que verifica os e-mails. Mas nosso sistema deliberado, na verdade, não está realizando nenhuma tarefa paralela; está passando de uma tarefa para outra, e vice-versa.[7] Ele também se cansa com grande facilidade. Se não descansarmos e reabastecermos nosso cérebro regularmente, a qualidade de nosso raciocínio, autocontrole e planejamento decai rapidamente.[8] E a sobrecarga em uma área do nosso sistema deliberado pode prejudicar nossas habilidades em outras. Estudos mostram, por exemplo, que pedir a nosso sistema deliberado para lembrar um número de sete algarismos torna mais difícil manter o autocontrole necessário para resistir a um pedaço de bolo bem calórico.[9] Não admira que seja mais difícil exercer a criatividade depois de uma reunião interminável: nosso sistema deliberado gastou toda a energia concentrando-se e sendo educado durante horas, e sobrou pouco combustível para sacadas brilhantes.

Essas limitações do sistema deliberado não representariam um problema se nossa vida fosse mais simples. Mas não é. O tempo todo somos bombardeados por novas informações e possibilidades. Até numa brevíssima conversa nosso cérebro tem que processar não apenas o sentido das palavras que são ditas, mas também as sutilezas do comportamento do outro: o tom de voz, a linguagem corporal, o que esse cara quer dizer com esse corte de cabelo ousado. Em seu campo de visão, há inúmeros objetos e cada um deles pode distraí-lo. Como se não bastasse, seu cérebro tem que calcular qual a coisa certa a fazer, pensar ou dizer para reagir a tudo isso. Se você tentasse conscientemente processar cada um desses dados e avaliar em profundidade cada possibilidade de ação, seu cérebro daria pau, igualzinho a um computador sobrecarregado.

O sistema automático

Como lidamos, então, com esse bombardeio incessante? A resposta mora no segundo – e heroico – sistema do cérebro, que vou chamar de *sistema automático*. Assim como o sistema deliberado, ele recebeu vários nomes diferentes. Alguns cientistas o chamam de "sistema reflexivo", enquanto outros dão nomes animalescos como "macaco" ou "elefante". Você talvez o conheça como "subconsciente". Daniel Kahneman o batizou de sistema "rápido", por operar com muito mais velocidade que a sofisticada, mas bem mais lenta, mente consciente. Qualquer que seja o nome, a magia desse sistema consiste na automatização da maior parte daquilo que fazemos para viver no dia a dia e no fato de suas respostas velozes e automáticas dispensarem a necessidade de pensarmos conscientemente em tudo aquilo que fazemos. Isso libera o sistema deliberado para se concentrar naquilo que faz de melhor – coisas como lidar com situações inusitadas, resistir a tentações e pensar no futuro. Na maior parte do tempo, é uma solução de belíssima eficiência.

O sistema automático alivia de diversas formas o fardo do sistema deliberado. Talvez a mais óbvia seja como ele toma conta de tarefas mais ordinárias, transformando-as em rotinas de piloto automático. Algumas dessas rotinas são bastante básicas, como trancar a porta ao sair de casa ou entrar e sair de uma escada rolante sem levar um tombo. Mas nosso piloto automático também pode cuidar de ações complexas quando elas se tornam muito comuns para nós, e é assim que você consegue acertar o caminho para o trabalho sem precisar de muito raciocínio consciente.

Nosso sistema automático também é capaz de realizar múltiplas tarefas em paralelo, ao contrário do sistema deliberado, que é por-favor-uma-coisa-de-cada-vez. Isso permite que o sistema automático processe uma vasta quantidade de informação – codificando as experiências do dia e conectando-as a lembranças de experiências anteriores, por exemplo – enquanto o sistema deliberado lida com as atividades conscientes da vida cotidiana. É raro que tenhamos consciência de todo esse processamento de fundo, a não ser quando ele contribui para um "momento eureka" – isto é, quando uma ideia totalmente formada parece piscar, do nada, na nossa consciência.

Já seria por si só algo útil, mas o sistema automático economiza energia da seguinte maneira: peneira rapidamente as informações e as ideias, prioriza aquelas que parecem relevantes e filtra o resto. Tudo isso acontece abaixo do nosso nível de consciência. Por isso, não nos damos conta de que ouvimos ou vemos aquilo que nosso sistema automático filtrou como spam. Isso reduz drasticamente o número de coisas de que o sistema deliberado precisa tratar.

SOBRE O FILTRO DE SPAM

Como o sistema automático do nosso cérebro peneira e filtra com tanta rapidez? Resumindo bastante, ele pega atalhos — mais ou menos do mesmo modo que o filtro de spam do seu computador, quando avalia os e-mails que chegam. Quando seu computador marca como lixo uma mensagem enviada para um grande número de destinatários, por exemplo, não é que ele tenha lido a mensagem em profundidade; ele simplesmente aplica uma regrinha de ouro, com base no fato de que e-mails coletivos *costumam* ser lixo. Seu filtro de spam nem sempre acerta, mas isso é mais rápido do que ler cada uma das mensagens coletivas para verificar se elas são dignas do seu tempo. Da mesma forma, o sistema automático do seu cérebro pega alguns atalhos simples para enxugar sua caixa mental de e-mails. Esses atalhos, na maior parte do tempo, são úteis, mas de vez em quando dão margem a erros.

Os cientistas comportamentais identificaram centenas de atalhos assim — batizados de *heurística* — e lhes atribuíram rótulos que talvez você conheça: viés de confirmação, pensamento de grupo, sugestionamento etc. Entrarei em detalhes a respeito de vários deles mais adiante (e no glossário, ao final). Mas esses atalhos têm uma coisa em comum: dirigem a atenção de nosso sistema deliberado para aquilo que, na comparação, parece fácil de abarcar com a mente, em detrimento de tudo que parecer mais difícil de dominar. São todas versões do seguinte diálogo entre o mundo real e o impaciente sistema automático do cérebro:

MUNDO REAL: "É tudo muito complexo... Preciso lhe contar muita coisa. Existem blocos cinzentos... Cada um é cada um, e não existe uma maneira única de pensar a respeito disto...".

SISTEMA AUTOMÁTICO: "Olha, vamos partir de algumas premissas simples em relação ao que é importante e focar nelas. O.k.?".

Resultado: a espantosa verdade é que não vivenciamos o mundo tal como ele é; sempre vivenciamos uma versão editada, simplificada. Foi em 1967 que Anne Treisman, psicóloga da Universidade Princeton, descobriu a propriedade da *atenção seletiva* no sistema automático.[10] Mesmo assim, é algo um pouco difícil de admitirmos; pensar que temos uma noção profunda da realidade agrada mais. E como essa filtragem é automática – logo, subconsciente –, costuma ser difícil acreditar que esteja mesmo acontecendo.

É por isso que é tão útil um vídeo feito pelos psicólogos Chris Chabris e Dan Simons, respectivamente do Union College e do Beckman College, para demonstrar a existência da atenção seletiva. Nesse vídeo, hoje famoso, eles mostraram que uma pessoa fantasiada de gorila pode atravessar uma quadra de basquete, durante um jogo, sem ser notada por metade das pessoas que assistem ao vídeo. E isso apesar do fato de o "gorila" se deter diante da câmera e bater no peito ostensivamente, enquanto os jogadores trocam passes em volta dele.[11]

Em minha experiência de consultora, constatei os resultados de Chabris e Simons todas as vezes em que exibi o vídeo a grupos: infalivelmente, pelo menos metade das pessoas não percebe o gorila. Por quê? Porque, no início do vídeo, faço o mesmo que Chabris e Simons fizeram: peço às pessoas que contem os passes trocados pelos jogadores de basquete usando camisetas brancas. Nessa hora, o sistema automático do cérebro aplica uma regra simples e poderosa, que pode ser descrita mais ou menos assim: "Tarefa pedida = aquilo em que se concentrar; todo o resto = coisas a ignorar".[12]

O sistema automático de economia de energia do nosso cérebro não filtra apenas nossas percepções do mundo. Ele também simplifica nosso processo de tomada de decisões, empurrando-nos na direção das escolhas que exigem a menor quantidade de esforço consciente. Se já houver uma opção plausível disponível, ou uma opção que não exija pensar demais sobre o futuro, ou uma que ressoa algo que ouvimos pouco tempo antes, nosso sistema automático dirá "Excelente! Vamos aplicar a regra 'opção mais óbvia = melhor opção'. Não é preciso pensar mais".

Tanto quanto os atalhos de nossa percepção, esses atalhos de tomada de decisões são extremamente úteis na vida cotidiana. Quando você tenta escolher um restaurante para o almoço, o sistema automático pode poupá-lo de ter que repassar uma série de críticas de restaurantes; ele pode, subconscientemente, lembrar-se do colega de trabalho italiano que acabou de dizer um caloroso "*buongiorno*" no elevador, e levá-lo a reservar uma mesa no Luigi's, aquele novo restaurante de comida italiana tão bacana. Problema resolvido. Mas pegar atalhos não é tão bom quando temos que tomar decisões mais importantes. Se, em vez de encontrar um lugar para almoçar, você tiver que decidir para que país sua empresa vai estender suas operações, é melhor que o colega simpático não seja o motivo oculto da presença da Itália na sua lista de candidatos.

O LADO BOM

Os cientistas comportamentais costumam dizer que os atalhos tomados pelo sistema automático do cérebro nos tornam um tanto irracionais, porque são atalhos que podem nos fazer ignorar aspectos importantes do que ocorre à nossa volta, ou dar preferência a respostas fáceis, e não a respostas corretas. Mas eu diria que o cérebro adota uma estratégia extremamente racional — aquela que faz o melhor uso de nossa escassa energia mental. Precisamos apenas entender a interação entre os sistemas deliberado e automático do cérebro, de modo a tirar o melhor partido possível de seus pontos fortes complementares, compensando os pontos fracos de ambos. Ao longo do texto, vou enfatizar várias formas de fazer isso.

Antes de tudo, podemos ser mais proativos, informando ao nosso cérebro aquilo que é "importante" o bastante para merecer nossa atenção consciente, para que não caia no filtro de spam. Como nossa realidade é subjetiva, também podemos aproveitar essa oportunidade para tornar a realidade mais próxima daquilo que gostaríamos. Na primeira parte do livro, sobre a importância de um objetivo claro, explicarei como.

Também podemos ser mais inteligentes no uso da limitada capacidade de nosso sistema deliberado, garantindo, sempre que possível, que o fardo de nossa valiosa memória de trabalho seja mais leve. Vou apresentar algumas técnicas para atingir esse objetivo ao estabelecer metas, gerenciar tarefas e resolver problemas (nas partes I, II e IV, respectivamente). A parte IV também inclui algumas rotinas simples, que nos ajudam a desacelerar e a empregar mais plenamente a sabedoria de nosso sistema deliberado na tomada de decisões que geram consequências reais.

A compreensão de que cada um de nós enxerga o mundo de maneira diferente e incompleta também ajuda a explicar muitas das desavenças no trabalho. Imagine uma discussão entre as pessoas que têm olhos de lince e enxergaram o gorila e as pessoas mais focadas que não o perceberam. Os dois lados terão certeza daquilo que viram acontecer, e vão achar que o outro grupo pirou ("Tinha um gorila!", "Não seja ridículo! E você não sabe contar!"). Esse tipo de linha cruzada surge todo dia, porque os cérebros tomam decisões ligeiramente diferentes em relação àquilo que é digno de nossa atenção. Na parte III, examinarei diversas formas de equacionar esse tipo de tensão, e na parte V também abordarei maneiras de superar os filtros de spam dos outros quando você quer que prestem atenção em suas ideias.

Por fim, a subjetividade da realidade também significa que, por pior que uma situação pareça, sempre é possível ver as coisas sob uma ótica diferente. A maneira como interpretamos nossas experiências é muito mais imprevisível do que em geral imaginamos. Atravessar os altos e baixos do trabalho pode ser algo extremamente libertador, como se verá na parte VI, em que tratamos da resiliência.

O que vale a pena guardar sobre o duplo sistema cerebral:

- O sistema *deliberado* é responsável por funções sofisticadas, como o raciocínio, o autocontrole e o planejamento. Ele se sai melhor quando lida com tudo aquilo que é desconhecido, complexo ou abstrato. Mas tem uma capacidade limitada e se cansa rapidamente. Quando o usamos excessivamente, o sobrecarregamos ou nos distraímos, é mais difícil ser racional, equilibrado ou confiável.

- O sistema *automático* alivia o fardo do sistema deliberado, automatizando a maior parte das tarefas e pegando atalhos rápidos que filtram informações e opções "irrelevantes". Isso é extremamente útil, mas fatalmente acarreta alguns problemas. E o fato de que ninguém pode vivenciar uma versão inteiramente objetiva da realidade pode levar a linhas cruzadas e decisões erradas no trabalho.

- Você aproveita os talentos de seu cérebro da melhor maneira quando se adapta às limitações de cada sistema. Isso significa criar condições para que o sistema deliberado opere na capacidade máxima e reconhecer a hora de desacelerar e desligar o piloto automático.

TEMA 2: O EIXO DE DESCOBERTA E DEFESA

A cada instante do dia o cérebro está ocupado fazendo uma varredura do entorno, evitando coisas ruins e buscando refúgio em coisas agradáveis. "Isto é uma ameaça ou uma recompensa?" é a primeira pergunta que o cérebro faz diante de tudo que encontra — cada e-mail que lemos, cada conversa que entabulamos. Conforme a resposta, desencadeamos o comportamento apropriado: ou agimos para nos defender da "ameaça" ou abraçamos com gosto a "recompensa".

Essa divisão básica, "ameaça ou recompensa", orienta grande parte do nosso comportamento cotidiano, e é a razão de agirmos de um jeito quando estamos na defensiva e de outro jeito quando temos a impressão de que fomos abençoados pelo destino. Ao longo do livro, usarei o termo *modo de defesa* para me referir aos momentos em que estamos concentrados na proteção pessoal, e *modo de descoberta* para tratar daqueles momentos em que sentimos que o mundo está a nosso favor. Não lhe causarei surpresa se disser que é muito maior a chance de ter um dia feliz quando conseguimos passar o menor tempo possível no modo de defesa. Por isso, gostaria de me deter um pouco mais nesses dois modos para começar a mostrar como é possível passar mais tempo no mais agradável deles.

O modo de defesa: como nos protegermos contra ameaças

Imagine a seguinte situação: você está indo para o trabalho, preparando-se para uma reunião importante sobre um novo projeto. Enquanto checa a agenda para confirmar exatamente onde e quando será a reunião, esgueira-se distraidamente entre os carros estacionados para atravessar a rua. Numa fração de segundo, um caminhão passa voando — mas, sabe-se lá como, você já deu um passo para trás, afastando-se do perigo. Seu coração dispara e você se dá conta de que deixou o celular cair. Por sorte, ele ainda está intacto, assim como você.

Quando nos deparamos com esse tipo de experiência que põe a vida em risco, é como um lembrete visceral daquilo que Joseph LeDoux, neurocientista da Universidade de Nova York, chama de "circuitos de sobrevivência", escondidos lá no fundo do sistema automático do cérebro.[13] Quando esses circuitos de sobrevivência recebem um sinal qualquer de perigo em potencial, agem rapidamente para nos defender, desencadeando uma reação de *luta, fuga* ou *paralisia*. Isso significa que podemos revidar (luta), sair correndo (fuga) ou ficar parados tentando equacionar a natureza da ameaça (paralisia). No caso do caminhão, a estratégia que salvou sua vida foi majoritariamente "fuga" — dar um pulo para trás —, talvez acompanhada por um pouco de "paralisia", enquanto você tenta compreender que raios está acontecendo. Se você se surpreende gritando termos um pouco pesados para o caminhão, também acrescente um toque de "luta" nesse caldo.

Essa reação defensiva é um bom exemplo de tomada de controle pelo poderoso sistema automático do cérebro. Nesse caso, ele não afeta apenas nossa percepção ou nossas decisões, como foi tratado na seção anterior; também está guiando nossas ações imediatas. A maneira como ele faz isso é, na verdade, uma extensão daquilo que ocorre diariamente. Quando saímos da inércia, de qualquer forma que seja — de manhã, ao nos arrumarmos para o trabalho, ou nos preparando para falar numa reunião —, nosso sistema nervoso bombeia dois hormônios, adrenalina e noradrenalina. Quando em níveis moderados, eles ajudam a nos manter despertos e alertas, aguçando a motivação do cérebro e focando nossa atenção, o que nos capacita a enfrentar o desafio do caminho para o trabalho ou da reunião pelo viva-voz.

Mas assim que sentimos perder o controle sobre uma situação, o cérebro e as glândulas suprarrenais injetam no corpo um volume muito maior de adrenalina e noradrenalina, além de aumentar a dose de um terceiro hormônio, cortisol, que age mais lentamente, porém com efeito mais duradouro.[14] Essa chuva de substâncias químicas transforma o estado de prontidão em algo mais intenso. A respiração e o coração se aceleram para fazer chegar a maior quantidade possível de sangue aos músculos. Os olhos fecham, aguçando o foco sobre a ameaça diante de nós. Nosso corpo está dizendo "pode vir quente". "Estou pronto para lutar, fugir ou ficar parado, para defendê-lo dessa vil ameaça."

Os circuitos de sobrevivência que comandam essa reação de emergência incluem uma parte do cérebro chamada *amígdala*. Ela está o tempo todo à procura de coisas duvidosas, ambíguas ou desconhecidas, inclusive ameaças em potencial no entorno, e é sensível o bastante para reagir mesmo a coisas não muito inquietantes, como a foto de desconhecido de cenho franzido.[15] Quando nossa amígdala percebe algo altamente preocupante, desencadeia a reação luta-fuga-paralisia. Tudo isso acontece mais rápido do que nossa consciência pode notar — o que é crucial quando uma fração de segundo pode salvar nossa vida, como quando estamos para ser atropelados por um caminhão.

Esse tipo de reação imediata é impressionante. Mas a maneira como nossos circuitos de sobrevivência vêm rapidamente ao nosso socorro implica alguns problemas. Em primeiro lugar, essa velocidade muitas vezes ocorre em detrimento da precisão. É como se o mantra desses circuitos fosse "o seguro morreu de velho". Assim, quando uma sombra no canto da sala parece um intruso bem perto da gente, mecanismos de defesa entram em ação. Só *depois* da resposta instintiva e inconsciente é que a parte mais sofisticada do cérebro apura os detalhes — e a essa altura você se dá conta de que a mancha negra é seu bichinho de estimação, e não um assaltante. Você se sente um pouco tolo e dá uma risada. Mas ainda está ofegante.

O segundo problema é que, ao ser ameaçado, o cérebro se prepara para essa reação defensiva drenando recursos do sistema deliberado, mais sofisticado, porém mais lento. Baixar o volume da parte de seu cérebro responsável pelo raciocínio existencial é útil quando você está sendo perseguido por um tigre na selva. Mas quando a "ameaça" diante de você exige uma abordagem bem pensada, em vez de uma fuga rápida — por exemplo, uma reclamação de um cliente ou uma alteração inesperada de prazo —, não é bom desligar suas melhores habilidades cognitivas. Na verdade, Amy Arnsten, professora de neurobiologia na Universidade Yale, descobriu recentemente que entrar no modo de defesa tem um impacto ainda mais forte sobre a inteligência do que se supunha. Ela descobriu que a exposição ao estresse negativo, ainda que ligeira, pode causar uma redução importante na atividade do córtex pré-frontal do cérebro, onde é realizada a maior parte do trabalho do sistema deliberado.[16]

VOCÊ ESTÁ ME AMEAÇANDO?

E isso explica por que é importante compreender como funciona o modo de defesa do cérebro: estamos livres da vida cheia de peripécias de nossos ancestrais na selva, mas nossos circuitos de sobrevivência ainda operam do mesmo jeito para nos proteger no civilizado mundo do trabalho contemporâneo. O cérebro reage contra ofensas pessoais e humilhações no trabalho com a mesma velocidade com que reage contra ameaças físicas concretas. Por isso, a defesa luta-fuga-paralisia pode ser desencadeada pela demora de alguém em responder uma mensagem no celular ou quando um colega dá a entender que está descontente. Podemos travar (paralisia) diante de uma contestação, surtar ou "viajar" (fugir) quando nos sentimos sem chão, ou detonar (lutar) os colegas quando nos sentimos deprimidos.[17] (Darei maiores detalhes, mais adiante, em relação às "ameaças" que mais nos colocam na defensiva no trabalho; no capítulo 9 há um checklist bastante prático.)

Diante de ameaças profissionais, tanto quanto de ameaças físicas, nossos circuitos de sobrevivência podem se enganar. O colega na máquina de espresso que fez cara feia para você pode estar bravo por achar que você furou a fila. Ou não. Talvez ele tenha lembrado que está atrasado para uma reunião — mas aí você já devolveu a cara feia. O cérebro está tão ocupado, redirecionando energia para "defendê-lo", que só alguns segundos depois você percebe que é tarde demais e que o colega é o novo gerente financeiro, que poderia ajudá-lo no seu novo projeto. Que pena que você não puxou assunto com ele (circuitos de sobrevivência 1 X 0 sistema deliberado).

Esse é o nosso dilema no trabalho. Ainda bem, temos esse sistema de defesa para nos proteger de ameaças reais em situações de vida ou morte. Mas, quando ele é acionado, não temos como raciocinar adequadamente. Justo no momento em que mais queremos mostrar nosso lado civilizado, como em meio a uma situação delicada ou complexa, o cérebro pode reagir como um animal acuado. Podemos culpar o modo de defesa pela maior parte de nossos momentos "que droga" (ou, se você preferir, "que *****") no trabalho, em que nos damos conta de ter feito algo irrefletido. Sem ele, os e-mails irados e as brigas de rua seriam bem menos comuns.

POIS É, ISSO EXPLICA MUITA COISA

Mas, como sempre, existe um lado bom. Assim que você adquire consciência de que o instinto protetor do cérebro explica boa parte do comportamento disfuncional, a vida fica bem mais fácil.

De cara, o inexplicável mau comportamento de um colega passa a fazer mais sentido quando sabemos que se trata de uma reação luta-fuga-paralisia. Quando tentamos descobrir qual a "ameaça" que pode estar causando essa reação, é possível apaziguar a situação, em vez de piorar as coisas com uma reação raivosa, que só faz amplificar a ameaça. É o que investigaremos em profundidade na parte III, sobre relacionamentos.

O mesmo vale para nós. É extremamente útil poder identificar quando o cérebro entra em modo de defesa. Nem sempre isso vai impedir que ocorra a reação instintiva, mas é possível reconhecer os sintomas de que ela está ocorrendo e tentar determinar o que, exatamente, a está causando. Essa consciência de si é o passo inicial na tentativa de reativar o sistema deliberado do cérebro e voltar a agir da melhor forma possível. Ao desenvolver uma melhor consciência das ameaças às quais somos mais vulneráveis — nossos "pontos sensíveis" mais comuns —, temos uma chance muito maior de recuperar rapidamente o equilíbrio. Explicarei melhor como fazer isso mais adiante — na parte III, novamente, mas também na parte IV, sobre como lidar com grandes desafios, e na parte VI, sobre como manter a calma diante de provocações.

O modo de descoberta: a busca de experiências recompensadoras

Perceber o que está acontecendo sempre é o primeiro passo para sair do modo de defesa. Mas além de mais traquejo para reconhecer quando e por que ele é desencadeado, há mais uma coisa que se pode fazer para aprimorar a reação a desafios estressantes. Isso exige acionar outra rede interna do cérebro, conhecida como sistema de recompensa.

Enquanto o sistema de defesa procura ameaças à segurança e à sanidade, o sistema de recompensa varre o tempo todo o entorno em busca de deleites em potencial — não apenas recompensas primárias, necessárias à sobrevivência, como sexo e alimento, mas outras mais sutis, como reconhecimento e prazer. Sempre que o sistema de recompensa do cérebro identifica alguma coisa potencialmente atraente, ele nos faz correr atrás dela como um labrador atrás de uma bolinha de tênis, liberando substâncias neuroquímicas (entre elas dopamina e endorfinas) que desencadeiam reações de desejo e prazer. Essas sensações de "eu quero" e "eu gosto" nos incentivam a buscar tudo aquilo que promete ser recompensador, e nos colocam num estado mental antecipatório e exploratório. É o que eu chamo de *modo de descoberta*.

Podemos enxergar os modos de descoberta e de defesa como extremos de um espectro chamado de "eixo de descoberta e defesa". E quando abordamos desafios no trabalho com o extremo de descoberta, em vez do extremo de defesa — ou seja, quando nos sentimos recompensados, e não ameaçados —, lidamos melhor com a situação. Isso ocorre porque no modo de descoberta os circuitos de sobrevivência não entram em surto. Por isso, não acionam uma reação de luta-fuga-paralisia, o que faz com que o sistema deliberado permaneça totalmente conectado. Em consequência, dispomos dos recursos mentais para lidar com qualquer coisa que o dia exija de nós. Em vez de raciocinarmos de modo simplista, em preto e branco, conseguimos manter a racionalidade e a flexibilidade enquanto nos esquivamos dos golpes. Como era de esperar, as pesquisas mostram uma correlação significativa entre manter um estado de espírito positivo e a capacidade de resolver quebra-cabeças analíticos complicados.[18] Não estou, é claro, sugerindo que você deva ignorar os problemas que aparecem — o modo de descoberta não é isso. A ideia é sermos capazes de pensar com mais clareza em relação aos problemas, pelo fato de o cérebro não estar na defensiva.

Mas como sair do extremo defensivo desse eixo quando você enfrenta problemas no trabalho? A resposta é: procurando por possíveis recompensas na situação enfrentada. Se você puder "tentar" o sistema de recompensa do cérebro com algo que valha a pena, aumenta a chance de reagir a uma situação difícil dispondo de toda a inteligência do seu "modo de descoberta".

Nossas coisas favoritas

Evidentemente, encontrar o tipo certo de recompensa em meio a uma situação de estresse ou tensão é uma arte. Em geral, recompensas primárias, como comida e sexo, não estão disponíveis nem são apropriadas no meio de discussões complicadas no trabalho. Sabe-se que o dinheiro atiça o sistema de recompensa do cérebro, mas pesquisas mostram que os efeitos neurológicos dos ganhos financeiros não são duradouros.[19] Além disso, é pouco provável que um bônus caia no seu colo toda vez que surgir um estresse. Felizmente, existem recompensas mais garantidas à nossa volta. Basta procurarmos.

O humor, por exemplo. Suponha que você esteja numa reunião estressante. Dá para sentir a tensão crescer, e todos parecem estar no modo de defesa. Alguns participantes começam a fazer comentários rudes (luta), enquanto outros abaixam a cabeça (paralisia) ou dão uma saída para atender "uma ligação urgente" (fuga). É aí que um de seus colegas faz um comentário espirituoso, e todo mundo dá risada. É uma pequena recompensa, mas suficiente para romper a tensão, um sinal de que todos voltaram para o modo de descoberta. À medida que as pessoas reativam o sistema deliberado do cérebro, repentinamente volta a ser possível seguir em frente.

Uma explicação para o poder do humor coletivo é que ele tende a nos proporcionar a sensação de um vínculo maior com os demais. Recompensas sociais são como doces para o cérebro humano. Pense o quanto é bom sentir-se respeitado, querido, bem tratado. Temos uma extraordinária sensibilidade a sinais de pertencimento, provavelmente porque no passado necessitávamos do apoio da tribo para sobreviver na savana.[20] O fato é que neurocientistas sociais, como Matt Lieberman, da Universidade da Califórnia em Los Angeles, descobriram que o cérebro reage a sinais de pertencimento de uma maneira muito semelhante a recompensas primárias.[21] Portanto, elogios e reconhecimento — mesmo que seja apenas um comentário simples, como "bom trabalho" — podem nos ajudar a permanecer no modo de descoberta, mesmo quando estamos no fundo do poço no trabalho.

Outras recompensas poderosas vêm de ainda mais dentro de nós. Estudos extensivos dos psicólogos Edward Deci e Richard Ryan, da Universidade de Rochester, mostraram que possuir um senso de autonomia e competência pessoal é profundamente motivador.[22] Ao que tudo indica, o desempenho e a autoestima melhoram quando sentimos que temos controle de pelo menos parte daquilo que fazemos — seja em relação aos objetivos, ao jeito de trabalhar ou às metas subjacentes de nosso trabalho.

Por fim, o cérebro também se sente recompensado pelo aprendizado de coisas novas e interessantes — mesmo que não passe de fofoca da firma. George Loewenstein, neuroeconomista da Universidade Carnegie Mellon, estudioso da curiosidade como fenômeno, concluiu que basta receber respostas a nossas perguntas para ativar de maneira visível o sistema de recompensa.[23]

Ao longo deste livro abordarei as maneiras de propiciar esse tipo de recompensa social, pessoal e informativa para tirá-lo do modo de defesa e permitir que você se mantenha focado, ligado e adaptável diante de problemas no trabalho. Além de pôr em prática esses truques Jedi do cérebro, também mostrarei como ser generoso e distribuir aos colegas boas recompensas, melhorando a qualidade de interações (parte III) e comunicações (parte V). Na parte VII veremos como inserir essas recompensas numa estratégia cotidiana para intensificar sua energia no trabalho.

O que você precisa saber sobre o eixo de descoberta e defesa:

- Na vida cotidiana, você transita constantemente num eixo de descoberta e defesa, em que o cérebro faz uma varredura das ameaças contra as quais se defender e das recompensas a procurar e descobrir.

- No *modo de defesa*, você fica menos esperto e flexível, porque o cérebro dedica parte de sua escassa energia mental à ativação de uma reação luta-fuga-paralisia a uma "ameaça" em potencial — e sobra menos energia para o sistema deliberado do cérebro. O modo de defesa pode ser desencadeado até por pequenas afrontas pessoais.

- No *modo de descoberta*, você se motiva com recompensas: a sensação de reconhecimento ou pertencimento social; a sensação pessoal de autonomia, competência ou propósito; ou as recompensas informativas advindas do aprendizado ou de novas vivências.

- Para se manter o mais capaz possível ao lidar com problemas no trabalho, convém adquirir habilidade no reconhecimento de situações que o levam ao modo de defesa. Reconcentrar sua atenção em recompensas potenciais, naquela situação, também pode ajudar a reativar o sistema deliberado, trazendo-o de volta para o modo de descoberta.

TEMA 3: O CICLO MENTE-CORPO

Este livro tem outro tema recorrente: a interação constante entre corpo e mente.

Por um lado, já sabemos que existe um elo entre o estado mental e o físico. Já comentei a forma como o estresse pode fazer disparar o batimento cardíaco. Precisamos reconhecer que é difícil pensar com clareza assim que damos uma topada num móvel. Cada um de nós sabe que a falta de sono nos deixa menos pacientes e menos espirituosos. E assim por diante.

Na prática, porém, o mais comum é nos comportarmos como se não houvesse relação entre saúde física e o funcionamento da mente — ou, pelo menos, como se isso não pudesse afetar seriamente o desempenho no trabalho. O tempo todo dizemos "Não tenho tempo para descansar agora", ou "Depois que eu passar por esse período de sobrecarga, vou começar a malhar", agindo como se o reabastecimento do corpo fosse um capricho, e não uma maneira de melhorar nosso desempenho.

Na verdade, décadas de pesquisas indicam que o modo como tratamos o corpo tem um forte efeito sobre o desempenho do cérebro, devido à forma como isso afeta o fluxo sanguíneo até ele, o equilíbrio das substâncias neuroquímicas e o grau de conectividade entre as diferentes regiões cerebrais. Os estudos mostraram que a consequência é que podemos colher recompensas imediatas, tanto intelectuais quanto emocionais, se investirmos em sono e exercícios, e até mesmo se pararmos um minutinho para respirar fundo, abrir um amplo sorriso ou reforçar o amor-próprio. Virtualmente em todas as seções deste livro, da parte I à parte VII, mostrarei detalhadamente como esse gênero de ajuste corporal pode auxiliá-lo a atingir suas metas. Mas vamos a uma prévia dos principais temas ligados ao corpo e à mente.

O sono

A privação do sono atrapalha os milagres que o sistema deliberado do cérebro realiza. Um cérebro cansado usa menos sangue no córtex pré-frontal, onde reside a maior parte desse sistema. Isso torna mais difícil reagirmos de forma inteligente ao inesperado, bolarmos ideias novas ou mantermos a calma sob estresse. Perder horas de sono também afeta a capacidade de lembrar ou aprender coisas novas, porque o sono é crucial na capacidade do cérebro de converter as experiências da véspera em memórias de longo prazo (como disse um diretor de empresa conhecido meu, dormir pouco é como esquecer de salvar um arquivo no qual você trabalhou o dia inteiro).[24]

Mas qual é a definição de "privação de sono"? Ela difere de uma pessoa para outra. Porém, a maioria esmagadora das pessoas precisa de sete a nove horas de sono para operar de maneira ideal.[25] Segundo Charles Czeisler, professor de sonoterapia da Universidade Harvard, "hoje sabemos que uma semana dormindo quatro a cinco horas por noite provoca uma perda cognitiva equivalente a uma taxa de 0,1% de álcool no sangue".[26] Isto é, prejudica sua cognição tanto quanto uma bebedeira. Nas palavras de Czeisler: "Ninguém diz: 'Esse cara trabalha muito! Está sempre de porre!'. No entanto, continuamos a elogiar quem abre mão do próprio sono".

Assim, se estivermos tentando fazer nosso cérebro funcionar de forma mais eficiente, tudo ao nosso alcance para priorizar o sono tem que estar no topo da lista. É uma das maneiras mais garantidas de aumentar a chance de ter um dia feliz. Portanto, vou repassar as evidências científicas relativas ao efeito de um sono reparador sobre o desempenho cognitivo e a resiliência emocional, respectivamente nas partes IV e VI, juntamente com conselhos práticos para preencher totalmente sua cota de sono.

Os exercícios

Assim como Czeisler anuncia a boa-nova a respeito dos benefícios do sono, John Ratey tem feito o mesmo com os exercícios físicos. Psiquiatra clínico da faculdade de medicina de Harvard, Ratey passou boa parte dos últimos dez anos compilando e divulgando evidências do elo entre os exercícios físicos e as funções cerebrais.[27]

Trata-se de um material de peso. As pesquisas mostram que até mesmo uma única sessão de exercícios aeróbicos melhora de imediato nosso desempenho intelectual, proporcionando maior velocidade no processamento de informações e no tempo de reação, planejamento mais efetivo, uma memória de curto prazo mais eficiente e um maior autocontrole.[28] Em outras palavras, melhora todas as funções do sistema deliberado do cérebro. De maneira similar, pesquisadores da Universidade de Bristol descobriram que, nos dias em que as pessoas fazem exercício antes do trabalho ou algum tipo de atividade na hora do almoço, elas conseguem se concentrar e lidar com suas tarefas muito melhor.[29] Os exercícios também melhoraram o humor e a motivação (em 41%) e a capacidade de lidar com o estresse (em 27%).

Por que os exercícios têm um efeito positivo tão imediato sobre nós? Em parte, isso ocorre por causa do aumento do fluxo de sangue para o cérebro. Mas também porque eles estimulam a liberação das substâncias neurotransmissoras dopamina, noradrenalina e serotonina, que também atuam no aumento dos estados de interesse, alerta e prazer. Por esse motivo, Ratey gosta de dizer que os exercícios são "como um pouco de Ritalina e um pouco de Prozac", e o motivo pelo qual suas ideias parecem mais claras, e seus problemas, menores, depois de fazer exercício.[30] Além disso, os estudos indicam que a maior parte desses benefícios cognitivos e emocionais aumenta depois de não mais que vinte minutos diários de atividade moderada.[31] Portanto, até uma caminhada rápida na hora do almoço pode fazer uma diferença concreta na sua disposição.

A atenção plena

A prática conhecida como "atenção plena", ou "meditação *mindfulness*", é outro elo evidente entre o cérebro e o corpo. Pode ser que, na sua cabeça, a expressão evoque a imagem de monges usando batas coloridas e meditando. Mas a atenção plena tornou-se uma prática bastante comum hoje em dia, empregada por entidades tão diversas quanto o Google e o Exército americano, para melhorar o desempenho e a resiliência de seu pessoal. É uma reação aos inúmeros estudos indicando que a atenção plena melhora nosso raciocínio analítico, nossa capacidade de ter ideias, de se concentrar, de manter o autocontrole, a sensação de bem-estar, a energia e a resiliência emocional.[32] É uma listinha que cobre quase tudo de positivo que pode haver num dia comum. Chega a parecer bom demais para ser verdade, mas é possível perceber alterações tangíveis nas tomografias do cérebro de voluntários, antes e depois de aprender a praticar a atenção plena: melhora a conectividade entre partes diferentes do sistema deliberado do cérebro, e diminui a reatividade nos circuitos de sobrevivência quando diante de estímulos negativos. Isso representa mais tempo no modo de descoberta, de alto nível, e menos tempo no modo de defesa. Essa é a razão por trás de uma listinha tão impressionante.[33]

Mas *o que é* a atenção plena? No seu cerne, a prática consiste em fazer uma pausa, concentrar sua atenção em um objeto e calmamente retornar a ele quando a atenção começar a esmorecer. *Pausa, foco, retorno* — seja por alguns poucos segundos, vinte minutos ou mais. Ao decidir aquilo que será observado, as pessoas tendem a se concentrar na própria respiração, porque estamos sempre respirando, e é de graça (e não exige bata nem esteira).

Grande parte das pesquisas sobre os efeitos da atenção plena se concentrou em participantes de cursos, com várias semanas de duração, de "redução do estresse através da atenção plena", "meditação" ou "atenção concentrada". Mas os pesquisadores vêm descobrindo que também é possível obter resultados da prática da atenção plena por míseros cinco minutos diários — algo fácil de encaixar em nossa agenda frenética, repleta de tarefas.[34] Ellen Langer, professora de psicologia de Harvard, chega a afirmar não ser nem uma questão de tirar alguns minutos do dia. Ela diz que a atenção plena pode ser simplesmente uma atitude, em que você desacelera e "percebe coisas novas" em tudo que fizer durante o dia.[35] Ao longo do livro, vou mostrar formas de tirar proveito dos benefícios desse tipo de atenção plena "fatiada", antes de repassar esse tema com maior profundidade na parte VI.

A postura

Por fim, a forma mais surpreendente de pôr o corpo a serviço da mente, segundo mostram as pesquisas, talvez seja a existência de uma via de mão dupla no sistema nervoso, conectando cérebro e corpo. O sentido mente-corpo desse fluxo é bem nosso conhecido: por exemplo, sabemos que, quando nossas mentes estão relaxadas e felizes, temos tendência a respirar e sorrir com mais facilidade. Mas também funciona no sentido inverso. Quando desaceleramos a respiração e nos esforçamos para sorrir, aparentemente o cérebro interpreta isso como um sinal de que *precisamos* nos sentir relaxados e felizes, e obedece criando esse estado de espírito. O mesmo é válido para a confiança. Quando imitamos as atitudes físicas associadas ao macho alfa ou à fêmea alfa — como empertigar-se, levantar os ombros, fazer gestos expansivos —, o cérebro enxerga nisso uma indicação de que estamos genuinamente no comando, e reage de acordo.

As descobertas do tipo "parece que é, e realmente é" são úteis, pois indicam que podemos usar o corpo para uma "engenharia reversa" do estado de espírito desejado. Não chegam a substituir os demais conselhos deste livro, mas vou mostrar como elas podem acrescentar algo à sua caixa de ferramentas cotidiana, quando é preciso aumentar a confiança e a energia (respectivamente, nas partes V e VII).

O que é importante lembrar a respeito do ciclo mente-corpo:

- Sua forma de cuidar do corpo tem um impacto direto e imediato sobre o desempenho do cérebro. Afeta tanto as funções cognitivas quanto as emocionais.

- Para ser mais específico, o sistema deliberado do cérebro tem um desempenho muito melhor quando você dorme bem, faz exercícios aeróbicos e pratica por alguns momentos a atenção plena.

- Imitar as atitudes físicas associadas à alegria, à confiança e ao relaxamento, aparentemente, envia ao cérebro a mensagem de que você está *realmente* alegre, confiante e relaxado, o que cria um círculo virtuoso.

RESUMO

Meu relato sobre esses três temas — os dois sistemas cerebrais, o eixo de descoberta e defesa e o ciclo mente-corpo — representa uma diminuta fração do conhecimento angariado pelos cientistas do comportamento nas últimas décadas. Juntos, porém, esses temas abarcam alguns dos conceitos que considero mais úteis para treinar pessoas a ter o máximo desempenho, porque tocam diretamente naquilo que é preciso para sermos inteligentes e eficientes na gestão dos problemas no trabalho. Vamos passar agora ao cerne deste livro, para saber exatamente como aplicar essas excelentes ideias na criação dos componentes de um dia verdadeiramente feliz.

PARTE I

Prioridades

Como definir o rumo que seu dia vai tomar

Enquanto você não tornar seu inconsciente consciente, ele comandará sua vida e você chamará isso de "destino".

ATRIBUÍDO A CARL JUNG

Antes de tudo, permita que eu conte uma história que aconteceu certa manhã comigo anos atrás, quando ainda não seguia nenhum dos conselhos que estou prestes a dar.

Acordei já de mau humor. Haviam acabado de me convidar para um novo projeto que não me atraía, e era minha primeira semana no trabalho. Para convencer-me a aceitar a tarefa, meu chefe deu a entender que eu seria um bom complemento a Lucas, outro experiente colega envolvido com o projeto. Lucas era um operacional que trabalhava sem parar, e eu representava o chamado "lado humano". Lucas era o cara que produzia toneladas de análises e ideias; enquanto isso, eu ajudaria nossos clientes a elaborar projetos que seus colaboradores poderiam gostar. Dava para entender por que nosso chefe achava que formaríamos uma ótima combinação, mas eu não conseguia deixar de me preocupar com a falta de pontos em comum entre nosso estilo de trabalho.

Naquela manhã específica, nossa equipe estava para realizar a primeira grande reunião com um grupo de novos clientes. Pulei da cama e mal tive tempo de me arrumar. No caminho, minha cabeça era uma névoa persistente de cansaço e incômodo. Ao chegar, descobri que a reunião seria numa dessas salas de videoconferência escuras, apertadas, de teto baixo, tão comuns nos prédios de escritórios de hoje. Todos estavam sentados numa só fileira, como se fosse algum tipo de audiência de tribunal, e na tela à nossa frente víamos rostos incorpóreos. Fiquei ainda mais deprimida.

Enquanto pensava no quanto eu precisava de mais um café, Lucas mergulhou na pilha de papéis à nossa frente, quase sem se apresentar e dando a evidente impressão de saber aquilo que queria dizer. Fiz o possível para nadar com a corrente e dar contribuições construtivas, mas o demorado debate me deu a impressão de estar empurrando uma pedra ladeira acima – um monte de pequenos mal-entendidos, várias pessoas falando ao mesmo tempo, o clima carregado de recalques e picuinhas latentes. No final, tive a sensação de não ter tido um impacto positivo. Foi exatamente como eu temia, o que deixou uma nuvem escura sobre o resto do meu dia.

Tempos depois, de humor melhor, senti necessidade de conversar com Lucas sobre meu receio de termos começado do jeito errado com os clientes. Mas, enquanto eu lhe dava minha opinião sobre a reunião, ele me olhava com ar incrédulo. Lucas não tinha achado a sala tão desagradável; não tinha reparado nem nas caras feias nem no clima constrangedor de que eu falei. Ele estava entusiasmado com o projeto, satisfeito por termos tido tempo para debatê-lo e ansioso para seguir em frente. Ele sabia o que queria tirar da reunião, e tinha conseguido.

É claro que nossas personalidades eram diferentes, o que em parte explica a diferença entre nossos pontos de vista. Mas apenas em parte. Havia algo mais: era realmente como se nós tivéssemos estado em reuniões completamente diferentes. Sob sua ótica positiva, ele não tinha visto o que eu vi. De minha parte, ficou logo claro que eu não tinha prestado muita atenção à versão dele. Ele ressaltou, de modo convincente, tudo aquilo que tínhamos feito; lembrou-me de momentos leves, de sorrisos que eu mal recordava. Não que um de nós estivesse completamente errado. Também evitamos ofender um ao outro ao compartilhar nossas posições ("Por que não consegue enxergar? Será que você estava na mesma reunião que eu? Sério. Cai na real!").

Mas vivenciamos aquelas mesmas horas de maneiras muito diferentes. Como era possível? E o que mais me interessava era saber como ele podia ter gostado da reunião muito mais que eu. A resposta, acabei por concluir, eram nossas abordagens em relação ao dia. Lucas tinha um propósito ao decidir o que queria ver, o que queria realizar e como queria se sentir. E eu empurrei a manhã com a barriga. Sim, fui profissional, mas deixei o dia me levar.

E essa falta de direcionamento me fez perder aquilo que, hoje sei, eram três grandes oportunidades de influenciar a qualidade da minha manhã. Em primeiro lugar, nossas prioridades e premissas determinam, num grau surpreendente, nossas percepções. Segundo, estabelecer o tipo correto de objetivo não apenas melhora o desempenho de maneira garantida, mas também faz com que nos sintamos bem. E terceiro, aquilo que imaginamos pode influenciar nossa experiência na vida real. Nos três próximos capítulos, pretendo mostrar como tirar proveito de cada um desses grandes avanços da ciência comportamental para desfrutar do dia muito melhor do que eu na reunião com Lucas.

1. A escolha dos filtros

Estamos acostumados a sobreviver a dias atarefados no piloto automático, passando de uma tarefa a outra sem uma pausa para reflexão. Damos duro e fazemos o melhor possível, e quando as coisas saem como desejávamos ficamos satisfeitos. Às vezes a sorte está do nosso lado. Às vezes não. "É a vida", costumamos dizer.

Mas eu queria defender o argumento de que é possível fazer melhor graças a um importante aspecto relacionado à forma como o cérebro compreende o mundo: o fato de que só uma pequena parcela daquilo que ocorre à nossa volta é percebida conscientemente. Filtramos todo o resto. Como aquilo que passa pelo filtro sofre forte influência de nossas prioridades e premissas do início do dia, temos aí uma grande oportunidade. Isso significa que com uns poucos minutos de preparação mental – que exigem uma rápida verificação e recalibração das prioridades e premissas – podemos mudar a forma como vivenciamos o dia, tornando-o mais produtivo e agradável. Essa preparação mental é um processo que chamo de *definição de intenções*, porque tem a ver com uma abordagem mais intencional em relação ao dia.

Antes de falar um pouco mais da rápida rotina diária de definição de intenções para você testar, quero explicar por que a realidade que vivenciamos depende tanto de nossos filtros.

NOSSA REALIDADE SUBJETIVA

Como aprendemos na seção Ciência básica, o sistema deliberado do cérebro (responsável pelo raciocínio, pelo autocontrole e pelo planejamento) não dá conta de toda a atenção que o mundo complexo de hoje exige. Por isso, durante o dia, o sistema automático prioriza tudo aquilo que parece digno da atenção do sistema deliberado, enquanto filtra tudo aquilo que não parece importante. Essa filtragem ocorre sem nos darmos conta, e é crucial para que o cérebro seja capaz de lidar com a complexidade do mundo. Mas essa atenção seletiva nos faz vivenciar uma versão incompleta e subjetiva da realidade — que pode ser útil ou não para nós.

É ótimo que o sistema automático retenha aquilo que é verdadeiramente desimportante, senão ficaríamos contando obsessivamente as fibras do carpete ou hipnotizados pelos ingredientes do almoço, o que nos impediria de fazer o que quer que fosse. O lado ruim, porém, é que até aquilo que tem utilidade em potencial pode ser rotulado pelo sistema automático como "desimportante". Por exemplo, quando toda nossa atenção está focada na leitura de mensagens que recebemos, o sistema automático pode decidir que não vale a pena desviar a atenção para aquela pergunta que uma colega acabou de nos fazer. Quando ela eleva a voz e consegue, enfim, entrar em nosso consciente com um "Ei, você está me ouvindo?", pedimos desculpas e juramos que não a tínhamos ouvido. Tecnicamente, estamos corretos. Não *ouvimos* — pelo menos não conscientemente.

Pois bem, não há como desligar a função de filtragem do sistema automático — por definição, ela é automática. Mas podemos, *sim*, ajustar as configurações, sendo mais proativos na definição daquilo que o cérebro considera "importante". Ao fazer isso, podemos influenciar aquilo que nossa consciência vê e ouve. É uma das armas mais poderosas para conduzir o dia rumo à realidade que mais desejaríamos ter.

No piloto automático, o que é "importante" para o cérebro?

Nosso sistema automático põe em prática várias regras de atenção seletiva para decidir aquilo que é importante o suficiente para levar à consciência e aquilo que deve ficar retido no filtro. Se compreendermos como funcionam essas regras, aumentamos a chance de invadirmos o sistema e mudarmos suas configurações.

Antes de tudo, é preciso saber que, quando estamos dando prioridade a determinada tarefa de forma consciente, nosso sistema automático se certificará de que perceberemos tudo que tiver relevância direta para aquela tarefa específica, e tenderá a apagar tudo aquilo que parece não ter a ver. *Tudo*? "Claro", você deve estar pensando, "se alguma coisa muito chamativa aparecer na nossa frente, tenha ou não algo a ver, vamos enxergá-la, não é?" Bem, um enorme número de pesquisas indica que talvez não.[1] Por exemplo, veja este estudo: o psicólogo Trafton Drew e seus colegas do Laboratório de Atenção Visual de Harvard pediram a alguns radiologistas experientes que olhassem de perto uma série de imagens de exames em busca de anomalias. Os radiologistas receberam uma pilha de tomografias pulmonares para examinar, algumas delas, infelizmente, com nódulos verdadeiros. Mas a última imagem era diferente: mostrava o retrato de um gorila inserido no pulmão (era uma homenagem bem-humorada dos pesquisadores à experiência do gorila no basquete, descrita na seção Ciência básica). Espantosamente, 83% dos radiologistas foram incapazes de perceber o gorila, embora a imagem fosse 48 vezes maior que o nódulo pulmonar médio. É ainda mais incrível saber que os pesquisadores de Harvard usaram um detector de movimentos oculares, que mostrou que a maioria dos radiologistas olhou diretamente para o gorila — e mesmo assim não o percebeu.[2] Não é que eles tenham visto e descartado ou esquecido o símio, seu cérebro simplesmente não o registrou conscientemente. Em outras palavras: como não estavam procurando, não o viram.

Esse tipo de atenção seletiva é o que os cientistas chamam de *cegueira inatencional* — isto é, nós vemos aquilo que decidimos que merece nossa atenção, e temos uma notável cegueira para o resto. Por isso são tão importantes as prioridades que definimos para nós mesmos.

Não é nem preciso estar profundamente concentrado em uma tarefa para se deparar com a cegueira inatencional. Na verdade, assim que algo ocupa nossa mente, ficamos muito mais ligados em tudo que tenha a ver com aquela preocupação, e menos ligados em todo o resto. Em um estudo realizado pelo psicólogo Rémi Radel na França, país onde a hora da refeição é sagrada, voluntários obrigados a pular o almoço passaram a perceber com mais clareza palavras relacionadas a comida, em um teste de reconhecimento de palavras.

Isto é, quem estava com fome percebia a palavra *gâteau* (bolo) mais rapidamente que a palavra *bateau* (barco)[3] (se os pesquisadores tivessem levado os voluntários para um barco, talvez eles tivessem visto *bateau* ainda mais rapidamente que *gâteau*). Nosso sistema automático, em geral, prioriza informações que reverberam tudo aquilo que está no topo da nossa mente.

Até mesmo nossa atitude pode desempenhar um papel na configuração dos filtros de percepção que aplicamos ao nosso dia. Joseph Forgas e Gordon Bower, respectivamente professores da Universidade de Nova Gales do Sul e da Universidade Stanford, realizaram uma experiência elaborada para deixar voluntários ligeiramente de bom ou mau humor, dando-lhes aleatoriamente feedback positivo ou negativo em relação a seus resultados em um pequeno teste que haviam acabado de fazer. Depois disso, deram aos voluntários descrições de pessoas fictícias para ler. Eram descrições cuidadosamente redigidas para que fossem neutras: os voluntários poderiam, com a mesma facilidade, catalogar as personagens como enérgicos ou caóticos, tranquilos ou aborrecidos, conforme a interpretação que fizessem do texto. E o que Forgas e Bower descobriram?[4] Que os voluntários de melhor humor eram muito mais suscetíveis a enxergar sob uma ótica favorável as pessoas descritas, se comparados aos voluntários cujo mau humor fora propositalmente induzido. E os juízos interpessoais não são os únicos afetados pelo nosso humor. Outro grupo de pesquisadores concluiu que pessoas tristes consideravam um morro bem mais íngreme (e a perspectiva de escalá-lo, bem menos agradável) do que pessoas que se sentiam mais animadas.[5]

Portanto, é, *sim*, possível acordar com o pé esquerdo. Nossas percepções do mundo podem sofrer forte influência do nosso ponto de partida, seja ele bom ou ruim, porque o sistema automático do cérebro garante que vejamos e ouçamos tudo aquilo que ecoa nossas prioridades conscientes, nossas principais preocupações, e até mesmo nosso humor. Enquanto isso, minimiza-se todo o restante.

Como seus filtros influenciam sua realidade?

Vamos, agora, refletir sobre como aplicar esses conhecimentos. Suponha que eu e você estejamos sentados na mesma sala, participando da mesma conversa. Minhas prioridades, preocupações e variações de humor moldam minhas percepções do que está acontecendo, assim como o que você sente e pensa molda como você encara as coisas. Por isso, é totalmente possível que eu não perceba coisas que são importantes para você, enquanto fico antenada para coisas que você nem sequer registra. Tendo isso em vista, não surpreende que minha reunião com Lucas não tenha sido o auge de minha vida profissional, considerando meu estado irritadiço ao entrar. Ele, por sua vez, estava claramente adorando. Cada um de nós vive uma realidade particular, formada pelas tentativas do infatigável sistema automático de alocar nossa atenção para as coisas certas.

Assim, para qual realidade específica você gostaria que seu cérebro prestasse um pouco mais de atenção? Vamos pegar como exemplo sua próxima reunião. Se a sua preocupação básica é ser convincente em relação a um argumento, talvez se surpreenda prestando atenção a cada ocasião em que é interrompido, e a cada momento em que outros tomam a fala. Talvez, sem perceber, você perca parte do fio da conversa, por estar concentrado no desejo de dizer às pessoas aquilo que quer que elas ouçam. Sua mente não estará propositalmente distraída; é que o sistema automático, de maneira eficaz, está priorizando as informações que têm a ver com seu estado de espírito. Se invertermos a situação, ocorre o mesmo. Por exemplo, se você decidir, em vez disso, concentrar-se na descoberta de novas oportunidades de trabalho em grupo ou na escuta de observações úteis de seus colegas, aumenta a chance de você achar *mais* coisas assim. Ao mudarmos nossas intenções, os filtros do cérebro mudam, e os fatos parecem mudar junto.

DEFINA SUAS INTENÇÕES, DEFINA SEUS FILTROS

O argumento subjacente está claro: se empurrarmos o dia com a barriga, estaremos perdendo uma grande oportunidade.

Não temos como controlar tudo (para quem acha que é possível, existem outros tipos de livro). Mas *temos* como mexer em nossas sensações no dia de trabalho, sendo mais assertivos na definição de nossos filtros de percepção. E é nesse aspecto que se torna útil possuir uma rotina de definição de intenções que leve em conta explicitamente as prioridades, preocupações e estados de espírito que teremos naquele dia.

Eis uma das minhas abordagens favoritas. Ela exige apenas um momento para enxergar as coisas sob três ângulos diferentes (todas começam com A, o que vem a calhar):

- Aspiração: pense em cada uma das atividades mais importantes do dia – que pessoas você vai encontrar, que tarefa vai realizar. O que realmente importa para que essas atividades sejam bem-sucedidas? Essa é sua aspiração real.

- Atitude: ao pensar no dia de trabalho que vai começar, pare um instante para refletir sobre essas perguntas e identifique as preocupações que mais influenciam seu pensamento e seu humor. Essas preocupações o ajudam a atingir seu verdadeiro objetivo? Em caso negativo, você pode deixá-las de lado agora?

- Atenção: Considerando suas verdadeiras prioridades, em que você gostaria de concentrar sua atenção? Descubra aquilo que você quer encontrar com mais frequência, e certifique-se de que vai procurar corretamente.

A maioria das pessoas com quem trabalhei considera que o ideal é refletir sobre essas questões antes de iniciar o dia, seja pela manhã ou na noite anterior. Mas como esse exercício inteiro não leva mais que alguns minutos, nunca é tarde para definir suas intenções toda vez que passar de uma coisa para outra.

Por exemplo, quão diferente poderia ter sido minha reunião com Lucas se eu tivesse parado por um momento para pensar nos "três As" logo antes de entrar naquela sala de reunião? Eu poderia ter em mente as seguintes coisas:

- Aspiração: "O mais importante para mim, de verdade, é ajudar a equipe a começar bem o contato com os novos clientes, incentivando um tom de colaboração e ajudando todos a ter uma boa sensação em relação à perspectiva de trabalharem juntos".

- Atitude: "Reconheço que estou meio ranzinza e cansada hoje. Não tenho como me livrar desse cansaço. Mas posso tomar a decisão de deixar de lado meu descontentamento com a montagem do projeto e me concentrar mais na verdadeira prioridade: criar uma equipe bem-sucedida".

➠ Atenção: "Quero identificar oportunidades que ajudem a equipe a se unir, ressaltando pontos em comum entre as ideias de cada um. Quero ir em busca de ocasiões para infundir calor humano na reunião".

Fazer o checklist "aspiração-atitude-atenção" levaria apenas o tempo de pendurar o casaco no caminho da sala de reunião (sim, desde então eu faço questão de repassar essa lista antes de embarcar em qualquer atividade que considero importante). Não exige muito esforço concentrar seus filtros de maneira mais incisiva no tipo de dia que você deseja – sobretudo quando faz disso um hábito.

Se quisermos um ótimo exemplo de alguém que sabe o valor da definição de intenções, podemos conhecer Martin, diretor de estratégia de um fabricante de aeronaves. Além dessa função, ele dá um jeito de encontrar tempo para integrar os conselhos de diversas empresas de tecnologia e aconselha empreendedores do setor de tecnologia de ponta que querem fazer suas start-ups decolarem. Ele tem sabedoria, foco e resultados – em parte, afirma, porque aprendeu a pensar em suas intenções pessoais diárias de forma estratégica, como faz nos negócios.

O que levou Martin a criar uma rotina de definição de intenções? "Bem, eu sempre tive problemas de concentração", afirma. "Eu entrava no escritório e imediatamente era sugado por tarefas menores, papinho com colegas, navegação pela internet e assim por diante. Comecei a me dar conta de que meu dia não era tão bom quanto poderia ser, porque eu ia me deixando levar." Certa manhã, casualmente, Martin descobriu como dar um rumo a seu dia. "Eu estava sentado na cama, antes do trabalho, sentindo-me esmagado pelo peso das coisas que tinha a fazer", diz. "Não sei por quê, comecei a pensar nas coisas que eram realmente importantes para mim. Peguei um caderninho e comecei a escrever sem parar, sobre por que eu estava agindo daquela maneira, e como gostaria de realmente agir. Não escrevia frases completas; era mais um mapa para visualizar as coisas que eram importantes para mim. Foi incrivelmente esclarecedor." Ele se espantou com a sensação de bem-estar e propósito que veio em seguida, depois que suas intenções ficaram definidas de forma mais precisa e construtiva.

Naturalmente, Martin queria infundir mais desse direcionamento intencional em seu dia a dia. Deu-se conta de que não podia ficar sentado na cama, escrevendo durante horas todas as manhãs, mas bolou uma versão reduzida do exercício, que podia fazer caber em sua rotina diária. "Antes de sair para o trabalho, eu passo um momento limpando minha mente, apenas respirando profundamente. Em seguida, pergunto a mim mesmo qual a coisa mais importante do dia, levando em conta meus objetivos no trabalho, e faço rápidas anotações a respeito de onde quero focar minha atenção. É simples assim. E vêm à tona coisas que não tinha percebido antes de parar para pensar. Muitas vezes, isso representa a decisão de adotar determinada abordagem diante de um problema no trabalho, como pensar no longo prazo e ser mais tolerante com atrasos."

Martin diz que os benefícios são evidentes. "Minha primeira hora de trabalho costumava ser caótica, muito improdutiva. Agora, quando chego, já estou 100% pronto para produzir. Sinto-me mais calmo e bem-humorado." Além disso, ao longo do dia, ele faz questão de repassar seus objetivos, o que o ajuda a se manter nos trilhos. "É um lembrete das minhas prioridades efetivas para o dia, se — e *quando* — começo a me sentir desgastado."

Adote intenções positivas (ou: deixe o sarcasmo de lado)

Quando você tem diante de si um dia particularmente problemático, não é difícil começar a pensar em atitudes um tanto sarcásticas ou negativas, como: "O que importa realmente, para mim, é nunca mais criar um documento de duzentas páginas para uma reunião". Ou talvez você se surpreenda pensando que a verdadeira prioridade é convencer um de seus colegas de que na semana anterior ele cometeu um equívoco estúpido.

Porém, garantir que um colega se dê conta da própria estupidez não é a forma mais inspiradora de elaborar uma intenção. É um tanto mesquinho — e fará seu cérebro, subconscientemente, priorizar observações mesquinhas. Se quiser ter uma conversa genuinamente produtiva, é melhor elaborar uma intenção mais generosa, que apele a um objetivo mais amplo. Pergunte a você mesmo o que quer *verdadeiramente* atingir. No caso do colega propenso a errar, uma intenção mais elevada pode ser ajudá-lo a evitar cometer de novo o mesmo erro. Pensando de forma ainda mais elevada, você pode decidir que quer melhorar a relação de trabalho, de modo a serem todos mais francos uns com os outros e em relação às situações.

Definir essas intenções, mais voltadas para soluções, não significa esquivar-se de temas conflituosos com seu colega atrapalhado. Mas uma abordagem menos belicosa facilita identificar maneiras de resolver a situação ao conversar com ele. Também torna mais fácil evitar uma reação defensiva de luta-fuga-paralisia, sua e dele — o que fará com que ambos estejam em melhores condições e possam refletir melhor para alcançar um desfecho favorável.

MAIS UMA COISA: VERIFIQUE SUAS PREMISSAS

Para que suas intenções positivas sejam uma base ainda mais sólida para o dia ideal, pode-se tomar mais uma atitude, que é verificar e questionar todas as premissas negativas que levamos para o nosso dia.

Assim como nossas prioridades, preocupações e mudanças de humor, nossas premissas são outro filtro de atenção seletiva que o cérebro utiliza para simplificar a vivência da realidade. Funciona assim: quando encontramos alguma informação ou comportamento que casa com nossa expectativa, o sistema automático vai, provavelmente, garantir que tomemos ciência daquilo. Em compensação, quando encontramos alguma coisa que não vai de acordo com nossa expectativa, o sistema automático tende a descartar aquilo. Conhecido como *viés de confirmação*, esse é um atalho cognitivo que poupa muita energia mental, já que impede que elaboremos um modelo mental novo, em relação ao mundo, toda vez que nos deparamos com evidências que contradizem nossas crenças.

Nós temos bananas

Na verdade, o viés de confirmação faz mais do que apenas filtrar informações que contradizem nossas expectativas; ele também pode distorcer aquilo que vemos ou ouvimos para adequar às nossas expectativas. Os cientistas elaboraram inúmeras experiências brilhantes para demonstrar isso, e uma das minhas favoritas envolve bananas (sim, reconheço que é uma experiência que poderia ser relacionada a gorilas). Testes mostraram que, ao observar uma foto em preto e branco de uma banana, voluntários tendem a vê-la como ligeiramente amarela — embora, na verdade, ela fosse cinza. Os pesquisadores demonstraram isso pedindo aos voluntários que ajustassem a cor de fundo da tela para que ficasse da mesma cor da banana da imagem. Sem se dar conta, os voluntários selecionaram um fundo com tom ligeiramente amarelado. Era tão forte o pressuposto de que a banana seria amarela que seus cérebros decidiram que essa era, de fato, sua cor.[6]

Se o viés de confirmação pode afetar sua forma de ver um objeto tangível, como uma banana, pode estar certo de que afeta nossos juízos subjetivos a respeito de situações de trabalho. No meu caso, teria sido ótimo, na reunião com Lucas sobre o projeto, definir de cara as intenções pessoais corretas – por exemplo, infundir bom humor, em vez de frustração, na sala, e buscar oportunidades para melhorar o espírito de equipe. Mas eu também tinha um pressuposto profundamente arraigado, de que é impossível que uma equipe nova desenvolva um elo adequado por videoconferência, em vez de um encontro cara a cara. Por isso, meu viés de confirmação silenciosamente buscou evidências de que a videoconferência não estava dando resultado. Como era de esperar, esse foi um fator que pesou muito negativamente na minha forma de vivenciar a reunião; o que não ocorreu para Lucas.

Claro que isso não significa que devamos descartar completamente nossas experiências anteriores – podemos ter motivos justos para estarmos preocupados ou reticentes. Precisamos somente estar atentos sempre que nos sentirmos aferrados a expectativas negativas em relação a uma situação ou uma pessoa, e reconhecer que nos apegarmos assim pode nos fazer descartar evidências contrárias. Um lampejo de consciência de si pode ser o suficiente para que nos lembremos de ficar um pouco mais abertos a receber informações novas.

O LINGUAJAR ABSOLUTO

Um sintoma indicador de que você pode estar sendo vítima do viés de confirmação ocorre quando você se surpreende usando aquilo que chamo de *linguajar absoluto*: palavras como "nunca", "sempre", "totalmente", "absolutamente" ou "definitivamente", talvez com um toque de "terrível" ou "horroroso". Como disse o escritor Theodore Sturgeon, "Nada nunca é absoluto", e ele tinha razão – existem poucas coisas na vida completamente boas ou más.[7] Por isso, o uso do linguajar absoluto é um letreiro em neon piscante para dizer que provavelmente você só está enxergando uma parte do contexto. Martin, o diretor de estratégia da indústria aeronáutica, concorda. "Eu tenho tendência a exagerar o lado negativo, dizendo frases como '*Nada* está dando certo'. É maravilhoso se entregar a termos radicais. Mas tenho me saído cada vez melhor em me policiar quando digo esse tipo de coisa, perguntando a mim mesmo: 'Peraí, é isso mesmo? Não é melhor eu verificar?'."

Portanto, se você se aperceber de que está usando um palavreado forte, ao pensar ou se referir às tarefas que tem pela frente, ou às pessoas envolvidas nelas, use essa dica útil para testar seu ponto de vista. Faça a você mesmo uma pergunta:

- Quais são as suas premissas negativas em relação a essa pessoa ou tarefa?

Recue mais um pouquinho, e pergunte:

- Para confirmar essas premissas, em que detalhes você concentraria sua atenção?
- Se tivesse que testar essas premissas negativas, o que você diria?
- Que evidências contrárias, que o ajudem a manter o espírito aberto, você pode procurar?

Eis a maneira como eu teria respondido essas perguntas, se tivesse admitido minha negatividade na manhã da fatídica reunião com Lucas sobre o projeto:

- Premissa: "Essa reunião vai ser horrível, porque é uma videoconferência".
- Confirmação: "Provavelmente vão ocorrer problemas técnicos, e, se eu não tomar cuidado, minha tendência será me apegar a eles (e a quaisquer sinais de descontentamento em outras pessoas)".
- Desafio: "Lucas conhece melhor que eu os clientes e suas preferências. Provavelmente seria demorado encontrar uma data em que pudéssemos fazer uma reunião presencial. A tecnologia da videoconferência tem melhorado".

- Evidências contrárias: "Posso decidir prestar atenção nas coisas que realmente dão certo com essa configuração. Posso procurar maneiras de retomar a reunião se houver alguma falha técnica".

Tendo trilhado esse pequeno caminho de abertura do espírito, fica muito mais fácil dar vida a nossas intenções positivas — mesmo quando as coisas não correm conforme planejado.

O DIA COMEÇA NA NOITE ANTERIOR

Vamos agora conhecer Audrey. Ela administra uma agência financiada pelo governo, altamente respeitada, que ajuda pequenas empresas a receber a consultoria e o apoio de que necessitam para inovarem e crescerem. Em um dia comum, ela pode estar ministrando um novo treinamento, negociando mais financiamento ou incentivando empresas familiares a tirar o máximo proveito dos recursos disponibilizados pela agência. Audrey é totalmente dedicada ao trabalho, e tem um excelente tino para as necessidades dessas empresas, até porque seus próprios pais administram, há vários anos, uma pequena firma (é literalmente um negócio familiar, como você deve ter notado). Como a maior parte dos líderes, ela considera que é importante refletir em relação àquilo que deve merecer sua atenção prioritária. Do contrário, diz ela, "acabo fazendo apenas aquilo que é mais urgente".

Por isso, da mesma forma que Martin, ela tem uma rotina diária de definição de intenções — mas Audrey prefere iniciar sua rotina na noite anterior, no trem indo para casa. "Primeiro, faço uma reflexão sobre o dia que passou. Repasso aquilo que deu certo, aquilo que não deu, por que não deu, e o que eu poderia ter previsto. Em seguida, tento olhar para o amanhã, pensar naquilo que quero desse dia e o que merece maior atenção." Ela toma algumas notas, que relê ao começar a manhã seguinte. "Faço um lembrete do que é mais importante, e acrescento ideias que tenham me ocorrido durante a noite. Durante o dia, eu as consulto, principalmente antes de atacar as questões maiores."

Audrey toma o cuidado especial de planejar a tarefa mais complicada do dia seguinte. Na função que ela ocupa, essa tarefa costuma ser uma conversa delicada. Ela dá um exemplo de como a definição das intenções pode ajudá-la nesse aspecto. "Durante muito tempo trabalhei com uma pessoa manipuladora, que virava bicho quando mexiam com ela do jeito errado", diz, rindo. "Toda hora eu tinha que lhe pedir coisas que ela não estava a fim de fazer, e em geral ela respondia fazendo uma lista de tudo que podia dar errado. Como eu não me preparava mentalmente, reagia por instinto, considerando o comportamento dela um ataque pessoal." Quando Audrey começou a definir intenções mais positivas, a relação mudou para melhor. "Quando resolvi, de maneira explícita, que minha aspiração era buscar a colaboração, passei a enxergar essas conversas de maneira bem diferente. Vi que era capaz de interpretar o que ela dizia de uma maneira menos pessoal, passando a enxergar aquilo como uma maneira de expressar suas frustrações, e até o desejo de acertar. Isso não quer dizer que ela tenha deixado de ser difícil. Mas descobri em várias ocasiões que meu estado de espírito fazia uma enorme diferença na minha percepção em relação ao comportamento dela e, portanto, à minha reação diante dela."

Para Audrey, boa parte dessa reviravolta derivou do questionamento de suas próprias premissas. "Para mim, uma das maiores mudanças foi conseguir sair da camisa de força de pressupor a má-fé alheia. Eu tinha uma mentalidade muito competitiva, imaginava que todo mundo também fosse competitivo — e acabava enxergando exatamente isso. Eu prestava enorme atenção em indícios de uma possível sabotagem, como quando alguém mandava um e-mail maldoso para meu chefe a respeito de alguma tarefa que me envolvia", diz. "Agora, no entanto, quando identifico em alguém um comportamento indevido, não suponho que a pessoa é do mal — levo em conta a possibilidade de ela estar passando por um dia ruim. Suas premissas têm mesmo influência sobre aquilo que você vê e como você reage."

Com a prática, Audrey foi descobrindo que podia "*resetar*" suas intenções em meio a uma situação complicada. "Dei-me conta de que até mesmo quando as coisas estão indo pelo mau caminho eu posso dar um passo atrás e tomar uma atitude diversa daquela que tinha estabelecido antes. Essa minha colega manipuladora costumava puxar a própria orelha quando ficava estressada. Aí, toda vez que eu notava isso, encarava como uma pausa para dizer a mim mesma: 'Hora de repensar'. Eu me remexia na cadeira, para me *resetar* por um segundo e lembrar qual era meu objetivo com aquela conversa. Às vezes eu até dizia em voz alta: 'Espere um segundo — o que estamos mesmo querendo?'. Nem sempre isso permitia que eu tivesse a conversa que tinha preparado antes, mas fazia com que eu pudesse melhorar a situação."

Como escolher seus filtros

Tire um momento pensando no dia à sua frente, ou numa conversa importante que você vai ter. Faça a você mesmo as seguintes perguntas, para definir suas intenções:

- Aspiração: o que é mais importante para que as coisas deem certo, e o que isso representa em relação à sua verdadeira prioridade?
- Atitude: quais são as preocupações que estão dominando seu pensamento e seu estado de espírito? Elas ajudam a tratar das suas prioridades — e, em caso negativo, dá para deixá-las de lado por enquanto?
- Premissas: com que expectativas negativas você já chega? Como contrariar essas expectativas? Que evidências contrárias pode buscar?
- Atenção: considerando seu objetivo real e suas premissas, para onde você deve direcionar sua atenção? Onde você quer garantir que sua atenção esteja particularmente focada?

2. Como estabelecer metas excepcionais

Até aqui, falei como passar alguns minutos deliberadamente estabelecendo nossas intenções é uma maneira esplêndida de se preparar para um ótimo dia. Agora, quero falar sobre os minutos seguintes de preparação, que giram em torno da complementação de suas intenções gerais com metas específicas para o dia.

Se você já foi encarregado de algum projeto, é provável que tenha feito algum tipo de planejamento prático diário — ou uma lista de coisas a fazer, ou uma simples olhada nos prazos mais iminentes e pensar no que exigem de você. Seja qual for seu método atual, eu gostaria de compartilhar algumas melhorias, baseadas na ciência, que podem adicionar força efetiva nos seus hábitos de estabelecimento de metas.

Antes de tudo, vou propor que você complemente sua lista rotineira de tarefas com algumas metas comportamentais para amparar suas intenções. Além disso, os cientistas descobriram que a maneira de organizar as metas faz uma diferença surpreendente em suas chances de sucesso. Por isso, vou lhe mostrar quatro dicas que aumentarão seu índice de acerto. Por fim, se você administrar sua lista de tarefas de uma maneira favorável ao seu cérebro, ele vai acabar adorando essa lista — ou pelo menos gostando dela um pouco mais — e, como resultado, irá, sim, um pouco mais além.

ESTABELEÇA METAS COMPORTAMENTAIS COMO APOIO ÀS SUAS INTENÇÕES

Quando a questão é estabelecer metas específicas para o dia, a maioria de nós pensa em itens como estes:

- ☑ Entrar em contato com tal pessoa.
- ☑ Preparar-se para aquela reunião.
- ☑ Pensar naquele assunto.

Caso você seja um artista ou artesão, talvez suas metas pareçam um pouco diferentes, mas na essência são as mesmas – coisas que você precisa fazer. Conversas pendentes, coisas a aprender ou a produzir. E ter clareza em relação àquilo que se pretende fazer, exatamente e hoje, é uma ótima ideia. Quatro décadas de pesquisa de Edwin Locke e Gary Latham (psicólogos da Universidade de Maryland e da Rotman School of Management, respectivamente) indicam que aqueles que se dão ao trabalho de elaborar uma meta específica melhoram significativamente o desempenho, em média em 15% quando é possível quantificar a tarefa.[1] Metas nítidas nos ajudam a manter o rumo por pelo menos dois motivos. Em termos do foco de nossa atenção, elas vão mais longe que as intenções, ajudando-nos a resistir às coisas que nos distraem durante o dia de trabalho. E elas nos incentivam a sermos mais persistentes, porque progredir rumo a uma meta causa uma sensação altamente satisfatória no sistema de recompensas do cérebro. É aquela vozinha no cérebro que lhe diz baixinho "Boa!", quando você faz um xis em um item de sua lista de tarefas.

Considerando o poder das metas na melhoria do desempenho, faz sentido aplicar esse poder não apenas nas tarefas práticas, mas igualmente em intenções mais gerais para o dia, perguntando a si mesmo:

- ➡ Pessoalmente: o que eu posso alterar em meu comportamento para tornar realidade minhas intenções?

- ➡ Especificamente: como seria, na prática, essa alteração – e que atitudes eu tomarei hoje?

* * *

Digamos, por exemplo, que sua intenção para hoje seja encontrar uma maneira de fazer andar um projeto. Ele tem avançado com inexplicável lentidão, o que é motivo de irritação para você. Mas hoje você estabeleceu um foco mais positivo para sua atenção: nas reuniões ao longo do dia, você vai ficar à espreita de qualquer oportunidade para fazer o projeto progredir a pequenos passos, em vez de se concentrar nos empecilhos. Ótimo. Agora, o que você pode fazer *pessoalmente* para que esse avanço se torne mais provável? Uma possibilidade seria aumentar o envolvimento dos colegas, em vez de tentar empurrar à força, sozinho, o projeto. Algo ainda mais *específico*? Talvez você possa usar sua participação na primeira reunião do dia para explicar aquilo que você enxerga como o maior obstáculo, e pedir aos colegas ideias para contorná-lo. Quem sabe você possa levar bombons, como agradecimento pelas contribuições. Para ser franca, quando paramos para pensar, chega a ser óbvio o que podemos fazer para ajudar nas suas intenções. Basta dar um passo atrás para refletir — mas constantemente não nos damos ao trabalho de estabelecer esse tipo de meta comportamental tangível.

No meu exemplo pessoal de videoconferência com Lucas, no capítulo anterior, comentei que minha verdadeira prioridade tinha sido ajudar a nova equipe a dar liga. Por isso, eu deveria ter atentado para indícios de pontos em comum entre as pessoas. Quando fiz o esforço para estabelecer essa intenção mais positiva nas reuniões seguintes da equipe, também adotei duas metas comportamentais específicas de apoio. Uma delas era garantir que eu reconhecesse de alguma forma a contribuição de cada um, em algum momento da reunião. A outra era apontar sempre que a ideia de alguém se encaixasse bem com algo que outra pessoa tivesse dito antes (são metas boas para qualquer reunião, percebi, mesmo aquelas que não aconteçam numa sala escura de videoconferência).

Portanto, ao buscar prioridades para o dia, não estabeleça apenas metas que se limitem a completar tarefas. Estabeleça pelo menos uma ou duas metas relativas ao seu próprio comportamento, e defina-as da forma mais específica possível, para aumentar as chances de ter o dia que você planejou.

ARTICULE SUAS METAS DE MODO A SAIR GANHANDO

Agora vamos falar das descobertas sobre como articular melhor metas – sejam elas comportamentais ou relacionadas ao cumprimento de tarefas – para aumentar as chances de êxito. As pesquisas mostram que devemos ter como objetivo descrevê-las de maneira positiva; significativa em nível pessoal; factível; e específica para cada situação. Vamos examinar esses quatro atributos, um por um.

Metas de abordagem, ou "em time que está ganhando não se mexe"

Costumamos enquadrar nossas metas de duas maneiras: como repetir algo que foi bem-feito, ou como evitar repetir algo que foi malfeito. Um amplo leque de pesquisas aponta que o primeiro tipo (conhecido como "metas de aproximação") é melhor que o segundo ("metas de evitação") para incentivar o alto desempenho – embora as duas busquem, em termos gerais, o mesmo resultado. Quando os psicólogos Andrew Elliot e Marcy Church pesquisaram um grande grupo de estudantes da Universidade de Rochester, em busca dos efeitos de diferentes tipos de metas pessoais em relação às notas, concluíram que as metas de evitação ("Quero evitar tirar uma nota ruim") *pioravam* o desempenho mais ou menos na mesma proporção com que as metas de aproximação ("Quero tirar uma boa nota") o melhoravam.[2]

Para entender como isso se aplica ao trabalho, vamos retornar a Audrey, a diretora da agência de inovação que conhecemos no capítulo anterior. Ela afirma que frequentemente se vê estabelecendo a intenção de permanecer focada na construção de relações construtivas, em vez de ficar tentando obter pequenas vitórias em discussões mais complicadas. E que metas específicas, então, ela estabelece para si mesma? Eis duas coisas que ela pode dizer a si mesma ao se preparar para a próxima reunião difícil:

- Meta de evitação: "Se a coisa desandar, não vou perder a calma; não vou ficar obcecada com os comentários sarcásticos daquele cara; vou fazer o que puder para impedir que esta reunião dê errado".

- Meta de aproximação: "Se a coisa desandar, vou recordar a mim mesma o que realmente importa; vou me lembrar de sorrir; vou fazer as perguntas certas, para ter certeza de que aquela pessoa se sentiu ouvida".

Ambas as descrições acima explicam o que ela quer. Mas a simples leitura das palavras cria uma energia diferente, não cria? A primeira, para dizer a verdade, me faz sentir receio por Audrey. A segunda me deixa mais otimista em relação às chances de a reunião dela ser boa. E são instintos corretos.

Por quê? É preciso voltar ao eixo de descoberta e defesa que descrevi em Ciência básica. Quando pensamos demais em algo indesejável, que precisamos evitar – no caso de Audrey, a necessidade de evitar entrar numa discussão com um colega –, é sinal de uma ameaça em potencial contra a qual o cérebro precisa se defender. E como essa resposta defensiva suga recursos mentais, isso nos deixa menos espertos e menos capazes de atingirmos nossos objetivos. Mas se, em vez disso, enquadrarmos nossas metas como algo maravilhoso, que queremos repetir, é mais fácil continuarmos no modo de descoberta – mesmo quando temos que fazer algo desafiador. E ao permanecermos num estado de espírito mais aberto e inteligente, a probabilidade de êxito aumenta.

Um dos empregos anteriores de Martin, nosso estrategista de aviação, tinha sido em uma empresa em que as pessoas pareciam ser movidas mais pelo medo de errar que pela empolgação diante de um possível êxito. "Todos estavam constantemente na defensiva. Eu caía o tempo todo naquilo que chamo de 'armadilha do negativismo' – eu dizia a mim mesmo: 'Se der errado, vou ficar sem dinheiro'. Isso tinha um impacto enorme. Era comum eu voltar para casa deprimido, e dar o melhor de si ficava difícil para todo mundo." Ele se surpreendia com a diferença quando enquadrava suas metas de maneira mais positiva. "Certos dias eu conseguia pensar mais na recompensa, nas possibilidades, e isso transformava meu humor e minha produtividade com muita rapidez – durante um ou dois dias, as coisas andavam rapidamente. Eu me sentia realmente como se estivesse conseguindo produzir."

Estas são algumas maneiras práticas de reenquadrar suas metas, de modo a mantê-lo no modo de descoberta, e não no modo de defesa:

- Pergunte a si mesmo: "Qual o resultado positivo que estou buscando? E o que preciso começar a fazer, ou fazer mais, para atingir esse resultado ideal?".

- Se alguma de suas metas for evitar alguma coisa, inverta-a e pergunte o que você pode fazer de bom, a mais, para atingir o mesmo resultado (por exemplo, em vez de dizer "Dê um jeito de parar de perder clientes", tente "Dê um jeito de tornar nossa proposta irresistível para o cliente").

Sendo uma pessoa sensata, Martin gosta de acrescentar mais um conselho em relação ao estabelecimento de metas de aproximação: "Enquadrar as coisas de uma maneira positiva não significa ser mentiroso. Eu tive um chefe que era horrível, mas sempre andava com um sorriso colado no rosto. Não é disso que estou falando. É só uma questão de articular suas metas de uma maneira que o ajude a atingi-las, em seu próprio e autêntico estilo".

Encontre um "porquê" pessoal

Em Ciência básica, comentei que os pesquisadores descobriram que o senso de autonomia é um componente crucial da motivação humana. Quando vamos fazer um esforço, gostamos em geral de sentir que temos algum controle sobre aquilo que estamos fazendo, e que algumas decisões são nossas. Nessa mesma linha, os cientistas descobriram que é mais provável atingirmos uma meta difícil quando descobrimos por conta própria por que aquele êxito tem valor. Ou, para usar a terminologia da psicologia, a motivação *intrínseca* — coisas que fazemos porque elas são satisfatórias ou significativas para nós — tende a gerar um desempenho mais elevado que o tipo de motivação *extrínseca*, que advém da tentativa de atender a expectativa alheia.[3] Na verdade, metas extrínsecas e intrínsecas funcionam de maneiras muito diferentes, porque são processadas por áreas diferentes do cérebro. Pedidos de terceiros ativam blocos cerebrais fortemente associados ao autocontrole e à disciplina pessoal; em compensação, metas estabelecidas para nós mesmos ativam regiões associadas a nossos desejos e necessidades.[4] Sentimos aquilo como algo que queremos, e não algo que temos que fazer.

O lado bom? Nem tudo, na nossa lista de tarefas, pode ser questão de paixão pessoal. Mas a ciência nos informa que é mais provável realizarmos alguma coisa quando nos damos ao trabalho de pensar por que aquilo importa pessoalmente para nós. Voltando ao exemplo anterior, neste capítulo: quando você resolveu pedir aos colegas que o ajudassem a desbloquear um projeto que não avança, poderia ter perguntado antes a si mesmo: "Por que é importante, para mim, que eles se envolvam?". Talvez essa questão relembre a você por que, antes de tudo, aquele maldito projeto lhe interessa tanto — o que, por sua vez, pode incentivá-lo a dar o salto e pedir ajuda na reunião matutina (na mesma linha: por que era importante, para mim, ajudar a equipe de Lucas a dar liga? Porque minha missão pessoal é ajudar a todos para que tenham um dia bom de trabalho. E assim por diante). Essa reconexão com o "porquê pessoal" pode ser o que é preciso para ganharmos, quando mais precisamos, aquele impulso extra que leva a tomar uma atitude.

Claro que, quando nos delegam uma tarefa, o "por quê" pode não ficar claro de imediato. Mas mesmo nesse caso, em geral não é tão difícil encontrar uma relação entre essa tarefa e coisas que importam para *nós*, mesmo que essa conexão seja tênue. Sempre se pode perguntar:

- "Que aspiração ou valor maior *meu* tem a ver com essa tarefa?"

- "Em que sentido esse pedido ajuda algo que importa *para mim*?"

Ouvi certa vez um ótimo exemplo desse tipo de "porquê pessoal", contado pelo diretor de um hospital comunitário. David tinha acabado de chegar à instituição e ainda era um estranho para a equipe. Por isso, resolveu passar um dia inteiro trabalhando disfarçado, anonimamente, para conhecer melhor como era a linha de frente da casa. David passou o dia levando pacientes da sala de emergência para os quartos e dos quartos para a mesa de cirurgia, e nesse processo foi aprendendo um pouco mais sobre o hospital. Em determinado momento, ele passou por um rapaz que estava mexendo numa porta com uma chave de fenda. David perguntou ao técnico o que ele estava fazendo. O homem olhou para ele e disse: "Estou consertando a dobradiça, para que ela se abra com mais facilidade. É dura demais. Por isso, quando empurramos o paciente na maca pela porta, ela dá uma chicotada perigosa. Isso não vai ajudar os pacientes a melhorar, vai?". Evidentemente, aquele técnico havia recebido de seu chefe uma lista de tarefas para o dia, e a estava executando disciplinadamente. Poderia ser algo tedioso, um fardo. Mas, na cabeça dele, o objetivo não era apenas consertar uma porta, era poupar sofrimento aos pacientes. Fazer essa conexão com uma coisa que era importante para ele o incentivava a tratar as tarefas mais como suas metas intrínsecas, o que lhe proporcionou maior satisfação e — segundo todas as evidências — também resulta num desempenho melhor.

Divisão em pedacinhos

Ao planejar o dia, uma tentação pode ser fazer uma "lista de compras" cheia de tarefas ambiciosas. Mas as pesquisas apontam que obtemos mais quando as metas têm foco e são factíveis. Para entender como, pense mais uma vez na forma como funciona o sistema de recompensa do cérebro. Enquanto a realização de metas nos gratifica com um pico de prazer motivacional, sua *não* realização provoca o oposto. Por isso, em geral, é melhor subdividir suas metas grandes e audaciosas numa série de metas menores, passo a passo, ao seu alcance. Dessa forma, as substâncias neuroquímicas do seu sistema de recompensa vão incentivá-lo a seguir em frente, em vez de irrigá-lo com sentimentos "desenergizantes" de desapontamento.

Por exemplo: estabelecer a meta de "aprender francês" dificilmente vai provocar muito progresso em apenas um dia; é uma meta grande demais para ocupar outro lugar na sua lista que não seja o de "qualquer dia desses". Mas provavelmente dá para dividir essa meta em pedacinhos efetivamente realizáveis no dia de hoje, tais como "pesquisar durante quinze minutos na internet para encontrar a melhor escola particular de francês da região" ou "ligar para Nicole e pedir a ela dicas de onde aprender francês". Esse tipo de subdivisão é uma boa dica para realizar as coisas.

Martin, o estrategista de aviação, tem uma visão grandiosa daquilo que pretende realizar no trabalho. Muitos de seus projetos são de grande porte e de longo prazo. Mas ele aprendeu a estabelecer pequenas aspirações diárias, que garantem um fluxo constante de gratificação no cérebro. "Eu tenho uma planilha com uma lista dos projetos que estou tocando, e em cada um deles identifiquei o passo *seguinte*. Assim, sempre estou ciente do próximo pequeno avanço a realizar. Descobri que, quando você subdivide uma meta em três metas menores, elas parecem mais realizáveis, e você obtém o triplo de satisfação ao riscar da lista cada uma delas." Por exemplo, o trabalho de Martin muitas vezes exige que ele escreva propostas de projetos, algo que, segundo ele, é "a parte menos divertida do meu trabalho". Para manter a motivação, Martin nunca estabelece simplesmente a meta de "escrever uma proposta". Ele a subdivide em "reunir informações", "elaborar o orçamento", "fazer um esboço", e assim por diante. "E cada vez que eu risco uma tarefa tenho a sensação de avançar", diz, o que o incentiva a ir para a tarefa seguinte.

Intenções de implementação, ou planos "quando-então"

Por fim, para garantirmos a realização de nossas metas, é bom sermos bastante específicos em relação àquilo que vamos fazer e quando vamos fazer. Compare, por exemplo, estas duas versões da meta de Audrey:

- "Vou mostrar um espírito mais cooperativo em minhas conversas hoje."
- "Quando alguém fizer cara feia ou criar obstáculos, vou fazer uma pausa para ouvir com atenção e fazer perguntas para me informar melhor."

Qual das duas proporciona uma ideia mais clara daquilo que ela realmente deve realizar? A segunda é muito mais concreta: é muito mais fácil vê-la acontecer, não é?

Isso ocorre porque ela contém uma regra clara do tipo "quando-então", ou seja, "*quando* X acontecer, *então* farei Y". Esse tipo de regra — cientificamente chamada de *intenção de implementação* — exige muito menos esforço do nosso cérebro do que conceitos abstratos como "mostrar espírito cooperativo", por não deixar dúvidas em relação ao que deve ser feito quando chegar a hora. Ao preencher o vácuo, no cérebro, entre intenções abstratas e medidas concretas, a fórmula "quando-então" cria uma receita conhecida para cumprirmos nossas metas.[5] A psicóloga Heidi Grant Halvorson, do Centro de Ciência Motivacional da Universidade Columbia, concluiu, depois de uma revisão de mais de duzentos estudos, que estabelecer intenções de implementação aumenta em até *três vezes* a probabilidade de realização de aspirações.[6]

Eis um pequeno exemplo de "quando-então" que me ajudou a realizar uma meta cotidiana. Eu não sou uma pessoa matutina. Só consigo ser produtiva nas primeiras horas do dia quando tenho colegas à minha espera. Por isso, quando abri minha própria consultoria empresarial e me tornei chefe de mim mesma, estava ciente do risco de desperdiçar a parte inicial do dia. Meu marido sugeriu que eu adotasse um hábito novo, dar uma caminhada, de manhã, para despertar minha mente, antes do trabalho. Parecia uma interessante nova rotina. Mas, quando tentei, acabava frequentemente vagabundeando na cozinha, com sono, checando meus e-mails. Foi então que saquei a arma do "quando-então", e estabeleci para mim mesma algumas regras: "*Quando* acordar num dia útil, *então* vou me vestir rápido e fazer o café para a minha garrafa térmica. *Quando* sair de casa, vou pegar a chave reserva que deixo pendurada ao lado da porta e *então* sair para uma caminhada de vinte minutos. *Quando* voltar, *então* vou dar uma olhada nos e-mails pela primeira vez no dia".

Talvez essa pequena rotina pareça sem importância. Mas esses "quando-então" extremamente específicos e práticos me ajudaram a alterar hábitos de toda uma vida. E são uma maneira sensacional de garantir que seus objetivos ganhem um pouco mais de proteção antes de serem postos à prova.

CRIE UMA LISTA DE TAREFAS FÁCIL PARA O CÉREBRO

Tendo estabelecido intenções positivas e metas claras, a maioria de nós se mantém na linha, de preferência, redigindo para si mesmo uma espécie de lista de tarefas. E há várias maneiras de criar uma lista de tarefas: você pode preferir um aplicativo cheio de fru-fru, seu notebook querido, ou garranchos na palma da mão. O que quer que funcione com você, o importante é que funcione. Mas em uma lista de tarefas há alguns itens essenciais, que não podemos ignorar se quisermos auxiliar o cérebro a atravessar o dia. Eles se baseiam nas descobertas sobre a memória de trabalho, a motivação e a busca de objetivos. Nem sempre vejo as pessoas pondo em prática esses atalhos do cérebro. Por isso, segue uma lista de tarefas que você deve levar em conta:

- Ponha tudo no papel assim que vier à sua mente. Nunca desperdice a preciosa memória de trabalho do cérebro tentando guardar tarefas ou ideias na cabeça. Poupe sua inteligência para a sua execução, e não para tentar lembrar do que é preciso fazer. Isso exige criar um processo de captura das tarefas assim que elas lhe ocorram, mesmo que isso signifique transferi-las para um grande listão.

- Mantenha em vista apenas as tarefas do dia. Pode ser que você tenha uma enorme lista de coisas que quer realizar nas semanas ou nos meses seguintes. Mas quando tiver decidido aquilo que realmente precisa e quer pôr em prática num determinado dia, trabalhe com *essa* lista e deixe o resto de lado. Enquanto suas tarefas de longo prazo estiverem no seu radar, vão consumir um pouco da capacidade de processamento do cérebro — o que pode até deixá-lo um pouco deprimido, se essa lista for muito longa.

➡ Transforme riscar a lista em um momento satisfatório. Se a lista estiver on-line, crie uma caixinha para riscar, e um barulhinho para ouvir. Se a lista estiver no papel, conceda a si mesmo o prazer de traçar uma linha bem grossa em cima de tudo que tiver terminado. Quanto mais gratificante for o monitoramento de seu progresso, mais o cérebro tenderá a motivá-lo para fazer coisas.

➡ Seja realista em relação àquilo que consegue fazer num único dia. Progredir causa uma sensação boa no sistema de recompensa do cérebro; fracassar não. Você tem cinco coisas para fazer hoje, mas provavelmente só terá tempo para três? É melhor sentir-se bem por ter resolvido três tarefas. Se você conseguir e descobrir que ainda sobrou tempo, será tomado por uma motivação maior para correr atrás de uma ou duas tarefas adicionais.

➡ Não ignore a manutenção do corpo e da mente. Exercitar-se e descansar, entre outras metas de saúde, precisam figurar em sua lista de tarefas, ao lado das demais. Se você se der ao trabalho de incluir "dar uma caminhada" na lista, é mais provável que isso passe a fazer parte do seu dia, sem ser negligenciado em favor de outras demandas — da mesma forma que a definição de metas em todos os aspectos aumenta a chance de atingi-las.

Como estabelecer metas ideais

Pare por um momento, agora, para pensar em suas prioridades para hoje.

➡ Estabeleça algumas metas comportamentais. *Pessoalmente*, que comportamento, da sua parte, ajudará em suas intenções de hoje? *Especificamente*, que atitudes você pode planejar? Inclua-as em sua lista, ao lado das tarefas regulares.

➠ Articule metas para o sucesso. Formule as frases de maneira positiva, significativa, factível e específica para a situação.

- Crie metas "de aproximação". Certifique-se de que essas metas dizem respeito a criar coisas desejáveis, ou fazer mais das que já existem, em vez de evitar a ocorrência de coisas indesejáveis. Se o tom estiver negativo, inverta-o.
- Busque um porquê pessoal. Você consegue articular por que aquela meta é importante para você, ou como ela será benéfica para algo importante para você?
- Subdivida a tarefa em pedacinhos. Se não ficar clara a atitude a tomar, subdivida a meta em partes menores. Seja particularmente claro em relação ao primeiro passo a tomar para progredir.
- Elabore um plano do tipo "quando-então". Defina regras situacionais claras ("*quando* X ocorrer, *então* eu farei Y") para aumentar a probabilidade de realizar suas metas mais importantes do dia.

➠ Crie uma lista de tarefas fáceis para o cérebro. Qualquer que seja sua abordagem em relação ao gerenciamento de tarefas, certifique-se de não sobrecarregar a memória de trabalho do cérebro e de alimentar o sistema de recompensa.

3. Como reforçar suas intenções

Agora você está a um passo de abordar o dia de forma muito mais cuidadosa: uma maneira que leva em conta o fato de que suas aspirações, sua atitude e seus pressupostos podem ter uma profunda influência em sua forma de vivenciar a realidade. Você tem metas claras, articuladas para que tenha a maior chance possível de sucesso. Vou lhe mostrar, então, como explorar ao máximo a caixa de ferramentas da ciência em busca de técnicas que o ajudarão a manter-se fiel a suas boas intenções, mesmo ao abordar as prioridades mais importantes ou fugidias. São três ferramentas: o contraste mental, o sugestionamento e o ensaio mental.

O CONTRASTE MENTAL

Uma excelente forma de reforçar suas intenções positivas, por mais estranho que pareça, é certificar-se de refletir sobre o lado negativo. O que quero dizer com isso é que você deve pensar de maneira franca em relação àquilo que poderá surgir como obstáculo à realização de suas metas, de modo a atacar de frente esses empecilhos. Essa é uma técnica conhecida como "contraste mental", porque você compara o resultado que considera ideal com a vida real (talvez alguns dos leitores já estejam sonhando com isso, depois de tanta positividade de Poliana).

Isso lembra um fenômeno batizado por Jim Collins de "paradoxo de Stockdale", em seu livro *Empresas feitas para vencer*. O nome do paradoxo vem de uma estratégia de enfrentamento de duas frentes, adotada pelo vice-almirante James Stockdale, da Marinha americana. Ele sobreviveu a oito terríveis anos como prisioneiro de guerra dos vietnamitas, enquanto muitos à sua volta perdiam as esperanças e sucumbiam. Stockdale percebeu que não era apenas aos pessimistas que faltava a força psicológica para resistir; ela também faltava aos otimistas cegos, devido às decepções permanentes que sofriam quando seus pensamentos otimistas (por exemplo, "Até o Natal seremos libertados") não se materializavam. Assim descreveu Stockdale: "Você nunca pode confundir a fé que você vai vencer no final — o que você nunca pode se dar ao luxo de perder — com a disciplina de enfrentar a realidade nua e crua de sua atual situação, seja ela qual for".[1]

Os psicólogos contemporâneos confirmaram que esse tipo de idealismo realista é o passaporte para garantir que nossas intenções se transformem em atos. Não estamos diante de desafios tão terríveis quanto o de um prisioneiro de guerra que luta pela sobrevivência, ainda bem, mas diariamente nos deparamos com obstáculos tais como tecnologias que nos deixam atrapalhados ou pedidos de última hora feitos por colegas. Gabriele Oettingen e Peter Gollwitzer, especialistas em psicologia motivacional da Universidade de Nova York, descobriram que a probabilidade de alguém atingir uma meta é muito maior quando esse alguém pensa bastante no *resultado* desejado e nos *obstáculos* pela frente, e se planeja para ambos. Em duas décadas de pesquisa, concluíram que isso é verdade em uma série de setores da vida, entre eles empreendimentos profissionais, notas acadêmicas e até relações amorosas.[2] Eles descobriram que o contraste mental funciona particularmente bem com o tipo de metas descritas no capítulo anterior — aquelas que são amplamente alcançáveis e enquadradas de forma positiva —, porque são metas do tipo que o ajudam naturalmente a sentir-se bem em relação àquilo que se está fazendo. Isso faz com que você não se deixe intimidar pelo pequeno choque de realidade que o contraste mental proporciona.

Para se beneficiar do contraste mental ao realizar seu próprio planejamento para o dia que começa, pergunte a você mesmo:

➠ O que tem maior probabilidade de interpor-se ao êxito na realização de suas metas para este dia?

➠ Qual é o seu plano de emergência "quando-então" para evitar que esse obstáculo se interponha?

* * *

No capítulo anterior, discuti a maneira como a técnica "quando-então" me ajudou, finalmente, a atingir uma meta muito cara a mim: sair para uma caminhada matinal antes do trabalho. Mas eu blindei essa caminhada matinal ainda mais quando reconheci que o mau tempo ("Hum, está chovendo, talvez eu não devesse sair") e a tentação de um banho quente ("Vou só tomar uma ducha rápida... xi, agora já está tarde para sair") eram sérios empecilhos àquela caminhada. Por isso, adicionei alguns planos "quando-então" para lidar com cada um deles:

➠ "*Quando* estiver tentada a tomar banho, *então* direi a mim mesma para me vestir logo, lembrar a mim mesma que não vou encontrar ninguém que eu conheça, e dizer que tomarei um banho superlongo, como recompensa, depois da caminhada."

➠ "*Quando* chover, *então* vou vestir meu agasalho impermeável com capuz, que vou deixar já do lado da porta para não ter o trabalho de procurar."

SUGESTIONAMENTO

Você tem alguma canção favorita que sempre lhe vem à mente? Ou um lugar onde você sempre parece ficar mais inspirado – uma sala arejada, talvez, ou sua cadeira favorita perto da janela? O lado ruim é que existem coisas que certamente o deixam triste – por exemplo, ouvir a expressão "videoconferência de duas horas". Como pequenas expressões assim podem ter um efeito tão palpável sobre nós? Será que é nossa imaginação? Provavelmente não. Ou, pelo menos, não totalmente, considerando a natureza altamente associativa do cérebro.

Cada pensamento, sensação e atitude sua corresponde a uma rede de neurônios que disparam sinais eletromagnéticos no cérebro. Um tipo de neurônio acende quando você pensa na cor vermelha; outro tipo, ligeiramente diferente, acende quando você se depara com algo laranja. Outros grupos de neurônios ganham vida quando você escuta uma determinada canção, consegue aquela preciosa cadeira na janela, liga um aparelho de videoconferência, e assim por diante. E cada uma dessas redes, por sua vez, está conectada a muitas outras, representando tudo aquilo que você associa àquela canção, àquela cadeira ou àquela videoconferência.

Por exemplo, seu mapa neural para a palavra "laranja" está ligado, provavelmente, àquele para a palavra "vermelho", uma vez que ambas são cores. E "vermelho", por sua vez, está conectado a toda uma série de pensamentos e memórias associadas em sua mente, inclusive, talvez, "carro de bombeiros" e "pôr do sol". Como ilustração disso, a psicóloga Elizabeth Loftus, da Universidade da Califórnia, criou o seguinte exemplo simplificado do tipo de mapa neural que muitos de nós temos no cérebro, e que refletem uma vida inteira de associações entre diversos objetos, experiências e ideias.[3]

Eis a questão: quando um cantinho de um mapa neural é ativado, ele pode agir como um dominó que cai, dando início a uma cascata de atividade nos neurônios a ele conectados. Por isso, se você fosse o proprietário do mapa neural apresentado na ilustração da página seguinte, e se encontrasse a cor vermelha, sob qualquer forma, poderia descobrir que ela desencadeou, inesperadamente, uma vívida recordação de um lindo pôr do sol durante as férias. Ver um carro de bombeiros pode despertar uma inexplicável vontade de comprar cerejas. Um pensamento desses pode brotar em sua consciência aparentemente do nada, caso você se depare com um índice que seu cérebro associa, por alguma razão, a esse pensamento específico — um fenômeno que os cientistas conhecem como *propagação da ativação*.

Por isso, quando você passa a tarde inteira produzindo um ótimo trabalho, refestelado na sua cadeira perto da janela, o mapa neural da sua "cadeira na janela" pode estar relacionado àquele que representa "comportamento extremamente produtivo e focado". Como resultado, você pode se surpreender com um sutil ganho de eficiência sempre que se senta ali. Ao mesmo tempo, o seu mapa neural que representa "videoconferência" pode estar conectado ao de "tédio" — o que faz com que você se sinta desanimado só de pensar em telefonar para o número da videoconferência. Uma música "pra cima" pode estar conectada à memória de uma noite agradável com os amigos, quando aquela música estava tocando, o que, por sua vez, conecta-se à rede cerebral relacionada ao bom humor. Relembrar um aspecto daquela noite — a música — pode acabar religando outras partes da memória, entre elas seu estado emocional. Assim, você ouve aquela música no caminho para o trabalho, e se sente bem — talvez consciente de que o motivo é a lembrança daquela noite agradável, mas talvez sem saber o motivo.

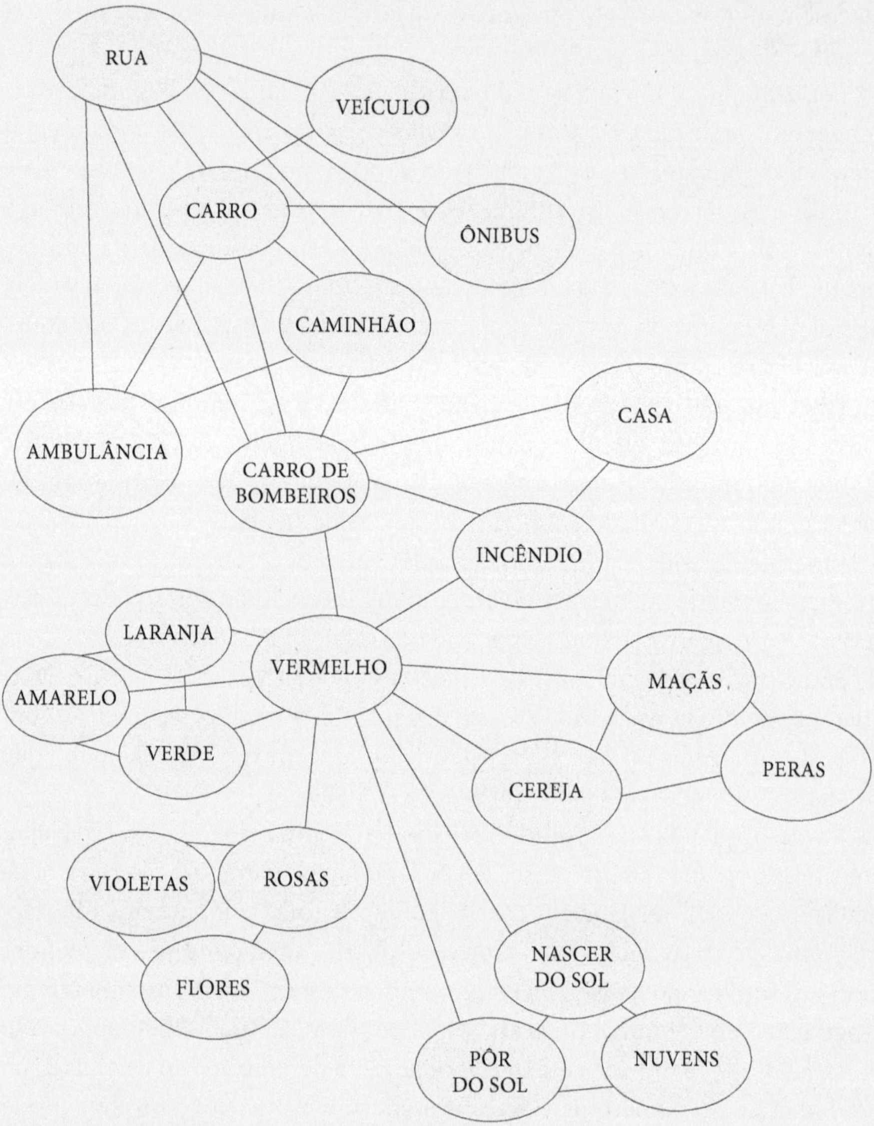
RUA
VEÍCULO
CARRO
ÔNIBUS
CAMINHÃO
CASA
AMBULÂNCIA
CARRO DE BOMBEIROS
INCÊNDIO
LARANJA
VERMELHO
AMARELO
MAÇÃS
VERDE
PERAS
CEREJA
VIOLETAS
ROSAS
NASCER DO SOL
FLORES
PÔR DO SOL
NUVENS

Você deve ter notado que fiz questão de dizer que essas conexões *podem* ocorrer. Elas não são garantidas. Como você bem deve saber se já teve dificuldade para recordar o nome de alguém, nem sempre as conexões neurais são ligadas na hora certa ou de maneira previsível. Mas a probabilidade de os neurônios se conectarem aumenta quando essa conexão ocorreu com frequência no passado — é por isso que é mais fácil se lembrar do nome do nosso cônjuge que do nome de um conhecido distante. Na neurociência, existe um ditado segundo o qual "células que disparam juntas, permanecem conectadas", um reflexo do fato de que as conexões neurais ficam mais fortes com o uso.[4] Por isso, no caso daquela música "pra cima", quanto mais a associamos ao bem-estar, mais forte se torna a conexão cerebral entre "aquela música incrível" e "ficar feliz".

Essa é a minha desculpa para entoar baixinho "I Feel Love", de Donna Summer, antes de encontros com clientes. Essa música funciona bem para me deixar pilhada antes de falar para uma sala lotada, porque na minha mente ficou associada a um show do Blue Man Group, anos atrás, que adorei. Achei a performance do grupo altamente energizante, e "I Feel Love" foi a música que encerrou o show. Por isso, sempre que a ouço, uma partezinha do meu cérebro dá início à rotina de "ficar pilhada". É um empurrãozinho bacana para me deixar pronta a agir.

E esse é o mecanismo que embasa um enorme número de pesquisas indicando que "pistas" pequeninas podem levar nossos pensamentos, sentimentos e atos para uma ou outra direção. Por exemplo: em um estudo, pediram a duplas de voluntários que jogassem um jogo no qual cada jogador escolhia entre uma estratégia cooperativa ou uma estratégia individualista. Quando essa experiência foi apresentada a eles como "jogo comunitário", dois terços dos voluntários escolheram a estratégia cooperativa. Mas quando foi batizado de "jogo da bolsa de valores", dois terços escolheram a estratégia individualista. Por quê? Porque essas palavras desencadearam uma série de associações no cérebro das pessoas, para o bem ou para o mal, e essas associações sugestionaram as escolhas que preferiram fazer.

Efeitos semelhantes também foram identificados com pistas físicas e visuais. Em uma experiência, a simples presença de objetos relacionados ao trabalho — uma pasta, uma mesa de reunião — fez os voluntários endurecerem as negociações com seus pares, mesmo sem qualquer menção à bolsa de valores.[5] Outro estudo mostrou que, quando se mostrava às pessoas a foto de uma biblioteca, elas começavam a falar mais baixo.[6] Num terceiro estudo, em que se aplicou a voluntários um teste para medir o grau de concentração, aqueles que tiveram que vestir um jaleco cometeram metade dos erros daqueles que ficaram à paisana — supostamente em razão da associação entre o jaleco e o alto desempenho acadêmico. Como era de esperar, quando disseram à turma do jaleco que a vestimenta branca pertencia a um pintor (e não a um cientista ou a um médico), as notas pioraram.[7]

Pode parecer que experiências assim impliquem conselhos para começar o dia: vestir um jaleco (de *médico*) e cercar seu café da manhã de objetos inspiradores. Evidentemente, não é tão simples assim (se fosse, este livro seria bem curtinho). Não há uma experiência única provando que este ou aquele índice vai inspirar um determinado comportamento, até porque o cérebro de cada pessoa faz associações diferentes com o mesmo índice. Por exemplo, você pode ter sido criado em uma cidade onde os carros de bombeiros são amarelos, em vez de vermelhos. Talvez você deteste Donna Summer e só veja conotações positivas na ideia de uma videoconferência de duas horas. Mas quase todos concordam que os índices à nossa volta podem representar estímulos pequenos, porém às vezes úteis, para nosso estado de espírito — principalmente quando nos expomos *deliberadamente* a influências que, sabemos, provavelmente vão desencadear associações frutíferas em nosso cérebro (como meu truque de Donna Summer).

Para aplicar isto em sua vida cotidiana, repense suas intenções, levando em conta o tipo de pensamento ou sensação que você quer incentivar em si mesmo hoje. Pergunte:

➡ Que palavras ou frases podem ajudá-lo a relembrar essas intenções?
- Experimente escrever um "bilhete" que o faça reter essas palavras na mente durante o dia.
- Cogite usar essa linguagem em sua lista de tarefas, ou em suas reuniões e e-mails.

Não é preciso que seu linguajar seja poético para ser eficaz. Desde que o estrategista político James Carville cunhou a frase "É a economia, imbecil", durante a campanha de Bill Clinton à presidência dos Estados Unidos em 1992, políticos de todos os tipos usaram variantes dessa frase crua para relembrar aquilo que precisa estar em destaque ao dirigir-se aos eleitores. Não há problema tampouco com chavões, desde que eles representem algo para você. Por exemplo, se a intenção for falar menos e ouvir mais na reunião do dia, rabiscar "menos é mais" no caderno pode servir como um excelente índice para deixar ali, no cantinho do seu campo visual.

➠ Você consegue transformar seu entorno em uma metáfora para suas intenções? Escolha um local de trabalho particularmente adequado, ou veja se é possível mexer no seu espaço de trabalho normal. Por exemplo:
- Como incentivo a manter a mente aberta, tente encontrar uma área livre para sentar-se e refletir (talvez até sair ao ar livre para caminhar e falar, caso você precise conversar com alguém).[8]
- Para aumentar a criatividade, você pode experimentar sentar-se num espaço cercado de arte e objetos originais.
- Para ter uma conversa calma, escolha um espaço aconchegante, e não uma sala de reunião.
- Se estiver num dia que exige raciocínio particularmente claro, limpe seu desktop e sua mesa de trabalho. Aumente a iluminação.

Martin, nosso especialista em aviação, reflete bastante sobre a forma como o entorno pode prejudicar ou auxiliar suas intenções. Ele tem uma meta cotidiana geral de evitar coisas que o distraiam, e reforça o último exemplo. "Minha mesa estava sempre abarrotada. Mas eu descobri que, quando tinha dificuldade em manter o foco nas intenções estabelecidas pela manhã, era muito útil remover tudo que estava em cima da mesa. Limpando o espaço, minha cabeça repentinamente ficava limpa. O efeito é quase milagroso."

O ENSAIO MENTAL

Se você pratica algum esporte, como golfe ou tênis, já tentou se imaginar dando a tacada ou a rebatida perfeita, antes de soltar o braço? Se acha que isso ajuda, as pesquisas apontam que provavelmente você tem razão, por dois motivos. Primeiro, quando visualizamos alguma coisa, o cérebro se ativa de maneira muito parecida com a que ocorre quando vivenciamos aquela mesma coisa na vida real. Os pesquisadores concluíram que essa semelhança fica entre

60% e 90%.[9] Segundo, quanto mais ensaiamos determinado comportamento, mais forte se tornam os caminhos neurais dentro do cérebro — o que torna mais fácil recorrer a esse mesmo comportamento quando mais temos necessidade dele. É por isso que a prática leva à perfeição. Portanto, quando nos damos ao trabalho de visualizar que estamos lidando bem com uma situação, estamos efetivamente dando ao nosso cérebro uma oportunidade de ensaiar — e fica mais fácil acender as conexões neurais corretas em meio ao calor da situação.

Muitas pesquisas confirmam o poder desse tipo de ensaio mental. Eu gosto particularmente de uma experiência de Alvaro Pascual-Leone, pesquisador de Harvard, e seus colegas, em que dois grupos de iniciantes aprenderam a tocar uma sequência de notas no piano, tiveram uma semana para ensaiá-la, e tiveram a precisão medida ao longo da semana. O porém é que um desses grupos só teve permissão para "ensaiar" mentalmente. O grupo sentava-se em frente ao teclado durante duas horas por dia, mas não tinha permissão para tocá-lo; em vez disso, tinha que se visualizar tocando as notas. O outro grupo teve autorização para efetivamente tocar nas teclas, e pôde ensaiar pela mesma quantidade de tempo. O resultado? Ambos os grupos aprenderam a tocar a sequência. No terceiro dia, os dois tiveram a mesma precisão. No quinto dia, o grupo que ensaiou fisicamente ganhou alguma vantagem. Mas bastou conceder ao grupo de "visualizadores" uma sessão de ensaio manual para que eles recuperassem o terreno perdido em relação ao grupo que tocou todos os dias.[10]

Doug, CEO de um grande varejista on-line na China, usa o ensaio mental com frequência na vida profissional. "Tornou-se fundamental para mim, sempre que entro numa situação desafiadora, como uma apresentação importante", diz. "Evidentemente continuo a fazer a preparação do tipo normal — tópicos em papeizinhos, e tal. Mas na manhã da palestra também me dou ao trabalho de imaginar como quero que o evento transcorra. Depois, tento me lembrar de uma apresentação anterior, complicada, mas que tenha dado certo, e de como eu lidei com ela. Respiro fundo, penso em cada aspecto daquela lembrança bem-sucedida e também da sensação física da experiência anterior. Esse processo é relaxante para mim, porque me dá a sensação de certeza de possuir os recursos para lidar com o problema que tenho pela frente."

Note que uma visualização eficaz não é sinônimo do tipo de assertividade apregoado pelo movimento new age de "pensamento positivo". Doug não ficou só murmurando "Acredite, que tudo dará certo". Ele fez um pouco de contraste mental e de planejamento prático quando-então. Imaginou detalhes específicos do desafio, e visualizou exatamente como abordaria e superaria essas questões, com base em sua experiência anterior. Da mesma forma, pianistas não ficam falando ou imaginando que são músicos bem-sucedidos; eles repassam obstinadamente, em suas mentes, nota por nota. As evidências científicas a respeito da visualização abonam os benefícios de um ensaio mental realista, e não de um pensamento mágico desenfreado.

Também é importante ressaltar que o ensaio mental, quando praticado corretamente, tira partido da maior quantidade possível de informação sensorial: imagens, sim, mas também sons, sensações, odores e até sabores. Fazer isso ajuda a ativar um conjunto mais rico de conexões neurais no cérebro. Assim, quando Doug se prepara para uma apresentação, ele imagina uma sala onde deu uma ótima palestra no passado, *e* também traz à mente o máximo possível de detalhes daquela experiência positiva: o som da própria voz, o que outras pessoas disseram, sua sensação íntima. Se der, até mesmo o lanche que ele comeu antes da palestra.

Doug acrescenta um conselho para tirar o máximo dessa técnica: "O ideal é que, com o tempo, você crie um repertório de memórias de sucesso às quais recorrer. Você pode recorrer a uma determinada memória para 'Eu quero fazer uma apresentação bem-sucedida', e a outra para 'Hoje eu preciso ser o mais paciente e tolerante possível'. Com a prática, acredito que você se torne capaz de visualizar essas memórias no momento exato em que precisa delas – literalmente como se você estivesse se colocando dentro daquele papel".

Eis alguns caminhos práticos, passo a passo, para usar o ensaio mental no reforço de suas intenções:

- ➠ Reviva triunfos passados. Pense a respeito da sua intenção positiva para aquele dia. Identifique um exemplo do passado, em que você se comportou e se sentiu da mesma forma que no dia de hoje. Em seguida, procure um canto tranquilo, onde você possa se sentar confortavelmente e fechar os olhos.
    - Respire fundo algumas vezes (isso vai ajudar a mobilizar um pouco mais de seu cérebro ao se aperceber das sensações de seu corpo, dar-se conta de todos os sons à volta e observar quaisquer padrões visuais em suas pálpebras cerradas).

- Agora pense em sua experiência positiva passada. Na sua mentalização, olhe em volta, lembre o que foi dito por você e pelos outros, os pensamentos que vieram à sua mente; atente para toda sensação e emoção que puder relembrar.
- Tendo vivenciado de novo aquela memória, em sua plenitude, abra os olhos. Se puder, ponha no papel o que mais se destaca dessa lembrança. Atente para todas as imagens e frases que possam ajudá-lo a fazer rapidamente a conexão com aquela cena.

➡ Ensaie para o desafio do dia. Imagine-se, de maneira intensa, assumindo aquele papel.

- Pense em suas intenções e objetivos para aquela tarefa, conversa ou reunião complicada para a qual você está se preparando. Leve em conta os aspectos daquela situação que podem ser penosos.
- Em seguida, feche os olhos e se enxergue dando conta de tudo com louvor, do começo ao fim. Repasse o filme inteiro em sua mente com os sons, visões e sensações que você espera ou gostaria de encontrar.

JUNTANDO TUDO: UMA ATITUDE ASSERTIVA EM RELAÇÃO AO DIA

Russell é gerente de marca de uma importante cadeia de hotéis, responsável pelo marketing e pela divulgação da empresa, assim como por uma parte do processo de desenvolvimento de produtos. Alguns desses "produtos" recentes são de grande porte, como um novo conceito de hotel urbano, ou pequenos, como um travesseiro um pouco melhor; a julgar pelo entusiasmo com que se refere a ambos, fica evidente que ele é apaixonado pelo que faz. Trata-se, porém, de um trabalho puxado, e Russell dá duro para aproveitar ao máximo o tempo a ele dedicado. Isso principia pela forma como prepara o dia.

"Na noite anterior, eu sempre penso em duas ou três coisas que realmente precisam acontecer no dia seguinte", diz. "Aí, na minha primeira hora de trabalho, penso naquilo que desejo realizar durante o dia, naquilo que preciso levar às reuniões marcadas. Pode ser uma ideia ou uma análise, mas também é uma forma de visualizar quem eu quero 'ser' na frente das pessoas que vou encontrar — aquilo que quero projetar com meu comportamento — e também como eu vou superar os obstáculos no caminho. Faço essa reflexão de manhã, porque quando o dia começa pra valer não para mais, e vira uma maratona de dez horas. Sinto que essa pequena preparação abarca quase tudo que eu farei naquele dia. Nossa energia e nossa atenção têm limites. Por isso temos todo interesse em assegurar que sejam empregadas de forma correta. É preciso tomar decisões conscientes em relação àquilo que é importante."

Ele também repassa suas premissas em relação às situações e pessoas que está para encontrar. "Procuro relembrar que devo ter a melhor expectativa possível. Sei que isso vai influenciar minhas percepções em relação ao dia", afirma. Às vezes ocorrem coisas inesperadas, é claro. "É preciso dar um espaço para os imprevistos. É necessário ser capaz de lidar com o inesperado. Mas é fácil reagir de uma maneira que lhe dará orgulho quando você já decidiu qual será o seu norte, porque assim sabe quais são suas verdadeiras prioridades e os valores que defende."

Ele não tem receio de reforçar suas intenções com algumas pistas de sugestionamento. "Admito que às vezes escolho minhas roupas na noite anterior, conforme o estado de espírito que desejo para o dia seguinte. Às vezes é só uma questão de escolher usar ou não uma gravata. Mas me lembro que certa vez pus um sapato preto com cadarço vermelho e fiquei surpreso com a quantidade de gente que disse que era uma ideia criativa. Por isso, agora, quando sei que vou para uma reunião em que quero me sentir criativo, às vezes uso isso."

Russell afirma que sua atitude altamente assertiva em relação à vida tornou sua carreira bem mais agradável e bem-sucedida com o passar dos anos. "Sinceramente, acho que isso me ajudou a identificar oportunidades que eu teria perdido, porque sempre me dou ao trabalho de buscar clareza naquilo que quero."

Como reforçar suas intenções

Agora, que tal perder um minuto para rever suas intenções e metas para o dia de hoje? Para as mais importantes delas:

- Contraste mental. Quais são os obstáculos mais prováveis diante daquilo que você espera alcançar? O que você pode fazer para reduzir a chance de que esse obstáculo o tire da rota – se possível, elaborando um plano "quando-então" específico?

- Sugestionamento. Que pistas você pode empregar para lembrar-se de manter o rumo no dia de hoje? Haveria palavras ou frases capazes de ajudá-lo a relembrar suas intenções? Como você pode transformar seu entorno numa boa metáfora de suas intenções?

- Ensaio mental. Tire um momento para visualizar a parte mais importante de seu dia como se tudo corresse exatamente dentro da sua expectativa. O que você vai fazer para superar os desafios à sua frente? O que você vai ver e sentir nessa hora? Você consegue se lembrar de um momento no passado em que tenha agido exatamente como quer agir hoje? Consegue se recordar intensamente desse momento?

PARTE II

Produtividade

Como fazer as horas do dia renderem mais

O mais importante é garantir que o mais importante seja o mais importante.

STEPHEN COVEY

Uma vez estabelecidas as intenções, definidas as metas motivacionais e tomadas as atitudes para reforçar essas intenções, qual a melhor forma de organizar o tempo e o trabalho de modo a atingir seus objetivos? Como fazer tudo isso caber nas horas de que você dispõe, de maneira que no final do dia você possa olhar satisfeito para trás?

Inicialmente, vamos reconhecer uma verdade essencial: a maioria de nós tem coisas demais a fazer. Entre as décadas de 1970 e 2000, o americano médio passou a trabalhar aproximadamente duzentas horas a mais, por ano – um mês inteiro adicionado.[1] E o horário de trabalho não apenas aumentou; também ficou mais frenético.Temos que dar conta de um número maior de pedidos informais, devido ao fluxo constante e permanente de mensagens e notificações que recebemos. Seja uma mensagem engraçada de um colega ou um "dê uma olhada nisto" recomendado nas mídias sociais, cada interrupção rouba um momento de nossa atenção.

Por isso, damos duro no trabalho, e mesmo assim parece que a lista de tarefas nunca fica mais curta que o dia. Concentramos a atenção em tudo que brilha com intensidade, em vez de concentrá-la naquilo que realmente importa e tem a ver com nossas intenções do dia. E, por causa de um longo horário de trabalho, provavelmente não estamos funcionando da maneira ideal. As evidências apontam para um declínio de produtividade e de desempenho cognitivo quando o dia de trabalho ultrapassa as oito horas. Isso significa que a nona, a décima e a undécima hora de trabalho são gradativamente menos produtivas para nós.[2]

Alguns anos atrás, Anthony deu um basta em todo esse sacrifício e malabarismo. Especialista em marketing digital, pai de dois filhos, ávido corredor, hoje ele é um homem cheio de energia e entusiasmo que não aparenta a idade que tem. Mas antes, sua vida cotidiana o deixava arrasado. "Eu trabalhava demais, sempre estava sobrecarregado, tendo que responder uma infinidade de e-mails. Tentei assumir o controle, mas não consegui. Na minha empresa existia uma espécie de 'supervalorização da presença' — era preciso dar a impressão de estar sempre presente, sempre trabalhando. Era um ambiente tóxico." Anthony acabou estafando. "Fiquei totalmente exausto, e percebi que aquilo não era sustentável. Resolvi que era hora de mudar."

Anthony fazia o possível para dar conta de tudo, realizando várias coisas ao mesmo tempo e cancelando dias de folga. Mas à medida que se inteirava melhor dos conhecimentos científicos sobre produtividade pessoal e estabelecimento de prioridades, percebeu que havia uma maneira melhor de lidar com as demandas da vida profissional, que não incluía se matar de trabalhar ou soltar tantos palavrões.

Nesta parte do livro, vou compartilhar aquilo que Anthony e outras pessoas descobriram sobre a colocação em prática desses conhecimentos. Vou mostrar como planejar o tempo de uma maneira que o faça sentir-se menos cansado, mais alerta, e com maior domínio das situações. Também vou propor atitudes contra o excesso de trabalho e para o momento em que você finalmente resolver parar de procrastinar. Tendo incorporado essas ideias a seu dia de trabalho, você descobrirá que subitamente o mesmo número de horas renderá bem mais, lhe dando um senso de realização e equilíbrio ao fim do dia.

4. Monotarefa – uma coisa de cada vez

Nossa tendência é achar que fazendo várias coisas ao mesmo tempo o dia renderá mais. Por isso, tentamos falar ao telefone enquanto lemos um documento ou navegamos pela internet. Damos uma checada no e-mail durante reuniões, e até durante o jantar. Falamos com o colega que está passando enquanto tentamos escrever aquele relatório atrasado e almoçamos na mesa de trabalho. Enquanto isso, pensamos: "Trabalhe, trabalhe, trabalhe".

Além de nos dar a sensação de que estamos dando duro para ter desempenho máximo, esse tipo de *multitarefa* nos dá um estimulozinho íntimo. O sistema de recompensa do cérebro aprecia novidades e contato humano, principalmente aquele que é inesperado. Por isso, cada barulhinho dos nossos aparelhos favoritos traz consigo a promessa de uma recompensa em potencial; cada interrupção prenuncia a possibilidade de um momento prazeroso ou divertido. Mesmo que no fim seja apenas mais um spam, é difícil resistir.

Apesar disso, as pesquisas indicam, de forma inequívoca, que a multitarefa é nociva à produtividade – ou seja, para ser claro, ela alonga o dia. Tentar fazer mais de uma coisa ao mesmo tempo não apenas nos desacelera, mas também nos induz a um número maior de erros – e o retrabalho que disso resulta nos retarda ainda mais. Temos a *sensação* de estarmos mais ocupados, mas estamos produzindo menos, e pior.

O custo da multitarefa para a produtividade no trabalho não é, tampouco, desprezível. René Marois, diretor do Laboratório de Processamento de Informação Humana da Universidade Vanderbilt, demonstrou que pessoas que tentam realizar duas tarefas simultaneamente levam 30% mais tempo e cometem o dobro de erros daqueles que completaram as mesmas tarefas uma de cada vez — essas conclusões foram replicadas várias vezes por outros cientistas.[1] Outras pesquisas mostraram que a multitarefa também prejudica a qualidade da tomada de decisões. Por exemplo, pediu-se a um grupo de voluntários que escolhessem a melhor localização para um armazém, depois de pesar os prós e contras de diversas opções. Quando eles tinham que conciliar isso com um novo pedido de informação — o tipo de coisa que acontece conosco o tempo todo no trabalho —, os voluntários levavam mais tempo para se decidir, e no fim acabavam fazendo escolhas piores.[2]

Enquanto isso, um estudo com funcionários da Microsoft concluiu que, depois que um e-mail interrompia o trabalho, eram precisos quinze minutos para recuperar plenamente o fio do raciocínio, mesmo quando o e-mail não era respondido.[3] Mensagens instantâneas não melhoravam muito as coisas; ainda levou mais de dez minutos até que os funcionários voltassem ao trabalho. Agora multiplique essa perda de foco pelo número de vezes em que você é interrompido num dia qualquer, e começamos a ver por que ficar o tempo todo on-line talvez não seja bom para a produtividade.

Por que a multitarefa provoca tamanha perda de velocidade, precisão e raciocínio? É preciso retornar às limitações do sistema deliberado do cérebro. Embora nos agrade a ideia de processar diferentes tarefas em paralelo, o sistema deliberado, na verdade, alterna a atenção entre uma e outra atividade. Liga "ler e-mail", desliga "escutar o que o colega disse". Liga "colega", desliga "e-mail". Cada um desses liga/desliga rouba do cérebro um pouco de tempo e energia.[4]

Para entender como ocorre esse custo de ligar e desligar, experimente este exercício simples:

- Diga "abcdefg", e imediatamente depois diga "1234567". Atente para o tempo que você leva para fazer isso. De preferência, cronometre.

- Em seguida, intercale os dois: diga "a1b2c3d4e5f6g7". Perceba quanto tempo a mais leva para você realizar a mesma quantidade de "trabalho" enquanto alterna entre letras e números — e quanto esforço mental a mais isso lhe exige.

Por isso, não surpreende que digamos coisas como "Não consigo prestar atenção no que estou pensando" quando tem gente falando conosco e o telefone está tocando. Dificultamos a tarefa do sistema deliberado do cérebro quando pedimos a ele que lide com mais de uma coisa. E como o equilíbrio emocional – manter-se calmo e contido – também é parte da missão do sistema deliberado, sobrecarregá-lo também tende a afetar a compostura. Um estudo mostrou que, embora as pessoas naturalmente fiquem um pouco ansiosas quando se lhes pede a realização de uma tarefa inteiramente nova, elas relatam o dobro de aumento na ansiedade quando são interrompidas durante sua realização.[5]

Qual o lado bom? Embora ter um dia cheio e variado possa ser animador, não convém que essa variedade ocorra a cada minuto quando se quer trabalhar com rapidez, precisão e tranquilidade. A multitarefa pode parecer uma maneira estimulante e eficiente de lidar com várias coisas a fazer, mas na verdade somos bem mais produtivos com a *monotarefa* – isto é, fazer uma coisa de cada vez.

MAS NÃO HAVERIA EXCEÇÕES?

Ao contrário do sistema deliberado do cérebro, o sistema automático consegue fazer um processamento paralelo. Por isso, se uma de suas tarefas realmente não exigir nenhum esforço consciente da sua parte, é possível fazer outra coisa ao mesmo tempo. Dirigir um carro costuma ser citado como um bom exemplo de tarefa automática. É por isso que somos capazes de bater papo com alguém ao mesmo tempo que dirigimos em trechos tranquilos, onde nada excepcional ocorre.

Mas assim que uma tarefa simples ganha complexidade – por exemplo, se outro carro aparece repentinamente na nossa frente –, dirigir deixa de ser uma tarefa automática. Passa a exigir a atenção consciente do sistema deliberado. Nessa hora, não conseguimos bater papo *e* reagir com segurança à situação diante de nós. É por isso que um em cada cinco acidentes graves é provocado por um condutor distraído, e é por isso que boletins policiais indicam que os acidentes de trânsito caíram 40% em Abu Dhabi e 20% em Dubai durante uma breve queda das redes de Blackberry nesses dois emirados, em 2011.[6]

Existem sinais de que uma pequena porcentagem de pessoas, menos de 10%, tem cérebros que parecem atuar de forma diferente. O psicólogo David

Strayer, radicado em Utah, investiga esse raríssimo fenômeno dos "supertarefas", e eles de fato existem. Mas, sejamos francos, ou você é um deles ou não é, e a triste verdade é que a maioria das pessoas — inclusive os leitores deste livro — não é. Praticar a multitarefa com frequência não o faz melhor nisso, tampouco. Na verdade, constatou-se que os multitarefas habituais levam *mais tempo* para alternar entre tarefas do que multitarefas ocasionais — talvez por terem perdido a capacidade de manter o foco mesmo por curtos períodos.[7] E, ironicamente, as pesquisas mostram que aqueles que têm maior confiança na própria capacidade de multitarefas são aqueles que pior se saem.[8]

Categorize as tarefas, divida o dia em blocos

Por isso, vamos entender como é o dia ideal para o cérebro monotarefa. A primeira conclusão das pesquisas é que você pode trabalhar menos horas, e se esforçar menos durante essas horas, se categorizar as tarefas de maneira mais eficiente. Por "categorizar" entendo agrupar tarefas semelhantes, de modo a despender menos tempo e energia alternando entre diferentes tipos de atividade. Aplicado ao exercício do "a1b2c3..." que citei antes, isso representa lidar primeiro com as letras, em uma categoria, e depois com os números, em outra categoria. Aplicado às tarefas, isso representa cuidar do e-mail, e *depois* cuidar de pensamentos mais profundos. Sem misturar os dois.

Anthony aliviou enormemente sua carga de trabalho ao aplicar ao máximo a técnica da categorização às tarefas diárias. Por exemplo, parte de seu trabalho inclui procurar e compartilhar matérias interessantes com seus clientes. "Pode parecer uma tarefa única, mas na verdade envolve diversos tipos de atividade", diz ele. "Tem a tarefa de *levantamento* de informação, ou seja, minha mente tem que estar bem aberta e em modo de varredura. Depois tem a *digestão*, ou seja, tenho que parar e pensar. E por fim há o *compartilhamento*, que exige de mim algumas decisões: o que vale a pena repassar, e para quem? Levantamento, digestão e compartilhamento requerem estados mentais diferentes." Anthony costumava misturar tudo, mas, como ele diz: "Eu costumava me distrair enquanto ia e vinha, porque usava aplicativos diferentes para levantamento e compartilhamento. Eu ficava sempre com várias janelas abertas no notebook. Cada uma delas era um convite para divagar. Por isso, descobri que é muito melhor subdividir os diferentes tipos de atividade, e dizer a mim mesmo:

'Agora estou *levantando* e inteiramente focado nisso'; 'O.k., agora estou *digerindo* e estou focado nisso'. No fim, leva bem menos tempo, e a qualidade do que faço é bem maior".

Anthony também decidiu criar "blocos"-padrão, diariamente, em sua agenda: pelo menos um período de tempo para pensar nas tarefas mais melindrosas do dia, e dois ou três "blocos de e-mail" em que ele responde o máximo possível das mensagens que chegam. Às vezes, ao decidir onde encaixar esses blocos, ele precisa ser oportunista, buscando fatias de tempo livre na agenda. Mas, segundo Anthony, só de saber que ele tem tempo reservado para cuidar da caixa de correio duas vezes por dia torna muito mais fácil focar nas outras tarefas no meio-tempo, o que lhe permite colher os benefícios cognitivos e emocionais da monotarefa ao longo do dia.

Eis algumas sugestões para você mesmo tentar:

➠ Categorize suas tarefas em diferentes tipos de trabalho. Que gênero de tarefa você terá que realizar hoje? Quais delas se encaixam em cada categoria? Eis alguns agrupamentos que você pode tentar:
- Reflexões em profundidade ou trabalho criativo.
- Respostas a e-mails e mensagens.
- Leituras e pesquisas.
- Reuniões (virtuais ou presenciais).
- Projetos pessoais.
- Trabalho burocrático.

➠ Nesta última categoria, Anthony conta que roubou de Benjamin Franklin a atitude de descrever o temido "trabalho burocrático" como "colocar as coisas no lugar", ou CCL. "Todo mundo fica desanimado quando pensa na burocracia. Mas 'colocar as coisas no lugar' soa como algo que qualquer pessoa com bom senso gostaria de fazer. Outro conhecido meu chama de 'momento de consolidação', por razões parecidas."

➠ Então, identifique seus blocos de trabalho ininterrupto. Examine sua agenda do dia, e descubra onde você pode identificar momentos em que seu trabalho não é interrompido e você pode se dedicar a diferentes tipos de tarefas. Tente "cercar" blocos de pelo menos vinte ou trinta minutos. Se a sua agenda for fragmentada demais, com reuniões e telefonemas dispersos ao longo do dia todo, tente agrupar melhor essas interações, pedindo a alguém para adiar ou antecipar um pouco uma reunião ou uma conversa. Muitas vezes dá para alterar compromissos desse jeito, mas em geral nos falta coragem ou iniciativa para perguntar — e vale a pena arriscar essa pergunta se com isso você puder criar um espaço de tempo livre dentro do seu dia.

➠ Em seguida, resolva quais conjuntos de tarefas cabem em cada bloco de tempo. O objetivo é ziguezaguear menos entre diferentes tarefas sem ter que pular da redação de um documento para a resposta de um e-mail ou atender um telefonema. Se for preciso fazer uma única coisa, crie um bloco para mais pensamento criativo e reflexão aprofundada, e um ou dois blocos para dar conta das mensagens. Dedique o maior e melhor bloco de tempo àquela tarefa que exige a reflexão mais aprofundada, algo que vá lhe exigir tempo.

Também é interessante fazer experiências com os horários do dia que funcionam melhor para diferentes blocos de trabalho. Não se deixe seduzir por aqueles que asseguram que só existe uma hora do dia para realizar certos tipos de tarefas. Por exemplo, há quem diga que se deve *sempre* realizar tarefas criativas bem cedo, pela manhã. Esse conselho se deve ao fato de haver, efetivamente, algo especial em relação ao tipo de pensamento fluido que você tem assim que acorda. É bom deixar um bloquinho ao lado da cama, ou do chuveiro, para guardar esses pensamentos. Mas você precisa conhecer a si mesmo e refinar a agenda de acordo com isso. Se você for do tipo noturno, não há como sua rotina ideal ser a mesma da pessoa madrugadora que se levanta antes das seis da manhã. Qualquer que seja seu "cronotipo", matutino ou noturno, identifique qual a sua melhor hora do dia, e aproveite-a para trabalhar em tarefas mais complexas.[9]

LIVRE-SE DAQUILO QUE O DISTRAI

A revolução seguinte no trabalho de Anthony veio quando ele se condicionou a manter o foco diante de coisas que pudessem distraí-lo. Ele sabia que, qualquer que fosse a atividade que o estivesse ocupando — um telefonema, uma tarefa, um texto a escrever —, ele a faria de forma mais inteligente e mais rápida se conseguisse focar toda a energia mental naquela única tarefa em vista. É claro que o mesmo é válido para você.

Eis minhas sugestões para se livrar de distrações desnecessárias, para concentrar a preciosa atenção do cérebro naquilo que mais importa no momento:

- Desligue os alertas. Antigamente, o único alerta com que tínhamos que lidar era o toque do telefone. Dá para imaginar? Hoje em dia, estamos cercados de aparelhos que clamam pela nossa atenção, das campainhas e vibrações dos smartphones aos pop-ups visuais nas telas de computador. Enquanto essas notificações chegarem a você o dia inteiro, você não fará o melhor uso possível do seu tempo, já que processar cada uma delas rouba um pedacinho da memória de trabalho do cérebro, quer você responda ou não. É fácil desligá-las quando você realmente precisa de foco — por exemplo, colocar o telefone em modo avião ou desligar o acesso wi-fi do computador. Para ganhar pontos no QI, você também pode desligar permanentemente as notificações menos importantes e mais incômodas nas configurações de seus aparelhos.

- Afaste-se das tentações. Toda distração visual ocupa um pedaço da sua memória de trabalho e aumenta um pouco mais a tentação de cair para o modo multitarefa. Por isso, quando você precisa realizar um serviço que exige foco, feche totalmente seu e-mail. Feche seu navegador, ou, pelo menos, as abas que não estiver usando. Na época em que não havia acesso sem fio à internet, o escritor Jonathan Franzen garantiu sua concentração para escrever o romance *Liberdade* trabalhando em um computador que não tinha conexão à internet — ele colou um cabo Ethernet em seu notebook e depois o cortou, inutilizando a entrada. Na era sem fio, existem versões mais modernas do truque de Franzen, sob a forma de aplicativos que bloqueiam o acesso a certos sites durante determinados períodos de tempo (e não exigem cola alguma).

- Deixe as divagações na "garagem". Mesmo quando você está fazendo todo o possível para se concentrar numa única tarefa, pode se dar conta de que outros pensamentos irrompem na sua mente durante o trabalho, e que alguns deles têm valor demais para serem jogados fora. Em vez de gastar espaço cerebral tentando guardar essas faíscas isoladas, ou de ceder à vontade de se aprofundar nelas, adquira o hábito de registrá-las imediatamente (talvez num post-it ou num gravador de voz), para poder recuperá-las na hora certa.

- Aumente sua energia. A maioria de nós não está acostumada a focar a atenção numa coisa de cada vez. Por isso, no início, pode parecer difícil. Se for esse o seu caso, principie com apenas cinco minutos diários de tempo sem distrações. Depois, avalie o que você foi capaz de fazer nesse tempo e não deixe de incentivar a si mesmo – talvez anotando o tempo total que você conseguiu passar off-line durante o dia. É importante que você se conceda pequenas recompensas assim, porque é preciso competir com o pequeno prazer que o cérebro obtém do constante estímulo por estar on-line. Com o passar do tempo, aumente gradualmente a duração das sessões focadas até ser capaz de se concentrar por longos períodos sem sentir ansiedade.

- Cronometre-se. Quando estiver realizando uma tarefa importante, estabeleça quanto tempo você quer passar focado nela de maneira apropriada. Então, ligue um cronômetro que marque a contagem regressiva desses minutos. Isso cria um ponto de foco e propicia um pico de satisfação quando o cronômetro chega ao zero e toca, como se aprovasse seu trabalho.

Hoje em dia, Anthony atribui diferentes períodos de tempo a diferentes tarefas. "Li uma pesquisa dizendo que noventa minutos são o tempo ideal para uma reflexão aprofundada e focada. Por isso, quando tenho que pensar um pouco mais em alguma coisa, marco noventa minutos no cronômetro, e as pessoas já sabem que estou cuidando de alguma coisa. Podem me interromper quando for necessário, mas sabem o que aquilo representa." Ele diz que às vezes fica cansado depois de 65 ou setenta minutos, "mas não tem problema, aprendi que não preciso me preocupar com isso". Para tarefas menos pesadas, ele prefere períodos de 25 minutos. "Qualquer que seja a duração escolhida, eu sinto que o cronômetro o deixa mais focado quando você começa, porque é um lembrete de que aquilo tem hora para acabar."

E se o chefe ligar?

Min trabalha como executiva em uma firma de telecomunicações, e constantemente tem que lidar diretamente com o CEO global da empresa. Ela o descreve como "um daqueles tipos que nunca param, sempre fazendo perguntas e cobrando respostas". Pouco tempo atrás, ela leu um artigo que a ajudou a entender os perigos da multitarefa, e vinha conseguindo mudar alguns dos próprios hábitos. Ela passou a checar as mensagens em vários blocos de tempo diários predefinidos, de modo que ninguém ficasse esperando mais que duas horas por sua resposta. Mas isso fazia com que nem todo mundo recebesse uma resposta minutos depois de tentar contatá-la. E isso incluía o CEO, que se queixava disso.

Min ficou tentada a ceder e criar um alerta personalizado no celular, que só tocaria quando fosse ele na linha. Antes de recorrer a essa solução, porém, ela decidiu tentar explicar o que estava fazendo. "Eu disse a ele que estava propositalmente tentando ser uma 'agrupadora' de e-mails, em vez de uma 'varredora' de e-mails, por conta das evidências científicas contra a multitarefa. Expliquei que eu lia os e-mails quatro ou cinco vezes por dia, o que ainda garantia um tempo de resposta bastante rápido." Ela conta que ele concordou, quase persuadido, mas em seguida perguntou: "E se eu precisar contatá-la com urgência? Checar os e-mails quatro vezes por dia pode fazer com que eu espere três horas para falar com você". Min refletiu por um instante. "E se eu der um jeito para meu assistente me localizar quando você realmente precisar de mim?" Ele concordou.

Min pensou a respeito do poder daquela rápida conversa. "Raramente nos damos ao trabalho de conversar a respeito da forma como organizamos o dia, e por que fazemos do jeito como fazemos. Mas discutir o assunto explicitamente com meu chefe reduziu o estresse de ambos os lados. Fez uma enorme diferença tanto para mim quanto para ele."

Monotarefas

Analise sua agenda de hoje e organize sua programação de modo a permitir que o cérebro tenha desempenho máximo (e, assim, realize mais). Tente fazer o seguinte:

- Categorize suas tarefas. Agrupe tarefas semelhantes (por exemplo, e-mails, telefonemas e leituras) para não ter que passar o tempo todo de um modo mental para outro.
- Compartimente seu dia de trabalho. Escolha a melhor hora do dia para lidar com cada categoria de tarefas, incluindo um ou dois "blocos de e-mail". Crie blocos mais extensos de trabalho ininterrupto para as tarefas mais importantes. Você tem como alterar alguns compromissos para criar blocos de tempo mais livres?
- Livre-se daquilo que o distrai. Minimize as interrupções, ajudando a focar a atenção na tarefa atual. Que alertas dá para desligar? É possível usar um aplicativo que bloqueie o acesso a determinados sites? Escolha uma boa técnica de "garagem" para guardar suas divagações antes que elas lhe tirem o foco.
- Programe pequenas recompensas para o bom comportamento. Como você pode se premiar por ter mantido o foco numa única tarefa – por exemplo, marcando no cronômetro ou anotando o tempo usado?
- Compartilhe seu aprendizado. Você consegue ser proativo e explicar suas escolhas de horário aos colegas (pode usar o exercício do "a1b2c3..." com eles, para demonstrar por que você deixou de ser multitarefas)?

5. Como planejar um descanso voluntário

Você olha o relógio. Como as horas passaram tão depressa? Falta tanta coisa para fazer. Seus olhos estão vermelhos e sua cabeça vagueia. Já nem se lembra qual foi a última vez que esticou as pernas. Mas você diz a si mesmo que tem que seguir em frente, aproveitar ao máximo as horas do dia.

Mas será que tem? Você consegue realmente espremer mais produtividade enfrentando seu cansaço? Como sou eu quem está fazendo a pergunta, é provável que você já tenha entendido aonde quero chegar: a resposta é não. Pode não ser intuitivo, mas aproveitar bem o dia não significa dar duro sem parar. Na verdade, pesquisas mostram que somos mais produtivos quando nos concedemos tempo para desacelerar entre um e outro surto de trabalho árduo.

É um argumento de duas faces. A primeira é que o sistema deliberado do cérebro necessita regularmente de descansos e de combustível para se manter plenamente ativo. A segunda é que, quando você está "descansando" – isto é, não está ativamente envolvido com uma tarefa –, o cérebro está ocupado ajudando-o a aprender e a ter novas ideias. Vou explicar um pouco melhor esses dois argumentos antes de discutir o que isso significa, na prática, para você.

FADIGA DE DECISÃO

Nosso dia é repleto de pequenas decisões. Por exemplo: quando ouvimos alguém dizer algo com que não concordamos totalmente, precisamos tomar uma decisão: abrir a boca e discordar ou dar um sorriso e assentir? Se decidirmos discordar, o que devemos dizer (e o quão diplomaticamente)? Até mesmo esse tipo de escolha imediata e simples exige avaliar prós e contras de diferentes alternativas, levando em conta como elas se equivalem, e decidindo o que fazer na sequência. Por isso, a tomada de decisões exige muita energia do cérebro. E quanto mais decisões são exigidas de nós, menor a capacidade cognitiva disponível para avaliar as alternativas e fazer escolhas corretas e sutis — um fenômeno que os cientistas chamam de *fadiga de decisão*. É algo que você já deve conhecer, se já teve que redecorar um apartamento e sentiu-se exausto com as infindáveis decisões de cor da parede ou design da torneira, a ponto até de acabar dizendo: "Não quero mais saber".

No trabalho, os efeitos da fadiga de decisão podem ser bastante graves. Em um estudo do cientista comportamental Shai Danziger com colegas da Universidade de Tel Aviv, os pesquisadores analisaram mais de mil decisões tomadas por juízes israelenses ostensivamente objetivos no julgamento da liberdade condicional de presos.[1] Ao longo do dia, o colegiado decidia conceder ou não a condicional antes do prazo, depois de ouvir a argumentação dos detentos. O dia dos juízes era organizado em três blocos, separados por dois intervalos. Os pesquisadores constataram um padrão muito claro nas decisões tomadas pelos juízes. Quando a argumentação de um prisioneiro era ouvida no começo de um dos períodos de tempo, estando os juízes com a mente mais fresca, logo depois de um descanso, o preso tinha 65% de probabilidade de obter a condicional. Mas se sua exposição fosse ouvida mais para o fim da sessão, quando os juízes estavam para tirar o intervalo, a chance de que eles se dispusessem a rever a sentença caía para quase zero, qualquer que fosse o mérito do caso. Esse padrão se mostrou inescapável — um pico depois do intervalo, seguido por um declínio constante. Aparentemente, nada influía mais no desfecho do pedido de um prisioneiro do que o momento em que era apresentado ao colegiado, e a energia dos juízes para se deixar convencer pela argumentação.

Estudos também mostraram que as pessoas tomam decisões de compras piores quando estão cansadas, seja num shopping ou numa concessionária de automóveis.[2] Também ficam menos propensas a tomar decisões eticamente corretas ou obedecer a normas de segurança. Um estudo da Universidade da Pensilvânia com funcionários de hospitais revelou que um número alto de horas de trabalho sem descanso diminuía a propensão dos trabalhadores a seguir regras básicas de higiene, que eles sabiam ser importantes.[3]

O que está por trás desses lapsos é o fato de que, quando o sistema deliberado do cérebro está sobrecarregado, não consegue dar conta adequadamente de suas atribuições. Isso quer dizer que temos menos ideias, menos autocontrole, menos concentração e menos eficiência no planejamento. Em vez disso, quando demoramos para descansar, o sistema automático assume o comando. Isso significa que temos tendência a buscar a escolha mais fácil – a solução rápida, a resposta em branco e preto, o estímulo de curto prazo, a opção-padrão ou o status quo – e não aquela que efetivamente seria a melhor.

Esse tipo de lapso é ainda mais provável quando estamos com fome, porque parte da capacidade do sistema deliberado é redirecionada para o monitoramento da abstinência cada vez maior de nosso estômago vazio, e para estratégias que lidem com ela ("Vamos fazer uma pausa logo? Devo pedir licença? Será que ainda sobrou algum cookie?"). Como o resto do corpo, o cérebro também precisa de glicose para funcionar – mas, ao contrário de outras partes do corpo, não consegue armazenar muita. Por isso, alimentar-se regularmente nos ajuda a manter uma cognição alerta.[4]

Considerando tudo isso, não admira que até pessoas trabalhadoras e comprometidas comecem a esmorecer quando trabalham muito tempo sem uma pausa. Simplesmente não é possível sustentarmos indefinidamente o mais alto grau de atenção e análise do cérebro, mesmo que queiramos. É por isso que tantas reuniões acabam num clima ligeiramente desagradável: pessoas que não tiveram descanso suficiente raramente têm a energia mental necessária para um bom desfecho.

O TRABALHO PESADO DE DESCANSAR E REFLETIR

Mesmo quando o cérebro não está ocupado com uma tarefa – quando está naquilo que os neurocientistas chamam de "estado de repouso" –, ele continua extremamente ativo.[5] O que ele faz nesse estado se tornou o foco de um empolgante novo campo de pesquisa. Os estudiosos estão descobrindo que, quando permitimos que o cérebro descanse de uma tarefa, ele aparentemente realiza um importante trabalho de codificação e consolidação das informações que acabamos de absorver — e esse tempo de reflexão resulta em uma melhora do aprendizado e da criatividade.

Saber Sami, neurocientista da Universidade de Birmingham e da faculdade de medicina de Harvard, é um dos que estão tentando mapear as atividades do cérebro "em repouso". Em uma de suas experiências, pediu a voluntários que deitassem dentro de um aparelho de ressonância magnética enquanto seguravam um teclado. Em seguida, pediu que apertassem teclas que combinavam com imagens diversas que piscavam diante de seus olhos. Ao cabo de seis horas, todos melhoraram sua velocidade nessa tarefa, e os cientistas puderam identificar as regiões do cérebro acionadas à medida que os voluntários se aprimoravam. Mas a principal descoberta feita pelos cientistas foi que conexões novas e mais fortes entre essas áreas do cérebro surgiram durante os períodos de descanso dos voluntários, indicando que o cérebro continuava a processar aquilo que havia sido aprendido, mesmo sem estar envolvido efetivamente com a tarefa.[6] Em outras palavras, eles não melhoraram simplesmente porque treinaram mais. O descanso também desempenhou um papel importante nessa melhora.

No estudo de Sami, os voluntários não tinham ciência de que estavam refletindo sobre a tarefa durante o intervalo. Mas um estudo de duas partes, feito por Giada Di Stefano e colegas da faculdade de administração de Harvard, demonstrou claramente o poder de uma pausa *consciente* na organização do pensamento. Primeiro, os pesquisadores pediram a voluntários que completassem um exercício em que era preciso achar, num conjunto de números, os dois cuja soma dava exatamente dez. Parece fácil, mas o desafio era que esses números iam até a segunda casa decimal. Os pesquisadores descobriram que as pessoas tinham melhor desempenho depois de refletirem, por um instante, qual a estratégia que trazia melhores resultados.[7] Isso, por si só, já era uma conclusão interessante.

Então, estudando funcionários de uma central de telemarketing na Índia, Di Stefano e sua equipe encontraram resultados práticos ainda mais acentuados. Nessa central, os novos funcionários recebiam um treinamento inicial de quatro semanas. Todos recebiam a mesma formação, mas se pedia a alguns dos novos contratados que passassem quinze minutos colocando por escrito duas ou três lições importantes que tinham aprendido naquele dia. O resultado? Os empregados que puderam fazer uma pausa para reflexão tiveram desempenho 23% melhor em um teste pós-treinamento. Uma pequena quantidade de reflexão resultou num grande estímulo.

Na verdade, dar ao cérebro a chance de ter um pouco de recuo em relação a uma tarefa, para consolidar a experiência, é um pouco o que acontece quando dormimos, segundo a neurocientista cognitiva Jessica Payne, chefe do Laboratório de Memória, Sono e Estresse da Universidade de Notre-Dame. Em suas palavras, "está claro que é benéfico para nós ligar e desligar alternadamente, quando queremos maximizar a capacidade do cérebro de tirar um bom proveito das informações que absorvemos".[8]

SUA "ESTRATÉGIA DE PIT STOP"

Tudo isso significa que fazemos um uso superior da energia mental quando reservamos um pouco de tempo, durante o dia, para recarregar as baterias e refletir, em vez de forçarmos um compromisso atrás do outro, sem nenhum espaço para respirar.

Existe uma metáfora do automobilismo que acho útil quando quero lembrar a mim mesma de tirar os olhos do notebook e fazer uma pausa. Quando eu era criança, visitei os boxes do famoso circuito de fórmula 1 de Silverstone. Foi fascinante aprender a respeito das trocas de pneus e do reabastecimento, que os mecânicos fazem em questão de segundos. Mas o que me marcou mais foi a ideia de que o êxito era determinado não apenas pela velocidade do carro na pista, mas também pela "estratégia de pit stop" — as paradas programadas pela equipe. Cada parada era um investimento tático em desempenho, uma desaceleração proposital, para permitir que o carro voltasse com maior velocidade. Os pit stops não são tempo perdido — são uma parte essencial de uma corrida eficiente e bem planejada. E o cérebro é como um carro de corrida. A pausa é tão importante no trabalho quanto qualquer outro momento do dia, e você precisa garantir pausas o bastante ao longo do dia. Planeje-as, proteja-as, respeite-as.

Agora, vamos falar mais especificamente sobre os componentes de uma boa estratégia diária de pit stop: pausas inteligentes e tempo de reflexão.

No último capítulo, falei do zoneamento do seu dia, agrupando tipos de tarefas semelhantes. Agora, ao examinar sua agenda:

- Preveja uma breve pausa entre diferentes "blocos" de tarefas em seu dia. Por exemplo, se você passou uma hora colocando os e-mails em dia, conceda-se alguns minutos para se levantar e espairecer as ideias antes de entrar numa reunião ou iniciar um período de trabalho criativo ou analítico.

- Categorize as tarefas. Agrupe as semelhantes (por exemplo, e-mails, telefonemas e leituras) para não ter que passar o tempo todo de um modo mental para outro.

- Nunca deixe que mais de noventa minutos passem sem fazer algo para refrescar o corpo e a mente — se possível, estique as pernas depois de uma mudança momentânea de ares.

Por que eu sugiro noventa minutos? O psicólogo K. Anders Ericsson, da Universidade do Estado da Flórida, examinou durante vários anos as características e rotinas diárias de especialistas de alto nível — gente como atletas, jogadores de xadrez e músicos de qualidade internacional — para entender os padrões por trás de seu desempenho de elite. Ericsson descobriu que aqueles com mais alto desempenho costumam trabalhar em blocos focados de noventa minutos, com pausas no meio.[9]

Para mim, isso faz todo sentido. Nos últimos quinze anos, passei bastante tempo elaborando agendas de reuniões de direção e observando o que acontece quando eu as organizo. Depois da marca dos noventa minutos — ou até antes, quando as pessoas já chegam cansadas à reunião —, a atenção se dispersa e a energia se esvai. Quando ignoro a necessidade da pausa, os smartphones tomam conta da sala e todo mundo começa a buscar um estímulo para despertar o cérebro cansado. Mas descobri que, quando concedo uma pausa de quinze minutos a essa altura da reunião, todos voltam cheios de determinação e foco, o que possibilita continuarmos produtivamente por mais noventa minutos.

Hoje em dia, Anthony, nosso consultor de marketing digital, faz questão de se levantar e comer ou beber alguma coisa, ou caminhar um pouco entre tarefas e reuniões. Para ele – e para os colegas –, os benefícios de produtividade são evidentes. "Dar uma andada e bater papo virou uma coisa coletiva no escritório. Concluímos que é uma forma legítima de empregar o tempo, porque em geral dá para fazer muito depois de uma mudança de ares." Anthony não tem dúvida em relação ao processamento que parece ocorrer no cérebro quando ele se desliga de uma tarefa complicada. "Quando estou trabalhando demais em algo, e dou uma desligada e saio para caminhar, acabo resolvendo tudo em trinta minutos, ou até menos, quando volto. Quando tento forçar a barra sem fazer uma pausa, no fim das contas acabo levando muito mais tempo." Anthony deu até um nome para o tempo produtivo silencioso que passa longe das tarefas: "estado liminar", o estado entre duas coisas. O resultado: mais criatividade e menos trabalho.

Tome decisões nos picos, e não nos vales

É uma ideia particularmente boa ter uma "estratégia de pit stop" para os momentos em que você cuida de tarefas mentalmente exigentes. Por isso, ao planejar o dia, pergunte a você mesmo:

- Quais são as decisões importantes que precisa tomar hoje (sejam elas escolhas criativas ou analíticas)?

- Como fazer para tomar essas decisões em um momento em que a cabeça está fresca, e não esgotada?

Se você sabe que terá muitas decisões a tomar – pode ser um dia de avaliação de desempenho, ou talvez você tenha que revisar e editar um documento extenso –, torna-se particularmente importante planejar pequenas pausas regulares, mesmo que elas sejam de apenas alguns segundos. Você também precisa ter certeza de que não deixará a fome prejudicar sua capacidade de concentração. Anthony diz que consegue perceber quando sua taxa de glicose cai demais e o impede de tomar decisões inteligentes. "Dá para notar, porque começo a ficar irritadiço e teimoso com minhas opiniões. A ponto de colegas me dizerem, muitas vezes: 'Vá fazer uma boquinha, ou coisa assim'. É o que eu faço."

- Sempre que possível, planeje reuniões ou conversas telefônicas que durem menos que os trinta ou sessenta minutos padrão, para conceder ao cérebro cinco a dez minutos de "recarga" entre dois compromissos.

- Encerre seus compromissos um pouco mais cedo sempre que tiver oportunidade, para conceder a si mesmo (e aos demais) alguns momentos de repouso.

Pense na forma como, em geral, marcamos reuniões. Quando elas são informais, falamos, "Vamos conversar às três da tarde"; quando elas são formais, podemos mandar um convite especificando que a reunião irá das três às quatro da tarde. Passamos, então, a imaginar que depois das quatro estaremos livres. Mas se você passa do compromisso das três direto para o compromisso das quatro, não tem tempo de descanso. Isso, como sabemos, prejudica a qualidade de tudo que você fizer depois das quatro.

Saku Tuominen e Pekka Pohjakallio são donos da 925 Design, uma consultoria especializada em ajudar empresas a criar locais de trabalho eficientes. A ideia deles é aplicar princípios sensatos de design à nossa atitude em relação ao trabalho cotidiano, para atingir o tipo de elegância e eficiência que uma cadeira ou um telefone bem projetados podem proporcionar a nós, como consumidores.[10] Depois de analisar a programação e as rotinas de mais de mil profissionais, uma das soluções que eles bolaram foi a seguinte: por que não marcar reuniões de 45 minutos, em vez de se conformar com o padrão tirânico da hora inteira? O mesmo vale para teleconferências de vinte ou 25 minutos, em vez da duração integral de trinta minutos. Quando eles fizeram diversas empresas implementar essa ideia, o resultado foi evidente: as pessoas descobriram que podiam realizar mais ou menos a mesma quantidade de trabalho, mas com o imenso benefício cognitivo adicional das pausas regulares.

Evidentemente, nem sempre temos controle sobre nossa agenda. Mas em geral temos mais margem de manobra do que percebemos. Em vez de dizer a alguém "Às três estarei livre", tente dizer "Estarei livre das três às quinze para as quatro". Dá para ser prático e positivo com frases assim: "Preciso terminar até quinze para as quatro, mas acho que dá para completar tudo antes disso". E podemos reservar cinco a dez minutos, em nossa agenda, no início de cada hora. Nem sempre é possível proteger esse espaço para respirar, mas é uma prática tão transformadora que, mesmo que só dê certo metade do tempo, você já verá que vale muito a pena.

E quem sabe você também possa descobrir que seus colegas vão adorá-lo por isso, mesmo que seu objetivo seja simplesmente encerrar as reuniões um pouco antes da hora prevista. Eu me lembro dos conselhos dados a mim, certa vez, por Sir Michael Barber, quando éramos colegas na McKinsey, e depois que ele renunciou ao cargo de consultor sênior do governo britânico. Ele disse que sempre tentava pôr fim às reuniões mais cedo, porque devolver aqueles minutinhos de tempo agradava a todos com quem ele trabalhava – sobretudo o primeiro-ministro, Tony Blair.

TEMPO PARA REFLEXÃO

Por fim, tendo completado uma tarefa importante, aprendido alguma coisa nova ou terminado uma reunião:

➡ Amplie o valor da experiência tirando um momento de recuo para refletir sobre suas ideias. O que chamou mais sua atenção (e o que você passará a fazer de outra forma como resultado disso?).

➡ Se tiver colegas com você, convide-os a fazer o mesmo.

Robyn é uma empreendedora social. Entre suas iniciativas está a criação de uma entidade que ensina programação de computadores e técnicas de administração a ex-presidiários, permitindo que eles recomecem a vida tendo um novo propósito. Ela é aquele tipo de pessoa cheia de energia, que parece em perpétuo movimento — exceto pelo fato de parar, de forma totalmente deliberada, várias vezes por dia, exatamente para fazer esse tipo de reflexão. Logo depois de qualquer experiência importante ao longo do dia — uma conversa, uma leitura —, ela tira trinta segundos para escrever quaisquer pensamentos importantes que essa experiência tenha suscitado. "Pode ser o tom de voz de alguém, ou a forma como uma sugestão simples leva a várias outras, ou uma ideia que surge em minha mente devido a um comentário passageiro." Segundo ela, cada vez que emprega essa regra dos trinta segundos "fica um pouco mais fácil e um pouco mais útil".

Todas as noites, Robyn também usa uma prática de reflexão rápida que lhe faz recordar o que aconteceu no dia e relembrar o que *descobriu* ("Pode ser um fato interessante ou uma lição aprendida, ou talvez algo que eu teria feito de outra maneira"), algo por que ela *agradece*, algo em que ela *triunfou*, e uma *experiência* que ela queira relembrar, seja no trabalho ou fora dele. Como diz Robyn, "descobri que esse tempo de reflexão me ajuda a fazer de cada dia, bom ou ruim, o mais valioso e significativo possível".

Como planejar um descanso planejado

Dê uma olhada em sua agenda de hoje e amanhã, e planeje o seguinte:

- Faça pausas inteligentes. Como assegurar que você tenha intervalos regulares pelo menos a cada noventa minutos e entre "blocos" de tarefas no seu dia?

- Tome decisões nos picos (e não nos vales). Que tarefas vão exigir de você a tomada de muitas decisões? Como você pode fazê-las na hora em que o cérebro está mais descansado?

- Agende uma hora de respiro. Você consegue marcar reuniões ou propor compromissos em blocos de 25 ou 45 minutos (em vez de trinta ou sessenta minutos) para criar mini-intervalos entre compromissos? É possível tentar encerrar um pouco mais cedo aqueles que já estão marcados?

- Conceda-se tempo de reflexão. Ao final de cada tarefa ou reunião, tire trinta segundos para apreender as ideias principais que você teve. Experimente criar uma prática de reflexão de fim de dia, por exemplo usando a lista de Robyn: descoberta, agradecimento, triunfo, experiência.

6. Como superar o excesso de trabalho

Embora Anthony tenha adquirido bastante traquejo na preparação de seu dia de modo a tirar o máximo de seu tempo e de seu esforço, sua carga de trabalho continua pesada. A empresa de marketing digital que comanda está em rápido crescimento e, segundo ele, "toda semana deparo com um obstáculo. Muitas vezes acabo tendo uma segunda-feira de agenda lotada, e já começo a semana me sentindo exausto. É um início ruim para o resto da semana". Anthony conta que a sensação de sobrecarga é o jeito certo de colocar o cérebro dele na defensiva. "Às vezes sinto vontade de largar tudo e dizer: 'Chega!'. Na mesma hora que faço isso, sinto o cérebro emperrar. Aí, em vez de lidar com a sobrecarga de maneira inteligente, fica mais provável tomar decisões erradas", afirma. "Você pode acabar entrando em pânico, receando os piores cenários possíveis, como o descumprimento de prazos e até a perda do emprego. Nada disso o ajuda a pensar com mais clareza." É uma boa forma de descrever a sensação de estresse quando o sistema deliberado do cérebro está atolado por demandas, e como a consequente passagem para o modo de defesa impede que atuemos da maneira mais sensata.

Parte dessa pressão faz parte dos ossos do ofício do mundo do trabalho contemporâneo. Mas outra razão para a sobrecarga que sentimos é algo chamado de *falácia do planejamento*.[1] Esse nome é usado para descrever o fato de que normalmente esperamos que as tarefas sejam resolvidas em menos tempo do que elas efetivamente levam porque baseamos nossas estimativas em uma memória que ressalta a *melhor* experiência anterior — e não o tempo *médio* que levamos para executar tarefas semelhantes no passado (esse é um dos atalhos automáticos comuns do cérebro: confiar em um único exemplo, em vez de se dar ao trabalho de calcular uma média entre múltiplos dados pontuais). Por conseguinte, tendemos a estabelecer expectativas excessivamente otimistas para nós mesmos. Isso faz com que, quando já estamos ocupados, não seja preciso muito para perturbar nosso equilíbrio: um colega que sai de férias, um prazo que se aproxima, um problema inesperado, ou simplesmente dizer sim a algo que na verdade deveríamos ter recusado.

Há um conselho óbvio que deriva do reconhecimento da existência da falácia do planejamento: quando você faz uma estimativa da quantidade de tempo que uma tarefa vai exigir, contrabalanceie o otimismo natural do cérebro e imagine um cenário em que as coisas não corram exatamente como você espera. Então, faça um planejamento para algo mais parecido com *isso*. A falácia exerce uma atração tão forte sobre o cérebro que isso provavelmente resultará numa estimativa razoavelmente precisa (e imagine como você vai se sentir bem se conseguir terminá-la antes do tempo).

Mas, para aquelas situações em que você já está sobrecarregado demais para planejar uma solução, quero lhe apresentar algumas técnicas para redescobrir uma espécie de controle zen — sem ter vontade de espatifar seu smartphone no chão.

A PAUSA ATENTA

Anthony sabe quando chegou ao seu limite . Ele percebe que seus músculos ficam retesados, e seus comentários, sarcásticos. Também sente que seu raciocínio fica menos claro. Mas ele criou um exercício confiável para deixar seu cérebro novamente em estado alerta.

Quando percebe que a maré de estresse está subindo, Anthony faz uma pausa, respira bem fundo e pergunta a si mesmo: "Eu quero me sentir assim?". Ele explica: "Sei que meu estado de espírito é apenas um sintoma do excesso de demandas sobre minha mente, e que há várias coisas práticas que posso fazer para ajudá-la a dar conta. Descobri que fazer essa pergunta simples me lembra de que tenho margem de escolha na forma como resolvo reagir. Isso infalivelmente ajuda a recomeçar o pensamento racional. É como se eu me beliscasse durante um sonho".

Anthony usa uma técnica específica para dar aquela respirada profunda. "Quando você entra em pânico, sente que o fôlego fica curto. Mas na verdade o corpo está se superoxigenando com a respiração rápida. Por isso, uso uma técnica chamada de 'respiração triangular', em que você inspira por três segundos, expira por três e prende a respiração contando até três. Ao reduzir seu batimento cardíaco, você envia ao cérebro um sinal de que a ameaça passou. Isso reduz outros sinais de estresse." É um ótimo exemplo do ciclo mente-corpo que mencionei na seção Ciência básica.

Ao fazer isso, Anthony está, basicamente, aplicando a atenção plena como tática de primeira linha para lidar com a sobrecarga no trabalho. Em consequência, está colhendo alguns dos benefícios neurológicos positivos que, mostram as pesquisas, estão associados às práticas de atenção plena, entre eles um raciocínio mais aguçado e um aumento da resiliência. Talvez o pequeno exercício acima não soe como atenção plena — mas, na verdade, é. A contagem que o exercício respiratório exige propicia à mente sobrecarregada um ponto focal claro e descomplicado por alguns instantes, o que concede ao cérebro alguns minutos para baixar a guarda e reorganizar tudo que está tentando acompanhar. Como diz Anthony, "isso acalma e desacelera as coisas de uma maneira extremamente rápida".

Se você preferir uma maneira rápida e discreta de realizar uma pausa atenta quando estiver atolado de trabalho, experimente o seguinte:

➡ Encontre um jeito de sentar-se (ou ficar de pé) da maneira mais confortável possível. Tente firmar os pés inteiramente no chão. Se possível, feche os olhos, ou olhe para baixo, na direção do colo.

➡ Em seguida, escolha um ponto focal fácil. Tente uma das seguintes abordagens:

- Concentre-se na respiração. Você pode tentar a técnica de Anthony ou simplesmente contar 1-2 ao inspirar e 3-4 ao expirar. Pôr as mãos no abdome para senti-lo subir e descer, quando respira, pode ajudá-lo a se concentrar.
- Preste atenção em como cada parte de seu corpo se sente, dos dedos do pé ao topo da cabeça.
- Conte mentalmente de cem a zero.

- Se a sua mente divagar, não se preocupe, é normal. Não julgue a si mesmo, apenas reconheça que divagou e traga seu foco de volta ao ponto anterior.

Se a constatação da sobrecarga ocorrer no meio de uma reunião, você pode usar versões em miniatura de todas essas sugestões para fazer uma pausa e trazer de volta seu eu mais inteligente. Faça a respiração atenta apenas uma ou duas vezes; faça uma contagem regressiva de dez a zero (em vez de cem a zero); tire um segundo para prestar atenção na sensação de seus pés no chão. Ninguém vai perceber, a não ser seu agradecido cérebro.

TERCEIRIZE A MEMÓRIA

Como a memória de trabalho do cérebro é reduzida, até mesmo pequenas distrações podem dificultar a concentração. Pensar em preocupações e tarefas incompletas é uma importante distração, principalmente quando você está tentando acompanhar tudo ao mesmo tempo. Você desperdiça um pouco da energia mental do sistema deliberado toda vez que diz a si mesmo "Preciso lembrar de pegar a roupa na lavanderia". É por isso que os psicólogos E. J. Masicampo e Roy Baumeister, da Universidade do Estado da Flórida, descobriram que as pessoas têm um desempenho pior na solução de anagramas e quebra-cabeças lógicos quando estão cientes de outra atividade ainda por terminar.[2] Existe até um termo para esse fenômeno: "efeito Zeigarnik", nome do psicólogo russo que o descobriu.

A solução para superar o efeito Zeigarnik é terceirizar parte das tarefas da memória básica com uma ferramenta de registro, no lugar do cérebro, para liberar espaço para o raciocínio efetivo:

- Crie o hábito de tirar de imediato da cabeça preocupações e pensamentos com trabalhos em andamento, colocando-os "no papel" – seja esse papel de verdade ou uma versão eletrônica –, para que o cérebro não tenha mais que despender energia lembrando-se deles (é uma repetição do meu conselho do capítulo 2, de escrever até mesmo suas menores tarefas).

- Pense na ideia de manter um bloquinho ou gravador por perto, onde quer que ideias possam vir à sua mente. No meu caso, tenho um bloco à prova d'água no chuveiro, além de outro, comum, ao lado da cama, e uso bastante a função bloco de notas do meu celular.

Mais adiante, você terá que resolver o que fazer com cada item que anotou – mas vai sentir mais facilidade para trabalhar, sem ter que gastar energia mental tentando manter tanta coisa na cabeça. Tarefas inacabadas são como crianças berrando no jardim de infância – é mais fácil lidar com elas depois de fazê-las sentar quietinhas.

PRIORIDADE AO PRIORITÁRIO

Anos atrás, uma frase curta como um haicai foi postada em uma conta de Twitter hoje abandonada. O título era "produtividade em onze palavras" e dizia: "Uma coisa de cada vez. Prioridade ao prioritário. Comece agora mesmo".[3] Ela não foi escrita por um cientista comportamental, mas bem que poderia ter sido, considerando as pesquisas que mostram como é fácil deixar sobrecarregado o sistema deliberado do cérebro.

Mas *qual* é a coisa prioritária? Se você tivesse que fazer apenas uma coisa hoje, que coisa seria essa? Em um dia do mês de janeiro, em Nova York, eu estava ministrando um coaching para uma empresária poderosa que ia participar do Fórum Econômico Mundial, encontro anual de líderes globais em Davos, na Suíça. Não tenho dúvida de que Valerie estava inteiramente sobrecarregada de tarefas por fazer. Ela tinha acabado de mudar de emprego, tinha prometido inúmeros favores a amigos e conhecidos, e estava preparando uma palestra importante sobre o papel das empresas na sociedade. Enquanto caminhávamos na neve, ela fazia a lista de todas as suas tarefas.

Por fim, durante uma pausa na conversa, eu disse: "É muita coisa, sim. Então, de tudo isso, qual é a coisa mais importante a fazer hoje?".

Ela arregalou os olhos: "É isso!".

Olhei para ela sem entender.

"O que você disse é tão esclarecedor", ela explicou. Não era nem de longe a pergunta mais complicada do mundo, mas foi suficiente para fazê-la entender que "a coisa mais importante" era enviar convites pessoais a determinadas pessoas-chave para sua palestra em Davos. Era muito importante para Valerie que o evento fosse um sucesso, e o dia estava se aproximando rapidamente. Sentindo-se sobrecarregada, ela não estava conseguindo enxergar o óbvio: a pergunta direta deixou tudo claro de novo, reduzindo o ruído em sua cabeça (ou, para ser específico, reduzindo o fardo sobre a memória de trabalho de seu cérebro).

É um truque simples, que Anthony usa o tempo todo quando atinge seus obstáculos semanais. "Depois de dar uma respirada e colocar minha cabeça no lugar, dou uma olhada em tudo que tenho nas mãos e digo: 'O.k., o que *realmente* precisa ser resolvido até o fim do dia?'. Essa clareza pode ser extremamente desestressante." E quando há diversas coisas urgentes para fazer? "Quando eu faço a pergunta com honestidade, sempre existe uma única coisa que é verdadeiramente a prioridade principal, em geral porque outras coisas dependem dela e no longo prazo há mais coisas em jogo. E, se eu analisar direito, as outras coisas podem ser adiadas, delegadas ou abandonadas."

Ao analisar sua lista de tarefas, tente fazer estas perguntas esclarecedoras:

- O que é verdadeiramente importante agora (rever suas intenções do dia pode ajudar)?
- Se mais nada tivesse que acontecer hoje, o que seria?
- Faça um planejamento até o final da semana. O que o deixaria mais contente e aliviado se tiver sido feito?

O MENOR PASSO INICIAL

Agora já está claro para você o que é mais importante. Mas se for uma tarefa complexa e assustadora, mesmo assim você pode se sentir travado. Por isso, a pergunta simples que vem depois é:

- Qual é o menor passo inicial que pode dar para que as coisas avancem?

Essa pergunta, enganosamente simples, acalma o cérebro por duas razões diferentes. Primeiro, evita que você se preocupe com a dimensão do desafio diante de si e o conduz na direção de algo que é realizável. O cérebro antecipa a recompensa advinda do sucesso, o que o ajuda a sair do modo de defesa para um estado de espírito de descoberta. A pergunta do "menor passo" também tira um peso do cérebro, redirecionando o esforço de algo que ele considera difícil (imaginar um futuro desconhecido) para algo que ele considera fácil (pensar numa ação a ser tomada de imediato).

Angela é advogada e trabalha para uma firma onde os dirigentes não são nomeados, e sim escolhidos por uma eleição entre pares. É um método que premia os candidatos que têm as melhores ideias e talento para lidar com pessoas, qualidades que não faltam a Angela. Mas, toda vez que cogita se lançar candidata à diretoria, ela estaca. Quase todos os dias ela inclui em sua lista de tarefas uma chamada "iniciar preparativos para a eleição". Sempre foi a "coisa mais importante" para ela, mas era uma tarefa que lhe parecia grandiosa e complexa demais para realizar em meio a um dia de trabalho tão cheio.

Por isso, conversamos sobre o pequeno passo inicial. Angela conta: "Eu notei que a primeira coisa era simplesmente tomar um café com meu chefe, que eu conheço bem e admiro, para conversar com ele sobre minha ideia. Escrevi isso num post-it. Então, liguei para o assistente dele, fui até lá e falei. Depois disso, adotei o mesmo método para o passo seguinte, e assim por diante. Foi muito libertador". E funcionou. Depois que os colegas a elegeram para um cargo de direção, Angela passou a usar a técnica do "pequeno passo inicial" para abordar todas as tarefas difíceis. "*Sempre* dá certo. Sempre há alguma coisa minúscula que você pode fazer para sentir que progrediu. É uma maneira infalível de manter as coisas caminhando quando elas parecem impossíveis de administrar."

SUA VANTAGEM COMPARATIVA

Às vezes você já descobriu qual é a coisa mais importante, e já ficaram claros quais devem ser os primeiros passos, mas ainda há coisas demais a fazer no tempo disponível. Para resolver esse problema, vamos recorrer a um antigo conceito da economia, chamado *vantagem comparativa*, proposto pela primeira vez em 1817 pelo economista David Ricardo, mas até hoje frequentemente mal compreendido.

Eis como funciona. Imagine que tanto Inglaterra quanto Portugal sejam capazes de produzir tecidos e vinho (e imagine que você é Portugal, e a Inglaterra é um de seus colegas). Portugal produz melhor os dois produtos. Por esse motivo, Portugal deve produzir tudo, enquanto a Inglaterra não produz nada? Não, porque os recursos de Portugal são limitados (assim como suas horas do dia são limitadas). E não é que a Inglaterra não seja capaz de produzir tecidos e vinho. É que eles não são tão bons quanto os de Portugal.

Então os dois países devem fabricar ambos os produtos? Ora, não, pelo menos não se eles puderem comerciar um com o outro. A Inglaterra produz tanto vinhos quanto tecidos aceitáveis, enquanto Portugal tem "notável excelência" na produção de vinho e é apenas "muito bom" nos têxteis. A diferença entre a capacidade de Portugal e da Inglaterra é maior na produção de vinho que na de tecidos, por isso dizemos que Portugal tem uma *vantagem comparativa* no vinho (e não nos tecidos). Qual é o lado bom? Com recursos limitados, Portugal precisa focar naquilo que produz com talento único: vinho. Se Portugal fizer isso e a Inglaterra se concentrar nos tecidos, demonstrou Ricardo, os dois países produzirão, juntos, mais tecidos e vinho ao se especializar do que se ambos tentassem produzir os dois.[4]

A lógica da vantagem comparativa pode ser de grande valia ao priorizar nosso trabalho, quando estamos sobrecarregados. Muitas vezes somos sugados para tarefas em que deveríamos, de pleno direito, pedir ajuda a terceiros, por mais que saibamos que eles não têm a mesma experiência nem o mesmo conhecimento que nós, ou que saibamos que faríamos aquilo mais rapidamente nós mesmos. É que essa forma de pensar tem um custo enorme. Quando não somos capazes de delegar tarefas em que os outros podem ajudar de forma aceitável, deixamos de progredir em coisas importantes ou delicadas que *só nós* podemos fazer. Teddy Roosevelt, que foi presidente dos Estados Unidos, sabia disso. Ele era um datilógrafo mais rápido que seu assessor pessoal. Mas, por melhor que fosse em datilografia, sua vantagem comparativa residia nos deveres presidenciais, em que seu talento era mais singular. Por isso, era neles que focava a atenção, enquanto delegava a datilografia ao assistente. O resultado, sem sombra de dúvida, era melhor para o país.

Por isso, examine seu trabalho de hoje e pergunte a você mesmo:

- Quais são as tarefas que realmente se encaixam na categoria daquelas que só você pode realizar?

- Quais as tarefas que outra pessoa poderia realizar razoavelmente bem (ou até mesmo tão bem quanto você)?

Anthony trabalha duro para isolar as coisas que realmente não exigem suas habilidades. "Tudo na vida até *parece* importante, mas não dá para fazer tudo. Por isso, eu tive que aprender a deixar algumas coisas de lado, e no começo foi absurdamente difícil." Segundo ele, ficou mais fácil depois de conversar abertamente com os colegas a respeito de tudo que ele tinha a fazer, tudo o que os outros tinham, e descobrir que era possível dividir para produzir com mais facilidade. "Eu me dei conta de que havia coisas que eu fazia bem e gostava de fazer, mas que outros podiam tomar conta — como redigir o blog da empresa, ou postar os tweets corporativos. Enquanto isso, havia outras coisas que estavam na minha lista de tarefas que só eu podia fazer, mas que não eram feitas. Finalmente eu tinha tempo para trabalhar nelas."

O "NÃO POSITIVO"

Falamos a respeito de como o número limitado de horas no dia impede você de fazer tudo. Toda vez que você diz "sim" a uma demanda, na prática está dizendo não a todo o resto. Por esse motivo, é do seu interesse que os "sim" fiquem focados nas coisas que interessam, e que você é a pessoa ideal para realizar. Mas um obstáculo costuma nos impedir de focar nosso tempo: o desejo de evitar discussões complicadas com pessoas fazendo pedidos que precisam ser recusados. "Não gosto de conflitos, nem de ter a impressão de estar decepcionando as pessoas", diz Anthony. "Por isso, tenho dificuldade em dizer não, e fico nervoso antes de dar o telefonema ou entrar na reunião na qual tenho que fazer isso."

É aí que entra a técnica do "não positivo". Se você acha difícil se livrar de compromissos pouco prioritários, aprender como dar um "não positivo" é como descobrir um novo superpoder — ele lhe dá a capacidade de fazer todo mundo se sentir melhor em relação às decisões que você toma (até você mesmo).

Formulada inicialmente por William Ury, cofundador do programa Harvard de negociação, é uma técnica que casa perfeitamente com a neurociência do nosso eixo de descoberta e defesa. Lembre-se de que o cérebro faz uma varredura constante à procura de ameaças ou recompensas em potencial. Quando as pessoas reagem a uma ameaça, o cérebro desvia atividade do pensamento sofisticado para uma reação rápida e direta, um pouco como se tivesse descoberto que o prédio está pegando fogo.

Agora pense no jeito mais comum de recusarmos educadamente um pedido. Começamos com "Sinto muitíssimo, mas não vou conseguir participar da reunião/assumir o projeto/pintar o autorretrato que você encomendou...". Soa gentil. Mas começar com um sinal negativo como "Sinto muito", por mais bem-intencionado que seja, põe o outro em alerta máximo. O cérebro do seu interlocutor entra imediatamente no modo de defesa: "Pule fora! Isso é uma ameaça!". Nesse modo, as pessoas não têm a capacidade mental de serem abertas ou generosas, na maneira de pensar, se comparadas a elas próprias num estado de espírito melhor. Você pode ter a expectativa de que o outro tenha empatia e compreenda suas prioridades, mas é improvável que isso ocorra se ele estiver na defensiva.

Para dar a você mesmo uma maior probabilidade de empatia com alguém cujo cérebro esteja no modo de descoberta, convém que comece com algo positivo, em vez de negativo. Assim:

- Seja simpático desde o início. Antes de tudo, mostre reconhecimento e agradecimento pelo pedido da pessoa.

- Seu "sim". Em seguida, em vez de começar com "Sinto muito...", principie ressaltando entusiasticamente sua prioridade positiva do momento, qualquer que seja, e por que ela é interessante, importante e significativa para você. Pense na ideia de selecionar uma razão com a qual seu interlocutor também concorde.

- Seu "não". Explique que isso significa que, com pesar, você não pode fazer aquilo que lhe é pedido.

- Termine de forma simpática. Talvez haja uma sugestão ou proposta que você possa fazer, sem prejuízo de suas verdadeiras prioridades, como apresentar seu interlocutor a outras pessoas que possam ajudar. Na pior das hipóteses, faça votos calorosos de sucesso ao projeto alheio. É uma frase de encerramento importante, que muitas vezes esquecemos quando estamos focados no nosso próprio desconforto por dizer "não".

Anthony exemplifica com um "não positivo" recente que o ajudou a lidar com a carga de trabalho. Uma coisa que toma tempo da vida dele são as viagens de longa distância. Muitas vezes aceitou fazer viagens interessantes, mas não cruciais. Recentemente, ele concordou em viajar a Kuala Lumpur, antes de perceber a dificuldade que teria em reservar tempo para essa visita. Ele achava que não dava para se livrar, mas a alternativa era pior: realizar um trabalho medíocre em projetos importantes para o futuro de sua empresa. No fim das contas, ele se deu conta de que tinha que dizer ao organizador que ia desistir, para ganhar tempo em sua agenda.

Normalmente Anthony teria escrito uma mensagem mais ou menos assim:

"Lamento muito, mas infelizmente não terei mais condição de acompanhá-los na viagem a KL. Acabamos de assumir três projetos de grande porte e no momento me encontro tomado por tudo que eles acarretam. Por conseguinte, não tenho como reservar o tempo para tornar isso possível, por mais que me esforce. Uma vez mais, minhas sinceras desculpas."

A título de comparação, seu "não positivo" foi algo assim:

"Fiquei honrado com seu convite para ir a KL. O trabalho que você está realizando é fascinante e impressionante [simpatia]. Como você sabe, nossa área da empresa também cresceu enormemente nos últimos meses. Assumimos três projetos novos e empolgantes que vão transformar verdadeiramente a forma como nossos colegas encaram o marketing. Estarei tocando esses projetos no próximo mês, e é minha responsabilidade transformá-los no sucesso que eles merecem ser [seu 'sim']. Para realizar um bom trabalho, porém, sou forçado a deixar de lado algumas coisas, e infelizmente uma delas é a oportunidade de ir a KL. Para mim, é uma decepção, pois tinha a expectativa dessa viagem [seu 'não']. Por favor não deixe de me informar se eu puder ser de alguma valia para colocá-lo em contato com quem possa me substituir adicionando valor ao grupo — tenho algumas sugestões. Nesse meio-tempo, desejo o melhor possível e uma viagem proveitosa [simpatia]."

A sensação ao ler as duas respostas é bem diferente, não é? O conteúdo do "não positivo" era essencialmente o mesmo do não convencional – uma decisão, uma explicação, um pedido de desculpas. E assim que a líder da viagem começou a ler a versão mais positiva de Anthony, é provável que tenha adivinhado a razão do e-mail. Mas não se pode negar que o tom do segundo e-mail é bem diferente do primeiro. Com a versão positiva, o cérebro, em busca de recompensa, ficará um pouco lisonjeado com os comentários otimistas de Anthony em relação aos novos projetos dele. Como era de esperar, apesar da decepção dela, Anthony conquistou sua compreensão e respeito. E é o que ele tem, em geral, vivenciado. Antes, ele temia prejudicar relacionamentos ao dizer "não, obrigado", mas isso não aconteceu desde que começou a adotar o "não positivo". E ele se deu conta de que "é muito melhor passar uma mensagem clara e sincera de que não estarei em condições de dar o melhor de mim em vez de fazer um serviço meia boca por tentar abraçar o mundo".

ESTABELEÇA SEUS LIMITES

Existem dias em que as demandas alheias parecem cair de todos os lados sobre nós. Era assim que Kristen certamente se sentia em boa parte do tempo, no início da carreira. Dona de uma mente aguçada, ela é diretora de recursos humanos de uma multinacional da indústria farmacêutica. Tem quatro filhos, mora longe do trabalho e está sempre ocupada. No início, à medida que a família aumentava, ela teve dificuldade para encontrar o equilíbrio.

"Quando eu voltei a trabalhar depois da terceira licença-maternidade", lembra (enquanto muda o tempo para o presente do indicativo), "eu me sinto como se não dormisse há quatro anos. Estou meses atrasada porque ninguém fez meu serviço na minha ausência, e fiquei para lá de sobrecarregada. Nos Estados Unidos, a licença-maternidade prevista na legislação federal é de doze semanas, não remuneradas. Em alguns estados, como a Califórnia, a lei prevê que a licença seja remunerada. Estou sentada na minha sala, morrendo de raiva, e queria entender exatamente de quem estava com raiva. Primeiro, me voltei para a empresa. Eu estava com raiva porque eles me faziam chegar supercedo para as reuniões e me faziam ficar no trabalho até supertarde. Mas aí pensei: quem é 'a empresa'?" E nessa hora, afirma, "tive essa epifania, porque me dei conta de que estava mais com raiva *de mim mesma* e de minha falta de limites. Eu deixava as coisas fugirem do controle e saía procurando alguém para culpar. Mas se eu não tinha limites, quem ia estabelecê-los por mim?". Ela ri e balança a cabeça. "Eu achava que a empresa ia dizer 'Oh, Kristen, você acabou de ter filho, pobrezinha, não chegue ao trabalho antes das oito, não fique depois das seis'? Não, era eu que tinha que fazer isso. Talvez não devesse ser assim, mas quase sempre é."

Foi então que decidiu tomar as rédeas. "Escrevi no meu bloco quais eram meus limites: 'Não marco reuniões antes das oito. Não fico depois das seis. Entre meio-dia e uma da tarde vou ficar na minha sala almoçando. Quando estiver em casa, estou em casa; quando estiver no trabalho, estou no trabalho'." Era uma lista bem curta. "Se ela tivesse um impacto negativo sobre a minha carreira, azar, pensei. Eu não podia continuar do jeito que estava. A ironia é que, depois que instituí essa lista de fronteiras, minha carreira decolou." O que ela acha que aconteceu? "Fiquei mais calma e mais eficiente. Além disso, na época eu não era executiva, mas acho que as pessoas notaram que eu era capaz de ser, que eu sabia me administrar."

Uma das atitudes que Kristen tomou foi simplesmente estabelecer quando estava disponível e quando não estava, sem drama. "Usei uma linguagem muito clara: 'Às dez da manhã dou uma parada', por exemplo. E não foi preciso dizer mais nada." Ela não ficou pisando em ovos tentando explicar por que precisava sair de uma reunião em determinado horário. "O que quer que acontecesse, eu saía."

Esse tipo de comunicação dos limites, sem papas na língua, é poderoso porque o cérebro trata a ambiguidade e a incerteza como ameaças. Em compensação, a clareza é extremamente calmante, mesmo que a mensagem não seja exatamente aquela que as pessoas gostariam de ouvir. "Eu resolvi que não podia continuar a vida toda ficando com raiva das pessoas", acrescenta Kristen. "Eu tinha que saber o que podia e o que não podia fazer, e tinha que estar disposta a enunciar isso, e realizar." E ela continua a ser promovida.

AUTOMATIZE AS PEQUENAS TAREFAS

A tomada de decisões é cansativa para o sistema deliberado do cérebro, esteja ou não em jogo algo importante. Sem perceber, você pode desgastar uma boa parte da energia mental nas escolhas menores do dia: o que comer, o que vestir, que horas malhar, que horas dormir, atender ou não o telefone, priorizar esta ou aquela tarefa. É um bom argumento para "automatizar" algumas de suas decisões cotidianas menos importantes, estabelecendo regras simples que não exijam raciocínio. Isso pode criar espaço para ideias mais importantes.

É por isso que diversos líderes mundiais preferem minimizar a quantidade de tempo que passam pensando no próprio guarda-roupa. Certa vez, numa entrevista, o presidente Barack Obama explicou: "Só uso paletós cinza ou azuis. Não quero tomar decisões sobre comida ou roupa. Você precisa focar sua energia na tomada de decisões. Você precisa se 'rotinizar'".[5] De maneira semelhante, a chanceler alemã Angela Merkel é famosa por usar apenas um modelo de terninho, feito de diferentes cores e tecidos.

Aliceson é caçadora de talentos executivos, e seu guarda-roupa certamente tem mais do que um só terninho. Porém, assim como Obama e Merkel, ela descobriu que é bom automatizar algumas de suas decisões prioritárias. "Tentei transformar o máximo possível de coisas em hábitos cotidianos", diz. Ela cita como exemplos seu esforço para malhar e aprender francês. "Faço alguns minutos de cada, todo dia, em vez de ficar preocupada se vou fazer hoje ou não. Simplesmente faço. Descobri que me comprometer com uma pequena tarefa diária exige menos espaço mental do que planejar aulas algumas vezes por semana, e aí ter que pensar que horas, e achar o tempo." Como benefício colateral, ela diz que por causa disso, desde os dezesseis anos, faz algum tipo de exercício todos os dias, até mesmo quando as demandas de seu trabalho exigem que ela transforme o exercício numa caminhada entre uma e outra reunião, enquanto fala no celular.

Por isso, caso você se sinta mentalmente exausto, ou precise passar por um período de trabalho particularmente estressante, cogite fazer como Merkel. Pergunte a você mesmo:

- Existe algo que você consiga fazer sempre na mesma hora e sempre do mesmo jeito todos os dias?

- Você consegue estabelecer para si mesmo uma regra simples para reduzir a quantidade de trabalho gasto decidindo como reagir a situações comuns e pouco importantes?

* * *

Por exemplo, antes eu costumava ponderar a decisão de atender o telefone quando recebia chamadas de números não identificados. Eu passava três segundos pensando se devia atender ou não – segundos que bastavam para me distrair de forma irremediável do que estava fazendo. Mas a grande maioria dessas ligações era telemarketing, e quando o telefonema era realmente relevante a pessoa sempre deixava recado na caixa postal. Tomar a decisão de atender ou não era pura perda de tempo. Por isso, estabeleci uma regra automática para mim mesma: "Nunca atender o telefone se não reconhecer o número". Resultado: uma vitória pequena, mas valiosa, na batalha para aproveitar ao máximo os minutos do dia.

Como superar o excesso de trabalho

Da próxima vez que se sentir sobrecarregado, experimente estas estratégias – na verdade, por que não tentá-las desde já?

➡ Pausa atenta. Proporcione ao sistema deliberado do cérebro uma oportunidade de entrar em ação plenamente, fazendo uma pausa para se concentrar em sua respiração (ou prestar atenção em seu corpo, fazendo uma contagem regressiva de cem a zero) por cinco minutos.

➡ Esvazie sua cabeça. Escreva tudo que estiver girando dentro da sua cabeça, até mesmo as menores coisas por fazer.

➡ Prioridade ao prioritário. O que realmente importa neste momento, seja porque aconteceu hoje, seja porque provoque o maior impacto?

➡ O menor passo inicial. Qual é o primeiríssimo passo que você toma no sentido de realizar a coisa mais importante – algo pequeno o bastante para que seja feito ainda hoje?

➡ Vantagem comparativa. Que tarefa você está em posição *única* para realizar – e o que poderia ser feito por outros, mesmo que não tão bem quanto por você? Concentre-se nas tarefas em que seja maior a diferença entre suas habilidades e a dos outros.

- Não positivo. Para os compromissos que você precisa recusar ou delegar, comece sendo simpático; diga aquilo para o qual você responde sim; diga o seu "não"; termine de forma simpática.

- Estabeleça limites. Se você pudesse definir um limite na forma como organiza seu tempo, qual seria? Qual a forma mais clara e límpida de comunicar aos outros essa preferência?

- Automatize as pequenas decisões cotidianas. Reflita se você pode fazer alguma coisa todos os dias no mesmo horário e do mesmo jeito, para despender mais energia mental naquilo que interessa.

- E por fim: lembre-se de que você vai reduzir a sensação de sobrecarga se adotar o conselho de monotarefa do capítulo 4 e o conselho de descanso voluntário do capítulo 5, já que ambos vão melhorar seu desempenho mental e sua produtividade.

7. Como derrotar a procrastinação

Não é uma sensação ótima quando o dia termina e podemos olhar para trás satisfeitos com tudo o que conseguimos fazer? Completar alguma coisa faz a gente se sentir muito bem; deixa o sistema de recompensa do cérebro muito satisfeito.

Apesar disso, a maioria de nós tem uma lista de tarefas importantes que vão sendo adiadas — e-mails que não foram escritos, projetos que não foram iniciados, coisas que vamos adiando apesar do fato de que amanhã (ou depois de amanhã) não será mais fácil fazê-las. Até um economista ganhador do prêmio Nobel, como George Akerlof, procrastina. Anos atrás, quando Akerlof estava morando na Índia, notou, para a própria surpresa, que demorou oito meses para enviar um pacote de roupas a um amigo nos Estados Unidos. Como a maioria de nós teria feito, Akerlof recriminou-se por ter sentado em cima da tarefa por tanto tempo — mas nem por isso a executou mais rápido.

Akerlof ficou tão impressionado com sua incapacidade de ir ao correio que escreveu um importante artigo sobre procrastinação, que destrincha de maneira prática os motivos pelos quais ela exerce tamanho poder sobre a maioria de nós.[1] Vou aproveitar os insights dele, e os de outros cientistas comportamentais, para apresentar-lhe uma série de estratégias para superar a atração do "amanhã eu faço".

Elta é uma pessoa que refletiu muito sobre como derrotar a procrastinação. Texana de fala mansa, ela é gerente sênior de uma empresa de pesquisa internacional, onde trabalha com decisões de política alimentar. Não o tipo de decisão do que vamos comer no almoço, mas aquelas que os governos podem tomar para proteger a cadeia alimentar. Ela é competente em sua função. Mas existe uma parte central do trabalho que ela odeia, que é ter que fazer apresentações. Elta se viu muitas vezes deixando para terminar a preparação no último minuto. "Para mim é difícil aceitar falar em público", conta. "Por isso, quando não tem jeito, passo um tempão evitando pensar naquilo que vou efetivamente ter que falar". Agora, no entanto, ela conhece algumas técnicas para garantir que não fique muda numa sala cheia de pessoas. São truques que compartilham a mesma ideia central: reequilibrar a forma como o cérebro compara custos de curto prazo e benefícios de longo prazo. Vamos examinar por que é tão importante superar a procrastinação.

"O AMANHÃ É HOJE"

A maioria das tarefas que evitamos são aquelas que prometem benefícios no longo prazo — relacionamentos melhores, sucesso na carreira, satisfação pessoal — enquanto exigem esforço imediato da nossa parte. No caso de Elta, falar mais em público vai melhorar sua reputação e solidificar sua rede de relacionamentos ao longo do tempo, e preparar-se bem trará dividendos quando ela tiver que fazer uma apresentação. Mas o trabalho que ela precisa realizar para preparar uma boa palestra... bem, isso é um problema para hoje.

Essa troca entre curto prazo e longo prazo está no cerne de nossa tendência a procrastinar. Para o cérebro, é mais fácil avaliar o presente, conhecido, do que pensar no futuro, desconhecido. Por isso, o sistema automático, que sempre procura atalhos, tende a atribuir maior peso àquilo que está acontecendo agora, e não àquilo que pode acontecer no futuro. Em consequência, em geral preferimos comer uma iguaria saborosa hoje, e não amanhã ou semana que vem — afinal, quem sabe se essa iguaria em potencial estará disponível? Em outras palavras, sofremos daquilo que os economistas chamam de *viés do presente*.

O viés do presente foi útil para nossa evolução como espécie. A expectativa de vida não era longa, e havia perigo por toda parte. Os primeiros seres humanos focavam sua limitada energia mental na proteção contra ameaças reais e iminentes: o tigre-dentes-de-sabre que assombra o acampamento; saber se aquele fruto selvagem é venenoso ou não.

Hoje em dia, a maioria de nós não se depara com esse tipo de pressão imediata sobre a sobrevivência. Mesmo assim, sentimos dificuldade em fazer sacrifícios *agora* em nome de benefícios *posteriores*. Até fazemos, mas só com um esforço significativo; isso desgasta redes neurais complexas do sistema deliberado do cérebro, redes associadas à autorregulação e ao planejamento. Enquanto isso, inúmeras recompensas imediatas nos tentam, como o bate-papo com os colegas, a navegação na internet ou riscar as tarefas mais fáceis da nossa lista de afazeres. Por isso, o sistema automático, sempre pronto a despender a menor energia possível, dá preferência a essas recompensas.

Como, então, tornar-se menos míope em relação aos itens mais fugidios de sua lista de tarefas? A resposta reside num reequilíbrio daquilo que está em jogo. Entregue a si mesmo, você tenderá automaticamente a superdimensionar o prejuízo imediato do esforço a fazer e a subestimar o benefício de longo prazo de realizá-lo. A solução é fazer o benefício líquido da tomada de atitude parecer maior, e fazer o custo líquido parecer menor.

VISUALIZE OS BENEFÍCIOS

Hal Ersner-Hershfield, psicólogo da Universidade da Califórnia em Los Angeles, refletiu longamente sobre aquilo que é necessário para tomarmos atitudes que não trazem benefício imediato — principalmente, como fazer as pessoas pouparem mais para o futuro. Ele e sua equipe concluíram que nos sentimos de forma diferente em relação à poupança quando nos apresentam fotografias que tornam mais real nosso "eu futuro". Em uma série de experiências, Ersner-Hershfield e seus colegas mostraram que, quando uma pessoa vê uma foto de si mesma envelhecida digitalmente, ela economiza mais que o dobro (172 dólares, contra oitenta dólares), quando se pergunta quanto pouparia de uma renda de mil dólares.[2] "Para pessoas distantes delas mesmas no futuro, economizar é como escolher entre gastar dinheiro agora ou entregá-lo a uma pessoa estranha do futuro", diz Ersner-Hershfield. Mas ver um retrato de si mesmo daqui a vários anos parece ajudar o cérebro a conceber como real esse eu futuro.

É relativamente fácil aplicar essa técnica à tarefa que temos evitado em nossa lista. Se pudermos pintar um retrato mental vívido dos benefícios futuros da ação imediata, teremos mais motivação para começar. Elta certamente considera motivador pensar em como se sentirá se arrasar na apresentação. "Ajuda pensar que as pessoas na plateia se lembrarão de mim se eu me sair bem", diz. "Com isso, meus conselhos serão mais escutados, da próxima vez que essas pessoas me virem, e isso é importante para mim." Imaginar esses benefícios causa uma sensação boa, e assim ela sente um interesse maior imediato pela tarefa.

Elta também anota zelosamente todo feedback que recebe, porque sabe que isso a ajudará a visualizar os benefícios da próxima vez que tiver que preparar uma palestra. "Quando alguém da plateia diz ter gostado do que eu disse, não dou apenas um sorriso e agradeço. Presto atenção de verdade, e quando possível pergunto por que aquilo foi útil. Por exemplo, uma vez disseram ter gostado quando eu pus a mensagem principal de cada slide numa caixinha. Na apresentação seguinte, quando eu estava sem vontade de preparar meus slides, lembrar disso me ajudou."

Essa atitude de "visualizar os benefícios" é igualmente útil para os vários pequenos instantes de procrastinação. Quando você está evitando dar um telefonema ou adiando a resposta a um e-mail, dê um empurrãozinho ao cérebro imaginando a sensação de satisfação que você terá depois de feito — e também o possível olhar de alívio no rosto de alguém depois de fazer o que esse alguém esperava de você.

Planeje um prêmio de curto prazo

Para aquelas tarefas complicadas que só rendem frutos depois de muitos dias ou semanas de esforço, em que os benefícios futuros podem parecer distantes demais para exercer atração, uma possível ajuda é prometer a você mesmo recompensas de curto prazo por ter terminado cada parte menor do projeto.

Uma ex-colega minha, do tipo esportivo, se premia com uma volta de bicicleta quando completa uma tarefa que vinha evitando. Outro conhecido meu, mais intelectual, se concede um episódio de um programa de TV bem *trash* depois de lidar com algo particularmente difícil no trabalho. Vi outra pessoa instalar no celular um aplicativo para contar o número de vezes em que malha, para presentear a si mesma com uma cerveja depois de uma ida à academia.

É claro que todas essas pessoas poderiam, de qualquer modo, acabar fazendo todas essas coisas agradáveis — mas, ao *planejar* esses caprichos como recompensas pelo esforço feito, estão ajudando a fazer pender a balança da análise de custo-benefício em favor da superação da procrastinação. Em doses moderadas, isso representa uma maneira inteligente e agradável de aumentar a produtividade (desde que você não resolva andar bêbado de bicicleta).

O PRIMEIRO PASSO PARA UMA RECOMPENSA

No capítulo 6, ao falar da superação do excesso de trabalho, discuti o poder calmante de identificar o pequeno passo inicial a dar quando uma tarefa parece grande demais. Quando estamos procrastinando, em vez de entrar em pânico, também pode ser útil aplicar a técnica do "primeiro passo", porque ela reduz nossa sensação de que existe um elevado custo de curto prazo para começar. E podemos acrescentar um toque que reduz ainda mais a chance de deixar para amanhã: podemos relacionar esse passo inicial a algo que estamos planejando fazer no dia de hoje. Em outras palavras, associe a tarefa que você está evitando a algo que você *não* está evitando.

Adotar essa abordagem fez uma enorme diferença na disposição de Elta para preparar suas apresentações. "Eu realmente desejo que minha plateia saia achando que aprendeu alguma coisa. Por isso, meu pequeno passo inicial sempre é tirar dez minutos para decidir qual mensagem quero que seja a mais memorável." E ela insere esses dez minutos na parte mais agradável do dia. "Sempre procuro uma forma de relacionar as coisas que faço por prazer e as coisas que encaro como trabalho pesado. Gosto de atravessar um parque a pé no caminho para o trabalho. Por isso, é nessa hora que penso naquilo que vinha evitando, como decidir qual é a mensagem principal para minha próxima apresentação. Como estou de bom humor, me sinto capaz de uma conexão mais rápida com aquilo que exige minha reflexão."

Na prática, Elta está adicionando uma dose de satisfação ao estabelecimento de metas quando-então, de que tratei no capítulo 2. É como se dissesse: "*Quando* caminho por um parque de vegetação luxuriante, meu estado de espírito melhora, *então* vou usar um pouco desse tempo para pensar em alguma tarefa que esteja evitando". Pelo mesmo motivo, quem sabe você possa se dar ao luxo de ler livros ou revistas leves quando estiver na academia, porque esse prazer secreto ajuda a diluir a percepção de seu cérebro em relação ao esforço de curto prazo do exercício. Da mesma forma, quem sabe você consiga reunir toda a sua disciplina para completar uma tarefa espinhosa se prometer a si mesmo que vai realizá-la sentado num café elegante, com uma bebida deliciosa nas mãos. Todos esses exemplos, por tornarem mais agradável a tarefa imediata, reduzem a quantidade de trabalho que o cérebro precisa ter para que o esforço de curto prazo pareça valer a pena diante dos benefícios futuros.

PENSE NAS DESVANTAGENS DA INAÇÃO

Às vezes pesamos os prós e contras de realizar uma tarefa. Mas e quanto aos prós e contras de *não* realizar uma tarefa? Quais são as consequências de permitir que o status quo perdure? É algo que não costumamos levar em conta. Conhecido como *viés de omissão*, esse fenômeno é outra fonte de procrastinação, porque muitas vezes faz com que a decisão de não fazer nada pareça mais atraente do que realmente é.

Perguntei a Elta como ela enxergava os prós e contras de *não* fazer a preparação para a apresentação em público até a última hora. Quanto às vantagens de evitar a tarefa, ela conseguiu pensar no fato de que se sentia menos estressada. Parecia uma desculpa um pouco esfarrapada, e inverídica também: não preparar a apresentação pode reduzir seu fardo do dia, mas certamente não reduziria sua ansiedade nas horas que antecederiam a palestra. Foi aí que Elta teve um insight, ao focar nas desvantagens potenciais de adiar sua preparação. Ao imaginar como ela se desenrolaria, percebeu que era seu pior pesadelo. Nervosa ao se levantar para falar, ela se sairia mal, o que seria danoso para sua reputação. Para ela, pensar nas desvantagens da inação por alguns instantes serviu como um estímulo inusitado.

ASSUMA COMPROMISSOS

Caso pensar nos custos do status quo não seja suficiente, as pesquisas mostram que existe uma maneira de tornar a inação ainda menos atraente: assumir publicamente o compromisso de realizar alguma coisa.

Molly Crockett, neurocientista da Universidade de Oxford, demonstrou que, mesmo quando não ocorre um pronunciamento público, assumir um compromisso prévio funciona melhor que a mera força de vontade, quando se tenta resistir a uma tentação. Em outras palavras, é mais fácil resistir à vontade de assistir a vídeos de bichinhos fofos quando você refletiu anteriormente sobre isso e bloqueou vários de seus sites favoritos de vídeos.[3]

E comprometer-se *publicamente* a fazer algo tem ainda mais poder, porque os sistemas de recompensa e percepção de ameaças do cérebro são altamente reativos à imagem social. Para nós, é importante ser respeitado pelos outros. Por isso, ao contar nossos planos a outras pessoas assumimos o custo social de não realizá-los; é por isso que eu digo ao meu marido que vou ao ensaio do coral nos dias em que me sinto tentada a não ir. Fica ainda melhor quando você consegue envolver outras pessoas diretamente, fazendo-as compartilhar os planos, porque nesse caso você *realmente* corre o risco de aborrecer seus colegas e amigos se não aparecer.

Elta confirma que usa o compromisso prévio para se motivar. "Antes de tudo, eu forço a mim mesma a me inscrever para fazer uma apresentação, mesmo quando não estou a fim." Por quê? Ela não quer deixar a plateia sem um palestrante, nem quer a fama de ser pouco confiável. Em seguida, para ganhar ímpeto na preparação, Elta envolve um amigo ou colega. "Digo: 'Vou ensaiar minha apresentação com você'. Por exemplo, quando trabalhava em Berkeley, eu tinha uma amiga que sabia como eu me sentia em relação a apresentações. Por isso, a gente combinava se encontrar numa lanchonete, e ela me ouvia ensaiar. Nós não éramos colegas de trabalho — ela era até de outra área —, mas só de assumir o compromisso de encontrá-la fazia com que eu me preparasse com antecedência." Assim, não apenas Elta chega ao final do dia satisfeita com sua produtividade e diligência, mas também encontra uma amiga — o que proporciona uma recompensa de curto prazo para sua mente sociável.

TENTE OS "CINCO POR QUÊS"

Às vezes nos deparamos com uma tarefa recorrente, e ainda assim temos a impressão de sermos incapazes de dar o primeiro passo. Mesmo quando estabelecemos nossas intenções pela manhã, por algum motivo não conseguimos encontrar tempo para elas. Ou então juramos que vamos parar com a multitarefa, mas no fim nunca ficamos off-line por mais que alguns minutos. Aquela vozinha interior fica nos dizendo, "Isso aí, boa ideia, mas... não". Nesses casos, a menos que a gente vá até o fundo desse "mas", fica difícil evoluir.

O que podemos fazer? A primeira coisa é reconhecer o "mas", em vez de desprezá-lo. Grande parte do nosso comportamento diário é ditada pelo sistema automático do cérebro. Necessidades e temores profundamente arraigados conduzem nossas decisões de uma maneira praticamente imperceptível para nossa consciência. Quando ficamos presos num ciclo comportamental que não apreciamos – como ficar evitando tarefas que de fato queremos executar –, é um bom momento para darmos uma parada e fazermos uma reflexão. Por definição, não temos como conhecer todos os mecanismos internos do sistema automático. Do contrário, não seria um bom sistema automático. Mas podemos fazer algumas perguntas, sem juízo de valor, na tentativa de compreender onde reside o verdadeiro bloqueio.

Para fazer isso de maneira rápida, gosto da técnica dos "cinco por quês", em que você pergunta, com toda a paciência, uma série de "por quês" para desencavar as raízes de sua reticência. O nome desse exercício é uma referência ao fato de que a verdadeira causa de seu problema costuma emergir na hora em que você pergunta o quinto "por quê" (e, pela minha experiência, muitas vezes você já descobre o mapa da mina na hora em que chega ao terceiro ou quarto "por quê"). Essa técnica tem origem na indústria automobilística, onde é usada para descobrir o que deu errado num processo de produção. Claro que não é um substituto para a psicoterapia. Mas sempre me chama a atenção a rapidez com que os "cinco por quês" ajudam a revelar as causas profundas de muitos problemas do dia a dia.

Essa abordagem funcionou para Elta, quando ela ainda sentia dificuldade em arregaçar as mangas e preparar suas apresentações. "Parei e fiz algumas perguntas a mim mesma", diz, "a começar por '*Por que* eu reluto em fazer isso?'. Depois, '*Por que* estou dizendo isso?' e '*Por que* isso é um problema para mim?', e assim por diante."

Primeiro, ela descobriu uma voz interior que dizia: "A razão pela qual eu não me mexo para preparar a apresentação é que sempre vou fracassar – então, de que adianta me preocupar?". Ela tentou entender de onde, afinal, vinha essa ideia. "Eu me forcei a expressar *por que* eu achava que ia fracassar. Por fim, dei-me conta de que era porque tinha medo de não ter nada a dizer, de que não fosse boa naquilo em que eu dizia ser boa." Mas de onde vinha aquele incômodo? Depois de mais um "por quê", ela percebeu que era uma herança de sua trajetória inusitada. "Sempre tive a sensação de não me encaixar em nenhum tipo de trabalho tradicional. Eu não era analista quantitativa. Era apenas uma universitária que se interessou por políticas públicas. Não tinha experiência como consultora. E tinha interesse em alimentação, que era uma área periférica na minha empresa. Por isso, eu não sabia onde me encaixava. E era dali que vinha minha ansiedade."

Assim que descobriu a verdadeira razão por trás de sua repulsa à tarefa, Elta já tinha um ponto de partida. Ela podia desafiar o receio que havia descoberto, e então — se necessário — fazer alguma coisa para atacá-lo. "Perguntei a mim mesma: 'Ser tachada de incompetente faz sentido?'. E a resposta era não, claro que não. Posso discutir políticas alimentares o dia inteiro com você. Lembrei a mim mesma que conquistei projetos para minha empresa e que colegas me convidam para trabalhar em seus projetos. Há inúmeras evidências de que entendo da minha área." Para reforçar isso ainda mais em sua cabeça, ela resolveu conversar com os chefes para discutir sua contribuição ao trabalho da empresa. Depois disso, Elta passou a se deparar bem menos com a procrastinação.

Os bloqueios que você descobre com os "cinco por quês" nem sempre são tão existenciais quanto os de Elta; podem ser de ordem bastante prática, surgidos de compromissos ou rotinas conflitantes em sua vida. Por exemplo, suponha que você venha tendo uma dificuldade real para definir suas intenções diárias pela manhã. Alguns "por quês" podem mostrar que o problema, na verdade, vem do seu compromisso de tomar o café da manhã todos os dias em casa, com a família. Quando esse conflito fica mais explícito em sua cabeça, é mais provável que você encontre uma forma de superá-lo — por exemplo, experimentar definir suas intenções na véspera, à noite, ou no caminho para o trabalho. Como diz Elta, "se você não descobrir qual é o verdadeiro bloqueio, vai rodar em círculos se sentindo incomodada. Mas quando consegue descobrir, tem como lidar com ele e resolver as coisas". E resolver as coisas, em geral, nos dá uma sensação melhor em relação ao dia.

Como derrotar a procrastinação

Pense naquele item da lista de afazeres que você já vem adiando há algum tempo (se não houver nenhum, por favor, faça uma mesura e pule para o próximo capítulo).

- Enxergue os benefícios. O que vai melhorar depois que aquilo for feito, para você e para os demais? Quão boa será a sensação depois? Volte no tempo para pensar na última vez que você fez algo parecido – qual foi o lado bom?

- Planeje uma recompensa de curto prazo. Que prêmio você pode propor a si mesmo pelo progresso de hoje na direção do objetivo final, quando este for de longo prazo?

- Associe o passo inicial a algo de que você goste. Identifique o pequeno passo inicial que você precisa tomar. Em seguida, dê um jeito de relacioná-lo a algo que você com toda certeza fará hoje e que gosta de fazer.

- Amplifique o lado ruim da inação. Como você pode reforçar a sensação de que não fazer algo terá um alto custo? Que compromissos prévios pode assumir, de preferência envolvendo outras pessoas?

- Pergunte os cinco por quês. Se depois de tudo isso você ainda relutar em avançar, pergunte a si mesmo os cinco "por quês". O que se destaca como o verdadeiro bloqueio? O que você pode fazer para atacar *essa* questão?

PARTE III

Relacionamentos

Como extrair o máximo de cada contato

A maior parte dos grandes triunfos e tragédias da história não se deve a pessoas sendo fundamentalmente boas ou fundamentalmente más, mas a pessoas sendo fundamentalmente pessoas.

TERRY PRATCHETT E NEIL GAIMAN

Em todos os estudos empíricos sobre o bem-estar psicológico, há uma coisa que sobressai como um fundamento confiável da felicidade: a qualidade de nossos relacionamentos.[1] E considerando que passamos um terço da vida no trabalho, ou pensando em trabalho, não são apenas a família e os amigos que importam. Nossas interações com colegas e clientes também têm enorme importância. Uma boa conversa no trabalho pode nos dar motivação, nos divertir, ou nos encher de orgulho e propósito. Isso pode fazer toda a diferença em relação a como nos sentimos num determinado dia.

Isso ocorre porque o cérebro, altamente sociável, avalia constantemente o estado de nossa afinidade com os outros, e a força de nossa identidade dentro do grupo.[2] Grande parte de nosso monólogo interior inclui refletir sobre outras pessoas — o que elas fizeram, por que fizeram, o que pensam a nosso respeito, como nos comparamos a elas etc. Enquanto isso, todos aqueles que encontramos fazem o mesmo tipo de cálculo a *nosso* respeito. A telenovela de nossos cérebros sociáveis nunca termina, e é fundamental para nossa maneira de vivenciar o mundo do trabalho.

E, como em qualquer novela, mesmo quando estamos cercados por pessoas talentosas e simpáticas, pode haver mal-entendidos. Às vezes temos os companheiros de trabalho dos sonhos, às vezes não; algumas pessoas são agradáveis, enquanto outras nos dão vontade de arrancar os cabelos. Em geral aceitamos isso como algo com que temos que conviver diariamente.

Na realidade, nossas próprias ações e atitudes têm uma enorme influência na formação do comportamento alheio. Estamos muito menos à mercê do humor de terceiros do que costumamos imaginar — e é isso que vou mostrar nesta parte do livro. Vou apresentar formas de criar uma base sólida para qualquer interação, construindo desde o princípio uma relação forte. Vou ajudá-lo a compreender as motivações que tendem a ser proeminentes na cabeça das pessoas, tornando mais fácil entender as razões delas e como extrair o melhor dessas pessoas. E, para o caso de surgirem tensões, também mostrarei alguns métodos infalíveis para lidar de forma sensata e segura com interações complicadas. Assim, qualquer que seja o capítulo da sua novela, o final será feliz — ou, pelo menos, produtivo.

8. Como construir relações autênticas

Quando sentimos uma conexão real com alguém, por mais efêmera que seja, tudo o que percebemos é a boa sensação que ela acarreta. Há aquela química da compreensão mútua, e temos o sentimento de estar em sintonia. Podemos desfrutar de uma boa risada ou um segredo compartilhado. Pode acontecer com o caixa do supermercado, com um colega ou com o cônjuge (com certeza esperamos ter isso com nosso cônjuge). Esse sentimento de afinidade e receptividade torna tudo mais fácil, mesmo quando você precisa discutir um assunto sério.

Uma relação é questão de química? Em parte. Mas as pesquisas também apontam diversos fatores humanos que podem aumentar rapidamente o nível de calor humano e confiança entre duas pessoas. Esses fatores envolvem a qualidade de comprometimento, o grau de curiosidade, a capacidade de encontrar pontos em comum e disposição a nos abrirmos.

ESTABELEÇA INTENÇÕES COOPERATIVAS

Primeiro, vamos rever a importância de nossas intenções no contexto de nossas interações com os outros. Vimos, na parte I, quão subjetiva é a forma como vivenciamos cada dia — como prioridades, atitudes e premissas determinam grande parte daquilo que o cérebro apreende. Por isso, assim que adquirimos uma determinada expectativa em relação a uma interação, o cérebro faz uma busca por evidências que coincidam com nossas expectativas, e tende a filtrar quaisquer sinais que as contradigam. Se começarmos a procurar oportunidades de colaborar, temos uma probabilidade bastante razoável de encontrá-las. Se ficarmos procurando confusão, vamos ficar mais sintonizados para lapsos e ruídos. Como essa filtragem ocorre em nível subconsciente, juramos que estamos sendo objetivos. Mas os efeitos são reais.

Foi exatamente assim que começaram os problemas interpessoais de Peter. Como chefe de uma consultoria que presta serviço para empresas em questões de TI, muitas vezes Peter cai de paraquedas em situações de conflito, depois que um projeto de grande porte começa a descarrilar, muito além do ponto em que dizer "desligue e reinicie" seria um bom conselho. Peter é competente no que faz e tem um sorriso fácil, mas começou a perceber que a tensão, tanto com clientes quanto com colegas, estava atingindo níveis elevados. As pessoas à sua volta, muitas vezes, o decepcionavam ou lhe causavam uma má impressão. Elas, por sua vez, não estavam fazendo questão de interagir com ele. Na verdade, pouco antes de Peter procurar minha ajuda, ele perdeu um contrato por conta daquilo que chamava de "politicagem interna". Mas, nas palavras dele, "eu sou um cara legal. Não sou um babaca. Preciso descobrir o que está acontecendo".

À medida que conversávamos, dei-me conta de que o conceito de autoestima de Peter estava, havia muito tempo, relacionado a mostrar-se inteligente, identificar os problemas e agir rápido para solucioná-los. Ao longo dos anos, quando ele iniciava uma conversa, tinha uma intenção clara (embora não declarada): queria mostrar que tinha razão, para demonstrar a própria utilidade. E, na sua concepção, mostrar que estava certo significava mostrar que os outros estavam errados.

Essas intenções acabaram por causar enorme dano a suas interações. Peter ficava à espreita da menor oportunidade de provar seu ponto de vista, apelando para dados e gráficos que mostravam seu conhecimento sobre o assunto. Diante dele, as pessoas se mostravam confusas, e ele ficava frustrado ao ver os outros desnorteados; nesse meio-tempo, ele deixava de notar sinais de que seus clientes tinham perguntas pertinentes a fazer, ou pontos de vista relevantes a compartilhar. Aos poucos, toda conversa foi se transformando numa espécie de combate intelectual.

Mesmo assim, por trás da prontidão de Peter para a guerra, escondia-se uma intenção mais nobre. No fundo, ele tinha um grande desejo de ser útil, e a crença de que, se lhe dessem a oportunidade, em geral ele *faria* alguma coisa útil. Mas ele começou a ver que, se quisesse produzir o efeito desejado, precisava se expressar de uma forma mais cooperativa. Tendo isso em mente, começou a reformular suas intenções nas reuniões com clientes, adotando as seguintes linhas gerais:

- Aspiração. Primeiro, resolva qual o resultado cooperativo que você almeja com aquela conversa. Certifique-se de que seja bom para ambos, e que seja relevante para aquilo que é mais importante para aquele relacionamento.

- Premissas. Em segundo lugar, ignore suas expectativas negativas em relação ao outro, porque elas vão ditar sua percepção. Em vez disso, procure coisas positivas ou interessantes em relação àquele indivíduo.

A resposta dele à primeira pergunta ("O que você realmente deseja dessa conversa?") ficou óbvia assim que ele parou para refletir a respeito. Ele precisava construir uma relação de confiança com seus clientes, de modo a poder falar abertamente com eles a respeito do trabalho complicado que estavam desenvolvendo juntos. Queria que os clientes se sentissem bem trabalhando com ele, e ansiassem pela oportunidade de encontrá-lo, em vez de temer essa possibilidade. Em relação ao segundo ponto, Peter se deu conta de que precisava parar de supor que seus clientes simplesmente "não conseguiam entender".

A primeira experiência importante foi um jantar com o CEO de uma empresa na qual ele já havia angariado alguns inimigos ao trabalhar para o diretor de TI. O CEO era relativamente novo na função e Peter ficou, como sempre, tentado a rotulá-lo de imediato como desqualificado para o cargo. Antes, Peter teria ressaltado todos os aspectos em que era mais preparado que seu cliente, para que o CEO percebesse o quanto precisava ter Peter por perto. Mas, em vez disso, Peter definiu uma intenção clara e cooperativa para o jantar. Essa intenção era compreender melhor as expectativas do CEO para seu novo cargo e onde ele enxergava as maiores oportunidades e ameaças. "Foi realmente difícil para mim não sair apresentando números, para mostrar-lhe a péssima situação da empresa, mas eu me contive", diz Peter. E valeu a pena. "Foi uma ótima conversa, muito melhor do que eu esperava." Peter também descobriu que, quando investia prioritariamente na construção de um relacionamento, adquiria o direito de se gabar um pouco. "Perto do fim do jantar, o CEO acabou pedindo minha opinião, e aí eu tive a oportunidade de mostrar um pouco do meu material. Ele deu a impressão de aprovar." Tanto gostou que aquilo marcou o início de uma relação melhor entre Peter e o CEO da empresa.

FAÇA PERGUNTAS QUALIFICADORAS

Não é incômodo quando as pessoas não estão escutando de verdade o que dizemos? Existe a conversa "hum-hum", em que a pessoa com quem estamos falando está claramente com a cabeça em outro lugar – dando olhadelas no smartphone de quando em quando. Às vezes só a outra pessoa fala, dando a impressão de que o diálogo é de mão única. Existe a turma do "sei bem o que você está dizendo", loucos para lhe contar que nada do que você vivencia é único. E existem ainda as inúmeras conversas rotineiras que nunca saem da superfície, simples trocas de amenidades no piloto automático.

Infelizmente, todos nós somos um pouco assim. Nossa cabeça vive repleta de nossas preocupações na maior parte do tempo, o que nos deixa pouco espaço para contemplar as dos outros. Na verdade, o sistema automático do cérebro poupa muito esforço ao usar o atalho de supor que os outros são razoavelmente similares a nós mesmos. Não idênticos, é claro. Mas temos tendência a supor que os outros compartilham nossas preferências e perspectivas, e que todos compreendem as coisas do mesmo jeito e lhes atribuem o mesmo valor que nós. Esse *viés de projeção*, como chamam os cientistas, faz com que nem sempre ouçamos com tanta atenção o que os outros nos dizem. E quando estamos pensando naquilo que diremos em seguida, nossa atenção é desviada ainda mais daquilo que o interlocutor está dizendo, devido à pausa que fazemos para recarregar nosso próximo cartucho de comentários e ideias.

Nada disso favorece os relacionamentos. Se você tentar recordar a última conversa em que sentiu uma conexão profunda com alguém, é bem provável que essa pessoa tenha mostrado curiosidade genuína sobre sua vida e seus pontos de vista. Provavelmente, ele ou ela lhe deu espaço para falar e fez com que você se sentisse ouvido. Ser convidado a compartilhar seus pensamentos e experiências faz você se sentir interessante. Tudo isso representa uma formidável recompensa para um cérebro sociável.

E as pesquisas sustentam essa ideia. Numa experiência recente, Diana Tamir e Jason Mitchell, psicólogos de Harvard, deram a voluntários pequenos prêmios em dinheiro por responderem a três tipos de pergunta: factuais (por exemplo, "Leonardo da Vinci pintou a *Mona Lisa*: verdadeiro ou falso?"), convites a especular a respeito de outras pessoas (por exemplo, "Até que ponto o presidente dos Estados Unidos aprecia esportes de inverno, como o esqui?") e oportunidades de expressar o próprio ponto de vista sobre um assunto (por exemplo, "Até que ponto você aprecia esportes de inverno, como o esqui?"). Em geral, as pessoas deram preferência a falar sobre si mesmas — a ponto de abrir mão voluntariamente do dinheiro, já que a recompensa em dinheiro para falar sobre si mesma era 17% menor que as duas outras opções. Ao observar tomografias cerebrais, os pesquisadores confirmaram que falar sobre as próprias preferências ativou os sistemas neurais de recompensa dos voluntários, enquanto falar sobre as preferências *dos outros* não produzia o mesmo efeito.[1]

Portanto, se mostrarmos um pouco de curiosidade autêntica a respeito dos outros, eles vão considerar recompensador falar conosco. E esse é um bom ponto de partida para uma conversa agradável. O que significa, porém, mostrar "curiosidade autêntica"? Basta fazer perguntas? Bem, já é um começo. Mas não resolve tudo, porque a maior parte das perguntas não expressa interesse verdadeiro na outra pessoa. Se você prestar atenção no seu próximo bate-papo coletivo no trabalho, perceberá que a maior parte das perguntas pertence a um destes três tipos: as superficiais, para azeitar a conversa ("Seu fim de semana foi bom?", "Foi, e o seu?"), indagações factuais ("Quantos dias faltam para o lançamento?"), ou pontos de partida para apresentar uma hipótese ("Você pensou em XYZ?", "Será que você não seria mais eficiente se delegasse mais?", "Essa dificuldade que você está tendo é por tudo ser novidade para você?"). Quando fazemos esse tipo de pergunta, estamos querendo ser solícitos, mas nosso foco está mais em fazer passar nossas ideias do que em descobrir o que está na cabeça do outro.

O tipo de pergunta que indica curiosidade genuína é bem diferente. Primeiro, é uma pergunta aberta — que não pode ser respondida com um sim ou um não. Segundo, ela convida a pessoa a compartilhar seus pensamentos, motivações e sentimentos, em vez de meros fatos. Terceiro, você tem interesse real em escutar e pensar sobre a resposta. Eu as chamo de "perguntas qualificadoras", porque elas qualificam de imediato uma conversa. Por exemplo:

- Em vez de "Você pensou em XYZ?", pergunte "O que você está achando disso?".
- Em vez de "Essa dificuldade que você está tendo é por tudo ser novidade para você?", pergunte "O que está criando dificuldade para você?".
- Em vez de "Será que você não seria mais eficiente se delegasse mais?", pergunte "Como imagina a situação ideal para você?".
- E caso você queira perguntar algo sobre a vida pessoal de alguém, vá além do convencional "Como foi seu fim de semana?", com uma pergunta do tipo "O que você faz fora do trabalho? Como foi que surgiu seu interesse nisso?".

Tudo isso pode ser acompanhado de uma proposta simples para compartilhar mais coisas, antes de começar com seus próprios comentários. Só de dizer "Conte-me mais" você já estará na elite de 1% das pessoas que sabem escutar.[2]

Peter atribuiu-se a missão de trocar todas as perguntas do tipo "eis minha hipótese inteligente" por perguntas qualificadoras, que mostram interesse autêntico nos clientes. Não deu certo de cara. Numa reunião importante com um novo cliente em potencial, Peter lembrou-se de começar a fazer perguntas para conhecer o sujeito. Mas, segundo ele, "Não consegui arrancar nenhuma resposta interessante! Isso me incomodou, e aí voltei rapidinho para minha velha atitude, e comecei a inundar o cliente de ideias". Isso não funcionou muito bem. "Ele fez uma cara confusa e assustada, e a reunião foi meio que se esvaziando." Olhando para trás, Peter se deu conta de que suas perguntas "continuavam muito superficiais. Ou eram perguntas do tipo sim-não ou simples apuração de fatos a respeito da carreira dele. Eu não estava dando ouvidos de verdade às respostas. Eu só estava esperando para contar tudo que eu sabia".

Perguntei a Peter em que ocasião, nas conversas que tivera recentemente, ele sentiu mais facilidade em demonstrar curiosidade genuína. Ele lembrou-se de uma, numa reunião com um cliente italiano, remarcada tantas vezes que, quando os dois finalmente puderam se encontrar, já não havia nenhuma pendência urgente a discutir. Como resultado da falta de uma pauta determinada para a reunião, Peter sentiu-se à vontade para fazer perguntas autênticas sobre a vida pessoal e profissional do cliente, e prestar atenção nas respostas. Como era de esperar, o cliente acabaria enviando posteriormente um recado, dizendo que fora uma das melhores conversas profissionais que ele lembrava ter tido.

Peter resolveu que também podia reproduzir as condições daquela reunião com outras pessoas. Escreveu para o próprio uso uma lista de lembretes:

- Não se apegue demais a uma pauta pessoal (tenha confiança de que acabará por aparecer uma oportunidade para expressar seus pontos de vista).
- Esforce-se para achar a outra pessoa interessante em algum aspecto.
- Faça perguntas verdadeiramente abertas, em vez de sugestões disfarçadas de perguntas.
- Ouça direito a resposta. Identifique o que se destaca nela, e pergunte mais a respeito.

Com tudo isso em mente, Peter voltou a entrar em contato com o cliente que ele havia assustado. "Pedi desculpas por ter *monopolizado* a conversa anterior, e disse que queria conhecer um pouco mais suas ideias. E quando me encontrei com ele, adotei uma abordagem completamente diferente, fazendo perguntas autênticas. Fiquei surpreso de ver como é possível voltar ao rumo certo depois de um começo tão ruim. Tudo correu bem depois que mudei de atitude."

O SENTIMENTO DE "GRUPO"

Sempre que encontramos alguém, nosso cérebro realiza um trabalho rápido de decisão de como reagir. O rosto é reconhecido? É uma ameaça a nós? Quais as características mais óbvias? É semelhante a nós ou não?

Esta última pergunta é fundamental. Na falta de informações adicionais, tendemos a ver os estranhos como ameaças em potencial. "O seguro morreu de velho", dizem os circuitos de sobrevivência do cérebro. Mas assim que adquirimos a sensação de que a outra pessoa é, de alguma forma, parecida conosco — na política, na origem, nos interesses —, começamos a relaxar, e subconscientemente a tratamos como um aliado em potencial. Na descrição dos cientistas, passamos a ver aquela pessoa como parte do nosso "grupo". E essa pequena mudança no cálculo social tem um profundo efeito em nossas interações. Em primeiro lugar, deixamos de ficar no modo de defesa, o que nos torna, grosso modo, companhia mais agradável. As pesquisas também mostraram que ver alguém como parte do nosso grupo faz com que nos tornemos, imediatamente, mais suscetíveis a sentir empatia pela dor daquela pessoa, ou compartilhar a alegria pelo seu êxito.[3] Em geral, tomografias do cérebro indicam que, quando pensamos em pessoas que se parecem conosco, a atividade neural é muito similar a quando pensamos a nosso próprio respeito.[4] Por isso, não surpreende que sejamos tão generosos e atenciosos com pessoas que parecem fazer parte da nossa tribo. Tratamo-las um pouco como pequenas extensões de nós mesmos.

Isso tem um impacto efetivo sobre o local de trabalho. Antes de tudo, temos maior propensão a contratar pessoas cuja aparência e atitudes lembram as nossas. Lauren Rivera, socióloga da Universidade Northwestern, descobriu que 74% dos gerentes de recursos humanos de empresas de grande notoriedade relataram que seu contratado mais recente tinha uma "personalidade similar" à deles mesmos.[5] Como eles concluíram que era "similar"? Não era uma avaliação particularmente aprofundada. Um dos fatores mais importantes era ter hobbies parecidos, tais como um interesse mútuo em esportes ou tecnologia.

E essa é a deixa para a boa notícia: o fato de as pesquisas confirmarem que muito pouco é necessário para criar um sentido tribal de "nós". As experiências também mostraram que ele é instantaneamente criado entre pessoas que são sorteadas para fazer parte da mesma equipe.[6] Os pesquisadores descobriram, inclusive, que voluntários são mais suscetíveis a dar auxílio a um estranho depois que se pede a eles que batuquem juntos no ritmo da mesma música.[7]

Não estou propondo que você saia pelo corredor selecionando ao acaso pessoas para compor sua equipe, nem que comece a tamborilar os dedos na mesa na próxima reunião, enquanto assovia sua canção preferida. Mas você pode criar rapidamente benefícios de grupo se fizer o número necessário de perguntas até encontrar pontos em comum com as outras pessoas — como um interesse, gosto, meta ou trauma em comum — e depois levar o tempo necessário para debatê-los um pouco.

Pode ser grande a tentação de pular esse investimento num sentido de grupo, quando todos estão correndo e sob pressão. Pode parecer papo furado. Mas muitas vezes é o que mais importa, porque as pesquisas indicam que, do contrário, o estresse mina a capacidade das pessoas de sentirem empatia.[8] Sob pressão, os outros são mais suscetíveis a nos tratar como uma ameaça em potencial, menos propensos a se importar com aquilo que achamos e mais capazes de resistir a nossas ideias ou pedidos de ajuda. Por isso, quando estamos diante de um prazo apertado ou envolvidos em uma situação dramática, é ainda mais importante encontrar maneiras de se conectar com a pessoa do outro lado da mesa.

Francesco é contador e certo dia estava entrando numa reunião em que normalmente iria direto ao assunto — neste caso, a negociação dos termos de um contrato. Sua expectativa era de uma discussão complicada. Mas, pouco tempo antes, eu e Francesco havíamos falado a respeito das pesquisas sobre grupos. Por isso, ele decidiu experimentar algo radical: "Comecei tratando o cliente como uma pessoa normal, e não como um inimigo". Francesco lhe perguntou sobre seu trabalho e suas origens, e descobriu rapidamente que muito tempo atrás os dois haviam trabalhado para o mesmo escritório de contabilidade. Conversaram um pouco sobre isso. Na hora da negociação, poucos minutos depois, lembra Francesco, seu interlocutor disse: "Não se preocupe, eu confio em você — suas propostas me agradam". Segundo Francesco, "tentei essa abordagem em outras reuniões e ela já tinha funcionado, mas eu não esperava que auxiliasse numa situação como aquela, em que tanta coisa estava em jogo. Acho que ele só precisava ter certeza de que eu não estava tentando dar algum jeito de enganá-lo, e para ele foi suficiente descobrir nosso terreno comum, para criar a confiança de que eu não estava tentando sabotar a sua posição".

Eis algumas sugestões para criar rapidamente um sentimento de grupo com seu interlocutor:

➠ Encontre um interesse comum. Fique de olho em qualquer coisa que indique interesses ou preferências que batem com os seus, por menores que sejam. Músicas, bugigangas, roupas e hobbies, tudo vale. Esteja disposto a comentar ou perguntar a respeito, e divida sua própria experiência.

- Ressalte um objetivo em comum. Isso aprofunda a conexão, porque indica, em geral, valores partilhados. Para descobrir objetivos comuns, faça a pergunta: "O que importa mais para você, de tudo isso?", e "O que nós dois esperamos alcançar?".

- Converse sobre uma queixa comum. Seja cuidadoso em relação ao uso desse conselho, porque a negatividade pode desviar as pessoas do modo de descoberta. Mas é uma troca conversacional fácil queixar-se do mau tempo ou dos engarrafamentos. Um pouco de "nós contra o mundo" (ou contra os concorrentes, ou contra a diretoria) pode ajudar a criar um sentimento de pertencer ao mesmo time.

- Faça eco às palavras do outro. Não apenas isso ajuda as pessoas a sentirem que você está na mesma sintonia, mas repetir a mesma formulação de outra pessoa mostra que você realmente estava escutando. O efeito pode ser espantoso, mesmo quando você não faz mais do que ecoar afirmações factuais; um estudo mostrou que os garçons recebem gorjetas maiores quando repetem o pedido que o cliente acabou de fazer.[9]

REVELAÇÕES RECÍPROCAS (TAMBÉM CONHECIDAS COMO "CEDER UM POUCO")

Existe um ramo da economia chamado teoria dos jogos, que busca entender a forma como tomamos decisões quando várias pessoas estão envolvidas — como tentamos adivinhar as motivações alheias, e o que decidimos fazer em consequência. Pode parecer como jogar uma partida de xadrez ou cortejar alguém — "se eu fizer isso, aí talvez a pessoa faça isso, e aí... ah, talvez seja melhor eu não fazer isso, no fim das contas". E a teoria dos jogos avançada prova algo que os psicólogos suspeitavam há muitos anos: que a reciprocidade é muito importante para nós, como seres humanos.

Para demonstrar isso, os economistas usam um jogo famoso chamado Dilema do Prisioneiro, que envolve dois cúmplices detidos em celas separadas. Cada um dos dois "jogadores" precisa decidir se coopera ou trapaceia, sem que possam se comunicar entre si. "Cooperar" significa manter a história previamente combinada, o que permitiria a ambos os jogadores acabar com uma condenação leve. "Trapacear" significa entregar o outro jogador, de modo a sair totalmente livre, enquanto o outro teria que servir uma pena prolongada. As alternativas do jogo são montadas de forma a incentivar os jogadores a enganar um ao outro, criando um dilema interessante para eles. Ao longo dos anos, pesquisadores organizaram milhares de vezes esse jogo, usando histórias diferentes para explicar o mesmo conjunto básico de alternativas. E os resultados mostram que a solução "trapaceira" clássica é, na verdade, atraente apenas quando a partida é jogada uma única vez. Assim que o Dilema do Prisioneiro é encenado em termos mais realistas — permitindo aos jogadores que interajam mais de uma vez, dando a cada pessoa a chance de adaptar seu comportamento ao da outra, como em um relacionamento real —, os pesquisadores descobriram que surge uma estratégia dominante muito diferente: a reciprocidade, também conhecida pelos economistas como "olho por olho". Ou seja, se você trapacear nesta rodada, eu vou trapacear na próxima; se você cooperar nesta rodada, eu vou cooperar na próxima. Não é nenhuma Madre Teresa de Calcutá, mas tampouco um Gordon Gekko.[10]

Os neurocientistas que examinaram tomografias dos cérebros de jogadores do Dilema do Prisioneiro (e de outros jogos similares) também detectaram evidências de preferência pela reciprocidade. Eles descobriram que, quando um jogador opta por trapacear, em vez de cooperar, o outro jogador fica tenso e ativa a parte do cérebro que lida com a resolução de conflitos e o autocontrole. Quando um jogador decide cooperar, isso ativa o sistema de recompensa no cérebro do outro. E quando ambos cooperam, há uma agitação positiva nos cérebros dos dois jogadores. Em outras palavras, a reciprocidade faz bem.[11]

É por isso que as instituições de caridade distribuem broches e lápis quando tentam angariar fundos. É por isso que a pessoa que nos conta uma fofoca quente ("Ouvi dizer que...") provavelmente vai querer arrancar de nós algum pedaço de informação ("Bem, eu soube que..."). É um dos motivos pelos quais é horrível dizer "Eu te amo" a alguém e se deparar apenas com um sorriso, em vez de "Eu também te amo". A reciprocidade é uma força poderosa para a harmonia social.

Então, como isso afeta nossa capacidade de construir um relacionamento? Alguns anos atrás, discuti a importância da reciprocidade com um grupo de parceiros de uma firma de *private equity*. O negócio deles consistia de comprar empresas com desempenho ruim e recuperá-las, com vistas a revendê-las mais caro alguns anos depois. Eles nomeavam executivos experientes para gerir as empresas que adquiriam, e exigiam que esses executivos os mantivessem a par de todas as questões que enfrentassem. Para isso, sabiam que precisavam construir confiança. Mas isso estava se mostrando incrivelmente difícil. Esses executivos escolhidos a dedo não sentiam muita vontade de abrir o coração com os proprietários, e os proprietários não conseguiam entender direito por quê.

Depois de conversar com alguns desses executivos, entendi o que estava acontecendo. Eles não tinham disposição real para enxergar os sujeitos da *private equity* como pessoas de carne e osso. A seus olhos, eles não passavam de chefões corporativos a evitar sempre que possível e em quem, certamente, nunca confidenciar. Os sócios da *private equity* ficaram chocados e decepcionados. Mas quando perguntei a eles por que não compartilhavam com os executivos seus próprios pensamentos e preocupações a respeito do trabalho e da vida, eles fizeram cara de surpresa. É certo que estavam prontos a emitir conselhos ou ideias, mas falar de seus próprios receios pessoais com esses executivos? "Por que raios a gente faria isso?", perguntaram. Porque, expliquei, era exatamente isso que eles esperavam que os executivos fizessem. E não era justo esperar dos outros algo que eles próprios não estavam preparados para fazer.

Assim, gradualmente, os sócios da *private equity* aceitaram a ideia de que mostrar um pouco de si mesmos poderia incentivar os executivos a uma maior abertura. Era uma novidade para eles, mas os resultados foram rápidos e drásticos. Um deles, Johan, era um homem parrudo que falava muito pouco sobre os próprios sentimentos, e certamente não apreciava a ideia de se abrir em relação a preocupações de sua vida profissional. Mas ele resolveu se esforçar para ficar à vontade ao falar de suas preocupações em relação à obra de sua casa de praia. Não era nada especialmente profundo, mas era um bom passo inicial. No nosso encontro seguinte, Johan estava exultante. "Saí depois da reunião no mesmo carro de um executivo. Por isso pensei: 'Esta é minha oportunidade', e comecei a falar da casa de praia. Foi uma enorme surpresa", disse Johan. "Ele começou a falar comigo de todo tipo de assunto. No fim, acabamos discutindo também como iam as coisas na empresa. Foi a melhor conversa que tivemos." Evidentemente, não foi a casa de praia que apertou o gatilho; foi o fato de Johan estar disposto a abrir-se em relação a algo em sua mente.

Arthur Aron, professor de psicologia na Universidade Stony Brook, não se surpreenderia ao ouvir a história de Johan. Sua pesquisa mostrou que menos de uma hora de revelações recíprocas basta para criar uma intimidade notável entre estranhos. Numa escala de 1 a 7, centenas de voluntários deram a nota 4,65 ao relacionamento "mais profundo", em termos de proximidade. Depois de responder a perguntas pessoais durante 45 minutos, duplas sorteadas deram nota 3,82 à sua intimidade — não tão inferior assim.[12] O lado positivo: quando você tentar construir uma relação, esteja disposto a revelar um pouco de si mesmo.

GUARDE ESSE CELULAR!

Uma última coisa que preciso mencionar: a tecnologia nos mantém conectados — mas também pode minar um relacionamento se você permitir que ela sutilmente dispute sua atenção, por maior que seja o esforço empregado em perguntas qualificadoras, na criação de um sentimento de grupo e no uso das revelações recíprocas. Em um estudo de psicólogos britânicos, o simples fato de ter um telefone visível sobre a mesa levou as pessoas a sentirem menos conexão com um estranho com quem tinham que falar. Elas ficaram menos suscetíveis a concordar com a frase "É provável que eu e meu parceiro nos tornemos amigos se interagirmos bastante".[13] Portanto, se você quiser criar uma comunhão de mentes, guarde seu celular e esteja plenamente presente na conversa.

Como construir um relacionamento autêntico

Na próxima conversa em que o relacionamento for importante:

- Defina intenções cooperativas. Estabeleça intenções que foquem na melhora da qualidade do relacionamento, e não na sua agenda pessoal. Deixe de lado as premissas negativas. Esforce-se para ver o lado interessante do outro.

- ➨ Faça perguntas qualificadoras. Mostre curiosidade genuína pelo outro. Transforme algumas das perguntas corriqueiras, fechadas, factuais em perguntas abertas, que o convidem a partilhar ideias e sentimentos a respeito de um assunto (e não possam ser respondidas com um sim ou um não). Mostre que você está escutando, emendando algo que o outro disse com um "conte-me mais".

- ➨ Crie um sentimento de grupo. Procure pontos de similaridade ou conexão — metas, queixas ou interesses comuns — para criar um sentimento de grupo, de modo que o cérebro do outro o veja como amigo, e não como rival.

- ➨ Use as revelações recíprocas. Se quer que o outro se abra com você, reflita sobre aquilo que você mesmo está disposto a mostrar e compartilhar.

- ➨ Guarde o celular. Se você precisa estar disponível durante uma conversa importante, aumente o volume do toque o bastante para ouvi-lo mesmo no bolso ou dentro da bolsa.

9. Como resolver situações tensas

A interação com o restante da humanidade pode ser complicada, às vezes. Cada um vive sua própria vida, com seus próprios objetivos e necessidades. À medida que agimos nesta ou naquela direção, não é difícil acabarmos com o dia repleto de aborrecimentos. Alguns deles são pequenos, como o empurra-empurra irritante no metrô ou um comentário desagradável no corredor. Às vezes as mágoas parecem aumentar. Acabamos nos surpreendendo em meio a uma discussão em que a exaltação cresce, ou excluídos de uma discussão importante, ou trabalhando com alguém que insiste em não respeitar os próprios compromissos.

Quando as tensões vêm à tona dessa forma, é improvável que consigamos ter controle total sobre a situação. Mas podemos escolher nossa forma de reagir. Neste capítulo vou mostrar quanta diferença isso pode fazer. Ao focar naquilo que *nós* podemos fazer para criar um sentimento melhor, em geral é possível resolver ou pelo menos reduzir o impacto de situações tensas, mesmo quando elas foram criadas por outra pessoa.

ENCONTRE UM TERRENO COMUM

Vamos começar por aquela situação em que temos uma discordância direta em relação a alguém. É até certo ponto surpreendente que bate-bocas não ocorram com maior frequência, considerando que os filtros do sistema automático do cérebro – incluindo a cegueira inatencional e o viés de confirmação – tornam a realidade que vivenciamos altamente personalizada. Basta que um de seus colegas tenha tido uma manhã complicada para que ele veja as coisas de maneira diferente de você, embora ambos estejam participando da mesmíssima reunião (como eu descobri com Lucas, na parte I). E como nenhum de nós jamais enxerga a situação completa, é possível que ambos estejam certos *e* errados em alguns aspectos do assunto. Todos nós enxergamos "gorilas" diferentes.

Anatol Rapoport, psicólogo matemático, mostrou que reconhecer essa verdade fundamental – que é improvável que qualquer lado esteja 100% errado – é a chave para a solução de conflitos. Em seu clássico livro *Lutas, jogos e debates*, Rapoport demonstrou o poder da criação do que ele chama de "compreensão empática" do ponto de vista do outro, e que eu chamo simplesmente de "terreno comum". Representa mostrar que compreendemos o fundamento do outro e ressaltamos as semelhanças entre nós. A partir desse terreno comum, é muito mais fácil encontrar soluções mutuamente aceitáveis, porque o processo ajuda a tirar nossos cérebros do modo de defesa, permitindo que pensemos de forma mais criativa e encaremos o meio-termo com mais receptividade.[1]

Eis o processo de cinco passos que desenvolvi com base na pesquisa de Rapoport:

➡ Passo 1: descreva o ponto de vista do outro como se você realmente gostasse dele. Seja tão convincente e generoso quanto puder. O filósofo Daniel Dennett, certa vez, colocou nestes termos: "Você deve tentar reformular a posição de seu alvo de forma tão clara, tão vívida e tão justa que ele diga: 'Obrigado, bem que eu gostaria de ter pensado em colocar nesses termos'".

➡ Passo 2: identifique todas as coisas em que vocês concordam. Reconhecer as áreas em que *há* concordância, mesmo que sejam poucas, ajudará a construir um sentimento de grupo. Dê o pontapé inicial com suas próprias sugestões, e depois as transforme em um esforço cooperativo perguntando: "O que mais nós dois acreditamos ser verdade?".

➡ Passo 3: isole e compreenda a *verdadeira* discordância. Defina precisamente em que vocês discordam. Depois, vá mais longe perguntando: "Por que nós nos sentimos ou pensamos de maneira diferente em relação a esta questão específica?". Trazer à tona a experiência ou as premissas que moldam suas perspectivas ajuda a entender a natureza de seus respectivos "gorilas". Vocês podem até aprender um com o outro.

- Passo 4: explore de que forma ambos podem estar corretos. A esta altura, vocês podem "concordar em discordar": fica mais fácil fazer isso depois de saber em que pontos vocês estão alinhados e em que outros há discordância. Mas você também pode perguntar: "Existiria alguma forma de tanto a sua perspectiva quanto a minha estarem de algum modo corretas?". Em muitos casos, cada um de vocês tem parte da razão — mas talvez em situações ou circunstâncias diferentes.

- Passo 5: o que vocês podem fazer agora, com base em seu terreno comum? Sempre existe alguma coisa. E a perspectiva de progredir ajudará os dois a se sentirem bem, facilitando a resolução ou aceitação do que quer que esteja em discussão.

Por exemplo, suponha que você esteja discutindo com um colega de trabalho a melhor forma de obter dos clientes um feedback útil. Você acha que sua empresa deveria se abrir a comentários anônimos dos consumidores, por achar que dessa maneira eles serão mais sinceros. Mas seu colega sustenta a visão oposta: que os consumidores precisam informar os verdadeiros nomes nos comentários. Primeiro, então, você expõe o lado dele da discussão relacionando as vantagens daquela abordagem: os clientes ficarão menos tentados a partir para a linguagem vulgar e só vão reclamar se tiverem uma queixa genuína, e a empresa poderá dar um retorno a eles diretamente, se necessário.

Em seguida, em que ponto ambos concordam? Os benefícios de solicitar mais retorno dos clientes, o fato de que a internet é o meio de fazer isso, e ambos quererem que a solução esteja no ar ainda este mês. A única coisa em que vocês realmente discordam é a questão do anonimato dos clientes. Depois de alguns "por quês", fica claro que isso ocorre porque vocês têm visões diferentes em relação à disposição dos clientes para serem francos: você teme que, sem anonimato, eles não abram a boca, enquanto seu colega teme que, sob o manto do anonimato, eles falem demais. Por quê? Porque seu colega ficou escaldado com uma péssima campanha nas mídias sociais, que deu errado.

Como podem ambos estar certos? Bem, nem todos os clientes são iguais. Cada um de vocês, provavelmente, tem razão em relação a um determinado tipo de cliente. Esta parte da conversa faz algumas ideias germinarem. Pode ser possível elaborar um método que permita as duas opções. Talvez você possa fazer com que as pessoas, proativamente, decidam se querem permanecer anônimas, oferecendo essa opção, mas não como default. Vocês poderiam testar as duas abordagens, cada uma durante uma semana, e ver no que resultam.

Tendo encontrado esse terreno comum, fica claro que vocês podem seguir adiante com a elaboração da maior parte do processo. A questão do anonimato pode ser resolvida depois; não há necessidade de deixar tudo parado por causa dela. Agora parece óbvio, mas quando o cérebro das pessoas está na defensiva, fica mais difícil enxergar o que é sensato. Pequenas discordâncias podem acabar retendo o avanço de uma maneira que nem se imagina. Em compensação, focar nos pontos de concordância torna mais fácil, para cada um, tirar partido do melhor de si — e, em consequência, realizar as coisas.

CONTÁGIO POSITIVO

Em interações complicadas, o passo seguinte para estabelecer um tom construtivo é se aproveitar de um fenômeno chamado *contágio emocional*. Esse é o termo usado para descrever a maneira como o cérebro, altamente sociável, é conectado de maneira a perceber o estado emocional das pessoas à nossa volta e de entrar em sincronia com elas.[2]

Psicólogos sociais, como Ron Friedman, descobriram que o simples fato de estar perto de uma pessoa de bom humor pode bastar para aumentar a motivação de alguém (e, por conseguinte, seu desempenho), enquanto estar perto de alguém ranzinza pode produzir o contrário. Friedman e seus colegas da Universidade de Rochester mostraram que isso acontece até quando as pessoas estão realizando tarefas completamente diferentes — e isso acontece em cinco minutos, independentemente de qualquer conversa.[3] O estresse também contagia. Outros pesquisadores mostraram que pedir a alguém, inesperadamente, que fale em público não apenas deixa a pessoa nervosa, mas também aumenta os níveis de cortisol daquelas que vão ouvi-la.[4] Esse contágio não demora muito a acontecer: pesquisadores alemães demonstraram que o simples fato de olhar para pessoas sorrindo ou de cara feia bastava para provocar sentimentos mensuráveis de alegria ou tristeza, mesmo quando os voluntários observavam a foto por apenas meio segundo.[5]

Por isso, quando existe tensão no trabalho, o humor que decidimos levar para uma conversa pode jogar fogo ou água. Eu lembro que estive diante dessa decisão um dia, durante uma longa sessão de treinamento com quatro advogados corporativos, daqueles durões. Disseram-me que uma das participantes chegaria bem atrasada. Por isso, começamos a reunião sem ela. A conversa rapidamente começou a render, num ritmo inspirado, pleno de auxílio mútuo e conselhos compartilhados.

Passadas algumas horas, nossa participante tardia finalmente chegou. Atravessou a porta correndo e jogou-se numa cadeira. Seu estresse era palpável. Ela partiu para uma diatribe sobre como sua agenda estava sobrecarregada, e berrou uma pergunta a respeito de datas futuras para o programa. Calmamente, lembrei a ela que havia apenas mais uma sessão, marcada fazia muito tempo, para dali a alguns meses. Enquanto ela bufava "Mas não vou poder, não cabe na minha agenda, não tem como...", eu observei espantada que os outros três, até ali alegres e animados, mudaram completamente de comportamento. Antes, eles tinham certeza de que iriam à reunião seguinte, mas agora a sala estava cheia de gente resmungando: "Cadê meu celular?", "Também não cabe na minha agenda", "Acho que não vou poder ir", "Que chato". O vírus da discórdia estava fazendo furor.

Eu tinha algumas alternativas. Podia projetar o estresse e a irritação que estava começando a sentir, ou podia tentar algo mais positivo. Pensei na minha verdadeira intenção para a reunião: o que era mais importante ali? A resposta estava clara: eu queria restabelecer a dinâmica colaborativa do grupo. Para isso, que emoção eu deveria, de alguma forma, transmitir? Tudo isso se passou em uma fração de segundo na minha mente. Por isso, eu tinha que trabalhar com quaisquer emoções que me viessem à mente, e no caso era "amor". Tente não resmungar. Era simples e forte, embora eu não ousasse dizer a palavra em voz alta a nenhum deles.

Eu sabia que não adiantava cerrar os dentes e dizer a mim mesma "Seja amável, droga"; eu tinha que encontrar uma simpatia genuína que pudesse projetar naquela sala. Por isso, tentei trazer à mente todas as coisas de que eu realmente estava gostando, até então, no trabalho com eles. Com isso na cabeça, não foi tão difícil para mim dar um sorriso benevolente para eles, assentir e responder calmamente as perguntas. Em poucos minutos, senti que o clima foi se desanuviando à nossa volta, a poeira baixando. Estávamos de volta aos trilhos, e pudemos fazer bom uso do resto do tempo.

Portanto, quando você for entrar numa conversa tensa ou sente que o clima à sua volta está se deteriorando, lembre-se de que você pode ser uma força subliminar do bem naquela sala. Nem sempre você consegue mudar o rumo da conversa, mas pode ajudar a dar o tom dela. Para isso:

- Retorne para sua intenção cooperativa para aquela conversa e pergunte a si mesmo qual a emoção que gostaria de projetar.

- Pense nas vezes em que você sentiu essa emoção no passado, ou pense em pessoas que sempre o deixam naquele estado de espírito. Visualize essas situações ou indivíduos para extrair parte dos benefícios do ensaio mental que vimos no capítulo 3.

ADMITA QUE PESSOAS BOAS TÊM DIAS RUINS

A esta altura, sabemos que nossas premissas em relação aos outros podem ter uma influência poderosa na interação com eles. Pelo viés de confirmação, se estivermos antecipando que alguém vai agir de forma estúpida ou desagradável, subconscientemente damos uma atenção desproporcional às coisas estúpidas ou desagradáveis que esse alguém faz ou diz — e até distorcemos um pouco essas observações, de modo a confirmar nossa hipótese (lembre-se do caso das bananas cinza e amarelas, no capítulo 1). Porém, a coisa vai mais longe; reagir negativamente a essas supostas provocações, mostrando frustração ou irritação, é o jeito garantido de colocar o cérebro do outro em modo de defesa — o que torna *ainda mais difícil* para ele ser brilhante e encantador, e *mais* provável que ele aja de maneira disfuncional. Quando se trata dos outros, nossas premissas negativas podem rapidamente se tornar uma profecia autorrealizável.

E os psicólogos descobriram que nossas suposições habituais em relação aos outros não são lá muito benevolentes. Quando pensamos em relação a nós mesmos, sabemos que certos aspectos do nosso comportamento são ditados pelas circunstâncias em que nos encontramos. Por exemplo, num dia em que produzimos menos do que deveríamos no trabalho, parte da razão pode ser falta de sono, ou um mal-estar, ou a espera de um feedback fundamental de um colega. Mas quando vemos *outra* pessoa produzindo menos do que esperamos, temos tendência a supor que isso reflete algo fundamental em relação à capacidade ou ao caráter daquela pessoa — que ela é incompetente ou preguiçosa, e não que está cansada ou com sono atrasado. Raramente perdemos muito tempo pensando nos motivos pelos quais ele ou ela podem não estar na melhor forma hoje, principalmente quando não os conhecemos muito bem. Essa tendência a atribuir a fraqueza alheia ao caráter, e não às circunstâncias, é algo conhecido pelos psicólogos como *erro de atribuição fundamental*.[6]

Por que somos tão mais rigorosos para julgar os outros? Bem, é que o sistema automático do cérebro acha mais fácil. Exige menos energia mental avaliar alguém uma única vez e depois rotulá-lo para sempre — "Ah, Fulano não é muito esperto" —, em vez de analisar o que pode estar acontecendo com ele cada vez que o vemos. Em dias de estresse elevado, quando o cérebro está sobrecarregado com outras preocupações, os pesquisadores concluíram que ficamos ainda mais propensos a pegar um atalho fazendo esse tipo de generalização.[7]

No início de sua carreira em Harvard, Teresa Amabile e seus colegas realizaram uma experiência que mostra como o erro de atribuição fundamental pode causar prejuízo a colegas em dificuldade no trabalho. Eles pegaram 120 pessoas e indicaram algumas delas como "perguntadores". Pediu-se a estes que elaborassem um questionário de conhecimentos gerais difícil, com base em coisas que eles mesmos já soubessem. Outro grupo, o de "respondedores", teria que fazer o melhor possível para responder as perguntas. Essa interação foi observada por um terceiro grupo, o de "observadores". Ao final, pediu-se a todos que avaliassem a inteligência das pessoas com quem interagiram. Eis o mais espantoso: embora estivesse claro que os perguntadores haviam elaborado perguntas baseadas em seus próprios interesses idiossincráticos, razão pela qual os respondedores sofreram para acertar muitas das respostas, todos os três grupos avaliaram os respondedores como menos inteligentes que os perguntadores. E os respondedores foram ainda mais rigorosos consigo mesmos que os perguntadores.[8] Ninguém parecia aceitar que os respondedores tivessem tido um desempenho pior por causa da situação em que haviam sido aleatoriamente colocados, e não por causa de sua inteligência inata.

Portanto, fazemos profundas suposições a respeito da personalidade e da capacidade de outras pessoas com base em observações muito limitadas. Quando rotulamos alguém como inepto, preguiçoso ou chato, é bom acender uma luzinha vermelha. Quanto do comportamento daquela pessoa é ditado pelas circunstâncias e quanto é ditado pelo caráter? Fazer a si mesmo essa pergunta não significa que a pessoa não esteja sendo irritante *naquele instante* — mas pode reduzir consideravelmente a tensão se você pensar nela como uma pessoa boa num dia ruim.

Eis o que eu sugiro quando alguém decepciona ou irrita você:

- ➠ Passo 1: esclareça os "fatos verdadeiros". Todos os fatos são verdadeiros, não é? Bem, por *verdadeiros* me refiro às coisas que você sabe com certeza. Lembre-se de como até mesmo nossas percepções factuais são subjetivas, por causa da filtragem do sistema automático do cérebro. Por isso, o primeiro passo é se livrar ao máximo da subjetividade, focando no que efetivamente ocorreu, sem interpretação ou emoção. Por exemplo, numa interação em que você se sentiu ignorado pela sua chefe, dizer "Ela me ignorou" supõe que a atitude foi proposital. Isso é uma interpretação — algo de que você não tem certeza. O que você pode afirmar com segurança? "Ela não falou nada comigo no encontro desta tarde, ou pelo menos eu não me lembro de ela ter dito nada." Bingo. Esse é o seu "fato verdadeiro".

- ➠ Passo 2: pressuponha "pessoa boa num dia ruim", ou leve em conta explicações em potencial para o comportamento dele ou dela. Pressuponha que a pessoa é basicamente correta, e troque o seu "Que raio é isso?" por "O que pode estar acontecendo com ela?", "O que pode tê-la colocado na defensiva?" (para mais orientação, veja o quadro "O que costuma desencadear o modo de defesa", na p. 166), "O que ela está sentindo ou do que tem medo?"). Imagine duas ou três possíveis razões para o comportamento que você observou. Você não precisa necessariamente acreditar nessas explicações; a simples ideia de que possa haver uma circunstância por trás daquele comportamento ajuda a reenquadrar a situação, e aquele que parecia um agressor pode passar a ser a vítima. E isso reduz a sensação de ameaça que a pessoa provoca no cérebro, tornando mais fácil para você lidar com a situação.

Armado dessas possíveis explicações alternativas, você pode seguir em frente com um estado de espírito mais tolerante — e talvez com isso descubra, com algumas perguntas que mostram simpatia, o que realmente está acontecendo com aquela pessoa, ou simplesmente a julgue da melhor maneira possível e reaja de acordo com esse juízo.

Russell, o gerente de marca de uma rede hoteleira a que fomos apresentados na parte I, sempre adota essa atitude de "pessoa boa, dia ruim". Faz parte de suas responsabilidades assegurar a solução dos problemas dos clientes insatisfeitos — e por isso muitas vezes ele se vê metido em conversas complicadas com os colegas. Ele diz: "As pessoas muitas vezes se comportam de forma escrota, e muitas vezes a gente não sabe qual é a causa. Essa ideia me veio à mente alguns anos atrás, quando estava puxando uma mala de rodinhas no meio da rua, porque a calçada estava cheia de buracos. Um carro passou atrás de mim e o motorista me olhou como se eu fosse um imbecil. Por que raios eu estava andando pelo meio da rua? Foi nessa hora que acendeu uma luz na minha cabeça. Eu me dei conta de que, do carro, ele não tinha como ver que era impossível passar pela calçada. Desde então, tenho usado isso como uma metáfora para o fato de que ninguém consegue enxergar o quadro em sua totalidade. Se alguém parece não entender o que está acontecendo comigo, eu lembro a mim mesmo: 'É só porque ele está dentro do carro'. Mas muitas vezes sou eu que estou 'no carro', quando tenho que lembrar a mim mesmo que provavelmente há um bom motivo para alguém estar fazendo algo que me incomoda".

Por isso, Russell diz que costuma relembrar a si mesmo de começar uma conversa difícil pressupondo o melhor possível em relação aos outros. "Eu suponho que a maioria das pessoas está tentando trabalhar direito. Acho que essa é uma forma de manter o controle sobre uma situação: esforçar-se para atribuir boas intenções a alguém. Quando você trata pessoas aparentemente complicadas como se elas estivessem bem-intencionadas, enxerga melhor o que elas fazem de bom. E elas sentem isso, o que faz com que aumente a chance de reagirem bem e preencherem sua expectativa."

Russell dá um exemplo recente. "Eu tenho um colega que parecia estar querendo puxar meu tapete. Ele se convidou para uma reunião de estratégia de marca que eu ia comandar, e no meio dela questionou o verdadeiro objetivo da reunião — por que tinha sido marcada e como se integrava no restante do processo estratégico da empresa. Instintivamente, interpretei isso como uma tentativa de mostrar serviço. Achei que ele estava tentando me sabotar. Mas aí me dei conta de que eu estava 'no carro', atribuindo ao comportamento dele uma má intenção. Então, em vez disso, resolvi supor que ele estivesse levantando uma pergunta pertinente. Desenhei um diagrama para mostrar-lhe como aquela reunião se integrava no processo estratégico mais amplo. Ele aprovou, e me disse depois que tinha gostado muito da reunião. A coisa poderia ter ido por um caminho bem diferente se eu tivesse suposto que ele tinha, na verdade, más intenções."

Tamanho único

Depois que você adquire o hábito de pensar desse jeito, pode aplicar a técnica do "pessoa boa, dia ruim" em poucos segundos, sempre que o comportamento de alguém o desconcertar. Por exemplo, suponha que alguns dias atrás você tenha enviado um pedido por e-mail, e que a pessoa não tenha respondido. É fácil supor que isso é sinal de problema — que o destinatário está ignorando sua mensagem, talvez por não ter gostado do pedido, ou por não gostar de você. Você está para enviar um e-mail ligeiramente irritado, cobrando uma resposta. Mas quais são os "fatos verdadeiros"? Você enviou o e-mail original faz 72 horas, e ainda não viu uma resposta. Então, partindo da premissa do "pessoa boa, dia ruim", as possíveis explicações incluem:

a pessoa respondeu e a resposta caiu na caixa de spam; a pessoa está muito ocupada; a pessoa está de férias e não ativou a resposta automática; a pessoa está refletindo sobre o seu pedido e ainda não tem certeza do que dizer; a pessoa é totalmente desorganizada e está para surtar com tantos e-mails. Com pelo menos uma dessas explicações em mente, aumenta a chance de que você escreva um e-mail mais generoso, ou talvez pegue o telefone, ou pare de se preocupar por algum tempo (e se for você que não responde ao e-mail do outro, dê uma olhada no apêndice B, no final do livro).

O QUE COSTUMA DESENCADEAR O MODO DE DEFESA

Quando você encontra alguém se comportando de uma maneira que parece disfuncional – seja um comentário áspero, uma teimosia inesperada, uma marcação de território ou uma falta de retorno em geral –, é provável que algo tenha posto esse alguém no modo de defesa. Mas o quê? Bem, existe um conjunto bastante claro de "ameaças" que o desencadeiam na maioria das pessoas. Em geral, elas envolvem o medo de que alguma necessidade básica do ser humano não seja atendida. Diversas necessidades têm uma natureza social: inclusão, justiça e sentimento de respeito; outras têm mais a ver com o valor pessoal de um indivíduo: autonomia, competência, propósito e segurança. Também existe uma necessidade básica de repouso e recuperação, que reflete o fato de que, quando estamos exaustos, seja mental ou fisicamente, nos tornamos mais sensíveis a *todos* os fatores potenciais que desencadeiam o modo de defesa. Conhecer bem a lista a seguir de medos e necessidades mais comuns vai ajudá-lo a se tornar mais hábil na identificação daquilo que pode estar criando incômodo em alguém – e se é você que está inadvertidamente criando esse incômodo.

Necessidade social	Fatores desencadeadores a vigiar
Inclusão	A pessoa foi excluída de alguma coisa, como uma reunião, um processo ou uma troca de e-mails (quer isso tenha ocorrido deliberada ou inadvertidamente)?
	A pessoa pode estar se sentindo isolada, talvez por ter tido uma carreira diferente ou pontos de vista, valores ou experiências distintas?
Justiça	Suas atitudes (ou as de terceiros) são percebidas pela pessoa como injustas?
	A pessoa pode estar sentindo que oferece muito sem receber nada em troca, violando o princípio da reciprocidade?

No entanto, se você tiver lido a lista e ainda estiver pensando "Eu não faço a menor ideia de qual é o problema dessa pessoa", não desanime. Existe algo infalível, e é o seguinte: mostre a ela algum reconhecimento. Dizer a alguém que você reconhece os esforços que aquela pessoa fez — ou mesmo dividir qualquer tipo de elogio — atende muitas necessidades humanas básicas, ao ajudar as pessoas a se sentirem mais competentes, valorizadas e tratadas de forma justa. É uma receita para cortar a tensão de forma bastante rápida. Seu sentimento nem precisa ser expressado de forma exagerada para fazer efeito. Em um estudo realizado por pesquisadores japoneses, foi dito a voluntários cujo cérebro estava sendo submetido a uma ressonância que pessoas totalmente desconhecidas as haviam tachado de "sinceras" ou "confiáveis". Era um elogio aleatório, mas mesmo assim ele acionou o sistema de recompensa dos voluntários no mesmo grau que um incentivo financeiro.[9] Por isso, na dúvida, encontre algo elogioso a dizer à pessoa, e siga em frente a partir daí (na verdade, para ser mais específico, vá para a próxima seção, sobre a técnica do "perceber-reconhecer-oferecer").

Soluções potenciais a cogitar
• Reconheça a exclusão e explique as razões para ela (caso tenha sido intencional). • Ressalte outras atividades importantes em que a pessoa está sendo incluída. • Cogite a ideia de dar à pessoa um papel definido que a faça sentir-se parte da equipe.
• Enfatize suas semelhanças, mais que suas diferenças (releia os conselhos para criar um sentimento de grupo, no capítulo 8). • Incentive as conexões entre a pessoa e outros integrantes do grupo. • Verifique se o grupo pode aprender algo com a perspectiva da pessoa.
• Seja transparente com a pessoa em relação à lógica por trás daquilo. • Se você teve que tomar uma decisão difícil, seja franco com a pessoa em relação aos dilemas enfrentados (veja a seção "Por favor, seja justo", no capítulo 10).
• Certifique-se de que a pessoa está recebendo crédito por sua contribuição ao esforço da equipe. • Encontre algo com que você possa retribuir ou ajudar a pessoa. Pergunte de que tipo de apoio ela necessita para alcançar o máximo desempenho. • Enfatize todo o apoio que a pessoa já recebe, se esse apoio vier dos bastidores sem que ela se dê conta.

Necessidade social	Fatores desencadeadores a vigiar
Respeito	A pessoa pode estar se sentindo boicotada em público – por exemplo, sofrendo críticas públicas ou enfrentando discordância com seus pontos de vista?
	A pessoa tem recebido reconhecimento e elogios suficientes por seu esforço? Recebeu recentemente feedback negativo?
	A pessoa sente que lhe dão ouvidos? Ela costuma ser interrompida ou ignorada?

Necessidade individual	Fatores desencadeadores a vigiar
Autonomia	Alguma coisa foi apresentada à pessoa como fato consumado? Pediu-se a ela que fizesse alguma coisa sem maiores explicações?
	A pessoa pode estar se sentindo microgerenciada?
Competência	A pessoa pode estar sentindo que não está à altura?
	Existe uma possibilidade real de fracasso devido à incapacidade da pessoa (quer ela reconheça ou não)?

Soluções potenciais a cogitar
• Reconstrua, de forma visível, seu senso de status, talvez dizendo algo positivo sobre a pessoa em público, conferindo-lhe novas e cobiçadas responsabilidades, ou pedindo-lhe conselho. • Mostre à pessoa que os pontos de vista dela têm valor, mesmo que não prevaleçam. Se puder, mostre como eles ajudaram a enriquecer o debate.
• As pessoas escutam críticas de forma mais intensa que elogios – por isso, seja mais incisivo ao mostrar reconhecimento por aquilo que a pessoa faz. • Quando precisar dar feedback a alguém, sempre use as técnicas da seção "O retorno fácil", no capítulo 10.
• Mesmo que você não concorde com aquilo que a pessoa está dizendo, certifique-se de que ela sabe que você ouviu sua argumentação, repetindo o que ela disser e confirmando com um "É isso mesmo, certo?". • Se perceber que alguém não está conseguindo falar, interrompa a conversa e convide essa pessoa a apresentar o argumento que ela estava tentando apresentar.

Soluções potenciais a cogitar
• Encontre algumas decisões específicas que você pode deixar a pessoa controlar, por menores que sejam – como a definição de um prazo ou do local de uma reunião. • Certifique-se de que a pessoa se sente devidamente consultada em relação aos próximos passos.
• Defina com clareza no que sua contribuição é realmente necessária, e ceda à pessoa mais espaço para atuar em outros assuntos – mesmo que ela não faça tudo exatamente como você faria. • Tente as técnicas de "escuta extrema" e "ensine, não mande", do capítulo 10.
• Verifique o que a pessoa sente estar capacitada a fazer e no que ela sente menos confiança. • Sempre que possível, enfatize as áreas em que ela vem tendo bom desempenho. • Ajude-a a perceber no que ela pode obter auxílio, nas áreas em que sente menos confiança.
• Indague quais são os maiores riscos, e ajude a pessoa a identificar maneiras de reduzi-los. • Mostre a ela que será possível aprender com o fracasso, caso ocorra – e que você vai ajudá-la nesse aprendizado.

Necessidade individual	Fatores desencadeadores a vigiar	
Propósito	Aconteceu alguma coisa que possa parecer incomodar os valores da pessoa (por exemplo, igualdade, honestidade, confiança)?	
	A pessoa está trabalhando em algo que possa parecer despropositado, ingrato ou aborrecido?	
Segurança	As mudanças propostas vão tirar da pessoa algo que ela está acostumada a ter, como determinado recurso ou rotina?	
	A pessoa tem enfrentado muita incerteza em sua função? Suas responsabilidades estão pouco claras?	
	Você deixou de fazer alguma coisa que prometeu (ou algo que pode ter sido interpretado como tal)?	
Descanso	A pessoa pode estar fisicamente exausta, ou prejudicada por questões familiares ou de saúde?	

Soluções potenciais a cogitar
• Converse abertamente com a pessoa a respeito de valores. Explore a possibilidade de que o mesmo valor possa ser interpretado de maneiras diferentes por pessoas diferentes. • Pondere se existe algo que possa ser feito para respeitar esses valores mais plenamente.
• Mostre à pessoa como o trabalho dela contribui para algo maior ou mais significativo. Mostre quem sai ganhando com o que ela faz. • Ajude a pessoa a ver como ela pode pôr em prática seus pontos fortes ou interesses, mesmo numa função que não chega a ser fascinante.
• Dê ênfase àquilo que ela vai ganhar em troca. Torne esse benefício o mais palpável e pessoal possível. • Se não houver benefício para ela, pelo menos seja transparente em relação ao motivo da mudança.
• Ajude a pessoa a descobrir o que é estável ou conhecido, em meio à incerteza. • Delineie o processo pelo qual a incerteza será dissipada (mesmo que o resultado continue incerto). • Se você "sentou em cima" de um pedido da pessoa, mande ao menos um pedido de espera, caso não possa cuidar do caso. • Ajude a pessoa a ter clareza em relação ao que é responsável por entregar e onde fica a fronteira com as funções dos demais.
• Explique com clareza por que as coisas saíram de outro jeito. Peça desculpas pelo impacto resultante sobre a pessoa (mesmo que a culpa não seja sua). Explique que compromisso você tem toda condição de assumir agora.
• Indique que não há problema em conversar sobre as demandas que a pessoa tem que atender. • Ajude-a a encontrar um jeito de recarregar as baterias ou ajuste essas demandas à carga de trabalho dela.

PERCEBER-RECONHECER-OFERECER

Quando alguém está no modo de defesa, muitas vezes podemos melhorar a situação simplesmente levando em conta o que poderia estar provocando aquele comportamento. A empatia pode mudar o tom de nossa reação na proporção exata para impedir uma escalada da tensão. Mas quando você suspeita que há um problema real, obviamente é melhor ter uma conversa direta com a pessoa sobre o que desencadeou aquela reação.

Por quê? Antes de tudo, quando você reconhece o sentimento de outra pessoa, o cérebro dela para de tentar "telegrafar" as próprias necessidades e receios de maneira tão frenética. Além disso, existe uma possibilidade de não sabermos, de fato, o que pôs a pessoa no modo de defesa, e nesse caso podemos estar tentando resolver o problema errado. Por exemplo, posso supor que um colega está sendo ranzinza porque não foi copiado numa importante troca de e-mails, quando o motivo real é que um integrante valioso de sua equipe se candidatou a uma vaga no seu setor da empresa. Ou o mau humor alheio pode não ter absolutamente nada a ver com você. Você vai começar a copiá-lo em todo e qualquer e-mail que envia, sem que isso ajude nem um pouco a pessoa a ficar mais feliz com você.

Por isso, quando sentir que alguém está aborrecido ou irritado — seja com você, seja com outra pessoa — e puder encontrar uma maneira de falar com ele ou ela diretamente, experimente este exercício simples de "perceber-reconhecer-oferecer".

➡ Passo 1: perceber. Conte à pessoa qual a sua percepção e peça, então, o ponto de vista dela. Concentre-se num comentário factual e formule-o em termos imparciais. Por exemplo: "Notei que a direção optou pela alternativa X, no fim das contas. Qual é a sua opinião a respeito?", ou "Notei que você fez cara feia quando fiz aquela sugestão. Posso perguntar o que passou pela sua cabeça?".

➡ Passo 2: reconhecer. Depois que o outro dividir com você seus sentimentos, mostre que compreendeu, dizendo "Sinto muito, deve ser frustrante/preocupante/incômodo" (selecione uma palavra apropriada para mostrar empatia). Este passo sinaliza que você não está menosprezando aquilo que incomoda a pessoa. Não importa que *você* ache que a pessoa não deva se sentir frustrada, preocupada ou incomodada. Se *ela* acha que há uma razão para tanto, o cérebro dela estará na defensiva. Fazê-la sentir-se ouvida ajuda a reduzir o estado de alerta no cérebro. E a expressão "sinto muito" ajuda, mesmo quando você não fez nada de errado — porque mostra que você sente muito (do mesmo modo como você diz "sinto muito por sua perda" a alguém que está de luto).

➡ Passo 3: oferecer. Pergunte: "Existe algo que eu possa fazer para melhorar a situação?". Muitas vezes a resposta é não, mas se for sim é melhor ficar sabendo. É importante perguntar mesmo quando você não tiver causado o problema; você pode encontrar uma forma de ajudar e, se quiser que pare o comportamento disfuncional, vale o esforço.

Lucy é diretora de operações de uma empresa de serviços de folha de pagamento, e ao longo dos anos percebeu o valor de poder ter discussões honestas e construtivas em relação àquilo que causa irritação no local de trabalho. "Trabalhei em três lugares onde tive que resolver problemas grandes de relacionamento, que estavam tendo um impacto real na empresa. A tensão crescia, e eu ficava espantada de ver que poucas pessoas tomam alguma atitude concreta para resolver as coisas com uma conversa franca sobre o assunto." Para diálogos desse tipo, Lucy é uma grande entusiasta da técnica de perceber-reconhecer-oferecer.

"Certa vez, eu era responsável pela gestão de uma parceria global que nossa empresa fez com outra. Havia quatro regiões diferentes, e uma delas era comandada por uma pessoa notoriamente opositora da aliança. O motivo não estava claro. Ele era muito eficiente, sempre atingia as metas, mas tinha fama de barrar as coisas." Então, Lucy foi ao encontro dele. "Eu lhe disse: 'Isto é o que nós estamos tentando alcançar'. Em seguida, abri-me um pouco e disse: 'Já percebi que você não está a favor, o que obviamente me preocupa. Diga-me — o que está funcionando, e o que não está?'"

"Sua reação imediata", conta Lucy, "foi: 'Você já tem meio caminho andado, porque se deu ao trabalho de vir me ver e perguntar o que eu acho!'. No fim das contas, ele não era contrário à aliança, mas sentia que estava sendo obrigado a comparecer a reuniões às quais muitas vezes não conseguia ir, porque ninguém checava sua disponibilidade antes de marcá-las." E Lucy viu que esse era um exemplo de algo mais amplo — que ele se sentiu *mandado* ao longo de todo o processo, em vez de incluído na discussão daquilo que devia acontecer. "Por outro lado, agora eu estava pedindo a opinião dele, envolvendo-o, mostrando que era respeitado. Depois disso, nos encontramos uma vez por mês, e eu assegurei a inclusão dele em todas as discussões operacionais." Lucy conta que dali por diante ele não tentou mais "barrar" nada.

CUIDE DA SUA PRÓPRIA BAGAGEM

Discutimos situações em que a outra pessoa na interação é a que está na defensiva, e como você pode ser mais inteligente descobrindo o que provocou esse comportamento. Mas espero que a esta altura você também já tenha pensado no fato de que é parte integrante dessa equação. A tensão, por definição, exige dois lados puxando a corda com força. Não *haveria* tensão se você também não estivesse sendo provocado, ainda que em pequena medida — seja pela outra pessoa, seja por alguém relacionado a ela. E às vezes é difícil saber quando começa a tensão, porque as pesquisas sobre contágio emocional mostram a rapidez com que uma pessoa pode espelhar o estresse de outra. Nem sempre fica evidente quem "causou" a situação. Por isso, vale a pena dar uma olhada na bagagem que você leva para a conversa, e manipulá-la com cuidado.

Deixe-me selecionar três coisas que você pode fazer para se tornar melhor neste aspecto — todas elas centradas no aprofundamento da consciência de si. Primeiro, conheça seus "pontos sensíveis", as coisas que têm maior probabilidade de deixá-lo irritado. Segundo, conheça os sinais de alerta precursores que indicam sua entrada no modo de defesa. Terceiro, crie uma rotina simples e "portátil", que lhe permita recuar um passo e apertar o botão de reiniciar. Somadas, essas três coisas resultam numa autogestão verdadeiramente hábil quando você está sob pressão.

Conheça seus pontos sensíveis

Todos nós temos algum tipo de reação aos fatores desencadeadores apresentados nas páginas 164-169, mas a maioria de nós tem situações específicas que são garantia de irritação. Por exemplo, talvez você odeie quando alguém fala sem parar (violando sua necessidade de respeito, e talvez também a de reciprocidade). Ou talvez seu ponto fraco seja lidar com pessoas pouco confiáveis (o que lhe causa incerteza, e talvez ponha em questão sua competência, se a inconfiabilidade da pessoa afetar sua própria capacidade de dar conta de uma tarefa); enquanto isso, outra pessoa pode enxergar um colega tagarela e imprevisível como alguém vivaz e espontâneo. Somos todos diferentes em nossas intolerâncias, porque as coisas que realmente nos irritam, muitas vezes, têm origem em causas antigas de dor ou incômodo que ficaram arraigadas em nossa memória de longo prazo. Os circuitos de sobrevivência do cérebro recorrem a essas memórias em busca de pistas de que estamos diante de uma ameaça, e têm uma reação enérgica quando encontram uma coincidência entre a situação atual e um incidente negativo do passado.

Mas se conseguirmos ver um padrão nas coisas que nos incomodam, podemos identificar mais rapidamente quando estamos dominados por uma reação defensiva — e isso faz com que possamos iniciar um exercício de "recuar e reiniciar" antes que a conversa degenere. Isso também nos deixa mais propensos a antecipar conversas que provavelmente vão nos irritar, e assim podemos nos preparar adequadamente.

Para ter uma ideia mais clara dos seus pontos sensíveis, tire alguns minutos para fazer algumas anotações a respeito do seguinte:

➡ Pense em um momento seu de irritação ou aborrecimento com alguém (mesmo que você não tenha demonstrado).
- O que as outras pessoas disseram ou fizeram que o incomodou?
- Como consequência, o que você pensou — e sentiu?
- O que você sentiu que estava em jogo? O que você teve que aceitar perder?

Repita esse exercício com outras duas situações.

➡ Agora examine todos os seus exemplos. Que detalhes se repetem em mais de uma resposta? Que ponto sensível específico isso sugere a você (consulte a lista de gatilhos, em busca de inspiração, caso isso o ajude a entender a que está reagindo)?

Pergunta-bônus: o que aconteceu no seu passado que o tornou especificamente sensível a isso? Caso você possa responder essa pergunta, ela pode mostrar como as situações que está encarando hoje não são como a situação original que o marcou. Isso pode ajudar a reduzir a força da sua reação.

- Olhe para o futuro à procura de quaisquer conversas importantes previstas no trabalho para as próximas duas semanas. Alguma delas corre o risco de incluir esse ponto fraco? Em caso afirmativo, que intenções cooperativas você pode definir para essa conversa, de modo a manter a linha do início ao fim?

Conheça seus sinais de alerta precoces

Planejar sempre ajuda. Mas nosso cérebro automático age rapidamente para nos colocar na defensiva. Tão rapidamente, na verdade, que isso pode ocorrer antes que a gente adquira consciência do que está acontecendo. Por isso, é bom conhecer os sinais de alerta precoces indicando que o sistema deliberado está sendo desligado. Por exemplo, eu sei que, quando fico algum tempo sem sorrir e meu rosto parece duro e congelado, é um sinal de que estou no modo de luta-fuga-paralisia. No seu caso, talvez o sinal físico mais óbvio seja uma alteração no tom da sua voz, uma pressão no peito, suor nas mãos ou coração acelerado. Pode ser que você tenha algumas frases características que tende a dizer quando está na defensiva. Por isso, volte a pensar sobre essas situações passadas, que o marcaram. Reviva-as na sua mente. Preste atenção:

- Nas transformações no seu corpo ou na sua voz quando você está ficando tenso.

- Quaisquer frases ásperas que você se surpreende dizendo quando está incomodado ou aborrecido — seja em voz alta, seja para você mesmo.

- O que outras pessoas percebem no seu comportamento ou tom de voz ao observá-lo.

Saiba como "recuar e reiniciar"

Quando você sente a temperatura aumentar — seja por identificar o fator que o incomoda, seja por identificar um sinal de alarme precoce —, convém dispor de uma técnica simples para ajudá-lo a recuar e reiniciar. Na prática, você está concedendo ao sistema deliberado do cérebro um momento para se alinhar com o sistema automático, mais veloz, que o deixou em estado de alerta. Mas você precisa disso na hora exata em que sente o incômodo. Por isso, tem que ser algo fácil, que você possa fazer rapidamente e sem ter que pensar muito, quando estiver no meio de uma interação tensa (na parte VI, sobre a resiliência, mostrarei mais algumas técnicas para se colocar acima de situações complicadas, mas "recuar e reiniciar" é o cerne daquilo que você necessita durante uma conversa).

Experimente pensar um pouco, agora, sobre a técnica adequada a utilizar no calor do momento.

➠ Recue. Elabore uma pequena rotina pessoal que o ajude a parar e dar uma respirada. Se isso soa um pouco como a ideia da "pausa atenta", do capítulo 6, sobre como superar o excesso de trabalho, é porque é mesmo. O que funcionou com você quando se sentiu sobrecarregado também pode funcionar durante uma conversa tensa; Anthony usa o que ele chama de técnica de "respiração triangular" em ambas as situações (inspirar enquanto conta até três, expirar fazendo o mesmo e pausar contando até três). Como meu sinal precoce de alarme é o rosto congelado, meu "recuo" geralmente consiste em abrir um amplo sorriso. Para um cliente meu, consiste em segurar uma caneta com as duas mãos e olhar para ela enquanto a rola algumas vezes entre os dedos.

➠ "Reinicie." Faça a si mesmo uma pergunta, para recalibrar o sistema deliberado do cérebro e incentivar um pouco da curiosidade exploratória que é típica do modo descoberta. Uma vez mais, é bom ter uma pergunta pronta que você possa relembrar em momentos de estresse. Eis algumas das minhas preferidas:

- "Qual era/é minha intenção real para esta conversa?"
- "O que está realmente acontecendo aqui? O que está provocando essa tensão em mim e nos outros?"
- "Quando eu olhar para trás, o que ficarei feliz por ter feito aqui?"

Quando Peter (o consultor de TI que conhecemos no capítulo anterior) recordou suas conversas mais tensas, apareceram alguns claros gatilhos habituais. "Um ponto sensível meu, inegável, ocorre quando sinto que não estou me fazendo entender. Explico alguma coisa bem e com toda a calma, e mesmo assim o outro ainda não aceita o que estou dizendo. Isso me irrita infalivelmente." Situações assim eram um desafio para a vontade de Peter de se sentir valorizado, e, segundo ele, eram em geral acompanhadas por um sentimento de "querer consertar algo e não conseguir. Dá vontade de ser um rolo compressor". Quais são os sinais precoces de alarme que fazem Peter perceber que ele está para se comportar como um rolo compressor? "Eu sinto meus ombros ficando tensos. Minha voz também fica mais alta." Há ainda certas frases que o fazem notar que está perto de perder o equilíbrio. "Eu me pego pensando, 'Eu sei que tenho razão!', seguido de 'Por que você não entende?'"

Com essa consciência de si, Peter passou a prever muito melhor quando vai entrar no modo rolo compressor. E tão logo ele percebe que o nível de tensão aumenta, usa uma frase específica que o ajuda a recuar. "É uma coisa que um amigo meu, muito contido, diz nas horas de estresse: 'Com calma se resolve'. Eu digo isso a mim mesmo e isso me lembra dele, e me lembra de relaxar." Para o passo seguinte, reiniciar seu sistema deliberado, Peter descobriu que "perguntar a mim mesmo 'O que realmente importa?' é uma boa questão 'reiniciadora'. Com ela, eu paro de martelar a pessoa com meu ponto de vista, porque isso me lembra que não é meu objetivo real, e sim um relacionamento melhor".

Correção de rumo

Se lhe parecer difícil demais recuar e reiniciar em meio a uma conversa tensa, não entre em desespero. Você tem pelo menos duas outras opções. Uma delas é simplesmente pedir licença por alguns minutos. Todo mundo tem que ir ao banheiro de vez em quando. Por isso, simplesmente use essa desculpa conveniente para se recuperar.

A segunda opção é fazer seu "recue e reinicie" em voz alta. Às vezes, durante uma conversa, Peter se surpreendia pensando: "Oh, não — eu sei que estou nervoso, pela maneira como estou me comportando. Mas eu não sei o que fazer! Vou para o sacrifício!". Mas ele descobriu que é perfeitamente possível dizer: "Desculpe, dei-me conta de que estou tendo uma reação negativa a algo que acabamos de discutir. Podemos fazer uma pausa por um instante?". Esse tipo de confissão sincera lhe dá uma chance de recomeçar sua abordagem. Além disso, também pode – como vimos no capítulo 8, sobre a construção de relacionamentos – aprofundar o nível de confiança e receptividade na conversa.

COMO LEVANTAR QUESTÕES COMPLICADAS COM JEITO

Em algumas situações, nem toda a inteligência social e toda a consciência de si do mundo conseguem driblar o fato de que alguém fez alguma coisa para deixá-lo irritado. Você tenta ficar acima da situação, mas toda vez que vai falar com aquela pessoa uma nuvem paira sobre a conversa. O que deve fazer? Continuar a tentar aparar arestas ou atacar a questão?

Você já deve ter adivinhado aonde eu quero chegar com isso. Há fortes argumentos em favor de amainar o clima, por várias razões. Primeiro, enquanto você estiver tenso, é improvável que o sistema deliberado o dote do máximo de habilidade social, mesmo que você em tese esteja tentando baixar a poeira. Segundo, longe de melhorar as coisas, demonstrou-se que a tentativa de reprimir as emoções negativas torna ainda mais pronunciada a reação defensiva do cérebro.[10] Terceiro, o viés de confirmação aumenta a probabilidade de você ver ainda mais fontes de incômodo naquela pessoa com o passar do tempo, em vez de ser capaz de seguir em frente, porque sua expectativa em relação a ela passou a ter uma tendência negativa. Quarto, por mais que espere evitar o conflito fingindo que não há nada errado, o contágio emocional fará você comunicar sua ebulição silenciosa de maneiras subconscientes. Por isso, você pode até achar que está protegendo o relacionamento ao ficar de bico calado, mas a probabilidade maior é de que esteja piorando as coisas.

O problema é que pouquíssimos de nós apreciam conflitos, e "deixar o ambiente mais leve" soa como a senha para "constrangimento". Por isso, eis uma técnica que você pode usar para liberar o que está entalado na garganta, ao mesmo tempo que recoloca o relacionamento em bases melhores. Ensinei CEOs a tocar em assuntos delicados com comitês de direção, mas isso também funciona em situações em que há menos em jogo. Como sempre, o ponto de partida é a intenção definida por você para a conversa. Embora possa estar insatisfeito com o comportamento do outro, ter como meta de uma reunião "vou lhe mostrar com quantos paus se faz uma canoa" não vai reduzir o conflito. Certa vez, eu estava trabalhando com um consultor imobiliário que estava chateado com uma cliente em potencial. O problema é que a cliente havia garantido a Simon que ele seria o provável ganhador de um contrato para o qual ele se candidatara, mas depois ela não lhe atribuiu o serviço — e não era a primeira vez que isso acontecia. Quando pedi a Simon que articulasse sua meta para a conversa com ela, a primeira palavra que veio à sua mente foi "vingança". Ele deu uma risada, mas não teve muita graça, porque obviamente havia um fundo de verdade. Por isso, perguntei-lhe o que realmente queria tirar daquela conversa. "Um bom resultado seria se ela me visse mais como uma pessoa e menos como um provedor de serviços descartável. E eu gostaria de entender as razões dela ao decidir a quem atribuir o serviço."

Uma vez estabelecidas suas intenções cooperativas, eu praticamente garanto que você atravessará com segurança a conversa, se obedecer aos passos seguintes. (É bom tirar cinco ou dez minutos para fazer algumas anotações antes de ir para a conversa, de modo a ter claro o que pretende dizer, especialmente nos passos 2 e 3.)

➠ Passo 1: peça permissão. Não vá direto ao ponto. Diga: "Nosso relacionamento é importante para mim, e tenho uma coisa em mente — posso falar a respeito?". Se o momento for ruim, não será bom escolhê-lo para falar disso; se o momento for bom, você terá sinalizado sua intenção cooperativa.

➠ Passo 2: descreva aquilo que você observou. O segredo, aqui, é focar nos fatos verdadeiros, uma vez mais sem emoções, interpretações ou generalizações. Não solte frases como "Você me deixou na mão"; esse tipo de afirmação é questionável, porque o outro pode dizer "Não é verdade". Em vez disso, busque algo que soe mais como "Minha percepção foi que [fatos, fatos, fatos]". Por exemplo, Simon disse: "Minha percepção foi que, quando nos encontramos duas semanas atrás para discutir o modelo da nossa proposta, você usou, se bem me lembro, a frase 'Vocês são os favoritos' — mas depois não ficamos entre os finalistas" (ele não disse "Você nos deu falsas esperanças").

- Passo 3: conte como esses fatos o fizeram sentir-se. Em seguida, descreva o modo como o comportamento do outro o fez sentir-se. A força desse passo consiste, uma vez mais, em evitar questionamentos, além de humanizar a questão que você levantou. Por exemplo, Simon disse: "Isso me deixou confuso, porque eu tive um feedback positivo da sua parte, e depois parece que nem fizemos o bastante para passar à etapa seguinte. Preocupa-me não entender o que você precisa ou deseja de nós".

É bom não usar linguagem dramática. Por exemplo, Simon ficou tentado a dizer que a experiência o deixara "incrivelmente irritado". Mas antes da reunião ele perguntou a si mesmo a qual dos gatilhos estava reagindo, e deu-se conta de que sua raiva fora atiçada pelo receio de decepcionar sua equipe. Era uma questão de competência. Era uma coisa que ele podia mencionar com segurança. Quando for possível, convém acrescentar uma explicação sincera de por que essa questão importa para você, para mostrar que não é uma simples birra. Você está se abrindo porque sente que o problema é importante o suficiente para merecer ser discutido. Por exemplo, nas palavras de Simon: "Eu me importo porque minha função é garantir que estamos entregando a você o melhor serviço possível. Se não estivermos, realmente quero saber a razão".

- Passo 4: peça o ponto de vista do outro. Evidentemente, a esta altura sabemos que não dá para ter uma visão integral de situação alguma, em razão da atenção seletiva do cérebro. Por isso, preste atenção às respostas, sem contra-argumentar ou tentar introduzir soluções. No caso de Simon, o que ocorria é que a cliente não fazia ideia de que seu incentivo era visto como uma promessa formal. O objetivo dela era receber o maior número possível de boas propostas. É possível que Simon tenha interpretado mal o que ela dissera, ou talvez ela tenha de fato exagerado. De qualquer forma, ele passou a ter compreensão das razões dela. O balão da raiva, que estava inflando, começou a dar uma boa esvaziada.

- Passo 5: juntos, tentem resolver problemas. O passo final é decidirem, juntos, de que forma melhorar as coisas. Quando você dá feedback a alguém menos experiente, é fácil transformar esse momento naquele em que você lhe sugere maneiras de melhorar. Não ceda a essa tentação. Peça primeiramente o ponto de vista alheio, para depois ser construtivo em cima das sugestões do outro (lembre-se da importância da autonomia como motivador). No caso de Simon, a cliente propôs que tivessem uma discussão mais aprofundada sobre aquilo que a empresa estava procurando nos fornecedores, de modo que Simon pudesse entender melhor as necessidades dela. O fato de ele ter levantado a questão de forma tão sensível a impressionou. Àquela altura, vingança era a última coisa em que ele estava pensando.

COMO LIDAR COM PESSOAS INCRIVELMENTE COMPLICADAS

Vimos que, ao nos depararmos com o mau comportamento de outra pessoa, em geral ele é reflexo de alguma espécie de reação de defesa desenvolvida pelo cérebro. Ao atacar o que quer que esteja representando uma ameaça, podemos trazer de volta essa pessoa para seu lado mais angelical. Mas, com certas pessoas particularmente complicadas, pode ser difícil sustentar o esforço necessário para recorrer à sua bondade (palavras-chave: psicopata, narcisista, rei dos babacas). Nesse caso, você pode optar por um objetivo mais modesto: tornar suas interações administráveis, na impossibilidade de serem maravilhosas.

Eis a maneira de usar os princípios deste livro com esse objetivo:

- Repita o que a pessoa disse. Sempre que possível, repita aquilo que você acha que a pessoa disse ou perguntou, e confirme com um "é isso mesmo?". Com isso, a pessoa se sente ouvida, o que pode acalmá-la. E repetir as palavras irrefletidas do outro pode, de vez em quando, deixar claro como elas são inapropriadas.

- Fale das ações observáveis, e não da atitude da pessoa. É melhor ter conversas pessoais sobre ações — por exemplo, se alguma coisa foi ou deixou de ser feita, por quem, em que momento. A pessoa pode negar que sua atitude foi negativa. Negar fatos ocorridos é mais difícil.

- Seja absolutamente claro ao comunicar. Lembre-se de que vocês possuem filtros cognitivos diferentes. O que você diz pode não ser o mesmo que a pessoa entendeu. Por isso, use linguagem simples, defina claramente aquilo que entende por êxito, e estabeleça prazos evidentes. Se possível, dê um jeito de deixar evidências escritas.

- Concentre-se nas soluções. Tanto você quanto o outro permanecerão no modo de descoberta se focar o máximo possível no resultado ideal para aquilo em que vocês estão trabalhando. Isso pode exigir que você ceda em alguns pontos polêmicos ou que o aborrecem, de maneira a se concentrar no que realmente importa.

- Demonstre reconhecimento. Se você tiver estômago para isso, alimente a necessidade psicológica que o outro tem de ser reconhecido. Encontre algo específico, em que possa demonstrar a ele sua apreciação.

E, para ajudá-lo a mostrar seu melhor lado ao longo dessas interações:

- Busque certo distanciamento. A ativação do sistema de defesa do cérebro falha quando adotamos um ponto de vista distanciado em relação à situação (leia o capítulo 17 para saber mais a respeito). Por isso, imagine o que você diria se estivesse dando conselhos a alguém que tivesse que lidar com aquela pessoa. Pense que, quando você olhar para trás, no futuro, dirá "Eu fiquei acima da situação e soube lidar bem com ela".

- Invente uma história que explique o comportamento da pessoa. Uma infância complicada? Um drama conjugal? Talvez sim, talvez não. Mas levar em conta a possibilidade de que o outro seja uma vítima das circunstâncias já diminui, por si, o senso de ameaça que ela representa para o seu cérebro.

- Converse com quem possa lhe dar apoio. Se você tentou todas essas técnicas e nem elas funcionaram, não há problema em minimizar sua exposição à pessoa (leia "Livre-se dos custos irrecuperáveis", no capítulo 18, para entender por quê). Mantenha o contato curto, profissional e cortês, sem investir muito de si mesmo.

Resolvendo tensões

Se alguém estiver lhe causando estresse, experimente uma ou mais das seguintes técnicas:

- Encontre elementos em comum. Se vocês discordarem em relação a alguma coisa, empregue o seguinte processo: formule o ponto de vista do outro como se você acreditasse de verdade nele; identifique aquilo com que ambos concordam; isole o ponto de verdadeira discordância; investigue se ambos possam ter razão; e decida o que fazer com base naquilo em que vocês estão de acordo.

- Espalhe o contágio positivo. Seu próprio estado de espírito pode ser contagioso. Escolha a emoção que quer projetar na conversa e visualize algo que possa colocar você rapidamente nesse estado de espírito.

- Parta da premissa da "pessoa boa, dia ruim". Seja claro em relação aos "fatos verdadeiros": aqueles dos quais você tem certeza. Em seguida, suponha que a outra pessoa está de boa-fé, e imagine as circunstâncias que possam estar causando seu comportamento (consulte, para se inspirar, a lista de gatilhos clássicos do modo de defesa).

- Perceba-reconheça-ofereça. Quando vocês tiverem uma conversa direta, utilize a abordagem do "perceber-reconhecer-oferecer" para ter certeza de que entendeu o problema e fazer as coisas avançarem. Convide a pessoa a falar ("Eu percebi que..."), mostre simpatia ("Sinto muito, isso deve ser complicado...") e ofereça apoio ("Tem algo que eu possa fazer?").

- Cuide da sua própria vida. Identifique seus pontos sensíveis padrão — gatilhos que o fazem reagir de forma particular — e seus sinais de alerta precoces. Elabore uma pequena rotina de "recuar e reiniciar", incluindo uma pergunta para restabelecer plenamente seu sistema deliberado (por exemplo, "O que realmente importa, nesta história?").

- Levante questões complicadas com jeito. Defina sua intenção cooperativa. Então, durante a conversa, peça licença, faça observações factuais, compartilhe seus sentimentos (e por que aquela questão é importante para você), peça o ponto de vista do outro e discutam em conjunto uma solução.

Observação: Se você perceber que está adiando seguidamente uma conversa complicada, releia o capítulo 7, sobre a *procrastinação*, em busca de técnicas que o ajudarão a agir.

10. Como obter dos outros o rendimento ideal

Quer você seja um gerente com centenas de subordinados diretos, um empreendedor que faz tudo sozinho, ou integrante de uma equipe de pessoas iguais, é bom saber como obter o melhor das outras pessoas. A vida, em geral, é bem mais divertida quando nossos colegas estão em boa forma. Basta pensar na sensação maravilhosa que ocorre quando alguém se apresenta e assume a responsabilidade pelo próprio trabalho. Que emoção quando alguém em quem você confia aparece com ótimas ideias! Como é estimulante quando alguém aceita nossos comentários exatamente no espírito construtivo em que foram feitos!

Pode parecer que chances de vivenciar esse tipo de cooperação saudável dependam inteiramente do caráter ou do talento dos colegas. Mas, como em tudo na vida, nosso comportamento desempenha um papel central. Podemos fazer bastante coisa para ajudar as outras pessoas a apresentar a versão mais inteligente, mais talentosa e mais flexível de si mesmas. Obviamente, os conselhos dos dois capítulos anteriores vão ajudá-lo a reforçar relacionamentos e administrar situações tensas. Mas este capítulo aborda quatro técnicas adicionais para extrair o melhor das pessoas com quem você trabalha, quer você seja o chefe, quer não seja. Na verdade, são ferramentas que também podem ajudá-lo a enxergar o lado bom da família e dos amigos. Planejar as férias juntos nunca mais parecerá tão complicado.

No capítulo 8, mostrei como você pode reforçar relacionamentos com outros fazendo perguntas altamente qualificadoras e escutando de verdade as respostas. Mas há outro tipo de escuta que também pode ser útil em suas relações no trabalho, por ser uma ótima ferramenta para ajudar os outros a pensar com clareza e agir com iniciativa.

Essa técnica exige redefinir o que significa ser útil quando alguém afirma ter alguma coisa em mente. Para a maioria de nós, a forma mais elevada de solicitude é oferecer-se e dar sugestões. Mas quando uma pessoa está nos contando um problema e imediatamente damos conselhos, surge um paradoxo: não é difícil fazer a pessoa sentir-se agredida, em vez de aliviada. "Você já fez assim? E que tal aquilo?", dizemos. Inadvertidamente, podemos até fazer a outra pessoa sentir-se julgada, como se devesse ter encontrado por conta própria as respostas. Quando isso acontece, o mais provável é que o cérebro registre nossa bem-intencionada ajuda como uma espécie de ameaça — o que a torna menos criativa na própria forma de pensar no problema. No fim da conversa, em vez de dizer "Puxa, agora eu me sinto mais motivada e capaz", a pessoa acaba resmungando "Bem, então eu acho que vou ter que fazer assim, né?".

Qual é a alternativa? Em vez de torturar-se mentalmente para bolar soluções e ideias, crie o melhor espaço possível para *a outra pessoa* pensar de forma eficaz no problema. Essa abordagem é chamada de "escuta extrema", termo cunhado pela educadora Nancy Kline.[1] Ela funciona por fazer duas coisas: aumenta o sentimento de autonomia e competência da outra pessoa, o que ajuda a manter o cérebro no modo de descoberta; e incentiva a pessoa a recuar e refletir. Como vimos anteriormente neste livro, tanto o modo de descoberta quanto o tempo de reflexão criam uma excelente base para um raciocínio correto e um desempenho elevado.

Eis como executar a escuta extrema:

➡ Não se trata de você. Primeiro, deixe de lado sua necessidade de sentir-se útil fazendo comentários e sugestões. O que você vai oferecer ao outro é algo ainda mais precioso: o incentivo e o tempo para pensar com clareza. Mais tarde você pode oferecer ajuda na forma mais tradicional, se necessário.

- Deixe o outro escolher o assunto. Se já não estiver óbvio qual o problema que ele está enfrentando, pergunte: "Sobre o que você acharia útil conversarmos?".

- Não interrompa. Deixe a pessoa falar longamente; uma boa meta são pelo menos cinco minutos. Às vezes é difícil não querer preencher lacunas, quando a outra pessoa faz pausas para refletir. Mas não ceda. Ouça atentamente. Incentive com "hum-hum". Balance a cabeça. Espere.

- Mantenha contato visual. Mesmo quando a pessoa desviar o olhar, mantenha seus olhos nela. Mostre-se presente e reativo.

- Não o deixe parar de falar. Quando acabar o gás do outro, convide-o a continuar. Pergunte: "Tem mais alguma coisa que você esteja pensando sobre isso?". Se a resposta for não, tudo bem. Quando a pessoa terminar, pergunte: "Então, o que você acha que vai fazer agora?". Não sinta a necessidade de propor nada mais inteligente além disso.

- E, uma vez mais, lembre-se: não se trata de você, e sim do outro. Pensamentos, ideias e sugestões podem estar fervilhando dentro de você. Se estiver para transbordar, lembre-se de que terá a oportunidade de compartilhar essas ideias em outra hora, e volte a focar na outra pessoa.

Certa vez, enquanto eu demonstrava essa técnica a um grupo de altos executivos, eles ficaram paralisados diante da visão inesperada de um colega sendo objeto de uma escuta atenta, em vez de ter que brigar por tempo para falar. Depois que paramos de discutir a técnica, um dos executivos começou a dar risada. "Mais parece paquera!", disse. Para ele, era tão raro testemunhar alguém dando atenção total a outra pessoa que o único ponto de referência que ele tinha era a experiência de cortejar a esposa. E, de certa forma, ele tinha razão: quando estamos paquerando, nos sentimos bem exatamente porque a atenção fixa da outra pessoa nos dá a sensação de que somos interessantes e inteligentes. Mas esse exemplo de escuta extrema em um escritório parecia totalmente profissional para o voluntário. Quando lhe perguntei como se sentia, ele disse: "Ótimo, na verdade. Tive a impressão de ter tempo para pensar, e de que você se importava com o que eu estava dizendo, mesmo sem ter feito comentários. E cheguei a um resultado útil".

Ros é executiva sênior na área da saúde, e hoje em dia considera a escuta extrema uma ferramenta crucial no trabalho. Sua função exige liderar projetos complexos para melhorar a qualidade da atenção aos pacientes, o que envolve uma enorme quantidade de gente — inclusive, quase sempre, médicos de família, planos de saúde, autoridades do governo, hospitais e representantes da comunidade. Seu êxito depende de ajudar outras pessoas a trabalhar da melhor forma possível. Mas como conseguir isso? Ros conta que passou a maior parte da vida "resolvendo os problemas dos outros", hábito que ela criou desde a infância, numa família numerosa, e sempre partiu da premissa de que essa era a melhor maneira de ajudar colegas. Mas era cansativo, e ela tinha ciência de que não auxiliava as pessoas a realizar suas funções com mais competência. "Por isso, experimentei um pouco de escuta extrema com meu adjunto, Alex." Ele queria falar de um problema pessoal, e normalmente Ros teria tentado resolvê-lo por ele. "Em vez disso, porém", conta Ros, "eu o deixei falar sem interrompê-lo, e cheguei a dizer explicitamente a 'regra' a que eu estava obedecendo: que não ia interromper sua linha de raciocínio. Assenti, incentivei, e perguntei 'O que mais?' quando ele deu deixas. Em cinco minutos, literalmente, ele tinha achado sozinho a solução para tudo. Demos tanta gargalhada! Funcionou totalmente, sem que eu tivesse que fazer nada." Alex passou a usar a técnica com os colegas, e agora ambos a empregam com frequência. Como diz Ros: "Descobri que um dos maiores presentes que se pode dar a uma pessoa é a capacidade de lidar com as coisas por conta própria".

ENSINE, NÃO MANDE

E se a outra pessoa ainda não tiver certeza do que fazer, depois de termos feito a escuta extrema para ajudá-la a clarear o raciocínio? E se quisermos alguma garantia de que a pessoa vai tratar daquela questão com bom senso? Em situações assim, podemos sentir necessidade de pisar no acelerador e participar de forma mais ativa naquilo que virá a acontecer.

Nesse momento, chega-se a uma espécie de delicada corda bamba. Por um lado, se nosso colega está fazendo alguma coisa importante, queremos ser úteis e ter certeza de que ele vai dar conta. Podemos ter contribuições a dar e prazos a cumprir. A tentação é acompanhar de perto o trabalho e fazer o possível para que ele siga nos trilhos.

Mas os psicólogos demonstraram que a autonomia é uma das forças motivadoras mais básicas em nossa vida.[2] Conceda espaço e responsabilidade a alguém, e essa pessoa se sentirá competente e respeitada; tire-lhe os dois, e o entusiasmo desmorona. Muitos administradores têm noção instintiva disso, e as pesquisas confirmam que isso pode fazer toda a diferença no desempenho das pessoas, principalmente no trato de tarefas complicadas, que exigem perseverança. A autonomia é útil até quando alguém tenta parar de fumar, missão notoriamente difícil. Em um estudo de pacientes que buscaram auxílio médico para parar, os pesquisadores mostraram que aqueles cujos médicos eram "pró-autonomia", por oposição aos "controladores" (na avaliação de observadores especializados que escutaram gravações de áudio das interações), tinham mais chance de não voltar a fumar, tanto seis quanto trinta meses depois do tratamento.[3]

Portanto, se estivermos tentando capacitar outras pessoas a produzir o máximo, precisamos achar o equilíbrio entre o microgerenciamento da situação difícil e a delegação tão absoluta que se abre mão de qualquer controle.

Ndidi é uma gerente sênior que deu duro para encontrar esse equilíbrio ao longo dos últimos anos. Diretora-executiva responsável pela operação regional de uma instituição educacional global de caridade, ela conta que costumava pôr excessivamente a mão na massa. Ela lembra: "Quando eu fazia acompanhamento com minha equipe, sempre dizia em algum momento: 'Acho que você tem que fazer isso, ou aquilo'. Eu estava querendo ajudar. Mas me dei conta de que meu microgerenciamento estava gerando uma determinada dinâmica quando minha equipe passou a pensar 'Oh, Ndidi sabe a resposta, então não vamos ficar tentando encontrar — vamos só pedir a ela que diga o que fazer'. A consequência é que eles não aprendiam a pensar de forma estratégica. Traziam incessantemente as mesmas questões. E no entanto são pessoas altamente qualificadas. Só não sentiam que eu confiava neles para pensarem por conta própria".

A boa notícia para Ndidi, e para todos nós, é que há um ponto de equilíbrio entre o microgerenciamento total e a delegação total, em que é possível tanto respeitar a autonomia das pessoas quanto garantir que elas tenham o direcionamento necessário para realizar suas tarefas. Uma das maneiras mais garantidas de atingir esse equilíbrio é fazer uma série de perguntas de coaching que ajudam o outro a ter suas próprias ideias. Ao fazer isso, você dá àquela pessoa um senso de autonomia e independência que os psicólogos descobriram ser muito importante para o alto desempenho. Você ainda orienta e cria desafios para a reflexão alheia, mas de uma forma que lhes dá confiança no êxito. É o melhor dos mundos.

Quais seriam, então, essas perguntas mágicas de coaching? Elas se baseiam em um modelo conhecido em inglês como "GROW" – porque exige passar pelas etapas chamadas de *objetivos, realidade, opções* e *progressão* (em inglês, "goal", "reality", "options" e "way forward"):

- Objetivos. Qual seria o resultado ideal?

- Realidade. Qual é a situação atual – o lado bom e o ruim?

- Opções. Quais são as opções para seguir adiante (sempre comece com as ideias dos outros. Diga que gostaria de acrescentar as suas próprias, mas que primeiro quer começar com as deles)?

- Progressão. Qual será seu primeiro passo? Quando você vai dá-lo? De que ajuda necessita?

"Agora, quando uma equipe me procura com alguma questão, eu literalmente aplico o modelo GROW", diz Ndidi. Para chegar a um *objetivo* claro, ela gosta de perguntar: "O que vai nos fazer considerar que foi um sucesso?". Segundo ela, o "nós" na pergunta garante uma concordância explícita dos demais em relação ao desfecho desejado. "Descobri que, quando a gente consegue se alinhar em relação ao resultado ideal, com certo grau de detalhamento, preciso me preocupar muito menos com a forma de atingi-lo." Por isso, ela diz que, ao discutir um problema, costuma deter-se mais na parte dos objetivos do que em qualquer das demais etapas.

Para ajudá-los a enfrentar a *realidade*, Ndidi tende a perguntar: "Como seria a situação ideal, e quais são as barreiras para atingi-la?".

Ela bolou diferentes maneiras de arrancar as ideias dos outros em relação às *opções*. "Que caminho você seguiria?" é sua primeira pergunta. Em seguida, ela incentiva a pessoa a estudar mais de uma alternativa: "Se isso não funcionar, o que mais você tentaria?". Depois que algumas ideias já estão sobre a mesa, Ndidi pode fazer um comentário sobre algo importante que esteja faltando — ela diz: "Percebi que vocês não falaram de X" — e espera a reação dos colegas. Em seguida, para estreitar o leque de opções, ela pergunta: "Qual o caminho que vocês querem seguir?".

Por fim, ao discutir a *progressão*, Ndidi sempre pergunta: "Existe algo específico que eu possa fazer para ajudar?". É uma boa maneira de sinalizar que a ajuda está disponível, embora pelo modelo GROW os colegas já tenham feito sua própria reflexão para resolver os problemas. E ela conclui "garantindo que tenhamos clareza absoluta em relação a quem é responsável pelo que, e quando. Não é porque você não está dando ordens que precisa ser complacente".

Além de usar o modelo GROW como espinha dorsal de suas conversas, Ndidi descobriu outras coisas que a ajudam a lembrar-se de "ensinar, e não mandar". "Tem uma frase que eu sempre repito mentalmente: 'Não conte a resposta!'", diz ela. "Eu também me inclino fisicamente para trás. Antigamente, eu tinha tendência a me curvar sobre a mesa, chegando perto dos outros e escrevendo o que eles tinham que fazer. Para mim, portanto, recostar-me é uma metáfora — algo que, na minha cabeça, associo a estar no modo de treinamento."

Ndidi lembra ter usado o modelo GROW pela primeira vez com uma de suas subordinadas diretas. "Ela veio me trazer um problema em relação a uma reunião que estava planejando e que ia durar o dia inteiro. Várias pessoas que iam participar estavam insatisfeitas em relação a um item específico, e ela estava com medo de que essa insatisfação acabasse fazendo desandar a reunião inteira." Ndidi lembrou-se de se recostar na cadeira, e iniciou o coaching com uma pergunta focada no objetivo: "Qual é a sua visão do resultado ideal dessa reunião?". "Na hora, minha funcionária ficou desnorteada", conta. "Dei-me conta, infelizmente, de que provavelmente tinha sido a primeira pergunta genuína que eu jamais lhe fizera. Mas então ela relaxou, começou a refletir, e bolou soluções que eu mesma jamais teria imaginado, como criar uma sessão de palavra livre no começo da reunião, na qual os participantes pudessem fazer toda e qualquer pergunta. E foi, de longe, a melhor conversa que eu já tinha tido com ela. Ela saiu da sala nas nuvens."

Segundo Ndidi, sua atitude de treinamento influenciou o desempenho de sua equipe. "Agora, meus subordinados têm comportamento de líder. Não têm medo de dizer o que pensam, a mim ou a outras pessoas." Isso também criou mais espaço em sua própria agenda. "Quando você ensina a alguém, em vez de lhe dar a resposta, em geral essa pessoa para de procurá-la toda hora com o mesmo problema, porque da próxima vez que acontecer saberá resolver. Além disso, você não tem que chegar sozinho a todas as respostas. Isso me deixa menos cansada. Hoje, faz parte do meu arsenal de gestão do tempo."

O RETORNO FÁCIL

Por mais eficiente que você seja no treinamento, obter o melhor das outras pessoas às vezes representa dar um retorno construtivo, para melhorar o desempenho ou recolocar uma situação nos trilhos.

No entanto, críticas pessoais, por mais bem-intencionadas que sejam, naturalmente colocam o cérebro alheio em estado de alerta máximo. Na verdade, esse é um exemplo perfeito de ameaça não física: ela pode minar o orgulho e o status social de alguém, talvez até a segurança no emprego, e por isso é difícil impedir o cérebro de entrar no modo de defesa quando alguém ouve que fez algo errado. Mesmo sabendo que não é uma atitude adulta, o cérebro cogita entre reagir com um comentário áspero (luta), uma retirada acovardada (fuga) ou a esperança de que o problema desapareça sozinho (paralisia).

Assim, como incentivar alguém a aceitar suas sugestões sem gerar esse tipo de reação defensiva? O truque é expressar seus pontos de vista sem tornar *errada* a outra pessoa, encontrando aspectos em que ela possa estar (parcialmente) certa e usando isso como ponto de partida para suas sugestões. Isso ajuda a pessoa a se manter em modo de descoberta, o que permite uma conversa mais inteligente e aberta em relação às questões que você quer ver tratadas. Nada disso significa ignorar quaisquer defeitos; significa simplesmente abordá-los de uma forma que faça as coisas melhorarem, em vez de piorarem. Eis três maneiras de dar esse tipo de retorno fácil.

Técnica 1: "O que eu vejo de bom nisso é..."

- ➡ Diga à pessoa: "O que eu vejo de bom nisso é...". Forneça exemplos representativos e específicos – se possível, mais de um. Antes de dar sugestões de mudança, dê pelo menos um número equivalente de exemplos positivos.

- ➡ Depois, diga: "O que me faria achar isso ainda melhor seria...".

* * *

Se você teve a impressão de já ter visto tudo isso, não vá pulando esta parte tão rapidamente. A maioria de nós já sabe que é bom dizer algo positivo antes de emendar com críticas, mas os detalhes explicados aqui tornam essa técnica bem mais eficiente que o famoso "sanduíche de elogio".

A formulação proposital "O *que eu vejo de bom nisso é...*" exige que você forneça exemplos específicos de coisas que você aprecia. Isso tem uma importância fundamental por duas razões. Primeiro, para o cérebro é muito mais fácil processar e recordar detalhes específicos do que lidar com ideias abstratas. Segundo, as pessoas foram feitas para serem mais sensíveis a ameaças que a recompensas. Ao longo de milênios, sem sombra de dúvida, essa hipersensibilidade contribuiu para a segurança da raça humana diante de ataques de mamutes e outras tribos. A combinação desses dois fatores faz com que, mesmo que você faça uma afirmação positiva genérica ("Está ótimo! Você é ótimo!"), se ela for seguida por uma lista de detalhes que devem ser alterados, o cérebro vai descontar os elogios derramados e se concentrar inteiramente na parte negativa.[4] Por isso, você tem que ser tão palpável e direto em seu elogio quanto em sua crítica; dizendo não apenas "está ótimo", mas especificamente o que há de "ótimo" naquilo. Só assim terá certeza de que o outro entendeu que você valoriza genuinamente alguns aspectos daquilo que ele fez ou disse.

Em seguida, ao introduzir a sugestão de melhoria com a frase "O que me faria achar isso ainda melhor seria...", você estará enquadrando seu comentário como uma ideia que — caso seja explorada — pode fazer o outro passar de bom para ótimo, em vez de parecer algo que não é mais que a obrigação fazer. Você estará dando sua opinião do mesmo jeito, mas parecerá bem menos ameaçador à competência e à autoestima do outro do que o rotineiro "Você tem que fazer de outro jeito".

Essas duas frases, combinadas, aumentam enormemente suas chances de manter o outro em um modo aberto de descoberta, ao receber feedback, tornando muito mais provável que vocês tenham uma conversa produtiva e agradável. O retono do tipo "O que eu vejo de bom..." também pode ajudá-lo, pois forçar a si mesmo a encontrar algo do seu agrado — por mais difícil que seja — muitas vezes revela coisas úteis, que poderiam ter escapado à sua atenção por causa de suas críticas.

Técnica 2: "Sim, e..."

- Evite a frase desmancha-prazeres "Sim, mas...", quando você detectar um problema na sugestão de alguém.

- Em vez disso, experimente "Sim, e...", para indicar que você está *acrescentando* sua perspectiva àquela sugestão, em vez de entrar em conflito com ela.

Por exemplo, se alguém estiver empolgado para lançar um novo projeto que você considera fora de hora, em vez de dizer "Sim, o projeto é ótimo. *Mas* não é o momento ideal", diga "Sim, o projeto é ótimo. *E* nós também estamos para realizar a discussão anual de estratégia". Em seguida, proponha o debate: "O que podemos fazer em relação ao timing?".

A abordagem "sim, e" permite que você introduza considerações importantes sem se fechar às ideias alheias. Gosto muito dela, porque abre mais espaço para a possibilidade de você não enxergar o quadro completo. Lembra-se do filtro subconsciente feito pelo sistema automático do cérebro, que o impede de enxergar todas as informações e alternativas à sua volta? Então talvez você tenha visto o "gorila" que seu colega não percebeu – mas talvez ele tenha visto o gorila que *você* não percebeu, e por isso está dizendo o que está dizendo. Ao estimulá-lo a acrescentar algo ao que o colega disse, a abordagem "sim, e" tem mais chance de ajudá-lo a encontrar espaço para um compromisso, caso exista. O "sim, e" é um pilar fundamental, inclusive, da comédia de improviso, porque é uma forma confiável de incentivar uma colaboração criativa (se uma discussão de feedback normalmente tensa termina dissolvida em gargalhadas, quer dizer que você está fazendo certo).

Técnica 3: "Para que isto funcione, o que teria que acontecer?"

- Em vez de dizer "Isso não vai dar certo por causa disso, daquilo e daquilo outro...", tente dizer "Para que isto funcione (bem), o que teria que acontecer?".

Essa formulação hipotética cria uma atmosfera de análise, em vez de uma de crítica, e a pergunta incentiva uma verificação da viabilidade sem que ninguém fique parecendo estúpido e sem que nada seja rotulado como "errado". Foi uma ferramenta muito usada por meus colegas na McKinsey para as equipes debaterem ideias concorrentes, porque ajuda a assegurar que cada proposta seja devidamente ouvida, mesmo que de início não soe muito atraente. E faz com que cada membro da equipe se sinta incluído na decisão do próximo passo a tomar, mesmo que sua opção preferida não tenha passado na seleção.

O cargo de consultor de TI de Peter o coloca numa situação delicada em boa parte do tempo. Ele se preocupa em executar um bom trabalho, e o que quer de fato dizer aos clientes é "Sabe aquele projeto grandioso que vai custar milhões? A maneira como vocês o estão tocando é um desastre. Confiem em mim, como esse eu já vi um monte". E, em linhas gerais, era isso que ele dizia em suas propostas e reuniões, ainda que em linguagem mais diplomática. Em seguida, ele falava dos desafios desse tipo de trabalho com TI e como sua empresa podia dar um jeito para que a coisa não desse errado. Nos projetos que já estavam em andamento, ele apontava corajosamente as falhas que ninguém tinha coragem de admitir. Ele chamava isso de "falar a verdade", e alguns clientes vinham lhe dizer o quanto gostavam disso.

Mas, verdade seja dita, o que Peter na prática estava criticando era aquilo que os clientes faziam antes de contratá-lo. Por isso, é claro, era difícil para estes evitar ficar na defensiva. Ele não queria perder esse olhar crítico, mas depois que discutimos o efeito desse olhar, ele adotou uma nova abordagem, usando as técnicas de retorno amigo do cérebro. Por exemplo, ao ser contratado para fazer a revisão de um sistema de TI, ele começava dizendo o que estava sendo feito de bom. Isso, às vezes, demandava certa generosidade da parte de Peter, mas ele sempre conseguia encontrar algo a dizer. "Mesmo quando eu não concordava com os detalhes do que havia sido feito, em geral eu conseguia dizer algo positivo a respeito da estratégia mais ampla." Em seguida, ele dava sugestões para progredir a partir dos êxitos até ali alcançados. Ao fazer isso, diz ele, "eu tentava ao máximo evitar dizer a palavra 'errado' e usava o maior número possível de 'e'. Eu dizia: 'Olhe o que precisa acontecer para sua estratégia funcionar... *e* olhe esta outra abordagem, que traz tais e tais benefícios'".

Com essa nova atitude, segundo ele, Peter começou a viver o que chama de reuniões "inesperadamente espetaculares". Ele não deixou de falar dos riscos e das maneiras de reduzi-los, mas isso passou a acontecer sem que o cérebro do cliente entrasse no modo de defesa. Ele parou de ser expulso de reuniões e começou a ganhar novos clientes. Peter se recorda de um cliente em potencial que lhe disse: "Olha, é *isso* que eu quero. Isso é que é uma conversa de verdade".

POR FAVOR, SEJA JUSTO

A justiça é uma poderosa força social. Quando ela ocorre, nos dá uma sensação boa de fazer parte da sociedade, nos deixa dispostos a contribuir e a ceder. Quando ela não ocorre, sofremos.

Colin Camerer e Richard Thaler, economistas comportamentais da Caltech e da Universidade de Chicago, respectivamente, demonstraram a importância que damos à justiça numa experiência famosa, chamada de Jogo do Ultimato. Funciona assim: imagine que lhe deram dez dólares e lhe pediram que oferecesse a um estranho qualquer soma entre zero e dez dólares. Se a outra pessoa aceitar sua oferta, ambos podem guardar suas respectivas partes do dinheiro. Mas se ele rejeitá-la, nenhum dos dois fica com nada. Se o nosso cérebro não fosse sociável, você ofereceria ao outro alguns centavos, e ele aceitaria, porque seria melhor que nada. Mas, para seres humanos com uma arraigada necessidade psicológica de justiça, essa oferta parece irrisória. E nas experiências, como era de esperar, a maioria das pessoas rejeita essa oferta altamente desigual — o que deixa os dois lados sem nada. Na média, só ocorre um acordo depois que a oferta atinge 2 dólares.[5]

Essa descoberta se repetiu nas conclusões de neurocientistas como Matt Lieberman e seus colegas da Universidade da Califórnia em Los Angeles. Eles escanearam os cérebros de voluntários enquanto disputavam esse tipo de jogo de sociedade. O trabalho deles mostra que ofertas justas ativam o sistema de recompensa das pessoas, enquanto ofertas injustas exigem que as pessoas ativem os circuitos de autocontrole do cérebro para superar o incômodo e engolir a injustiça.[6] Em outras palavras, o cérebro tem que desviar recursos preciosos do sistema deliberado para manter-se calmo diante de uma injustiça (e olhe que são só dois dólares em jogo). Qual a conclusão? Assegurar que seus colegas sintam que as decisões de trabalho são justas não apenas mantém satisfeito o sistema de recompensa, mas também libera energia mental para as pessoas se concentrarem em outras coisas.

No trato com os colegas, você nunca começa com a intenção de ser injusto, eu sei. Mas estou ressaltando este item porque é comum que administradores tenham que tomar decisões em que há ganhadores e perdedores. Algumas pessoas são promovidas; outras não. Alguns setores da empresa recebem mais recursos; outros não. E para aqueles que estão do lado perdedor, não é difícil enxergar essas decisões como injustas.

Não há como fugir do fato de que às vezes as decisões beneficiam mais algumas pessoas que outras. Mas você pode demonstrar que o *processo* por trás das decisões é justo. Isso exige ser o mais transparente possível em relação a suas escolhas, quando você navega por águas turbulentas. Desta forma:

- Explique os fatores que estão sendo levados em conta, e por que eles representam critérios relevantes para a decisão. Mostre de que forma as alternativas estão sendo avaliadas conforme esses critérios.

- Debata quaisquer dilemas que encarar na tomada de decisões, e como você está lidando com eles.

Pode ser que seus colegas não apreciem o resultado de suas decisões, mas a ciência comportamental indica que o apoio será muito maior se virem que seu processo de tomada de decisão foi justo.

Como obter o melhor dos outros

Pense em alguém que esteja realizando uma tarefa para você — ou em alguém que você queira ajudar. Experimente as seguintes técnicas:

- Escuta extrema. Melhore a qualidade da reflexão do outro, ouvindo-o de forma incomumente atenta, sem interrompê-lo.

- Ensine, não conte. Use o modelo GROW para conduzir o outro até a clareza em relação ao *objetivo*, à *realidade* atual, às *opções* que ele enxerga (acrescente as suas depois que ele contar as dele) e à *progressão*.

- Dê um retorno fácil ao cérebro. Empregue uma ou mais das seguintes técnicas, se quiser fornecer informação ou questionar as ideias de alguém:
  - "O que eu vejo de bom nisso é..." e "O que me faria achar ainda melhor é..."
  - "Sim, e..." (em vez de "Sim, mas...").
  - "Para que isto funcione, o que teria que acontecer?"

- Seja justo. Seja o mais transparente possível ao explicar o processo de tomada de decisões difíceis. Esteja alerta para tudo que o outro possa perceber como injusto, mesmo que você não enxergue assim.

PARTE IV

Reflexão

Seja você mesmo, só que mais inteligente, sensato e criativo

A dificuldade não está nas novas ideias, mas em escapar das velhas.

JOHN MAYNARD KEYNES

Em certos dias parece que tudo dá certo para nós: temos ótimas ideias, tecemos comentários inteligentes e até fazemos as pessoas rirem com nossas observações espirituosas. Mas em outros dias nosso motor cerebral gira mais devagar do que gostaríamos. Ficamos presos numa tarefa, fazendo força sem conseguir avançar. Pensamos em algo inteligente a dizer numa conversa, mas só horas depois que o momento passou. Às vezes até nos surpreendemos cometendo um erro estúpido, seja ele do tipo que nos causa constrangimento imediato, seja do tipo que vai ter consequências para nós mais adiante.

Evidentemente, todo tipo de coisa, a qualquer momento, pode surgir para impedir nossa inteligência de brilhar. Pode ser que estejamos trabalhando mais do que de costume – ou talvez não estejamos no auge da forma depois de dormir tarde na noite anterior. Qualquer que seja o motivo, a parte IV vai mostrar maneiras de melhorar sua forma e proporcionar-lhe mais criatividade, sabedoria e ideias, necessárias para ter um dia produtivo. E, caso você já esteja sentindo a mente aguçada e pronta para tudo, bem, nesse caso estas técnicas vão levar seu desempenho a um nível inteiramente novo.

11. Como criar ideias novas

Todos sabemos como é a sensação de ficar atolado numa tarefa. Seja você um contador tentando descobrir por que os números não batem, ou um artista cuja inspiração desapareceu, as funções podem ser muito diferentes, mas a sensação é parecida: você fica preso em círculos, com ideias que não funcionam, e sem conseguir enxergar a saída. Em momentos assim, para progredir, precisamos do tipo de transformação que nasce das *ideias*: aquele lampejo que nos faz ver subitamente uma solução nova.

Peggy, uma bem-sucedida diretora de arte freelancer de Chicago, é uma pessoa cujo trabalho exige vários desses momentos de epifania. Como terceirizada independente, ela passa o tempo em busca de trabalhos interessantes em agências de publicidade, o que torna particularmente importante a capacidade de impressionar as pessoas rapidamente com sua criatividade. Além disso, ela descobriu que "o trabalho bem-feito, em geral, é aquele que não se parece com nada que eu tenha produzido antes", afirma. "Dar só uma mexidinha no que deu certo no passado não basta. Dar grandes saltos, em geral, exige uma abordagem diferenciada do problema, uma maneira nova de ligar os pontinhos."

As evidências científicas indicam que ela tem toda a razão. O cérebro, sendo eficiente, tem rotinas automáticas para lidar com tudo, de escrever um e-mail a escovar os dentes — e, tendo a menor oportunidade, nossas redes neurais vão economizar energia, continuando a pensar do jeito já existente, fazendo apenas pequenos incrementos em ideias antigas. A consequência é algo que os psicólogos há muito observaram e batizaram de *efeito Einstellung*, em que a existência de uma solução na mente torna mais difícil enxergar uma maneira radicalmente diferente, mas superior, para resolver um problema.[1] Então, se o que desejamos é um pensamento *novo*, precisamos ajudar o cérebro a sair desse conforto e estimular inúmeras *novas* conexões. O que podemos fazer para termos a maior chance de isso acontecer? Muita coisa, como veremos.

FAÇA UMA PERGUNTA

Queremos sinalizar ao cérebro o desejo de explorar o mundo, em vez de reciclar os mesmos velhos pensamentos. Surpreendentemente, fazer isso pode ser tão simples quanto enquadrar nossa complicada tarefa como uma pergunta, no lugar de uma frase batida.

Em um estudo bastante inusitado, o psicólogo Ibrahim Senay e seus colegas da Universidade de Illinois demonstraram os benefícios dessa abordagem.[2] Eles disseram a voluntários que iriam ministrar um teste de escrita à mão. Pediram que escrevessem algumas palavras num pedaço de papel. A alguns, pediu-se que escrevessem "*Will I*" ["Conseguirei?"], enquanto a outros pediram que escrevessem "*I Will*" ["Eu vou conseguir"]. Depois, pediu-se a todos que elaborassem dez anagramas. Aqueles que escreveram "*Will I*" (com o sutil sugestionamento da pergunta em inglês "*Will I solve these anagrams?*" ["Conseguirei decifrar estes anagramas?"]) conseguiram solucionar quase duas vezes mais anagramas do que aqueles que escreveram "*I Will*". Os pesquisadores de Illinois relacionaram esse resultado a descobertas de pesquisas mais amplas, indicando que quando nos fazem uma pergunta (em vez de nos darem uma ordem), nos sentimos mais no controle, menos na defensiva, e consequentemente mais abertos a novas ideias.[3] Perguntas parecem encorajar o cérebro a entrar no modo de descoberta, ao espicaçar nossa curiosidade e instilar um sentimento de "Bem que eu gostaria de descobrir a resposta", em vez de "Preciso resolver esse maldito negócio".

Como podemos aplicar isso a tarefas mais complicadas no trabalho? Pode ser tão simples quanto formular o problema como uma questão em aberto — simplesmente fazer uma pausa e perguntar "Qual seria a maneira ideal de resolver isto?". Quando eu me sinto frustrada por não conseguir avançar, muitas vezes é isso que basta para eu entrar em um estado de espírito mais analítico.

Também gosto de perguntas retóricas, que nos instigam a deixar de lado as barreiras que possam estar limitando nosso raciocínio. Por exemplo: "Se você soubesse a resposta, qual seria?", ou "Se você não tivesse nenhuma restrição, o que faria?". Perguntas assim, em geral, despertam uma reação dupla nos meus clientes. Eles discordam, rindo e me dizendo: "Isso não faz o menor sentido", ou "Mas eu *tenho* restrições, é exatamente esse o problema". Mas aí, quando eles fazem a experiência, descobrem que esse tipo de questionamento libera o raciocínio. Ele parece nos ajudar a pensar de forma mais criativa, ajudando o cérebro a se sentir menos ameaçado pelo problema.

Em um projeto recente, Peggy, nossa diretora de arte freelancer, estava à procura de ideias para vender um novo aromatizador de ambiente que não apenas tinha um bom perfume, mas possuía o benefício adicional de matar os germes. Todas as ideias propostas por ela e seus colegas não fediam nem cheiravam, tal como o ar que o produto supostamente aromatizaria. Então, Peggy começou a fazer perguntas para libertar o pensamento. "Uma pergunta que eu gosto de fazer é 'Como esse produto se encaixa na vida das pessoas?'. Isso estimula o raciocínio exploratório, mesmo quando não se trata de um produto particularmente empolgante." Peggy também tem no seu arsenal perguntas um pouco mais bizarras. "Também perguntei a todos: 'Digamos que o produto batesse à porta e a gente abrisse. O que veríamos?'". Segundo ela, as primeiras respostas foram um tanto esquisitas: "Um troço grande, verde e falando alemão". Uma viagem, é claro. Mas, segundo ela, "esse tipo de pergunta, que evidentemente não ameaça ninguém, alterou alguma coisa na nossa forma de pensar". Isso tirou Peggy e seus colegas da mentalidade "é preciso dar um jeito nisso" para um estado de espírito mais criativo, em que ideias melhores começaram a fluir.

Portanto, caso você tenha a impressão de estar dando murro em ponta de faca, faça algo além de simplesmente dizer que é preciso mais esforço. Tente, em vez disso, levar o cérebro a um estado mais exploratório com uma pergunta que abra caminhos, do tipo:

- "Como adotar uma abordagem totalmente diferente?"
- "Haveria uma maneira espetacular de resolver isto?"
- "Se eu soubesse a resposta, qual seria ela?"

- (E, é claro, não podia faltar: "Se a solução batesse à porta, que aparência teria?".)

ATUALIZE E REINICIE

"O tempo todo me dou conta de que a melhor forma de encontrar a solução para um problema é não pensar nele durante algum tempo", diz Peggy. "Procuro propositadamente me afastar de uma tarefa complicada, depois de ter passado algum tempo focada nela e passo um tempinho ocupada com outra coisa. Quando retorno ao problema original, volto de outra maneira, e muitas vezes tenho uma sacada. Acredito na importância de confiar na existência de uma solução melhor e de dizer a si mesmo que você pode até não saber ainda qual ela é, mas que ela existe e você só precisa criar o espaço para processá-la."

Tudo o que sei a respeito do cérebro indica que Peggy acertou em cheio nesse comentário. No capítulo 5, sobre a importância de planejar um descanso, ressaltei que grande parte do processamento neural extra ocorre quando paramos conscientemente de pensar sobre um assunto. Nosso subconsciente conecta as informações que acabamos de absorver às memórias antigas armazenadas no cérebro — e é justamente dessas conexões novas que precisamos para refrescar as ideias. Por isso, quando voltamos ao problema anterior depois de desviar nossa atenção para outro lugar, muitas vezes descobrimos que dá para enxergar novas maneiras de abordar um problema.

Mas e se você estiver no meio de uma reunião, ou diante de um prazo que se aproxima, e for um luxo o simples fato de pensar em fazer uma pausa nesse momento? As pesquisas indicam que até uma breve mudança de foco para outra tarefa importante pode ser o bastante para renovar seu raciocínio. Essa também é a percepção de Peggy. "Quando as pessoas travam e ficam um pouco pessimistas, com todo mundo preso a uma ideia, sugiro que a gente dê uma sacudida e faça um brainstorming sobre outra parte do projeto, só por alguns minutos. Quando voltamos ao tema original, isso sempre ajuda a ver algo que havíamos ignorado."

Diversos especialistas em ciência cognitiva demonstraram que parte desse benefício do processamento subconsciente não demora muito a ocorrer. Estudos mostraram que desviar a atenção de um problema complexo para outra tarefa durante apenas dois, três ou quatro minutos pode ajudar a tomar decisões melhores ao retornar ao problema.[4]

No entanto, as pesquisas indicam que são necessárias duas coisas para garantirmos os benefícios plenos dessa mudança cognitiva. Primeiro, é preciso ter a intenção de retornar à tarefa atual.[5] Do contrário, o cérebro supõe que não é necessário continuar a processar as informações no nível subconsciente; ele simplesmente segue em frente, pensando em outras coisas, como o cardápio do almoço. Segundo, os pesquisadores descobriram que é bom cuidar de um tipo de tarefa diferente na hora em que nos afastamos de um problema.[6] Se estivermos trabalhando numa planilha cheia de números de vendas de produtos, olhar outra tabela de números não será tão revitalizador para a mente quanto iniciar uma conversa sobre, digamos, a nova campanha de marketing.

Por isso, em tarefas complexas em que não está clara a forma de progredir:

➠ Dê uma parada e, durante alguns minutos, aborde uma parte diferente do problema, ou uma questão diferente, para conceder ao cérebro tempo de processamento subconsciente antes de retornar àquele problema.

➠ Se possível, planeje uma divisão do trabalho sobre aquele assunto em duas sessões, em vez de tentar completá-la de uma vez só.

Observação importante para aqueles tentados a enxergar nisso uma autorização para a multitarefa: resistam! O que a ciência aponta é que você pode revitalizar sua criatividade se *deliberadamente* se afastar por um momento da parte mais complicada de uma tarefa antes de mergulhar de novo nela. Estamos falando de uma mudança cuidadosa, tirando o foco de um assunto para dirigi-lo a outro, e não ficar saltitando freneticamente por todo o vasto império de tarefas na sua lista, na esperança de encontrar a inspiração (dispersar a atenção só aumenta a sobrecarga do cérebro, dificultando o pensamento criativo). Por isso, ainda vale a pena fazer uma coisa de cada vez, mesmo quando está pensando em várias coisas.

MUDE DE PONTO DE VISTA

Eis outra tática para aumentar sua chance de encontrar uma solução nova: apresente seu problema de uma maneira diferente, para acionar partes do seu cérebro que ainda não foram convidadas para a festa. Por exemplo, se você vem pensando num problema em termos de números, tente descrevê-lo visualmente — ou vice-versa.

Vi como isso deu certo com um grupo de executivos com quem trabalhei num curso de desenvolvimento de lideranças, na Noruega. Líderes, à medida que ascendem na carreira, muitas vezes relatam um sentimento de solidão, que nasce da sensação de haver menos pessoas a quem pedir abertamente apoio e aconselhamento. O grupo reunido na Noruega não era diferente, e discutimos como construir um networking de relações que trouxesse maior apoio em momentos difíceis. A maioria tinha ideias preconcebidas em relação àquilo que significava melhorar o próprio networking. Associavam isso à ideia de simpósios entediantes e coquetéis obrigatórios. Redigiam listas de pessoas que deveriam contatar, e depois se sentiam culpados por não fazerem isso. Para eles, era difícil ir além das percepções negativas associadas ao networking.

Para ajudá-los a pensar de outra forma, um colega meu da McKinsey sugeriu que eles desenhassem mapas visuais de seus atuais networkings profissionais, com eles mesmos no centro e uma rede de links para as pessoas em volta. Um ou dois executivos encararam a sugestão com certa descrença, mas, com espírito esportivo, se lançaram à tarefa. Durante quinze minutos, sentado diante de enormes folhas de papel, o grupo fez desenhos com canetinhas, usando um código para indicar a qualidade e a proximidade das relações. Para as mais fortes, desenhavam linhas mais espessas; para as mais fracas, linhas pontilhadas; flechas indicavam quem apoiava quem em cada relacionamento.

Cada um desenhou um tipo de mapa bem diferente, refletindo suas respectivas realidades profissionais. Uma executiva desenhou a si mesma cercada bem de perto por um monte de gente, e deixando a margem da página praticamente vazia, o que a levou a confessar que se sentia mais sufocada do que apoiada. Outro dividiu a página entre "colegas", à esquerda, e gente "de fora da empresa", à direita. O lado direito ficou virtualmente vazio, o que gerou uma discussão sobre como essa equipe inteiramente nova estava presa num impasse, sem quaisquer ideias novas. Enquanto comparavam os mapas, o tom e a qualidade da conversa mudaram inteiramente, tornando-se mais construtivos. Subitamente, o debate deixou de ser a respeito de convites profissionais no LinkedIn, e sim sobre questões reais que as pessoas queriam discutir em suas relações. Em consequência, cada executivo terminou com um planejamento útil e o entusiasmo para colocá-lo em prática.

Repetidas vezes eu vi esse tipo de transformação útil ocorrer quando as pessoas encontram maneiras novas de formular o desafio que estão enfrentando. Ao mapear visualmente a situação, com linhas e quadros, conseguimos uma visão geral melhor, o que nos ajuda a enxergar novas conexões dentro de uma situação, chamando a atenção, muitas vezes, para consequências ou atalhos que antes não eram evidentes. Colocar uma solução em potencial por escrito – coisa que a maioria de nós faz muito pouco hoje em dia – também pode incentivar novas ideias. A propósito, pesquisadores de Princeton e da Universidade da Califórnia em Los Angeles descobriram que estudantes que tomavam notas à mão tinham um desempenho melhor, depois de uma palestra, ao responder perguntas conceituais, em relação àqueles que digitavam suas notas (às vezes textualmente). Ao escrever aquilo que lhes chamava a atenção, os estudantes já estavam peneirando e interpretando as ideias do palestrante, conectando-as àquilo que já haviam aprendido e desenvolvendo ideias mais cheias de nuances.[7]

Pensando nisso, o que você pode fazer para enxergar seu desafio de um ângulo totalmente diferente? Eis algumas coisas específicas que você pode tentar:

➡ Faça anotações à mão. Pegue caderno e caneta e comece a pôr no papel suas ideias sobre o assunto. A maioria de nós faz isso tão raramente que se torna uma maneira rápida de entrar num estado de espírito diferente e possibilitar a formação de novas conexões. Marque no relógio e escreva durante dez minutos. Se você ficar sem gás, tudo bem – apenas pergunte a si mesmo o que mais tem a dizer sobre aquele assunto e espere até que outra ideia lhe venha à cabeça. Sempre vem.

➡ Explique o assunto a outra pessoa. Se você passou um bom momento se debatendo com uma ideia, tente explicar a outra pessoa o que está fazendo. Em engenharia de software, há quem chame esse processo de método do patinho de borracha, porque explicar seu trabalho, até mesmo a um objeto inanimado (como um patinho de borracha), é uma maneira confiável de obter novas ideias. Funciona porque articular seus pensamentos numa conversa aciona redes neurais diferentes daquelas do raciocínio solitário. Explicar o que você está fazendo a alguém que não é especialista em sua área também pode obrigá-lo a recorrer a metáforas e exemplos, o que, por sua vez, pode gerar novas ideias.

➡ Faça um mapeamento. Elabore um mapa físico dos aspectos-chave do projeto ou do problema em que está trabalhando. Eis uma forma:

1. Em um post-it, escreva em poucas palavras seu problema principal, de preferência sob a forma de pergunta (por exemplo, "Como podemos lançar um produto novo em tempo hábil?").
2. Faça um brainstorming dos fatores principais que afetam a questão (por exemplo, "erros de software", "fabricação do produto", "feedback da versão beta", "insuficiência de bons programadores"). Escreva cada um deles num post-it e cole-os em volta de sua questão central.
3. Agrupe os fatores que sejam intimamente relacionados (por exemplo, criando agrupamentos diferentes para questões de hardware, software e marketing).
4. Em seguida, enriqueça o mapa. Experimente as seguintes ideias:
   a) Procure elos causais entre suas ideias, e desenhe flechas para indicar esses elos (por exemplo, talvez "erros de software" se ligue a "feedback do grupo focal de clientes"; "insuficiência de bons programadores" pode afetar "erros de software").
   b) Experimente criar códigos de cores. Por exemplo, uma bolinha verde para as coisas que o estão ajudando atualmente, e uma vermelha para os fatores que o estão atrapalhando.
   c) Mexa em tudo que pareça estar fora do lugar. Preencha lacunas óbvias.
5. Recue um pouco e dê uma olhada em seu mapa, atentando para aquilo que for mais evidente nos padrões que identificar. Agora, o que parece ser a coisa mais interessante ou mais importante de atacar (no exemplo que dei, meu palpite é que dar incentivos aos melhores programadores torna-se rapidamente uma prioridade bem mais óbvia do que antes da realização desse exercício)?

   Dica: Você pode fazer tudo isso num *flipchart*, ou numa folha grande de papel comum, mas o pensamento se abre mais quando você dispõe de espaço de verdade para trocar as notas de lugar, usando uma parede branca ou um quadro branco como suporte.

ENCONTRE UMA ANALOGIA

Uma maneira a mais de despertar novas ideias é a busca de analogias estimulantes para a questão em que você está trabalhando, fazendo uso de coisas interessantes que encontrou fora do seu quadro de referência rotineiro — esteja você observando um local de trabalho desconhecido ou vagando por uma rua onde nunca esteve. Algumas perguntas simples podem ajudá-lo a extrair ideias dos lugares mais estranhos, depois que você adquire o hábito de fazê-las com maior frequência. Sempre que você se deparar com alguma coisa provocadora para o espírito, pergunte a si mesmo:

- Qual a *similaridade* entre aquilo que chamou sua atenção e o tema de seu trabalho atual?
- E qual a *diferença*? O que mais chama a atenção nela?
- O que isso pode sugerir como ideia a explorar?

Por exemplo, suponha que a questão na sua cabeça, neste momento, seja o excesso de trabalho enfrentado atualmente pela sua equipe. Todos estão desgastados. Você está recuperando o fôlego, jantando em um restaurante barulhento, daqueles com cozinha aberta, e enquanto espera o prato começa a refletir sobre essas perguntas em busca de analogias. Primeiro, percebe que os cozinheiros estão cobertos de pedidos até o pescoço, exatamente como sua equipe. A *diferença* é que a equipe do restaurante parece bastante calma, apesar da demanda que tem a atender. E, enquanto sua equipe aloca as tarefas de acordo com a capacidade ociosa de cada um, na cozinha cada um tem uma tarefa clara a executar: uns fazem a salada, outros os pratos quentes ou as sobremesas. O que isso desperta em você? Talvez você pense que poderia fazer um esforço maior para atribuir determinados tipos de pedidos a cada membro da equipe, para que não fiquem pulando o tempo todo de uma coisa para outra. Você se recorda do conselho para "agrupar" tarefas, do capítulo 4, e se dá conta de que isso poderia reduzir o estresse das pessoas. Uma ideia ganha forma em sua cabeça.

Peggy, a diretora de arte freelancer, descobriu que encontra inspiração muitas vezes em sites na internet, quando ela navega tendo em mente essa busca de analogias. "De vez em quando eu acho útil fuçar certos blogs, Getty Images, GigPosters, esse tipo de coisa. Gosto de ver que ideias eles vão provocar." Certo dia, ela estava procurando algum elemento final de inspiração na campanha publicitária do aromatizador de ambiente, quando se deparou com uma ilustração botânica à moda antiga, de uma rosa. Essa rosa conectava-se à ideia tradicional de um spray aromatizador, mas o desenho era muito técnico. De início, a relação entre ele e a campanha não ficou evidente. Mas alguma coisa a levou a fazer uma pausa. Ela percebeu que as folhas da rosa do desenho se pareciam com luvas de boxe. Isto, por sua vez, despertou a memória da última vez em que ela cuidou das próprias rosas, e da lembrança das flores balançando ao vento. De repente, ela teve uma ideia muito melhor para o anúncio do aromatizador de ambiente: uma rosa com luvas de boxe, combinando o aroma ao poder antibacteriano. "Eu sabia que tinha achado. Às vezes, basta olhar para uma questão sob uma ótica totalmente diferente e estar aberto para o que surgir a partir daí."

Então, como acabou o trabalho de Peggy na campanha publicitária do aromatizador? Ela dá um sorriso. "O diretor da conta me disse que a rosa com luvas de boxe era 'um trabalho digno de prêmio'. E, como freelancer, esse tipo de comentário gera segurança no emprego."

Para se inspirar

Quando você precisar de um lampejo de criatividade a respeito de um tema difícil, experimente o seguinte:

➡ Faça uma pergunta. Quando você sentir que tem um bloqueio, pergunte a si mesmo: "Qual seria uma abordagem totalmente diferente?", "Qual seria uma maneira sensacional de resolver isso?", "Se eu soubesse a resposta, qual seria ela?".

➡ Atualize e reinicie. Tente mudar o foco para um tipo de tarefa diferente, por algum tempo, antes de voltar ao problema original.

➡ Mude de ponto de vista. Experimente uma maneira diferente de descrever ou enxergar a mesma questão em que você está trabalhando, e procure identificar padrões ou ideias que emergem:
- Escreva a respeito, à mão, durante dez minutos.
- Use o método do patinho de borracha: explique a questão a alguém que não tenha familiaridade com ela.
- Elabore um mapa físico da sua questão, usando, por exemplo, post-its.

➡ Encontre uma analogia. Exponha-se a um tipo de estímulo diferente (por exemplo, observando a maneira de trabalhar de outra organização; dê uma olhada em sites ou em imagens de áreas diferentes da sua), e pergunte a você mesmo: quais as semelhanças em relação ao assunto em que estou trabalhando? Quais as diferenças? Que nova possibilidade a explorar isso sugere?

12. Como tomar decisões sensatas

Se o último capítulo tratou da criatividade — o processo de abrir-se a novas ideias e possibilidades —, este trata de seu complemento, o bom senso: reduzir as opções e tomar a decisão mais inteligente, entre várias alternativas. E embora bom senso possa parecer pomposo, não tem a ver necessariamente com a tomada de decisões de vida ou morte para a empresa. Se você pensar bem, nosso dia está repleto de oportunidades para tomar decisões sensatas (ou estúpidas). Ao abordar sua próxima missão no trabalho, por exemplo, por onde começar? A quem envolver? Qual a abordagem ideal? Uma escolha errada pode deixá-lo às voltas com queixas e reveses capazes de estragar o dia. Uma escolha sensata fará a sorte agir em seu favor. Seus colegas podem até acabar dizendo, "Hmmm, você tem razão", ou "Minha nossa, como você cuidou bem disso! Parabéns!".

O que a ciência comportamental nos ensina a respeito das formas de atingir esse tipo de bom senso no cotidiano? Basicamente, o seguinte: que precisamos ter o cuidado de envolver o sistema deliberado do cérebro ao lidar com coisas importantes. Lembre-se de que o sistema deliberado é a rede responsável pela análise, pelo exercício do autocontrole e pelo planejamento — e são essas as habilidades de que precisamos quando tentamos fazer um juízo correto. Se não envolvermos conscientemente o sistema deliberado, o sistema automático assumirá silenciosamente o controle e irá em busca da resposta mais fácil disponível. Isso pode representar dizer a primeira coisa que vem à mente numa reunião delicada, ou copiar cegamente aquilo que foi feito no passado. Afinal de contas, é função do sistema automático do cérebro minimizar a quantidade de energia mental que despendemos – mas, muitas vezes, a decisão mais fácil não é a ideal.

SINAIS DE QUE SEU SISTEMA AUTOMÁTICO ESTÁ NO COMANDO

Um bom passo inicial rumo a decisões mais inteligentes é adquirir traquejo no reconhecimento de quando o sistema automático está assumindo o comando. Na minha experiência, quando você se surpreende dizendo ou pensando frases parecidas com as seguintes, é bem provável que seu sistema automático esteja passando por cima do sistema deliberado:

➠ "É claro que está certo (ou claro que está errado)."

➠ "Faz pouco tempo eu ouvi X Y Z... portanto..."

➠ "Todo mundo concorda."

➠ "Eu entendi – então eu acho bom!"

➠ "Vamos continuar com o que já conhecemos."

➠ "Só existe uma opção possível."

Todas elas são versões do sistema automático berrando, confiante, "Não me importa que o mundo seja complicado – estou simplificando as coisas para você". Mas cada frase representa um tipo ligeiramente diferente de atalho mental comum (evidentemente, existem muitos outros além desses; estes são apenas os que eu ouço com maior frequência nas empresas). Por isso, vou falar um pouco mais sobre cada um deles, para aumentar suas chances de identificá-los antes que eles o prejudiquem.

"É claro que está certo (ou claro que está errado)"

Uma forma de salvar energia mental, usada pelo seu sistema automático, é procurar evidências que confirmem aquilo em que você já acredita, ignorando ao mesmo tempo quaisquer evidências que o contradigam. Isso economiza muito trabalho ao sistema automático. Faz com que você não tenha que repensar suas premissas e expectativas, e reduz a incerteza e a expectativa, tão custosas para o cérebro. O sistema automático está até disposto a reinterpretar a realidade, caso as evidências não se alinhem perfeitamente com nossos pontos de vista preconcebidos. No capítulo 1, expliquei como esse viés de confirmação pode nos fazer enxergar bananas cinza como se fossem amarelas. E o mesmo se aplica à tomada de decisões. Somos capazes de, inconscientemente, distorcer os fatos até eles se encaixarem naquilo que esperamos ver.

Por isso, quando prevemos que uma ideia é ruim, teremos tendência a perceber todos os seus defeitos e nenhuma das suas qualidades — e podemos até inventar críticas não totalmente justas. Funciona ao contrário, também, quando ficamos apegados a uma ideia que nos agrada e nos tornamos cegos a seus defeitos. A consequência? Uma visão do mundo em preto e branco. Coisas que parecem "obviamente certas" ou "obviamente erradas".

Um estudo recente, feito por psicólogos de Yale, mostrou muito bem o poder que o viés de confirmação exerce sobre o cérebro. Os pesquisadores perguntaram a um grupo de voluntários quais eram suas preferências políticas, e depois pediram que analisassem alguns dados sobre controle da venda de armas. Aqueles que se identificaram como conservadores cometeram erros numéricos numa proporção muito mais significativa, quando se lhes pediu que analisassem dados que pareciam indicar que o controle de armas é eficaz; e os liberais se mostraram igualmente despreparados quando colocados diante de números que sugeriam que o controle de armas *não* é eficaz.[1] Ocorre que para o cérebro é um pouco mais difícil pensar em evidências contrárias a nossas ideias — e o sistema automático do cérebro não gosta de trabalho pesado.

Aliás, essa não é uma questão de inteligência. Todos nós somos suscetíveis a isso. Warren Buffett, empresário e especialista em investimentos, disse admirar a determinação de Charles Darwin em superar o viés de confirmação: "Vejam só esse homem inteligente, que fez aquilo que é simplesmente a coisa mais difícil do mundo. Charles Darwin costumava dizer que, quando topava com alguma coisa que contradizia sua conclusão preferida, ele se obrigava a redigir em no máximo trinta minutos a nova descoberta. Do contrário, seu cérebro lutava para rejeitar a informação discrepante, mais ou menos como o corpo rejeita um transplante. A inclinação natural do ser humano é aferrar-se a suas crenças, principalmente quando elas são reforçadas por experiências recentes".[2]

"Faz pouco tempo eu ouvi X Y Z... portanto..."

Isso nos leva ao próximo atalho importante: com frequência, somos influenciados de maneira desproporcional por informações às quais acabamos de ser expostos, mesmo quando elas não têm nada a ver com aquilo que estamos decidindo.

Ponha-se no lugar dos visitantes do Exploratorium, famoso museu de ciências de San Francisco, a quem se pediu que estimassem a altura da maior sequoia do mundo. Primeiro, perguntaram aos visitantes se era "mais ou menos 25 metros de altura"; a outros, perguntou-se se era "mais ou menos trezentos metros de altura". Era uma questão preparatória. Em seguida, pediu-se que estimassem a altura real. Na média, os voluntários expostos ao número inicial menor (25 metros) estimaram que a árvore mais alta do mundo tem 36 metros de altura. No grupo exposto ao número maior (trezentos metros), as estimativas foram nada mais, nada menos que sete vezes mais altas.[3] Os visitantes acreditavam estar sendo objetivos, mas o cérebro se apegou ao número apresentado como guia. Esse fenômeno é chamado de *ancoragem*. Ele ocorre quando nosso sistema automático não quer se dar ao trabalho de se afastar muito de uma sugestão inicial, como um navio ancorado.

Somos suscetíveis a esse gênero de influência até quando a informação de ancoragem inicial é totalmente irrelevante. Numa experiência famosa, Dan Ariely, professor de economia comportamental da Universidade Duke, pediu a voluntários que recordassem os dois últimos dígitos de seu número de previdência social, e em seguida pediu que fizessem um lance no leilão de certo número de produtos: um livro, caixas de chocolate, equipamento de TI e vinho. A cada rodada do leilão, era significativa a correlação entre aqueles cujos algarismos da previdência social eram maiores e os lances mais altos.[4] Isso não tem nenhuma lógica. Mas os dois dígitos irrelevantes ainda estavam frescos o bastante na mente das pessoas para que o sistema automático usasse-os como sugestão.

Esse efeito se estende também a situações não numéricas. *Viés de recência* é o nome que se dá à forma como somos desproporcionalmente influenciados por qualquer coisa que tenha acabado de acontecer, poupando o sistema deliberado do trabalho pesado de olhar muito para o passado e identificar padrões de longo prazo. É por isso que, a cada aumento de sete graus Celsius na temperatura de um dia, os pesquisadores descobriram que a venda de conversíveis nas concessionárias aumenta 8,5%.[5] "Está fazendo sol há algumas horas, então um conversível é o investimento ideal para mim" é a lógica da visão curta do sistema automático.

"Eu entendi – então eu acho bom!"

Outro atalho que pegamos é supor que, quando alguma coisa é fácil de compreender e recordar, deve estar correta (os cientistas do comportamento descrevem isso como uma preferência pela *fluência de processamento*). Em consequência, temos tendência a sermos atraídos por ideias claras e simples, enquanto sujeitamos ideias difíceis de entender a análise e crítica mais profundas.

Isso explica um estudo realizado na Universidade de Michigan, em que os psicólogos Hyunjn Song e Norbert Schwarz descobriram que as pessoas caem em pegadinhas com mais facilidade quando elas são mais fáceis de ler. Experimente esta: "Quantos animais de cada espécie Moisés levou na arca?" (Resposta: nenhum. A arca era de Noé, e não de Moisés). Quando essa pergunta é apresentada com letras grandes e de forte contraste de cor, muitos leitores são enganados. Mas ao ver as palavras impressas numa letra pequena e difícil de ler, os leitores fazem uma pausa momentânea, o que aumenta a chance de perceberem o truque.[6] É como se o passo adicional de pensar "O *que* está escrito aí?" fosse suficiente para despertar o sistema deliberado do cérebro.

"Todo mundo concorda"

Quando estamos cercados de gente que já tem opinião formada sobre a coisa certa a fazer, fica fácil o sistema automático do cérebro decidir que não é preciso pensar em mais nada – um atalho conhecido como *pensamento de grupo*. Talvez ele tenha representado uma vantagem evolutiva no passado distante. Durante milênios, fazer parte de uma tribo era uma forma de garantir nossa segurança, e concordar com o que a tribo dizia nos integrava a ela – mais ou menos como nos sentimos mais seguros no emprego quando estamos bem integrados.

O psicólogo Solomon Asch realizou, ainda nos anos 1950, experiências de grande repercussão, em que concluiu que a maioria das pessoas achava que duas linhas, em cartões adjacentes, tinham o mesmo comprimento, embora uma delas fosse claramente mais curta ou mais comprida. Por quê? Simplesmente porque todas as demais pessoas na sala haviam feito o mesmo.[7]

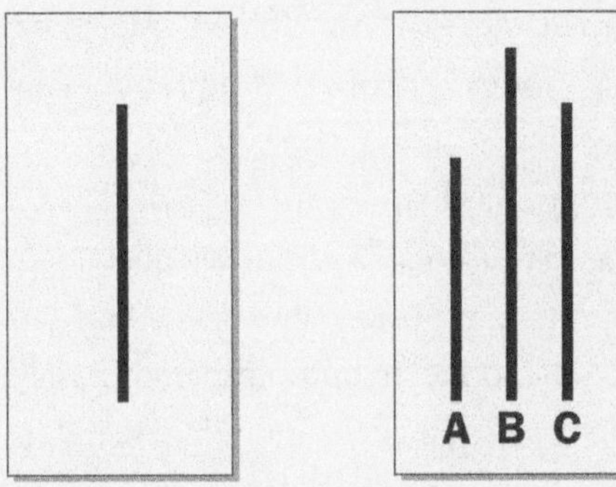

Asch pediu aos voluntários que dissessem qual das linhas no cartão da direita (A, B ou C) tinha o mesmo comprimento da linha do cartão da esquerda. Um terço do total de respostas estava errado, e três em cada quatro participantes deram uma resposta errada pelo menos uma vez.

No trabalho, discutimos assuntos muito mais sutis que o comprimento de uma linha. Por isso, é mais difícil detectar a tendência ao pensamento de grupo; a impressão que se tem é simplesmente de fazermos parte de uma equipe harmoniosamente sintonizada. Em seu livro *Mindset*, Carol Dweck, professora da Universidade Stanford, conta uma história envolvendo Alfred P. Sloan, ex-presidente da General Motors e líder que sabia detectar pensamento de grupo ao cruzar com ele. Ao discursar para um grupo que parecia tranquilamente alinhado em relação à coisa certa a fazer, ele disse: "Quero crer que estamos todos aqui em total concordância em relação à decisão [...] Por isso, proponho adiar mais discussões sobre este assunto até a próxima reunião, para que tenhamos tempo de criar discordância e assim, talvez, chegar a alguma compreensão sobre o significado desta decisão".[8]

"Vamos continuar com o que já conhecemos"

Em seguida, existe o efeito dotação, a tendência que temos a supervalorizar aquilo que possuímos — mesmo que não tenha valor sentimental. Numa experiência famosa (realizada por dois gigantes da economia comportamental, Richard Thaler e Daniel Kahneman), deu-se a um grupo de pessoas a escolha entre dois presentes de valor idêntico: uma caneca ou um chocolate. Quando as pessoas tinham a liberdade de escolher qualquer um dos dois, mais ou menos metade escolhia cada presente. Mas quando primeiro se dava à pessoa ou uma caneca ou um chocolate, e depois imediatamente se perguntava a elas se queriam trocar, a maioria recusava: 86% daqueles que começaram com a caneca se apegaram à caneca, e 90% dos que começaram com o chocolate ficaram com seu chocolate.[9]

Por que temos tão pouca disposição a nos desfazer daquilo que possuímos? A razão parece estar enraizada em nossa *aversão à perda*, o fato de que perder alguma coisa ocupa em nossa mente um espaço maior que ganhar algo da mesma dimensão. Você pode se empolgar com a ideia de ganhar um belo escritório; estudos mostram que, se o tiram de você, depois de ter sido seu, a decepção supera a empolgação inicial.[10] Por isso, é importante para nós saber que, ao tomarmos uma decisão, nós — e outros — tenderemos instintivamente a supervalorizar o status quo, em comparação com novas alternativas, a menos que paremos para pensar direito em quão fantástica essa coisa desconhecida pode realmente ser.

"É a única alternativa realista"

Por fim, quando encontramos uma alternativa que parece viável, temos inclinação a considerá-la perfeita, sem questioná-la efetivamente. "Alguém deu uma sugestão? Ela parece o.k.? Então o.k. para mim", diz o sistema automático do cérebro: "Por que raios eu gastaria energia mental pedindo ao meu sistema deliberado para continuar a analisar ou procurar alternativas?". Isso é conhecido como *viés de conformidade*, e talvez seja o atalho mais fácil de identificar, porque entra em ação toda vez que você só tem uma opção sobre a mesa. Pode ajudar a poupar tempo quando a decisão é sem consequências ("Que horas nos encontramos para almoçar?", "Meio-dia e meia?", "Perfeito."). Não ajuda tanto quando você tem que tomar uma decisão importante e a única explicação para a atitude tomada é ser a única opção da qual você tem conhecimento.

ADOTE UMA ROTINA DE CHECAGEM

O lado bom, então, é este: para aliviar o fardo sobre o cérebro, nosso sistema automático quase sempre tenta evitar que enxerguemos o quadro inteiro. Às vezes isso é bom, quando estamos precisando de velocidade e simplicidade. Mas quando estamos fazendo alguma coisa em que importa chegar ao melhor juízo, é preciso ampliar nosso campo visual. Ou seja, precisamos estar dispostos a procurar evidências em contrário, enxergar além dos acontecimentos recentes e reexaminar decisões a princípio óbvias. E certamente precisamos levar em conta mais de uma alternativa — mesmo que acabemos voltando à ideia original.

Mas nossos atalhos são rápidos e instintivos — então, como poderíamos saber aquilo que não sabemos? Alguns cientistas do comportamento são pessimistas em relação à nossa capacidade de enganar o sistema automático, e eu compreendo esse ponto de vista. Mas, no trabalho, eu presenciei uma técnica que costuma dar certo para aumentar nosso nível médio de bom senso: adotar uma regra de checagem simples o bastante para se tornar parte de sua rotina sempre que você realizar algo importante. Eis cinco regras de checagem que eu vi sendo eficientemente empregadas: "Nada predefinido", "Advogado do diabo", "Licença para discordar", "Nunca diga nunca" e "Realize um 'pré-mortem'".

Nada predefinido

Quando você vai tomar uma decisão que gera consequências, é sempre bom fazer uma pausa, caso se veja diante de uma única alternativa — mesmo que ela pareça atraente. Por exemplo:

➡ Aperte a tecla "pausa" e conceda a si mesmo um momento para pensar em alternativas. Pergunte a si mesmo e a outras pessoas: "Se nós *tivéssemos* que pensar em outras possibilidades, quais seriam elas?".

- Avalie cuidadosamente as vantagens das outras opções e empregue sua conclusão para testar ou aprimorar a proposta original. Talvez a primeira opção ainda seja a atitude correta a tomar, mas você pode encontrar maneiras de melhorá-la, depois de forçar a si mesmo a cogitar outras possibilidades.

Uma pessoa que Charles Darwin provavelmente respeitaria por seu esforço na superação dos atalhos cognitivos é Nayan, diretor financeiro de um banco internacional. Durante o dia, Nayan toma decisões de negócios complexas, que dizem respeito à melhor forma de gerir as finanças do banco. Em casa, ele pinta mandalas hindus. Seus colegas o apelidaram "Yoda", o suprassumo da sabedoria e da calma.

Como ocorre com a maioria dos gerentes seniores, muitas das decisões de Nayan giram em torno de questões de pessoal, mais que de balancetes. "Assim que eu entrei para o banco, me disseram que uma das minhas primeiras tarefas era demitir uma pessoa. A decisão a respeito dela tinha sido tomada antes de eu entrar no comitê, e, como eu era o novo gerente de linha, isso coube a mim." Não seria difícil, para Nayan, simplesmente aceitar essa instrução predefinida. Afinal de contas, ele era recém-chegado, e evidentemente não queria criar caso. Mas, apesar de ter ouvido falar bastante mal do comportamento daquela pessoa — que, consta, era "arrogante" —, não ficou claro para Nayan qual era o elemento substancial que embasava aquela acusação. Por isso, ele decidiu fazer o que normalmente faria ao tomar uma decisão importante: começou a fazer várias perguntas.

A princípio, ele concordou que a opção predefinida — demitir a pessoa — ainda poderia ser a correta. "Mas eu queria mapear todas as alternativas." Obviamente, havia "demiti-lo" e "não demiti-lo". Mas, sob a rubrica "não demiti-lo", Nayan mapeou algumas possibilidades distintas. "Acho que as pessoas enxergavam isso como uma opção por não fazer nada. Mas havia várias maneiras potenciais de melhorar a situação que não implicavam demiti-lo, como oferecer-lhe treinamento ou transferi-lo para outra função."

Em seguida, Nayan apurou mais informações. "Conversei com uma amostragem de seus colegas, e perguntei a respeito das qualidades e defeitos dele." O que Nayan descobriu? "O sujeito era brilhante e decidido. Às vezes decidido demais. A equipe o adorava e considerava-o um ótimo mentor." Em consequência, Nayan passou a acreditar que valia a pena mantê-lo, se ele se dispusesse a construir mais pontes e a trabalhar de forma mais cooperativa. "A decisão que me passaram se baseava mais em percepções do que em evidências – alguns de seus pares simplesmente não gostavam do estilo dele", diz. Quando Nayan contou-lhe isso, ele ficou arrasado ao saber o que as pessoas pensavam a seu respeito, e grato por ter a oportunidade de consertar as coisas – o que ele fez, ao cabo de três meses.

Advogado do diabo

Nem sempre é fácil contestar nossas próprias premissas. Estamos cientes de que temos pontos cegos, mas, por definição, não sabemos exatamente quais são eles. Por isso, quando vamos tomar decisões importantes, convém pedir a um advogado do diabo que questione nossa lógica.

➡ Pense em alguém que você respeita, mas que tende a abordar as coisas de uma maneira diferente da sua, talvez por conta da própria personalidade ou experiência. Talvez até seja alguém com quem você teve discordâncias no passado (pense, se possível, em mais de uma pessoa que se encaixe nessa definição).

➡ Pergunte a seu(s) advogado(s) do diabo, em relação à situação:
- O que ele(s) ve(em) de diferente em relação a você? O que você acha que ele(s) não está(ão) enxergando?
- Que premissas do seu raciocínio ele(s) contestaria(m)?
- Que conselhos ele(s) daria(m) a você?

Observação: Caso não seja possível travar uma conversa pessoalmente com ele(s), você ainda pode tirar partido de imaginar as respostas a essas perguntas; estranhamente, é mais fácil enxergar falhas em nossa argumentação quando nos colocamos no lugar de outra pessoa. Tire apenas cinco minutos para escrever o que você acha que cada advogado do diabo diria em relação ao assunto em questão.

➡ Suponha agora que exista uma boa probabilidade de ele(s) ter(em) razão. Que informações você buscaria para tomar uma decisão melhor?

* * *

Em 2013, os participantes do encontro anual da empresa de Warren Buffett, a Berkshire Hathaway, puderam ter uma demonstração ao vivo da técnica do advogado do diabo. Buffett conhece bem a ciência comportamental dos atalhos cognitivos. Por isso, está sempre à procura de maneiras de chegar ao que ele chama de "informação discordante", que questionará suas premissas. No caso, ele convidou Doug Kaas – um crítico aberto dos métodos de investimento da empresa de Buffett – para fazer-lhe perguntas difíceis na frente de uma plateia. Kass confrontou Buffett em relação à estratégia de investimento, à governança e ao planejamento sucessório da Berkshire Hathaway, enquanto Buffett se esquivava dos golpes num tom cortês.

Felizmente, você não precisa fazer isso em público para colher os benefícios. Muitas vezes, Nayan consegue o ponto de vista do advogado do diabo em conversas informais com pessoas abaixo dele na hierarquia. "Eu trabalho num ambiente em permanente transformação. Por isso, às vezes acho útil submeter minhas ideias a outras pessoas, para ter certeza de ter enxergado todos os ângulos." Além disso, Nayan não se limita a procurar pessoas mais experientes. "Eu tenho um colega mais jovem que está sempre três passos à minha frente em questões de tecnologia. Gosto de conversar com ele sobre o que estou fazendo, mesmo quando não tem relação direta com a área dele, porque notei que ele sempre questiona e influencia minhas ideias. Ele faz boas perguntas."

Licença para discordar

Em um ambiente de grupo, não é necessário procurar advogados do diabo da mesma forma – dentro do escritório, em geral, haverá diversos pontos de vista diferentes. Mas, como eu disse antes, o pensamento de grupo é uma força recôndita na maior parte das discussões coletivas – por isso, embora uma ou duas pessoas possam trazer uma perspectiva genuinamente diferente, a tendência será de se alinharem com a visão da maioria (mesmo sem perceber). E, mesmo que alguns pontos de vista minoritários consigam se fazer expressar, o viés de confirmação vai levar a maioria a subestimar visões alternativas. Não é que se queira tomar uma decisão errada; é apenas a maneira como acreditamos estar criando harmonia e simplificação.

Por isso, quando em grupo, é na verdade valioso convidar *todos* a serem advogados do diabo. Se você concorda em compartilhar pontos de vista discordantes — ou se até exige que todos façam isso —, as pesquisas indicam que seu grupo tomará decisões melhores.[11]

Na prática, o que isso significa? Eric Schmidt, executivo-chefe do Google, diz: "O que eu tento fazer, nas reuniões, é detectar as pessoas que não falaram, que em geral são aquelas que estão com medo de se expressar, mas que têm uma opinião discordante. Eu as faço dizer o que realmente pensam, e isso estimula o debate, e [então] acontece a coisa certa".[12]

Quando faço parte de um grupo que está discutindo uma questão importante, na verdade, gosto de ir um passo além. Esteja ou não comandando a reunião, proponho que *todos* — até mesmo aqueles que já falaram — respondam uma pergunta que provoque o raciocínio, como:

- "Se houvesse uma coisa que estivéssemos deixando passar nisto, o que seria?"
- "Se houvesse uma maneira inteiramente diferente de enxergar isto, qual seria?"
- "Se houvesse uma coisa com a qual devêssemos nos preocupar nisto, o que seria?"

A formulação da pergunta com "se" é importante, porque torna as pessoas mais especulativas e menos preocupadas em "ter razão" antes de falar. E pedir a todos que levantem pelo menos um receio torna inteiramente aceitável o surgimento de dúvidas e questionamentos. Isso faz com que ninguém seja rotulado como "complicado" por ter coragem de discordar. Então, uma vez que todas as questões estejam sobre a mesa, o grupo pode debater explicitamente a maneira de lidar com cada questão e progredir. Isso não elimina a possibilidade de erro — mas a diminui bastante.

Peggy, a publicitária diretora de arte que conhecemos no capítulo anterior, sempre faz questão de convidar um grupo eclético de pessoas para contribuir com seus trabalhos mais importantes, e acolhe seus pontos de vista mesmo quando não batem com os dela. "Todos nós temos nossos vieses. Por isso é bom discutir as questões com pessoas de origens diferentes — um planejador, um diretor de conta, um diretor de criação ou um roteirista. Às vezes é difícil aceitar seus comentários, mas eu aprendi a não dizer 'Discordo', e sim fazer mais perguntas. Muitas vezes alguém faz uma sugestão que na hora não faz sentido para mim: por exemplo, acrescentar um texto ao anúncio do aromatizador de ambiente que eu criei, que é essencialmente visual. Pessoalmente, eu não achava que houvesse necessidade de palavras. Mas depois descobri o motivo: o cliente temia que o benefício germicida do aromatizador não ficasse claro para os consumidores. E, sinceramente, eu não tinha me dado conta de que, para o cliente, essa era uma preocupação." Peggy afirma que, depois de ter escutado e compreendido os pontos de vista daqueles que discordam, seu trabalho sempre melhora.

Nunca diga nunca

Numa situação complexa, dificilmente existe algo que seja obviamente a coisa certa a dizer, fazer ou escolher. Quando estamos tomando uma decisão importante, seja ela a forma de conduzir uma reunião ou onde investir uma grande quantia de dinheiro, em geral todas as alternativas têm prós e contras. Por isso, quando você se surpreender fortemente apegado a uma ideia, ou fortemente oposto a outra, é um bom sinal de que pode estar cedendo ao viés de confirmação.

No capítulo 1, eu propus que você prestasse atenção ao "linguajar absoluto" como sinal de que o viés de confirmação está afetando suas intenções; também é bom fazer isso ao avaliar alternativas e ideias. Fique de olho em frases como: "*Temos* que fazer isso!", "Isso *nunca* vai dar certo!" ou "Eu não faço a *menor* ideia de por que alguém iria querer isso!". Recue um pouco e pergunte:

- "O que eu estou/nós estamos pressupondo ou afirmando, aqui?"

- "E se isso não for 100% verdade? Esse nunca/sempre/absolutamente/definitivamente é o caso?"

- "O que as exceções me/nos dizem?"

* * *

No caso de Peggy, o fato de que às vezes ela se surpreende afirmando que "nunca" é uma boa ideia acrescentar texto a um anúncio é um bom sinal de que ela deve refletir sobre os casos em que isso pode não ser verdade – por exemplo, quando o texto serve para explicar vantagens menos evidentes do produto. No caso de Nayan, a premissa de seus colegas de que era "absolutamente necessário" demitir uma pessoa o levou a checar se essa era "absolutamente" a única opção. Hipérboles são excelentes sinais de alerta no caminho do verdadeiro bom senso.

Realize um "pré-mortem"

Por fim, existe uma ferramenta de último recurso para maximizar sua sabedoria e minimizar os pontos cegos, antes de seguir em frente com uma decisão. Ao reconhecer que não temos como enxergar uma situação como um todo, podemos forçar a nós mesmos a investigar a única possibilidade que nunca abraçaríamos de bom grado: a de que estamos completa e catastroficamente errados na nossa maneira de encarar a situação. O psicólogo Gary Klein, cientista sênior da empresa MacroCognition, batizou essa técnica de "pré-mortem", em contraste com o exame "post-mortem" que geralmente é realizado *depois* que um projeto fracassa.[13] Pode ser desconfortável, mas também é liberador – e muito melhor do que ter que fazer um post-mortem de verdade mais adiante. Funciona assim:

➡ Pense naquilo que você pretende alcançar com a decisão que vai tomar.

➡ Imagine um futuro alternativo, em que sua decisão tenha sido adotada, e tenha dado errado.

➡ Agora se imagine catando os cacos. Pergunte a si mesmo: por que deu errado? No que você deixou de pensar ao tomar a decisão inicial?

Eu me lembro de ter feito essas perguntas certo dia, quando estava prestando serviço para uma empresa grande e estável, que estava para adquirir uma outra, menor, com uma cultura mais jovem e mais vivaz. Passei o dia com a equipe de integração, encarregada de tornar a aquisição um sucesso. Eles estavam fazendo planos para a fusão. A conversa estava centrada em "prazos" e "entregas", e foi bastante produtiva. Mas o problema que ocorre com o planejamento de fusões é que grande parte é feita em segredo, a portas fechadas, antes de ser anunciada ao público. Com isso, descobrir os pontos cegos é mais difícil do que de costume. É fácil acreditar que sua visão de mundo é a correta quando você não se expõe ao pensamento de quem está do lado de fora.

Por isso, apresentei um exercício que começava assim: "Vamos imaginar que dez anos se passaram, e toda a imprensa especializada considera que a fusão foi um fiasco. Por que ela não funcionou?". Primeiro, eles riram, esportivamente. Depois, porém, dedicaram-se à tarefa. A resposta principal foi a seguinte: "Não tomamos medidas para preservar a cultura da empresa menor, aquilo que a tornara atraente para nós. Minar a cultura dela os impossibilitou de serem criativos como no passado". Pedi que fossem mais específicos. "Bem, partimos da premissa de que eles deviam adotar todos os nossos processos de negócios, não é?" De fato era isso que eles haviam passado a hora anterior planejando, em profundidade. Perguntei se não haveria uma atitude mais sensata, e qual seria. "Nós deveríamos ter tido mais sutileza em relação aos processos que eles realmente precisavam adotar, e àqueles em que poderíamos tê-los deixado manter a diferença. E devíamos ter perguntado a eles de quanto espaço e apoio necessitavam para continuarem a ser ágeis e inovadores." E, com esse pré-mortem completado, o que iriam fazer de diferente, agora? "Bem, não vamos impor a eles todos os nossos processos. Vamos descobrir quais são realmente cruciais termos em comum, e vamos debater com eles." Isso parecia bem mais sensato.

FIQUE DE OLHO NA FADIGA DO SISTEMA

Quando estamos cansados, seja física ou mentalmente, é mais difícil para nosso sistema deliberado exercer controle sobre as decisões tomadas pelo sistema automático. É por isso que ficamos mais suscetíveis a errar quando estamos com sono atrasado, depois de tomar várias decisões ou quando tentamos manter o foco por um período prolongado. Em suma, sempre que trabalhamos demais. Por isso, prestar atenção em sinais de exaustão em nosso sistema deliberado é importante quando queremos atuar como nossa versão mais inteligente e sensata.

Vivek é um empreendedor cujo trabalho exige muito do sistema deliberado do cérebro. Ele é dono de uma empresa internacional, que ajuda outras empresas a compreender como os consumidores se sentem em relação a seus produtos. "É complicado", diz ele. "Tenho muitas empresas de biotecnologia na minha clientela, do tipo que cria medicamentos e aparelhos de última geração. Por isso, tenho que aprender detalhes técnicos desses produtos, para ser capaz de ter uma conversa inteligente com eles. Preciso bolar as perguntas e os exercícios interativos certos para dar margem a respostas autênticas dos clientes. Por isso, quando me encontro pessoalmente com os consumidores, preciso que a conversa flua naturalmente, e ao mesmo tempo presto atenção nas entrelinhas dos comentários das pessoas, de modo a me aprofundar quando necessário."

Ele adquiriu bastante traquejo em reconhecer quando seu próprio sistema deliberado perde o gás diante dessas demandas. "Quando ele está sobrecarregado, até tarefas simples parecem difíceis, como responder ao e-mail de um cliente ou ser disciplinado em relação ao tempo que passo no Facebook." E nesses momentos, ele sabe que o mais provável é que o sistema automático do cérebro assuma o controle. Ele lista as coisas que aconteceram quando seu sistema deliberado estava exaurido, entre elas comentários de pouco tato ou pegar o metrô para o trabalho antigo, em vez do novo.

Então, o que Vivek faz para renovar o sistema deliberado do cérebro, quando ele nota desgaste? "Dou uma desligada. Na maioria das vezes, faço exercícios de respiração e atenção plena. Eu me reclino e fecho os olhos. Bastam dez ou quinze minutos para clarear minhas ideias. Quando posso, também saio para dar uma corrida. Quando não consigo fazer nada disso, tento me concentrar em tarefas que exigem pouco do meu cérebro, como assistir a um vídeo de um curso on-line. É uma forma de continuar a utilizar o tempo, mas de um jeito relativamente passivo, o que permite reiniciar meu sistema deliberado."

Vivek utiliza algumas das técnicas de checagem apresentadas na seção anterior para garantir que não vai entrar no piloto automático na hora mais importante. "Mas eu também possuo um ou dois truques que me ajudam a tomar o máximo cuidado para o sistema deliberado estar ligado ao realizar algo importante", diz. "Por exemplo, assim que eu começo a escrever um e-mail importante, faço questão de iniciá-lo e terminá-lo com o cumprimento apropriado. Para mim, digitar 'Caro Fulano' serve como lembrete de que eu preciso ser cuidadoso no tratamento. Isso me lembra de desacelerar, acionar meu cérebro da maneira correta e checar aquilo que estou fazendo."

Para ser tão ponderado quanto Vivek ao perceber quando o sistema deliberado precisa de uma renovada, preste atenção nestes sinais de que ele não está em sua melhor forma:

- Você está se sentindo impaciente ou irritável.
- Você está sentindo dificuldade em se concentrar ou manter o raciocínio.
- Você começa a cometer pequenos equívocos ou a dizer coisas indevidas.

E faça então uma ou mais das seguintes coisas:

- Faça uma pausa decente. Se possível, o ideal é que essa pausa inclua algum tipo de movimentação física. Não sendo possível, conceda a si mesmo o tipo de "pausa atenta" que abordei no capítulo 6, sobre excesso de trabalho: conceda a si mesmo alguns minutos para focar na respiração (ou em algum outro ponto focal simples).
- Mude seu foco para uma tarefa rotineira, que precise ser feita, mas seja mentalmente menos exigente.
- Adote medidas adicionais para revisar o que está fazendo, usando uma ou mais das cinco técnicas de checagem que descrevi acima, neste capítulo.

SOLUCIONE DILEMAS COM (MAIOR) FACILIDADE

Permita-me fechar este capítulo acrescentando alguns conselhos para lidar com situações em que o bom senso possa parecer particularmente arisco:

aqueles momentos em que temos que optar entre dois caminhos válidos, mas tão diferentes que são difíceis de comparar. É o que os gregos chamavam de *dilema*, o que significa "duas premissas", porque envolve dois modelos bem diferentes em relação àquilo que é melhor. Por exemplo, suponha que lhe deram um convite para uma conferência sobre sua área. Você adoraria ir, porque isso permitiria divulgar um projeto importante. Mas um colega bastante próximo lhe disse que está tentando melhorar seu networking frequentando mais conferências. O que fazer? Repassar a ele o convite ou não? Uma opção é boa para o seu projeto, a outra é boa para o seu colega. Os dois são importantes. Droga – o que fazer?

A economista Ting Zhang e seus colegas de Harvard, numa série de experiências, descobriram que uma mudança sutil permitia às pessoas encontrarem com mais facilidade a solução para dilemas como esse. A mudança era esta:

➡ Não pergunte "O que eu devo fazer?".

➡ Em vez disso, pergunte "O que eu posso fazer?".

Por que Zhang concluiu que "posso" funciona melhor para quem está em busca da quadratura do círculo?[14] A conclusão dela faz sentido, se tivermos em mente nosso eixo de descoberta e defesa. O simples fato de pensar em "devo" nos coloca no fio da navalha, nos dá a sensação de constrangimento e obrigação. O tom negativo que resulta disso nos faz pender para o modo de defesa, prejudicando a capacidade de pensar de forma aberta e criativa nas alternativas. A palavra "posso", porém, nos sugere um senso de possibilidade, autonomia e poder de decisão. Ao nos manter no modo de descoberta, nos incentiva a invocar nosso lado mais sensato e criativo.

Por isso, em vez de se flagelar por pensar "*Devo* dar a ele o convite?", por que não pensar "*Posso* pedir outro convite?". Ou talvez você se dê conta de que é improvável que você permaneça lá o dia inteiro, e por isso resolva perguntar se é possível compartilhar o convite com o colega. A chance de pensar nessas duas opções é menor quando você está se sentindo culpado. Portanto, da próxima vez que se sentir travado por um dilema moral, deixe o "devo" de lado e experimente o "posso".

Como tomar decisões sensatas

Da próxima vez que tiver uma decisão a tomar, seja ela grande ou pequena:

➨ Preste atenção quando seu sistema automático se manifestar. "É claro que está certo [ou claro que está errado]." "Outro dia ouvi XYZ... portanto..." "Todo mundo concorda." "Eu entendi, por isso achei bom!" "Vamos ficar com aquilo que já conhecemos." "Só existe uma opção realista."

➨ Adote uma rotina de checagem. Experimente cada uma destas perguntas de checagem, e escolha pelo menos uma delas para incluir em sua rotina pessoal.

- Nada predefinido: "Que outra opção haveria, e o que as vantagens dessa opção me ensinam?".
- Banque o advogado do diabo: "Que outra forma haveria de enxergar isto?".
- Licença para discordar: "Se você tivesse que apontar um problema, o que diria?".
- Nunca diga nunca: "Esse sempre/nunca/absolutamente é o caso?".
- Realize um "pré-mortem": "Se a coisa der terrivelmente errado, qual terá sido a causa?".

➨ Fique de olho na fadiga do sistema. Caso se sinta impaciente, dispersivo ou sem jeito, conceda ao sistema deliberado uma pausa atenta. Mude seu foco para tarefas mais rotineiras. Adote medidas adicionais de checagem para compensar os atalhos do sistema automático.

➨ Resolva os dilemas com mais facilidade. Pergunte "O que eu *posso* fazer?", em vez de "O que eu devo fazer?".

13. Como turbinar sua energia mental

Neste capítulo, gostaria de compartilhar um apanhado de técnicas para ajudá-lo a abordar qualquer tarefa no ápice de suas faculdades mentais – quer seu trabalho exija criatividade, quer exija bom senso ou qualquer outra proeza intelectual. Primeiro, vou mostrar três maneiras de enquadrar sua tarefa de modo a ajudá-lo a usar o melhor de seu raciocínio. Em seguida, vou mostrar como alguns dos conceitos de que tratamos anteriormente neste livro podem ser empregados para turbinar seu desempenho.

COMECE COM UM ENQUADRAMENTO POSITIVO

Nossas tarefas mais importantes ou interessantes, muitas vezes, incluem a solução de problemas – algo que pode ser uma experiência galvanizadora quando alcançamos um bom resultado. Mas quando a forma de abordar um problema não fica evidente de cara, um pouco de tensão surge facilmente. E quando estamos preocupados com determinado problema, ou deparamos com uma pergunta que não sabemos responder, nosso sistema automático pode identificar essas situações como ameaças a nosso senso de competência e status social. Quando não conseguimos evitar a consequente reação de luta-fuga-paralisia, podemos acabar ficando um pouco mais limitados – com o raciocínio mais preto e branco, ou com atitudes mais temerárias – no exato instante em que deveríamos ser ponderados e sensatos.

Então, como podemos melhorar a qualidade de nosso raciocínio quando estamos tendo dificuldades com tarefas relevantes? O truque é neutralizar o sentimento de ameaça de modo a operar no modo de descoberta, e não no modo de defesa. Estimular isso não exige muito — precisamos apenas de alguma coisa atraente que sirva de foco por algum tempo. Na verdade, alguns pesquisadores concluíram que, quando se dá a voluntários um exercício em que eles têm que traçar numa folha de papel a rota para um camundongo sair de um labirinto, bastou ver a imagem de um queijo perto da saída, em vez de uma ameaçadora coruja, para o desempenho aumentar em 50%.[1] Para nós, o "queijo" metafórico pode surgir sob a forma de uma reflexão sobre os aspectos positivos do trabalho em questão, reconhecendo o progresso já feito, ou simplesmente a lembrança dos melhores momentos do dia até ali. São todas formas de mudar o foco do cérebro, da ameaça para a recompensa, de modo a nos tornar mais capazes de recorrer a toda amplitude de nossos recursos cognitivos.

Ros, a executiva sênior da área da saúde que conhecemos no capítulo 10, inicia todas as reuniões pensando nisso. "Temos um projeto de grande porte em que 95% estão indo bem, mas três coisas não andam tão bem", diz. "Fazem um monte de perguntas sobre essas três coisas, e vejo que minha equipe fica tensa sempre que tocamos nelas. Por isso, agora, sempre começo as reuniões falando sobre aquilo que acabamos de alcançar. E dá para ver como isso acalma todo mundo e ajuda as pessoas a pensar com maior clareza." Ela faz questão de enfatizar que "não é uma questão de tentar se gabar ou distorcer o problema. Mas começar com aquilo que está indo bem deixa todo mundo com a mente mais aberta, e isso permite olhar para aquilo que não está indo bem sem que as pessoas fiquem na defensiva".

Perceba que o objetivo não é deixar todo mundo relaxado a ponto de ignorar os problemas diante de si, nem esquecer a checagem dos pontos cegos cognitivos, do tipo descrito por mim no capítulo anterior — viés de confirmação, pensamento de grupo, viés de conformidade, viés de recência, efeito dotação e fluência de processamento. Quando nossos atalhos não são questionados, temos maior tendência a tomar decisões erradas. Mas quando podemos examinar assuntos difíceis sem nos colocarmos, nem aos outros, em modo de defesa, é mais fácil discutir de maneira construtiva todos esses pontos cegos em potencial. Tem-se, então, o mundo ideal em termos intelectuais: você fica relaxado o bastante para ter um raciocínio inicial amplo, mas continua rigoroso o bastante para manter a autocrítica em relação às próprias ideias.

Eis algumas maneiras práticas de ter certeza de estar lidando com suas tarefas, mesmo as mais complicadas e sujeitas a crises, no modo de descoberta:

- ➠ Antes de abordar a tarefa em detalhes, faça um balanço dos acontecimentos positivos recentes. Você pode fazer isso sozinho ou com outras pessoas, no começo de uma reunião. Por exemplo:
  - Tire um momento para relembrar uma ou duas coisas positivas que aconteceram no dia, ou na semana (não tem problema se forem triunfos minúsculos ou sem relação com seu trabalho atual. Pode ser até o café que alguém lhe trouxe de surpresa, de manhã. Literalmente, o que importa é o pensamento).
  - Se for alguma coisa com a qual você já teve que lidar, repasse os progressos recentes e identifique aquilo que o ajudou a alcançar conquistas.

- ➠ Imagine o desfecho ideal para a tarefa ou o projeto. Quando a tarefa que lhe cabe é muito complicada, é fácil ficar nervoso quando o foco se concentra apenas nos obstáculos a superar. Experimente deixá-los de lado por um instante e pergunte a si mesmo:
  - "Como seria o desfecho ideal?"
  - Em seguida: "Quais seriam os primeiros passos na direção do desfecho ideal?".

"Eu sempre faço questão de iniciar de bom astral cada etapa do trabalho", diz Peggy, nossa publicitária diretora de arte. "É simplesmente difícil demais bolar alguma coisa inteligente quando estamos tristes, irritados ou cansados. Ninguém consegue trabalhar quando se sente ameaçado." Uma de suas técnicas favoritas antes de mergulhar numa tarefa é tirar um momento para analisar uma coisa de que ela goste em relação ao trabalho. "Penso, por exemplo, na chance que ele me dá de fazer algo diferente todos os dias. Eu gosto de aprender coisas novas, e pude trabalhar em projetos nos setores farmacêutico, de refrigerantes, cerveja, o que você imaginar." Esse momento de análise a ajuda a definir seu estado de espírito e colocar-se no modo de descoberta, para encarar em boa forma os desafios do dia.

DESENHE UMA ÁRVORE TEMÁTICA

Você está cansado. O trabalho é difícil. Você tenta manter o raciocínio linear, mas uma névoa em sua mente o impede, e a sensação é de não chegar a lugar nenhum. Isso o deixa irritado ou ansioso, ou os dois. Esse sentimento é normal quando o sistema deliberado está sobrecarregado. Mas você pode dar uma mãozinha a seu desgastado cérebro, tentando estruturar sua tarefa, de modo a lidar com apenas uma parte dela de cada vez, em vez de cuidar de tudo de uma vez só.

Vou dar um exemplo. Imagine que você é um paisagista e que não está obtendo o faturamento que esperava quando montou o negócio. Você não sabe direito como melhorar a situação antes de o banco começar a fungar no seu cangote. Uma opção é parar de recorrer aos serviços do assistente que o auxilia ocasionalmente (vamos chamá-lo de Frank). Mas você sabe que, às vezes, precisa de ajuda para as tarefas mais pesadas. Você teria que parar de aceitar os projetos de maior porte, aqueles que lhe rendem a maior receita. Seu cérebro começa a sentir-se cansado.

Então, em vez disso, você começa a pensar no problema por etapas. Primeiro, põe no papel a pergunta que o preocupa: "Como aumentar o lucro?". Pensando de maneira lógica, então, que caminhos diferentes pode seguir? Lucro é receita menos custos. Ou você aumenta a receita ou reduz o custo. Ou talvez ambos. Você põe isso no papel como uma árvore, com dois ramos saindo da questão principal. O.k., isso não vai lhe valer o prêmio Nobel de economia, mas sua cabeça já começa a sentir mais clareza.

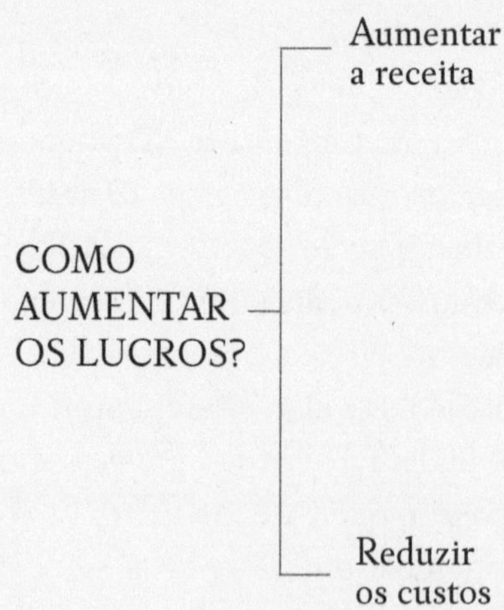

Agora, deixe de lado o ramo "reduzir os custos" por um momento e concentre-se apenas no "aumentar a receita". Quais são as maneiras básicas de ganhar mais dinheiro? Você pode cobrar honorários mais altos pelo mesmo serviço. Ou pode aumentar a quantidade de trabalho.

Em seguida, volte a atenção para o ramo "reduzir os custos". Uma de suas maiores despesas é seu auxiliar, mas outras categorias incluem materiais, custos de transporte e marketing. Desenhe esses ramos.

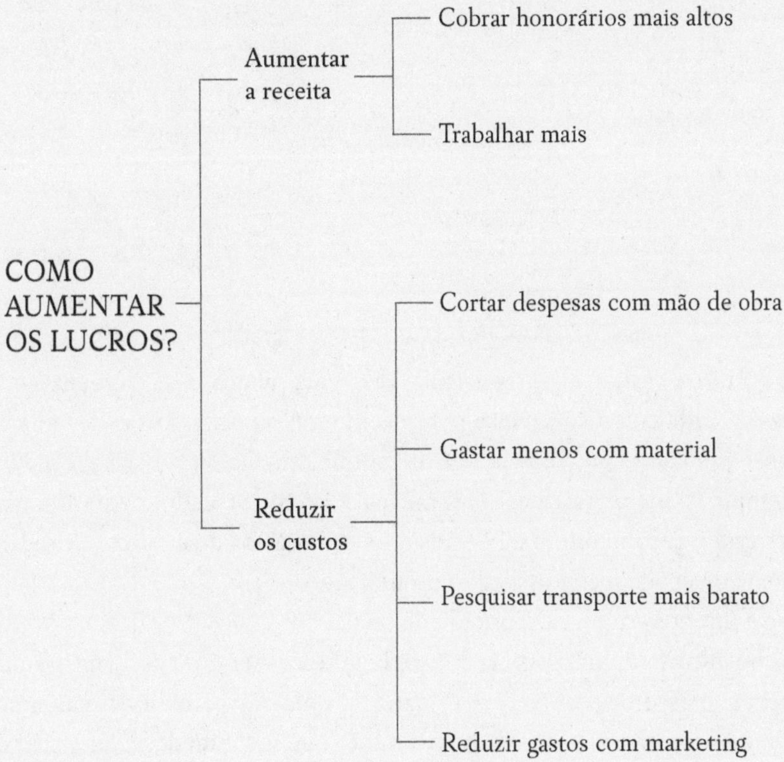

A esta altura, já se tem a impressão de que existem algumas avenidas a explorar. Com menos malabarismo cerebral, agora você pode analisar cada ramo de uma vez e subdividi-lo ainda mais, se quiser.

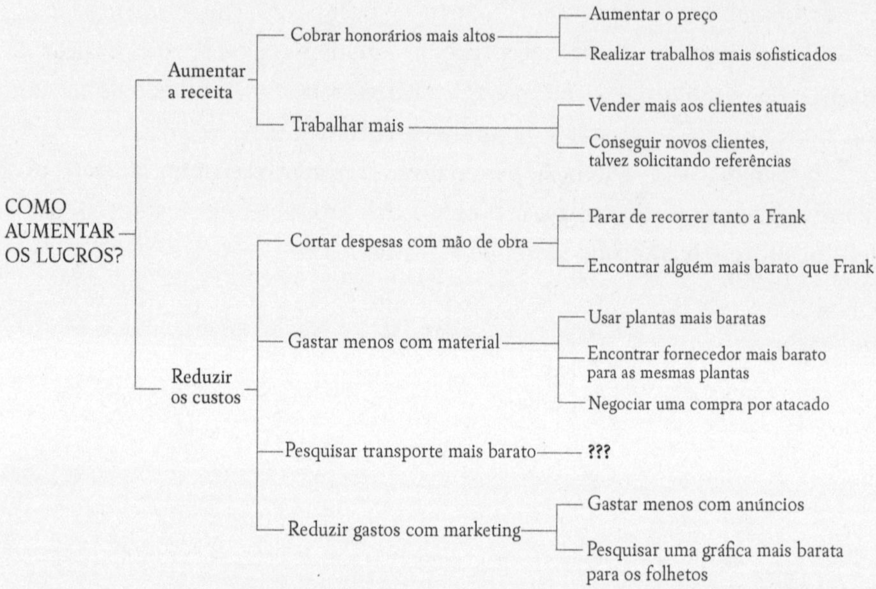

Agora você já dispõe de uma lista variada de ideias a testar. Nem todas são do seu agrado, e restam algumas lacunas. Mas sua cabeça já se sente mais clara, porque em cada etapa só precisa pensar em uma ou duas coisas de cada vez. Em consequência, você começa a enxergar que tem algumas boas alternativas. Por exemplo, pode pensar em comprar materiais no atacado, pedir aos atuais clientes que o recomendem e pesquisar os honorários dos concorrentes para saber se você está cobrando abaixo do mercado.

Esse é um dos truques do ofício que eu e meus colegas usamos na McKinsey. A consultoria é famosa pela capacidade de trazer à terra firme assuntos complexos, e esse tipo de árvore temática é uma das primeiras ferramentas que usamos ao começar a pensar num assunto que mete medo. E às vezes você nem precisa desenhar a árvore inteira por conta própria. Às vezes o primeiro e o segundo ramo são tudo de que se necessita para adquirir inspiração. No capítulo anterior, eu contei como Nayan (o diretor financeiro do banco) estava diante de uma decisão difícil em relação a um colega. Para ele, o simples fato de ter desenhado os ramos "demita/não demita" deixou claro que havia uma série de outras opções disponíveis sob o ramo "não demita". Uma mentalidade sistemática na subdivisão do problema foi o que bastou para Nayan enxergar as alternativas com mais facilidade.

RECORRA A SEU CÉREBRO SOCIÁVEL

Como eu disse na parte III, o ser humano é altamente sociável, e até o mais anacoreta de nós dedica uma parte surpreendente da energia cognitiva à avaliação dos motivos e percepções alheios. No nosso monólogo interno, o cérebro diz o tempo todo coisas como: "Esse cara com chapéu fosforescente é operário, ou é alguma moda nova? Por que ele está usando isso no elevador? Que tipo de pessoa ele é?". E não é só na roupa das pessoas que a gente repara — observamos o comportamento, avaliamos o contexto, resolvemos o que pensar sobre o outro e prevemos o que eles vão pensar sobre nós. Tudo isso antes mesmo de abrir a boca e dizer "Gostei do seu chapéu".

Portanto, a capacidade do cérebro de fazer cálculos sociais é muito desenvolvida, a ponto, na verdade, de relembrarmos e processarmos informações melhor quando elas são socialmente codificadas — isto é, quando os fatos são apresentados no contexto da maneira como as pessoas se comportam e se sentem.[2] É por isso que temos tendência a lembrar facilmente fofocas, devido a seu saboroso interesse humano, enquanto temos que nos esforçar para recordar números de telefone ou listas de instruções muito compridas. Da mesma forma, muitas vezes aumentamos nossa chance (e a dos outros) de compreender assuntos espinhosos quando damos um jeito de costurá-los em torno ou através de uma história humana.

Era uma coisa que eu notava sempre que tinha que explicar a clientes ou colegas um exercício de treinamento complexo. Sempre que eu dava as instruções em termos abstratos — por exemplo, quando pedia às pessoas que se dividissem em grupos de três, das quais duas faziam perguntas de tipos diferentes à terceira, durante quinze minutos, antes de trocarem de papéis —, eu tinha a sequência inteiramente clara na cabeça. Mas nem sempre ela ficava clara para todos, e os olhares se perdiam no vazio. Ou, pelo menos, até eu pedir a mesma coisa usando nomes e motivações concretas. "Imagine que você, eu e Mahatma Gandhi formamos um grupo e sentamos juntos", começava eu, e de repente tudo ficava mais claro.

Existem até evidências que sugerem que nos saímos melhor em testes de lógica pura quando eles ocorrem dentro de um contexto social. Para demonstrar isso, os pesquisadores usaram uma charada conhecida como o "teste de seleção de Wason".[3] Nessa charada, mostram-se quatro cartas e se pede para verificar a observância da seguinte regra: se uma carta tem D impresso de um lado, ela tem que ter 3 impresso do outro. Quais cartas você necessariamente tem que virar para verificar se a regra está sendo obedecida?

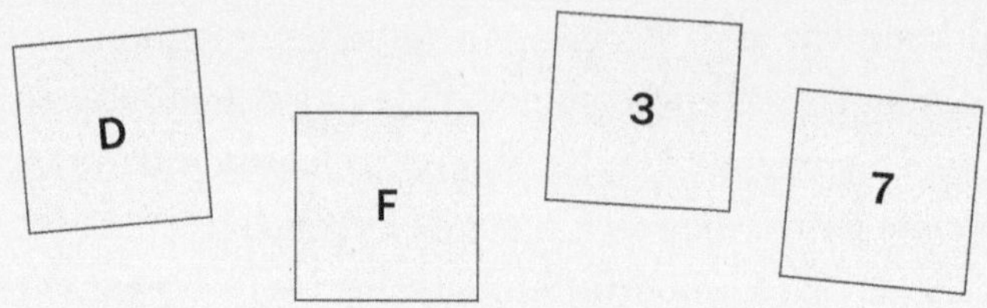

Entendeu? A resposta não é apenas a carta D. E tampouco é D e 3, porque a regra não diz que um 3 tem que ter um D no verso. A resposta é D e 7: se você virar o 7 e achar um D, demonstrará que a regra foi violada. Se não lhe parecer evidente, não se preocupe – mais de 75% das pessoas erram.

Agora experimente esta: você é um barman e tem que verificar se todos que estão bebendo cerveja no seu bar têm mais de dezoito anos, caso contrário, perderá sua licença. Cada uma das cartas abaixo representa a informação a respeito de quatro de seus fregueses. Um dos lados do cartão mostra o que eles estão bebendo, e o outro lado do cartão mostra a idade (verdadeira) deles. Qual cartão, ou cartões, você precisa virar para verificar se a regra dos dezoito anos ou mais está sendo descumprida?

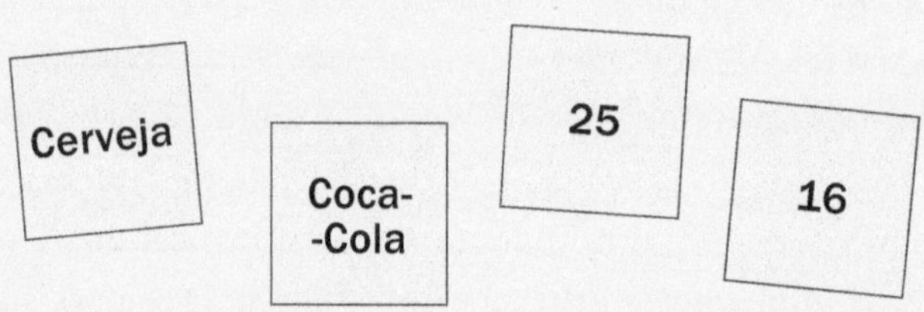

A resposta? Você precisa virar as cartas "Cerveja" e "16". Em outras palavras, ao ver alguém tomando cerveja, você precisa conferir sua idade; ao ver alguém que parece menor de idade, você precisa conferir o que a pessoa está tomando. A estrutura é a mesma do teste anterior, mas aproximadamente 75% das pessoas acertam nessa versão (assim como você, provavelmente).[4] É o triplo de respostas corretas pelo simples fato de se acrescentar um contexto social.

Você pode aplicar essa ideia a seu próprio trabalho, reformulando-o em termos sociais quando estiver sofrendo com um problema analítico ou conceitual complexo. Eis algumas possibilidades:

- Transforme os elementos do problema em pessoas reais e imagine como elas interagiriam. Por exemplo, se estiver tentando descobrir como a produção da fábrica A deve se encaixar no cronograma de produção da fábrica B, tente imaginar as fábricas como Maria e Joãozinho tentando coordenar suas cargas de trabalho.

- Imagine uma pessoa de carne e osso inserida na situação ou no processo. Por exemplo, se estiver em busca de maneiras de melhorar o atendimento ao cliente, imagine um amigo passando por cada etapa do processo de interação com sua empresa. O que ele acharia frustrante ou difícil?

Esse tipo de enquadramento social pode lhe propiciar a energia mental adicional para analisar, ou pelo menos revelar, perspectivas que você ainda não havia levado em conta.

ATENÇÃO AOS TRUQUES BÁSICOS

Existem quatro temas, por mim mencionados anteriormente neste livro, que vou recapitular aqui por serem particularmente eficazes para aguçar a mente quando você precisa estar à altura de um desafio. Eles consistem de programar blocos de tempo de reflexão profunda; fazer a engenharia do seu ambiente; priorizar seu sono; e realizar pequenas sessões de exercícios aeróbicos.

Tempo de reflexão sem interrupções

No capítulo 4, falei da importância de reduzir as distrações, considerando a forma como a multitarefa aumenta o número de erros que cometemos. Por isso, se quisermos estar no melhor da forma, precisamos nos conceder tempo sem interrupções para trabalhar nas tarefas mais desafiadoras intelectualmente.

Mas, você pode estar pensando, expor-se a novas informações não nos torna mais criativos? No capítulo 8, vimos como o pensamento inovador surge quando se incentiva o cérebro a explorar novas perspectivas e fazer novas conexões. Mas isso depende de *como* você recebe essas informações novas. Ideias genuínas não são auxiliadas por uma atenção intermitente. Teresa Amabile e seus colegas da Harvard Business School avaliaram os padrões de trabalho cotidianos de mais de 9 mil pessoas atuando em projetos que demandavam criatividade e espírito inovador. Descobriram que a probabilidade de ocorrência de pensamento criativo era maior quando as pessoas se concentravam numa só tarefa durante uma parte do dia. Inversamente, quando o dia de trabalho era altamente fragmentado, o pensamento criativo decrescia de forma significativa.[5] Isso, provavelmente, tem a ver com algo que os neurocientistas chamam de "período preparatório", logo antes de termos um momento criativo, quando a atividade de nossas redes neurais passa por uma fase estranhamente silenciosa.[6] Quando um alerta de e-mail pisca nessa hora, seu silêncio mental evapora — e, com ele, as chances de aproveitar o importante momento de transformação que você está para vivenciar.

Assim como muitas pessoas, Peggy, nossa publicitária diretora de arte, costuma se ver trabalhando em escritórios sem divisórias, onde costuma ser mais difícil evitar interrupções. A solução que ela encontrou? "Quando posso, vou para uma sala de reunião. E mesmo que eu não consiga, elimino várias distrações, desligando notificações e colocando meu telefone no modo 'não perturbe'." Peggy também se deu conta de que sua agenda fica rapidamente abarrotada de reuniões. "Isso me obriga a raciocinar nas beiradas do dia, quando em geral estou cansada. Por isso decidi, em vez disso, começar a marcar meu horário de reflexão como se fosse uma reunião qualquer, para dar-lhe a devida prioridade."

Quando você conseguir arranjar tempo focado na reflexão e protegê-lo bem, vale a pena premiar a si mesmo, de maneira explícita, quando terminar — por exemplo, com uma caminhada, ou um bate-papo com um de seus colegas favoritos. Com essa recompensa, ficará mais fácil para o cérebro, da próxima vez, repetir esse virtuoso comportamento focado.

Um bom ambiente de reflexão

No capítulo 3, falei da maneira como pequenos índices ambientais podem nos levar a manter nos trilhos nossas intenções, graças à forma como o cérebro, altamente associativo, reativa associações antigas quando lhe dão a menor oportunidade. Por exemplo, quando temos uma conexão, em alguma parte do cérebro, entre uma mesa arrumada no escritório e uma mente arrumada, organizar a mesa pode propiciar um pequeno empurrão na direção de um raciocínio mais claro. Diz Peggy: "Tenho grande interesse na forma como um entorno diferente pode afetar meu trabalho. Descobri que meu raciocínio fica mais aberto quando sinto ter, literalmente, espaço para pensar. Por isso, gosto de manter meu espaço de trabalho desobstruído. Isso me dá a *sensação* de que sou brilhante. Gosto de segurar uma caneta, porque é uma forma de dizer a mim mesma que estou pronta para ter ideias". Esses pequenos índices no local de trabalho ajudam Peggy a criar em sua mente abertura, prontidão e foco, porque ela os associa ao tipo de raciocínio que tem quando está no melhor de sua forma.

Ela presta atenção até na roupa que está usando. "Como terceirizada, muitas vezes trabalho de casa, e seria confortável ficar sentada em casa usando pijama. Afinal, que diferença faz? Mas faço questão de me vestir como se estivesse indo ao trabalho, todo dia. Sapatos, penteado, produção. Quando estou de pijama, me sinto desleixada e como se ainda não tivesse acordado. Quando ponho roupa de trabalho e me sento à mesa, sinto-me mentalmente pronta." Para Peggy, é outro gatilho útil para incentivar o raciocínio de alto desempenho (para os cientistas, é um bom exemplo de algo que eles chamam de "conexão de vestuário").

Portanto, pense nos índices do local de trabalho que você associa especificamente com um ótimo raciocínio e descubra uma maneira de cercar-se de alguns deles. E lembre-se de que aquilo que extrai o melhor de você é algo inteiramente pessoal. Ao contrário de Peggy, você pode associar os pijamas e a escuridão com a criatividade (talvez porque tenha sido em momentos assim que realizou seus trabalhos mais inovadores). Se for esse o caso, apague a luz e vista seu penhoar inspirador.

Como ficar inteligente dormindo

No início do livro, mencionei que o sistema deliberado do cérebro precisa estar descansado para funcionar no máximo. Durma bem e você dará a seu cérebro a melhor chance de conseguir acionar toda sua inteligência quando necessário. Durma mal, e você perderá alguns pontos de QI. Matthew Walker, que é responsável pelo Laboratório de Sono e Neuroimagem da Universidade da Califórnia em Berkeley, realizou diversos estudos que ilustram essa verdade nua e crua. Uma das experiências concluiu que uma boa noite de sono torna as pessoas duas vezes mais eficientes na compreensão de padrões de informação complexos.[7] Em outra experiência, voluntários decifraram 30% mais anagramas depois de períodos de descanso que incluíam sono com movimentos oculares rápidos (REM) — que ocorrem com mais frequência quando dormimos por mais tempo.[8]

Isso não quer dizer que não possamos reunir nossas energias para mergulhar no trabalho quando estamos exaustos, como você, estou certo, sabe muito bem. Enquanto lidamos apenas com problemas conhecidos ou previsíveis, dá para ir levando apenas no piloto automático.[9] E quando estamos verdadeiramente empolgados com o que estamos fazendo, e dispostos a fazer um esforço mental extra para manter o foco, é possível dar um impulso temporário ao sistema deliberado. Mas assim que tratamos de algo que não é totalmente rotineiro nem absolutamente empolgante — em outras palavras, na maior parte de nosso tempo no trabalho —, carecemos da flexibilidade mental para atuar na forma ideal se estivermos cansados.

Além disso, necessitamos de um sono decente para tirar partido daquilo que vivenciamos diariamente. Ao longo da noite, atravessamos diversos ciclos de sono, que duram de noventa a 120 minutos e incluem períodos de sono leve, sono profundo e sono REM, um de cada vez. Cada tipo de sono desempenha um papel ligeiramente diferente no auxílio ao processamento de nossa experiência de mundo: repassando os acontecimentos do dia, relembrando as coisas que aprendemos, reforçando as vias neurais em torno de informações novas para lembrá-las com mais facilidade no futuro, ou conectando essas informações novas a conhecimentos previamente codificados.[10] Uma noite de sono com vários desses ciclos nos proporciona uma chance maior de acordar com uma compreensão mais profunda daquilo que ocorreu na véspera. Uma noite curta, por sua vez, faz com que criemos menos memórias de longa duração e ideias novas. Em outras palavras, lembramos menos coisas e aprendemos menos.

Mesmo assim, muitos de nós persistimos em acreditar que não há problema em esticar a corda. Todos conseguem entender por que um motorista com sono atrasado pode sofrer um acidente, mas há uma tendência a achar que o trabalho puramente intelectual goza de uma espécie de imunidade. Noites em claro continuam a ser comuns em certas profissões, em razão da crença de que ficar acordado é melhor para cumprir prazos (e ganhar prestígio) do que descansar um pouco. Mas ninguém está a salvo das leis da neurobiologia. Enormes erros de julgamento acontecem. Andrew, que trabalha num banco de investimentos, me relatou erros que viu colegas cometerem quando lhes mandaram ficar sem dormir durante negociações importantes no trabalho. "Eles ficavam tão exaustos que telefonavam ou mandavam e-mails delicados para as pessoas erradas, ou revelavam aos vendedores coisas altamente confidenciais que deveriam ter sido contadas aos compradores, com consequências desastrosas."

Peggy aprendeu a priorizar o sono, mesmo quando está próxima de um prazo. "Se trabalho até tarde para conseguir terminar algo difícil, eu penso: 'Quero só fazer uma forcinha e terminar isto'. Mas não é a receita de um trabalho bem-feito. Chega sempre um ponto em que eu sei que, se dormir um pouco e continuar de manhã, vou acertar em um tempo muito menor do que estou levando sentada aqui até tarde e frustrada."

Às vezes queremos ter uma boa noite de sono, mas não facilitamos a vida do nosso cérebro para dar-lhe o que necessita. Todos conhecemos as razões para não conseguir — horas de trabalho prolongadas, acordar cedo para arrumar as crianças, trânsito interminável —, mas uma causa que constantemente esquecemos é que muitos de nós passamos a usar celulares e tablets na cama. Isso nos expõe a uma luz que é rica em comprimentos de onda azulados, o que faz o cérebro pensar que ainda estamos de dia ao suprimir a melatonina, o hormônio que sinaliza ao cérebro a hora de dormir. Naturalmente, com isso fica mais difícil se desligar. Na verdade, a divisão de medicina do sono de Harvard descobriu que o corpo humano somente começa a liberar melatonina noventa minutos depois da exposição a uma luz brilhante, em comparação com uma luz fraca, na hora de dormir — o que na prática também reduz esse mesmo tempo no sono de uma noite.[11]

Eis algumas sugestões para um sono inteligente:

➠ Priorize o sono. Não importa quão bem você esteja se saindo; se não estivesse com sono atrasado, sua mente estaria mais aguçada. Por isso, se costuma ficar trabalhando até tarde e estiver na dúvida entre continuar ou não, vá para a cama. De manhã, você estará mais ágil e esperto — com um controle melhor dos fatos e mais capaz de enxergar novas conexões.

➡ Deixe mais escuro. Exponha-se à menor quantidade possível de luz antes de ir dormir. Tente não utilizar o celular como alarme, para reduzir a tentação de olhar para a tela. Se gosta de ler e-books, use um aparelho que emita luz difusa.

➡ Crie uma rotina de sono. É mais fácil cair no sono com maior rapidez quando você adota uma rotina, porque seu cérebro, por natureza associativo, começa a relacionar o ritual da hora do sono com "é hora de dormir". O ideal é que esse ritual inclua ir para a cama todos os dias na mesma hora, com um padrão fixo de atividades que levem ao momento de entrar debaixo da coberta.

Por fim, se for absolutamente impossível tirar todo o sono necessário (devido à agenda de trabalho ou aos deveres de família), há animadoras evidências da utilidade dos cochilos na melhora da clareza do raciocínio. A Nasa, agência espacial americana, realizou estudos sobre os efeitos daquilo que chama de "sonecas estratégicas". Um deles concluiu que um cochilo de 25 minutos melhora o desempenho em 34% e o estado de alerta em 54%.[12] E sestas de sessenta a noventa minutos se mostraram longas o bastante para melhorar a memória.[13]

É por isso que empresas como Google, Huffington Post, Cisco, Nike e Procter & Gamble reservam salas de soneca para seus funcionários. Ainda é relativamente raro encontrar locais de trabalho devidamente adaptados para cochilos, é claro, mas costumo levar comigo protetores de ouvido e tapa-olhos, e as pessoas sabem que de vez em quando descanso a cabeça em minha mesa para dar uma cochilada. Sei de outras pessoas que cochilam no carro ou reservam salas de reunião para tirar uma soneca, às vezes usando travesseiros especiais para sestas (sim, existe isso). Segundo uma pesquisa internacional realizada pela ONG americana Fundação Nacional do Sono, um terço das pessoas reforça o sono noturno — e a inteligência — com cochiladas.[14] Isso inclui, a propósito, David Allen, especialista em produtividade, autor do livro *A arte de fazer acontecer*. Ele me disse que estabeleceu a meta de 25 a 45 minutos de sono toda tarde, o que, segundo ele, "é muito melhor que café".[15]

Exercícios aeróbicos (só um pouquinho)

Por fim, um lembrete de uma maneira simples de turbinar rapidamente sua inteligência: mexer-se. Inúmeras pesquisas mostram que os exercícios melhoram nosso foco e nossa memória, aceleram nossa velocidade de reação e aumentam nossa capacidade de aprendizado e planejamento.[16] Um conjunto de experiências demonstrou isso através do uso do chamado Teste de Stroop, no qual os voluntários precisam olhar uma palavra como "vermelho" escrita com tinta azul e responder corretamente qual é a cor da tinta — o que não é tão fácil quanto parece. E os estudos mostraram que uma única sequência de exercícios faz as pessoas tirarem notas maiores nesse teste. A única coisa que os exercícios aparentemente não fazem é responder todos os e-mails no nosso lugar — embora malhar aumente a probabilidade de nos livrarmos rapidamente do correio na nossa caixa ao voltarmos a abri-la.

Portanto, exercícios ajudam a afiar nossa cabeça. Mas quanto é necessário fazer para afiá-la? Correr é necessário? Ficar resfolegante e suado? A boa notícia é que diversas evidências apontam que é possível obter a maior parte dos benefícios intelectuais de exercitar-se com apenas vinte ou trinta minutos de atividade aeróbica moderada — e pesquisadores da Arnold School de Saúde Pública concluíram que isso pode ser feito em duas ou três partes. Por exemplo, com uma caminhada rápida antes ou depois de uma reunião. A conclusão deles: "Um pouco de atividade é melhor que nenhuma, e bastante atividade é melhor que pouca. Até mesmo uma atividade de baixa intensidade parece propiciar benefícios e é preferível ao sedentarismo".[17] Portanto, você não precisa fazer nada extraordinário para colher alguns dos rápidos benefícios cognitivos quando estiver às voltas com um problema complicado.

No caso de Peggy, essa turbinada mental representa subir na bicicleta. "Depois de uma reunião particularmente difícil eu saí para um passeio de duas horas e meia de bicicleta por Los Angeles. Com isso, pude dizer 'O.k.' e voltar ao trabalho. Mas em geral não preciso sair por tanto tempo. Alguns minutos podem ser o bastante para que eu retorne à tarefa com mais foco."

Como turbinar sua energia mental

Da próxima vez que você for encarregado de uma tarefa importante, experimente as seguintes técnicas para pensar com a maior clareza possível:

- Comece com um enquadramento positivo. Pense em algo positivo antes de atacar a parte complicada. Por exemplo: recapitule progressos recentes ou acontecimentos positivos; comece pelo ideal (e continue a partir daí).
- Desenhe uma árvore temática. Subdivida uma tarefa complexa em suas diversas partes constituintes, passo a passo, permitindo focar em uma coisa de cada vez e reduzir o fardo do cérebro.
- Recorra à sociabilidade do cérebro. Imagine as partes do problema como pessoas; imagine uma pessoa de carne e osso, que você conhece, vivenciando o problema que você está enfrentando (como usuário ou consumidor).
- Atenção aos truques básicos. Livre-se daquilo que o distrai; cerque-se de índices que você associa com o raciocínio ideal; não brigue com o sono; faça alguma atividade física.

PARTE V

Influência

Como maximizar o impacto de tudo que se diz e faz

Não tenha medo de que lhe roubem uma ideia. Se ela for original, você terá que empurrá-la goela abaixo.

HOWARD AIKEN

Todos os dias temos que escrever, falar e digitar, no esforço para comunicar nossas ordens e pensamentos ao resto do mundo. Nos dias bons, nossas palavras têm um impacto instantâneo. As ideias fluem com segurança e obtemos o resultado que esperávamos – seja um almoço marcado com uma pessoa especial, apoio para um grande projeto ou a aceitação daquele aumento que tanto merecemos. Mas em outros dias é como se todos os semáforos ficassem vermelhos ao chegarmos perto deles. Por mais inteligentes e sedutores que sejamos, por algum motivo não conseguimos dar nosso recado.

Por isso, esta parte do livro trata de como podemos comunicar com mais eficiência aquilo que queremos, de que precisamos e em que acreditamos. Vou analisar as formas de transmitir nossas ideias de maneira convincente, fazendo até quem está ocupado prestar atenção. Vou discutir como trazer colegas para o nosso barco, com nossas propostas, e como ser persuasivo ao encorajar as pessoas a fazer algo de outra maneira. Também apresentarei algumas técnicas para transmitir ao mundo exterior um pouco mais de nossa autoconfiança, aumentando o impacto de tudo que dissermos e fizermos. Por fim, falarei sobre como aplicar todos esses conselhos para assegurar reconhecimento a nosso trabalho árduo, fazendo com que todos saibam que devem recorrer a nós da próxima vez que quiserem um resultado brilhante.

14. Como superar os filtros alheios

Nós nos comunicamos por diversas razões. Às vezes precisamos mostrar aos colegas o que esperamos deles, ou precisamos fornecer a alguém informações necessárias para a tomada de decisões. Às vezes queremos anunciar ao mundo que fizemos uma grande descoberta no trabalho. Qualquer que seja a motivação, o primeiro e crucial passo é sempre o mesmo: aqueles com quem nos comunicamos precisam parar e escutar o que temos a dizer. Mas se você já enviou um e-mail ou fez um comentário em uma reunião sem obter exatamente a resposta que esperava, já sabe que a atenção plena do outro nunca está garantida, por melhores que sejam suas ideias.

Por que às vezes é difícil fazer passar nossa mensagem? Em grande parte, isso ocorre porque o sistema automático do outro entra no meio do caminho. Lembre-se, por exemplo, de como funciona o viés de confirmação: o cérebro tende a priorizar informações que coincidem com uma visão preexistente daquilo que é real ou provável, enquanto filtra todo o resto. É uma boa maneira de aliviar o fardo sobre o sistema deliberado do cérebro. Mas, com isso, quando apresentamos uma informação nova que não se encaixa naquilo que os colegas esperam ou acreditam que vão ouvir, o filtro de spam automático do outro simplesmente bloqueia essa informação — por mais importante ou correta que seja.

Portanto, nem sempre as pessoas que não reagem como você gostaria estão conscientemente de cabeça fechada; é possível — até provável — que o cérebro delas esteja no piloto automático. E as pesquisas indicam a existência de algumas técnicas para passar pelo filtro de spam das pessoas. A chave é o uso de um estilo de comunicação que respeita a maneira como o cérebro funciona, acionando seu radar social e reduzindo a quantidade de processamento que ele precisa realizar. Neste capítulo, vou mostrar como utilizar essas técnicas para ajudar suas ideias a serem ouvidas como merecem.

OFEREÇA UMA RECOMPENSA (SURPRESA! NOVIDADE! EXPECTATIVA!)

Pense no último artigo que você se lembra de ter lido. O que o fez ficar gravado em sua mente? É provável que ele contivesse algo que o surpreendeu ou provocou. Isso é uma coisa interessante a respeito do filtro de spam automático do cérebro. Ele tende a bloquear informações com as quais as pessoas já não concordavam, mas é possível atravessar o filtro com coisas que pareçam novas ou intrigantes. Conforme mencionei em Ciência básica, são qualidades que o sistema de recompensa do cérebro adora, talvez porque apelem à nossa natureza social. Contar aos outros que vimos algo incomum ou surpreendente dá uma sensação boa; temos a impressão de estar oferecendo à nossa tribo alguma coisa de valor. Matt Lieberman, neurocientista da Universidade da Califórnia em Los Angeles, realizou uma série de experiências mostrando que a probabilidade de uma ideia se fixar na mente de um ouvinte aumenta quando ele consegue imaginar a si mesmo contando-a a outra pessoa. Aparentemente isso é até mais importante do que gostar ou não da ideia.[1] Por isso, uma boa regra geral para saber se as pessoas estão prestando atenção é perguntar a você mesmo: "As pessoas vão ter vontade de contar aos outros o que eu contei a elas?".

Greg é um empreendedor da área de crowdfunding que está criando novas maneiras de arrecadar dinheiro para pesquisas na área da saúde. Uma parte importante de sua função consiste em explicar suas ideias a investidores em potencial e cientistas, e ele sempre se preocupou com a forma de tornar seu discurso inicial o mais instigante possível. "Procuro imaginar que a outra pessoa está usando um fone de ouvido. Ela não consegue me escutar — a menos que eu faça algo interessante o bastante para atrair-lhe a atenção", diz Greg. "Por isso, seja um encontro cara a cara ou um discurso importante, faço questão, nos dois primeiros minutos, de dizer que a pessoa vai ouvir algo um pouco diferente, que quebra algum padrão ao qual ela está acostumada. Por exemplo, hoje em dia, em palestras, muitas vezes começo dizendo algo como:

'Compreendo totalmente que vocês não estejam me ouvindo, que sua trilha sonora interna esteja cheia de "Quem é esse cara?", "Por que eu daria apoio a *ele*?"'. Depois de aguentar 38 apresentações de PowerPoint, é algo que eles não esperam, e sempre arranca uma risada. Aí, bum, eles já estão escutando."

Greg lembra como uma abertura bem bolada o ajudou a construir um relacionamento com um grande banco para seu projeto de crowdfunding. "Em vez de forçar a barra tentando convencê-los a nos dar dinheiro, eu lhes disse: 'Claro que na verdade vocês não precisam trabalhar conosco. Estamos querendo transgredir o modo de operar do setor financeiro, enquanto o papel de vocês é protegê-lo'. Era verdade, mas era o oposto daquilo que eles esperavam que eu dissesse, e isso os interessou o bastante para prestarem atenção. Depois disso, a conversa foi ótima."

Greg foi ousado ao escolher essa frase de abertura. Mas sua comunicação não precisa ser tão arriscada para superar o filtro de spam do outro. Basta introduzir uma pequena dose de curiosidade ou novidade naquilo que você vai escrever ou dizer. Eis algumas alternativas:

➠ Chame a atenção com uma "revelação" interessante. No mundo contemporâneo, essa técnica foi elevada (ou rebaixada) a uma arte por sites especializados em criar manchetes do tipo "Você não vai acreditar nisso", difíceis de resistir. Você pode reclamar quando vê os exemplos mais chamativos desse tipo de isca virtual, mas ele se impõe porque costuma funcionar, e funciona porque as pessoas gostam de ter o próprio interesse espicaçado. É uma técnica que utilizamos naturalmente em conversas com amigos, quando dizemos "Você nunca vai adivinhar o que aconteceu ontem..." (em vez de "Tenho três pontos-chave do meu dia para contar a você"). Mas é bastante raro na comunicação no trabalho, e pode ser uma maneira simples de envolver as pessoas. Experimente o seguinte:

- Em sua frase de abertura, dê a entender que vai falar de algo intrigante (por exemplo, "Notei um negócio surpreendente/notável/espantoso..."). Fica ainda melhor se você contar uma anedota que deixe as pessoas interessadas em conhecer o final, porque isso sustenta a expectativa por um pouquinho mais de tempo.
- Quando quiser que as pessoas prestem atenção, use uma frase marcadora simples, que cria um momento de suspense e a promessa de uma recompensa iminente. Por exemplo: "Agora, o que é mesmo interessante é o seguinte...".

- Experimente transmitir a informação por um meio diferente. Até mesmo nos ambientes mais sérios, notei que as pessoas acostumadas a reler pilhas de documentos se envolvem mais quando têm a oportunidade de absorver informações de uma maneira diferente. Eu gosto de transformar minhas apresentações em enormes pôsteres, convidando as pessoas a caminhar pela sala, fazendo anotações e debatendo. Peter, o consultor de TI que conhecemos na parte III, viveu um momento transformador com um cliente em potencial, do setor financeiro, quando mostrou um vídeo bruto que ele fizera com o celular, entrevistando pessoas na rua a respeito de como cuidavam das finanças pessoais. Enquanto isso, uma experiência inédita, feita na Universidade Stanford, mostrou que o simples fato de desenhar um gráfico em um quadro branco o tornava 9% mais memorizável que apresentar slides estáticos com exatamente o mesmo conteúdo.[2]

- Adote um ponto de vista incomum. Outro método é fazer a plateia se colocar no lugar de alguém que tenha uma opinião relevante sobre o assunto. Os vídeos ao estilo "a voz do povo" de Peter faziam isso ao mostrar ao cliente o ponto de vista do cidadão comum. Às vezes, Greg convida a plateia a enxergar o processo de financiamento de novos medicamentos contra o câncer do ponto de vista de uma célula cancerosa. "É uma maneira muito diferente de fazer as pessoas pensarem sobre o assunto. No papel da célula cancerosa, eu digo a eles: 'Quero o máximo de tempo possível para crescer sem ser percebida. Por isso, quando uma experiência clínica demora meses para recrutar voluntários, eu acho bom; quando leva anos para que uma experiência resulte na divulgação de descobertas, também acho ótimo'. É fácil mostrar que a abordagem atual em relação aos testes clínicos protege aquela pequenina célula cancerosa, por demorarem tanto. E isso fisga o público." O que faz escutarem com atenção quando Greg continua explicando por que o financiamento da pesquisa em medicina deve ser tratado de forma mais flexível.

DÊ ÊNFASE AO LADO HUMANO

Emma é uma professora de inglês de ensino médio, agitada e irreverente. Ela é outra pessoa que dedicou muita reflexão à maneira de transmitir suas ideias – no caso, a seus colegas professores. O diretor da escola a contratou não apenas para lecionar, mas para ajudar a escola a mudar seu estilo de ensino "giz e saliva" — em que os estudantes escutam e absorvem — para um modelo em que as crianças aprendam de forma independente e sejam capazes de encontrar sozinhas as soluções. "Quando comecei a falar com os demais professores sobre essa abordagem", lembra Emma, "dava para ver que eles estavam pensando: 'Ela é jovem e entusiasmada, e vai aprender a entrar na linha'. Eles não foram hostis, mas simplesmente não estavam interessados no que eu tinha a dizer."

Ela sabia que não podia atrair a atenção deles fazendo promessas de benefícios imediatos. "Na educação, ficamos muito focados em medições de sucesso de curto prazo, como notas de testes. Admiti, francamente, que os métodos antigos de ensino são ótimos para fazer os alunos lerem *Jane Eyre* e passarem na prova de inglês. Os benefícios efetivos de uma abordagem mais moderna só aparecem no longo prazo, ao capacitar os estudantes a lidar com um mundo em rápida transformação." Era sobre *isso* que Emma tinha que falar, se quisesse ter a mínima esperança de envolver os colegas. "Por isso, pedi a eles que se colocassem no lugar de uma criança da nossa escola, e imaginassem o que ela teria que saber fazer de diferente dali a trinta anos, tendo aprendido a pensar com a própria cabeça quando tinha quinze. Em seguida, perguntei a meus colegas: 'Nós viramos professores para ajudar as crianças a tirar boas notas ou para ajudá-las a se inserir no mundo?'. Deu para notar que sorriam e assentiam — depois, um deles disse que aquilo ajudou muito a motivá-los, ao lembrar-lhes o que ensinar representa."

A abordagem de Emma foi um golpe de mestre de comunicação por uma série de razões. Primeiro, nossa mensagem alcança maior impacto quando desperta algum tipo de emoção no leitor ou no ouvinte.[3] O cérebro das pessoas forma associações mais fortes em relação a uma informação nova quando, além de fatos, ela inclui emoção; o cérebro dispõe de mais material para abocanhar, por assim dizer.

Faz diferença se a emoção usada for negativa ou positiva? Na verdade, sim. Emoções negativas, é claro, chamam nossa atenção de maneira muito rápida — basta gritar "Fogo!" e você pode ter certeza de que as pessoas vão pelo menos olhar na sua direção. Mas usar emoções negativas na comunicação corporativa tem algumas desvantagens. Primeiro, lembre-se de que em geral tentamos evitar ameaças, razão pela qual temos tendência a preferir afirmações formuladas de maneira positiva. Por exemplo, num estudo em que foi dito a voluntários que a chance de sobrevivência a um tipo específico de cirurgia era 90%, muito mais pessoas disseram que aceitariam a cirurgia do que quando lhes disseram que havia uma chance de morte de 10%.[4] Segundo, os cientistas descobriram que as pessoas não se recordam com clareza de detalhes quando se infunde uma mensagem de emoções negativas.[5] Considerando tudo isso, não lhe causará surpresa saber que os pesquisadores descobriram, em diversas experiências, que se compartilha na internet muito mais conteúdo positivo que negativo.[6]

Por isso, Emma teve o bom senso de reconectar os colegas ao profundo senso de propósito que tinham como professores, porque isso despertou poderosas emoções positivas, ajudando-a a dar um recado que seria ouvido e lembrado. Em vez de dizer "Como fazer os estudantes pararem de ser consumidores passivos daquilo que lhes ensinamos?", Emma perguntou: "Como podemos criar pessoas que estarão sempre aprendendo, equipadas para lidar com os altos e baixos da vida?". Era essencialmente a mesma pergunta, mas formulada de modo a chamar a atenção dos professores para uma recompensa positiva.

Emma também falou do provável efeito de seu novo método de ensino sobre alunos específicos da escola, dando nomes, e também pediu aos professores que se colocassem no lugar das crianças dali a quinze anos. Também foi uma ideia inteligente, porque todos nós recordamos informações com mais facilidade quando elas são "socialmente codificadas" — isto é, relacionadas a histórias sobre as motivações e os sentimentos de pessoas reais.[7] Como mencionei no capítulo 13, para a maioria de nós é mais fácil lembrar de uma fofoca do que de uma lista de vinte coisas, mesmo que a fofoca inclua mais de vinte itens de informação. E as pesquisas mostram claramente que as instituições de caridade arrecadam mais dinheiro quando, em sua comunicação, dão destaque a uma pessoa identificável, cuja vida será transformada como resultado da generosidade dos doadores. Por exemplo, uma campanha de arrecadação de fundos que falava especificamente de uma menina de sete anos chamada Rokia teve mais êxito do que outra, que citava estatísticas mais genéricas sobre a luta contra a fome no país onde ela vivia.[8]

Portanto, o interesse humano — pessoas mais emoções (positivas) — é um ingrediente que facilita obter o envolvimento da plateia. É por isso que comunicadores profissionais tendem a iniciar suas falas com uma anedota, e é por isso que tantas manchetes de jornal são escritas dando destaque a um enfoque humano. É uma receita que faz as pessoas clicarem, lerem, seguirem e compartilharem artigos on-line. E tampouco estamos falando aqui apenas de sites de notícias de celebridades. Uma análise do site da comunicação interna de minha antiga empresa, a McKinsey, mostrou que os funcionários clicavam mais em conteúdo de caráter pessoal, principalmente se fosse surpreendente e os fizesse sorrir – exatamente os fatores que mencionei neste capítulo.[9]

Mesmo assim, será que usamos esse conhecimento na comunicação profissional, no cotidiano? Você deve estar brincando (Ponto de exclamação estrategicamente colocado aqui)! Nós resmungamos que não queremos parecer pouco profissionais, e continuamos com nossos relatórios, apresentações e gráficos frios. Mas é possível, e perfeitamente profissional, colocar pessoas à frente de conceitos, exatamente como fez Emma. Comece com o lado humano, e terá uma chance maior de fazer as pessoas prestarem atenção em qualquer assunto lógico – argumentos, dados, itens intermináveis – que você queira apresentar em seguida.

Eis algumas abordagens que podem ser experimentadas:

➡ Compartilhe um caso.
- Comece com uma anedota ou exemplo que ilustre de que forma sua ideia afeta uma pessoa real – seja alguém da plateia ou alguém com quem ela se identifique ou se preocupe (da mesma forma que Emma falou do efeito de novos métodos de ensino sobre os alunos daqueles professores).
- Encontre um indivíduo que seja um ótimo exemplo daquilo que você está tentando dizer, e conte a história dele ou dela.
- Se estiver falando de um assunto árido demais, como um processo de trabalho, ainda assim dá para mencionar como aquele processo facilita a vida das pessoas quando funciona corretamente.

➡ Enfatize o lado emocional. Eis duas maneiras de fazer isso sem pieguice:
- Ressalte as razões pelas quais o tema de sua fala importa a você e/ou sua plateia (lembre-se de como Emma tocou no desejo das pessoas de fazer uma diferença duradoura na vida dos alunos). Não tenha medo do palavrão "sentir". Você pode fazer as pessoas ouvirem atentamente com frases simples como "Sinto orgulho de..." ou "Todos nós temos que sentir satisfação porque...".
- Encontre um indivíduo que seja um ótimo exemplo daquilo que você está tentando dizer, e conte a história dele ou dela.

➡ Fale de um desfecho favorável. Inspire sua plateia pintando um quadro do provável desfecho positivo resultante da solução do problema que você está discutindo. Mesmo que você esteja falando de uma situação altamente negativa, ainda é possível descrever como ela seria uma vez resolvido o problema, o que deixa as pessoas galvanizadas, em vez de deprimidas: "Imagine se isso for consertado...".

SEJA FLUENTE

Quando você está tentando se fazer ouvir, convém tornar sua comunicação a mais simples possível para o cérebro alheio. Isso ocorre porque, quanto mais esforço for preciso fazer para entender o que você está dizendo, menos energia mental as pessoas têm para se envolver com aquela informação com algum grau de profundidade. Uma regra de ouro, seguida pelo sistema automático do cérebro (como eu disse no capítulo 12, sobre a tomada de decisões), é pressupor que as coisas fáceis de compreender e lembrar estejam provavelmente corretas.

Essa preferência pela fluência de processamento se dá de diversas maneiras.[10] Em um exemplo, os psicólogos Adam Alter e David Oppenheimer, da Universidade Princeton, descobriram que empresas com nomes fáceis de pronunciar obtinham resultados melhores que empresas com nomes "não fluentes", em duas bolsas de valores diferentes.[11] Outro estudo concluiu que as pessoas confiam mais em ditados quando eles são rimados; e menos quando não o são ("Quem empresta ao amigo arranja um inimigo": verdade. "Quem empresta ao amigo arranja um rival": será?).[12] Outra pesquisa indica que as pessoas tendem a acreditar em afirmações que consideram fáceis de lembrar, mesmo que não sejam verdadeiras.[13] Frases consideradas fáceis de ler – seja por causa do vocabulário, seja por causa da formulação – são vistas como mais convincentes e atrativas do que informações semelhantes, porém menos acessíveis.[14] Nós processamos e recordamos palavras concretas, que podemos imaginar (por exemplo, "animal", "cadeira", "café") mais facilmente que conceitos abstratos ("experiência", "justiça", "paciência").[15]

Portanto, a fluência de processamento precisa ser um objetivo básico na sua comunicação, seja ela falada ou por escrito. Eis cinco maneiras de tornar sua mensagem mais fácil para o cérebro processar:

➨ 1. Encurte-a o máximo possível. Reconheça a finita capacidade de processamento da memória de trabalho das pessoas. Mantenha o linguajar o mais simples possível. Elimine detalhes desnecessários.

➨ 2. Coloque indicações ao longo do caminho. Quando você tem a transmitir uma grande quantidade de informações, ajude as pessoas a se localizarem com uma sinalização clara. Diga coisas como: "Quero lhes falar de três coisas..." e "Agora, falando do terceiro ponto...". Isso evita que a plateia perca muita energia mental tentando descobrir se você ainda tem muita coisa a dizer.

➨ 3. Use frases "grudentas". Emma descreveu seu objetivo como substituir "giz e saliva" por "aprendizado independente", e falou de seu desejo de ajudar os alunos a se transformarem em "pensadores, não repetidores". Meses depois de conversar com Emma, eu ainda me lembrava dessas frases. Usar linguajar memorável pode até lhe valer um emprego, se as circunstâncias forem as ideais. Greg foi procurado para seu emprego atual porque o fundador da empresa se lembrou de uma palestra sobre "capital paixão" dada por Greg cinco anos antes. A expressão ficou grudada na mente dele como uma lembrança dos valores de Greg.

➨ 4. Dê exemplos concretos. Quanto mais você deixar para trás termos genéricos e usar exemplos específicos, mais fácil será para as pessoas captar o que você está dizendo. Elas podem até concordar quando você diz: "Precisamos respeitar mais o tempo um do outro". Mas o nível de envolvimento é totalmente diferente quando você diz: "Por exemplo, eu gostaria de sugerir que iniciemos nossas reuniões na hora marcada, em vez de esperar aparecer a última pessoa".

➨ 5. Inclua uma imagem que ilustre sua argumentação. Em 2012, a equipe de ideias comportamentais do governo britânico — um grupo dedicado à aplicação das ciências comportamentais às políticas públicas — estava tentando reduzir o número de motoristas que deixavam de pagar o imposto anual sobre veículos. Isso custava milhões em receita ao governo, anualmente. Primeiro, eles tentaram reescrever as cartas de advertência padrão do governo, adotando um inglês mais direto, com um título simples: "Pague seu imposto ou fique sem carro". Isso duplicou o número de pessoas que pagaram depois de receber a carta. Mas quando se deu vida à carta com uma foto do carro em questão (tirada por uma câmera de trânsito), o número triplicou.[16]

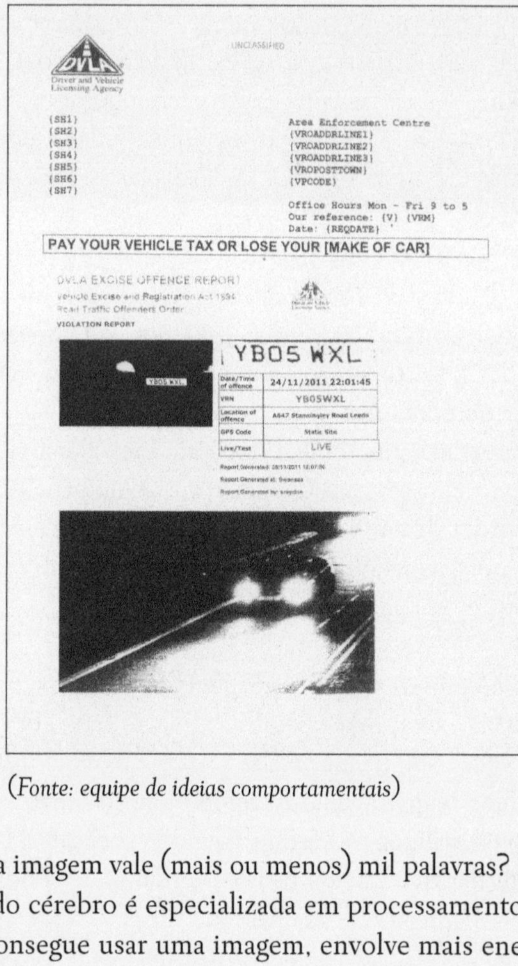

(*Fonte: equipe de ideias comportamentais*)

Por que uma imagem vale (mais ou menos) mil palavras? Porque uma parte importante do cérebro é especializada em processamento visual. Por isso, quando você consegue usar uma imagem, envolve mais energia cerebral do público para digerir sua mensagem.

SUPERE A MALDIÇÃO DO CONHECIMENTO

Em geral, quando tentamos fazer passar uma mensagem, dedicamos muita reflexão àquilo que queremos dizer. Porém, na ânsia de comunicar, é fácil esquecer de se colocar no lugar da pessoa cujo interesse se quer despertar. Quando não paramos para pensar naquilo que o outro sabe ou sente, nosso sistema automático pega o atalho do *viés de projeção*, ou seja, assumimos genericamente que os outros veem o mundo da mesma forma que nós. E esse atalho pode nos fazer sofrer aquilo que os cientistas chamam de *maldição do conhecimento*, em que supor que os outros sabem aquilo que sabemos nos leva a subestimar quão bem nos comunicamos.[17]

É por isso que afirmações que nos parecem absolutamente claras podem ser interpretadas de outro modo pelos outros. Por exemplo, se alguém lhe disser: "Jo acertou o cara com o fichário", o que você pensaria? Você acharia que Jo pegou um fichário e deu na cabeça do colega com ele? Ou ia supor, em vez disso, que ela deu um soco em alguém que estava segurando um fichário? As duas interpretações são válidas; a única coisa certa é que é melhor não chegar perto da Jo até o fim do dia. No entanto, quando se pediu aos participantes de uma experiência que, ao ouvir frases ambíguas como essa, contassem-nas a uma terceira pessoa (depois de decidir qual interpretação julgavam correta), quatro em cada cinco pessoas superestimaram a probabilidade de serem compreendidos. Tinham tanta certeza do sentido original da frase que achavam que o ouvinte ia entendê-las exatamente como eles queriam.[18]

A maldição do conhecimento cria enorme potencial para linhas cruzadas no trabalho. Às vezes, sabemos quando ocorreu um mal-entendido. "Tenho certeza de que lhe pedi isso para sexta. De onde você tirou que não era *esta* sexta?" Mas, em diversas ocasiões, nem chegamos a saber que nossa mensagem fracassou em seu intento. Simplesmente não alcançamos o impacto esperado, e não sabemos por quê. Por isso, para tornar sua comunicação tão clara quanto ela está em sua cabeça, nunca pressuponha que os outros sabem o que você sabe. Como diz Greg: "Você tem que aceitar o ponto de partida do outro. Eu tento descobrir como eles estão se sentindo e o que sabem, e parto daí".

Na prática, isso significa o seguinte:

➡ Antes de abrir a boca ou começar a digitar, sempre tire um momento para se colocar no lugar do leitor ou do ouvinte. Pense naquilo que a pessoa provavelmente sabe ou sente a respeito do assunto em questão.

- Quando for falar pessoalmente com alguém, apure o ponto de partida dele ou dela ("Antes de começar, queria saber o que você já sabe a respeito de XYZ"), e verifique de vez em quando se você está acertando na sua argumentação ("Antes de continuar, queria fazer uma pausa aqui – isso faz sentido para você? Deixei passar alguma coisa?"). Não fale por mais de cinco minutos sem conferir. Descubra qual a próxima coisa que a pessoa quer saber, e responda adequadamente.

Como passar pelo filtro alheio

Da próxima vez que quiser transmitir uma mensagem:

- Ofereça uma recompensa: surpresa, novidade ou expectativa. Tente fazer sua plateia querer contar aos outros o que você disse. Sinalize claramente os aspectos mais interessantes do que você tem a dizer, para que eles não fiquem escondidos, e prometa uma "revelação". Experimente um meio diferente para transmitir seu recado (por exemplo, pôsteres, vídeos, desenhos feitos à mão). Adote uma perspectiva pouco comum.

- Dê ênfase ao lado humano, com a fórmula "pessoas mais emoções positivas". Mostre como sua ideia afeta pessoas de carne e osso, e convide a plateia a se colocar no lugar delas. Explique por que sua mensagem é tão importante para você ou para a plateia. Inspire-os, pintando um quadro do resultado positivo em potencial para todos os envolvidos.

- Dê "fluência". Quanto mais fácil de entender e recordar, mais convincente sua mensagem será. Por isso: mantenha-a simples e curta; use sinalizações; use frases "grudentas"; dê exemplos concretos; se possível, inclua uma imagem para ilustrar seu argumento.

- Supere a maldição do conhecimento. Não pressuponha que o outro sabe o mesmo que você. Pergunte o que ele compreende e sente a respeito do assunto em discussão, e comece a partir daí. Faça pausas enquanto fala para verificar o ponto de vista do outro.

15. Como fazer as coisas andarem

Em boa parte do tempo, precisamos de algo mais do que simplesmente saber que o mundo nos escutou e concorda com aquilo que pensamos. Queremos que nossas palavras levem as pessoas a *fazer* algo efetivamente, seja nos ajudando, doando seu tempo ou mudando a própria maneira de trabalhar.

E isso não é pouca coisa. No cérebro das pessoas se formam caminhos bem consolidados, que correspondem às suas rotinas, e o sistema automático de economia de energia é feito para reutilizar esses caminhos o tempo todo, o que deixa as pessoas inclinadas a repetir comportamentos prévios. Além disso, fazer qualquer coisa de outro jeito exige que as pessoas aceitem certo grau de incerteza em relação ao resultado — e como a incerteza demanda recursos do cérebro, é uma coisa que ele gosta de evitar.

É por isso que às vezes é tão difícil mudar o status quo. É por isso que às vezes seus colegas, mesmo respondendo um bem-intencionado "sim" a um pedido, não conseguem realizá-lo quando os antigos hábitos se mostram difíceis de romper. Como diz Emma, nossa professora iconoclasta: "Na minha escola, a maior parte do pessoal lecionou do mesmo jeito durante muito tempo. E eles são bons naquilo que fazem. Por isso, não fica tão evidente por que eles precisam experimentar algo diferente".

Porém, se soubéssemos como deixar as pessoas contentes em relação a uma experiência nova, seria possível tornar nosso pedido menos preocupante e mais atraente para o cérebro. E isso aumenta a probabilidade de que consigamos garantir aquilo que queremos ou precisamos delas. As técnicas do capítulo anterior vão ajudá-lo a formular o pedido de maneira a fazer as pessoas prestarem atenção; as técnicas deste capítulo vão ajudá-lo a traduzir essa atenção em ações concretas.

CONTEXTUALIZE

Um estudo clássico, realizado pela psicóloga Ellen Langer, da Universidade Harvard, testou três maneiras diferentes de convencer as pessoas a fazer uma coisa simples: deixar alguém passar à frente delas na hora de usar uma xerox.[1] Ela pediu que a pessoa querendo furar a fila dissesse uma das três seguintes frases:

- "Desculpe-me, eu estou com cinco páginas. Posso usar a xerox?" Ao ouvir isso, 60% das pessoas tiveram a gentileza de deixá-la passar à frente.

- "Desculpe-me, eu estou com cinco páginas. Posso usar a xerox, porque estou com pressa?" Desta vez, 94% concordaram. O acréscimo de uma razão fez com que quase todo mundo dissesse sim — uma mudança bastante razoável. Pode ser que alguns tenham feito cara feia, mas provavelmente se condoeram da pessoa com pressa. Todos já passamos por isso.

- O mais surpreendente ocorreu quando foi usada a terceira frase: "Desculpe-me, eu estou com cinco páginas. Posso usar a xerox, porque preciso tirar algumas cópias?". Desta vez, a "razão" dada era uma tautologia sem sentido — mas 93%, mais ou menos a mesma proporção, ainda assim concordaram. O fato de indicar que *havia* uma razão — mesmo sem ser muito boa — parece ter sido suficiente para que o pedido fosse considerado aceitável.

Para você, o que isso significa? Bem, quando você pede às pessoas que façam algo, provavelmente obterá maior cooperação se der uma breve explicação, em vez de simplesmente afirmar que é o que quer que elas façam.

Você pode ter achado que isso é óbvio, mas tenho visto que muitas vezes as pessoas pedem coisas aos colegas — pedir ao secretário que reserve uma sala de reunião, por exemplo — sem qualquer explicação. Afinal de contas, se reservar salas faz parte das atribuições do colega, para que explicar o pedido? Mas perder cinco segundos para dizer "porque é uma reunião importante para nós, a esta altura do projeto" instantaneamente faz o pedido parecer mais um esforço de equipe e menos uma ordem, o que, por sua vez, se traduz numa ajuda maior. Na prática, você está ajudando os colegas a permanecer no modo de descoberta, tratando-os com um pouco mais daquele respeito que nossos cérebros sociáveis tanto apreciam. Portanto, mesmo para os pedidos ordinários que você faz todos os dias, lembre-se de dedicar alguns segundos ao contexto, em vez de vomitar o tipo de pedido transacional que você faria numa lanchonete.

FACILITE A ESCOLHA (TAMBÉM CHAMADO DE "EMPURRÃOZINHO")

A esta altura, já sabemos que o cérebro gosta de pegar atalhos. Quando ele não precisa perder tempo pensando numa resposta, geralmente não perderá. Por isso, quando existe sobre a mesa uma opção prontamente compreensível e pelo menos razoável, o provável é que seja ela a escolhida — ou pelo menos que se torne atraente. Como vimos no capítulo 12, esse fenômeno é conhecido pelos cientistas do comportamento como viés de conformidade. Quando é você que está tomando uma decisão, convém ter o cuidado de não escolher uma alternativa por ela ser fácil. Mas agora vamos inverter o conselho: se você tiver certeza de que tem uma boa ideia a propor aos colegas, convém reduzir ao máximo o esforço para ser obedecido.

Esse é um conceito que ganhou atenção universal graças ao livro *Nudge: o empurrão para a escolha certa*, de Richard Thaler e Cass Sunstein, em que eles mostram como as pessoas podem ser levadas a um comportamento mais saudável e mais sensato, quando escolher essa forma de agir se torna mais fácil.[2] Um exemplo famoso que eles citam se refere aos índices de aceitação de doação de órgãos. Nos países onde a opção predefinida é doar os órgãos após a morte — ou seja, onde é preciso tomar conscientemente a decisão de não doar, em vez da decisão consciente de doar —, os índices de doação superam 90%. Nos países onde não é assim, os índices costumam ficar bem abaixo de 30%.[3]

E, como apontaram Thaler e Sunstein, um empurrãozinho nessa direção não significa privar as pessoas do direito de escolha. Existem momentos em que é importante conceder espaço para se sentirem donas de suas decisões, principalmente quando você faz questão de que elas sintam um engajamento profundo com uma ideia complexa (adiante falaremos mais sobre empoderamento). Mas quando você sabe que sua sugestão poupará tempo às pessoas, ou quando a escolha inteligente for óbvia, pode-se dar um poderoso reforço ao seu poder de persuasão reconhecendo o valor de simplificar a opção por aquilo que você deseja ver feito.

Eis três maneiras de aplicar esse conselho quando você está tentando influenciar o outro: remova a barreira, faça a primeira sugestão concreta (dando, talvez, alguma margem) e dê dicas visuais.

Empurrãozinho 1: remova a barreira

Caso você saiba o que realmente quer que as pessoas façam, pergunte a si mesmo:

- O que poderia impedir as pessoas de fazer o que você gostaria que fizessem? Como você pode resolver o problema por elas, ou torná-lo simples para que possam resolvê-lo sozinhas?

- Seria de alguma forma possível transformar o resultado desejado por você na opção "sem fazer força" para os demais?

Mo é um profissional de vendas experiente, encarregado das operações de uma empresa de armazenamento de dados no Oriente Médio e no norte da África. "Minha introdução à ciência comportamental foi aprender o poder das perguntas abertas, em lugar das perguntas fechadas", diz. "Mas quando você acaba de ter uma boa conversa com o cliente e fica claro o interesse efetivo dele, existe uma técnica chamada de 'pergunta fechada com premissa'. É quando você faz uma pergunta fechada, dizendo 'Crédito ou débito?', em vez de perguntar 'O que você quer fazer agora?'." Ao oferecer duas opções que exigem que o cliente compre seu produto, Mo está tornando mais fácil para o consumidor optar por finalizar a compra, em vez de continuar a deliberar sobre a decisão de compra. Segundo Mo, quando o pessoal de vendas utiliza essa abordagem, fecha o negócio em 75% das vezes; quando não utiliza, esse índice fica em torno de um em cada quatro.

Mesmo que você não atue no setor de vendas, pode aplicar essa ideia em seu trabalho. O truque é levar em conta aquilo que pode impedir as pessoas de fazer aquilo que você quer que elas façam, e então ser proativo na remoção desse obstáculo para elas. Seu objetivo é reduzir a quantidade de esforço exigido delas. Na ponta mais simples do espectro, pode ser algo como incluir um envelope pré-pago junto com o formulário que você quer que seja preenchido e devolvido a você. Ou, se você acha que seus colegas pensam melhor quando estão bem hidratados, e quer que eles bebam mais água, pôr jarras na mesa da sala de reunião, em vez de obrigá-los a se levantarem para ir buscar um copo.[4] Reduza o esforço, e é meio caminho andado para obter o comportamento desejado.

Em algumas situações, você pode até transformar o resultado desejado na opção "sem fazer força". Por exemplo, digamos que você esteja redigindo um relatório e precise fixar um prazo final para os comentários dos colegas. Você não quer comentários de última hora, mas gostaria de dar às pessoas uma última chance de contribuir. Uma abordagem comum consistiria em fazer o documento circular, dizendo "Diga-me se você acha bom". Mas se você quer que sua opção desejada (não receber comentários de última hora) seja a mais fácil para seus colegas escolherem, pode dizer em vez disso: "Se não tiver retorno até o fim do dia, vou considerar que você achou o documento o.k.". Você não os está impedindo de fazer contribuições; apenas tornou mais fácil, para eles, *não* fazê-las.

Empurrãozinho 2: faça uma sugestão

Você tem como fazer uma sugestão prática e concreta antes de todo mundo? Se tem, aumenta a chance de influenciar significativamente o desfecho de qualquer discussão posterior. Mesmo que no fim sua ideia não seja escolhida como a opção-padrão mais prática, essa sugestão inicial cria um ponto de ancoragem confortável na mente das pessoas. Como expliquei no capítulo 12, depois que as pessoas são expostas a uma sugestão-âncora, esta exerce uma influência subliminar sobre suas decisões — mesmo quando essa âncora é irrelevante ou simplesmente está errada.

Por exemplo, em uma experiência, perguntou-se a um grupo de voluntários se Mahatma Gandhi morreu "antes ou depois dos nove anos de idade", enquanto a outro grupo se perguntou se ele morreu "antes ou depois dos 140 anos de idade". Essa pergunta bastou para implantar os números nove e 140, respectivamente, na cabeça de cada grupo. Depois, perguntou-se a todos com que idade Gandhi de fato morreu. O primeiro grupo arriscou (em média) que ele morreu aos cinquenta anos, contra 67 anos para o segundo grupo. O "nove" arrastou o primeiro grupo para baixo, enquanto o "140" arrastou o segundo grupo para cima.[5]

É útil conhecer o poder de atração das sugestões iniciais, não apenas em grandes negociações — aquelas que envolvem orçamentos, salários e a divisão do trabalho doméstico, por exemplo —, mas também nas inúmeras pequenas negociações diárias que dizem respeito à fixação de prazos e de compromissos.

Por exemplo, quando queremos propor um almoço de negócios com um colega ou cliente, a abordagem normal consiste em dizer: "Você quer almoçar?". Mas, levando em conta o viés de conformidade e a ancoragem, você pode fazer uma sugestão mais específica, do tipo "Quer almoçar, quem sabe na quarta da semana que vem? Do outro lado da rua tem uma ótima pizzaria nova que a gente podia experimentar". Seu possível companheiro de refeição pode nem querer fazer exatamente o que você está propondo, mas você já o ancorou a uma data no futuro próximo e num local convenientemente próximo, de modo que qualquer contraproposta que ele fizer tenderá a refletir esses pontos de partida (eu descobri que fazer uma proposta concreta também pode reduzir tremendamente o vaivém de e-mails — e as pessoas em geral ficam agradecidas por não terem que pensar numa sugestão por conta própria).

Quando você estiver efetivamente negociando números com alguém — tentando, talvez, um acordo salarial, ou barganhando com um cliente —, pense na possibilidade de propor uma faixa de opções que lhe permita criar *duas* âncoras. Em um estudo recente desse tipo de *ancoragem dobrada*, professores da Columbia Business School concluíram que vendedores tentando obter 7200 dólares por um carro usado conseguiam melhor negócio quando diziam ao comprador "Quero algo entre 7200 e 7600 pelo carro", se comparados aos que diziam "Quero 7200 pelo meu carro". Propor esse tipo de faixa, modesta, que inclui um teto mais alto (mas ainda realista), funcionou melhor do que partir de um valor alto e pouco realista. O interessante é que os vendedores que propuseram uma faixa não foram considerados arrogantes – foram vistos como flexíveis.[6]

As instituições de caridade usam uma forma de ancoragem dobrada quando lhe dão orientação sob a forma de "doações sugeridas". Quando oferecem opções-padrão de trinta, cinquenta, cem dólares e "outro valor", sabem que vão conseguir contribuições maiores do que com opções de dez, trinta, cinquenta dólares e "outro valor". A faixa de trinta a cem dólares tem maior probabilidade de resultar numa doação de trinta dólares do que uma faixa sugerida de dez a cinquenta, embora trinta esteja contida em ambas.

Por isso, sempre que possível:

➡ Faça o mais cedo que puder uma sugestão específica, em qualquer interação que envolva uma tomada de decisão conjunta. Se não quiser parecer forçar a barra, formule-a com um "talvez", ou sinalize sua flexibilidade: "Se não estiver bom para você, me diga o que prefere". Você ainda estará influenciando o resultado.

➡ Ao falar de números, tente propor uma faixa que inclua seu resultado desejado e um resultado ainda melhor (embora ainda realista).

Empurrãozinho 3: ofereça dicas visuais do resultado desejado

Também podemos dar empurrõezinhos de maneiras mais sutis, dando dicas visuais do resultado desejado. Por exemplo, nas escadas rolantes de muitas metrópoles mundo afora, existe uma convenção: quem está sem pressa fica à direita para permitir aos apressados passar correndo à esquerda (em algumas cidades é o contrário, mas a ideia de faixas rápida e lenta separadas é a mesma). Mas quem visita essas cidades às vezes não sabe disso, o que irrita muita gente que está indo ao trabalho e surpreende os turistas. Outro dia, no metrô da minha cidade, notei que passaram a afixar em algumas escadas rolantes a imagem de dois pés, do lado direito de cada degrau, dando a quem é de fora uma sugestão sutil daquilo que se espera. E tem funcionado muito bem, reduzindo o estresse geral.

Como você pode aplicar isso em sua comunicação? Eis duas coisas que você pode experimentar:

- Use dicas visuais (setas, gráficos, foto) para atrair o olhar dos outros para onde você quer dirigir o foco.
- Ao elaborar o projeto visual de seu material, torne-o sugestivo do tipo de reação que você deseja das pessoas.

Em relação ao último ponto, suponha que você queira pedir aos colegas que compartilhem suas ideias em relação à melhoria do local de trabalho. Se fizer um pedido aberto de contribuições, é bem provável que receba algo entre zero e uma ideia por pessoa. Mas se distribuir um formulário impresso com três caixinhas numeradas, é mais provável que receba três ideias (ou pelo menos uma ou duas) de cada um. Porém, use o bom senso ao fazer isso; as pesquisas mostram que a tática só funciona se o pedido for realista. Por isso, só ponha quarenta caixinhas no formulário se tiver certeza de que as pessoas vão se animar, e não se assustar, com a indicação de que você está pedindo quarenta ideias.[7]

No nível subconsciente, a maioria das pessoas reluta em abraçar o desconhecido. Ambiguidades exigem muito do cérebro. Por isso, o sistema automático tende a dar mais peso àquilo que seja conhecido e garantido, na comparação com benefícios futuros incertos. De um ponto de vista pessoal, como vimos no capítulo 7, esse *viés do presente* é uma das razões pelas quais às vezes procrastinamos quando deveríamos agir de imediato, em tarefas que só darão incertos dividendos no futuro — como poupar para a aposentadoria ou escrever aquele e-mail difícil que estamos adiando há uma semana. Mas também é por isso que não é tão simples para um colega fazer algo novo ou diferente, mesmo que exija apenas uma mudança de comportamento relativamente pequena, como passar a lhe enviar uma atualização semanal regular. O cérebro, em geral, está programado para ficar com aquilo que já conhece, porque lhe é difícil avaliar se o que você propõe trará algum benefício e se será árduo ou desagradável.

Inverta as coisas, porém, e surge um claro conselho: sua chance de motivar os colegas a cooperar aumenta quando você consegue deixar claros, vívidos e pessoalmente relevantes os benefícios advindos dessa cooperação. Assim que as pessoas sentem que o que você propõe será autenticamente recompensador, você está incentivando seus cérebros a entrar no modo de descoberta, em que se sentirão mais receptivos a ideias novas. E a melhor maneira de sinalizar isso é dar um exemplo tangível de como a vida ficará melhor para elas assim que responderem "sim" ao seu pedido.

As novas propostas pedagógicas de Emma pareciam um tanto abstratas a seus colegas docentes. A frase "pensadores, não repetidores" era fácil de memorizar. Por isso, passou pelo filtro de spam deles. Mas seu significado concreto não estava totalmente claro. Por isso, Emma fez várias coisas para tornar mais reais, na mente dos colegas, os benefícios de suas propostas.

Primeiro, ela pediu a alguns dos professores que mais a apoiavam que compartilhassem histórias de situações em que fizeram seus alunos realizar projetos independentes, e de como isso aumentou o foco e o comprometimento das crianças em classe. Depois, Emma convidou os colegas a assisti-la demonstrando as novas técnicas de ensino em sala de aula. Ser voluntária exigiu certa coragem, mas ela sabia que era a melhor forma de verem o que a mudança significava na prática. Os professores puderam ver que Emma falava menos e perguntava mais, por exemplo, e viram o efeito motivador que isso teve sobre os alunos.

Além de aumentar a conscientização dos colegas em relação ao benefício de experimentar algo novo, Emma também levou em conta o que poderia tornar esse esforço menos pesado. Ela se deu conta rapidamente da necessidade de abordar o descontentamento dos colegas com a ideia de estarem sendo avaliados enquanto experimentavam as novas técnicas. Isso representava uma ameaça ao senso próprio de competência (um dos gatilhos que vimos no capítulo 9). Mas, é claro, eles precisavam ter *algum* feedback de seu esforço. Por isso, depois das aulas de demonstração, Emma convidou os colegas a compartilhar críticas construtivas. Nesses debates, ela provou que repassar os temas poderia ser uma experiência de aprendizado interessante, e até agradável — o que diminuiu o receio deles e os ajudou a redirecionar o foco para os benefícios.

Portanto, ao pedir aos colegas que experimentem alguma coisa nova:

➠ Dê vida àquilo que há de melhor — para eles — em seu pedido. Acione o sistema de recompensa dos colegas, compartilhando um exemplo concreto de como seu pedido será benéfico tanto para eles quanto para você. Se possível, encontre uma forma de demonstrá-lo, para que a sensação seja a mais real possível.

➠ Aborde proativamente quaisquer "ameaças" em potencial. Ponha-se no lugar deles — ou pergunte-lhes explicitamente — e leve em conta os receios que possam ter. Seu pedido cria alguma ameaça em potencial, por exemplo, ao senso de autonomia ou competência deles, que possa colocá-los em modo de defesa? Existe algo concreto que você possa fazer para dissipar esses receios?

USE "PROVAS SOCIAIS"

"Para mudar alguma coisa em minha escola, não basta transformar uma pessoa. É preciso o peso de toda a equipe", Emma me disse. Mas se ela passasse o tempo tentando convencer cada professor individualmente, isso levaria uma eternidade. E ela não podia convidar *todos* para assistir suas aulas. Seus alunos adolescentes iam achar "tipo um saco" ter um monte de professores sentados no fundo da sala.

Por isso, Emma decidiu focar seu esforço inicial em um grupo menor de colegas, um comitê que incluía um professor respeitado de cada departamento: matemática, ciências, história etc. Foram essas as pessoas que convidou para as aulas de demonstração, a fim de transformá-los em advogados precoces. Emma tinha influência entre os professores de sua disciplina, inglês, mas era realista em relação ao fato de que não seria a advogada de maior credibilidade junto aos professores dos demais departamentos. Ao trazer para seu barco um professor de cada disciplina, ela sabia que todos os professores da escola teriam um colega próximo visivelmente entusiasta de suas novas práticas de ensino.

Isso permitiu a Emma tirar proveito do poder de uma coisa chamada *prova social*. Já sabemos que o cérebro recorre a atalhos para decidir se determinada coisa é ou não uma boa ideia, e um desses atalhos vem dos sinais sociais que recebemos de nosso grupo. Em outras palavras, se pessoas similares a nós estão visivelmente a favor de alguma coisa, temos tendência a também apoiá-la. Por exemplo, pesquisadores australianos descobriram que as pessoas riam mais de uma comédia na TV quando achavam que a claque gravada era formada por gente como elas.[8] E quando pesquisadores de Harvard e Yale conversaram com 1500 adultos a respeito dos argumentos pró e contra a vacina contra o vírus HPV, descobriram que os participantes ficavam muito mais propensos a concordar com os médicos que davam indicações sutis de terem posições políticas parecidas.[9] O lado bom disso: quando estamos tentando convencer alguém de alguma coisa, convém enfatizar que outras pessoas na "tribo" dela consideram fabulosas nossas ideias.

Para usar a prova social ao fazer um pedido, experimente as seguintes abordagens:

- "Alguém como você já disse sim." Conte aos colegas que um ou mais de seus pares concordou com o que você pediu (desde – hum-hum – que seja verdade).

- Recrute os formadores de opinião. Caso esteja tentando atingir um grupo de pessoas, vale a pena arregimentar os membros do grupo que têm influência, para poder dizer "Gente como *eles* está no barco". Não quero dizer, com isso, necessariamente, influência em termos de senioridade. Procure:

- Especialistas: gente altamente respeitada pelo conhecimento ou pelas habilidades.
- Populares: os tipos sociais mais queridos.
- Guardiões: aqueles que controlam processos ou recursos importantes.

Greg, nosso empreendedor de crowdfunding, faz sempre questão de divulgar — com a devida permissão deles — os nomes dos investidores que já atraiu, por saber que isso ajuda a atrair outros. "Isso auxilia as pessoas a se sentirem respaldadas", diz. "E eu sempre dou duro para converter pensadores líderes e gente com grande networking. Se eu consigo fazer *essas pessoas* investirem no financiamento de novas pesquisas, elas vão querer comentar com os amigos, e os amigos vão querer acompanhar."

ENVOLVA PARA ENGAJAR

Como você pode imaginar, considerando a afeição que você nutre por seus projetos xodós, temos tendência a criar um vínculo com coisas que ajudamos a criar. Uma das demonstrações mais claras disso vem de outro estudo da psicóloga Ellen Langer, que conhecemos antes neste capítulo (na fila da xerox). Em uma experiência famosa, ela vendeu bilhetes de loteria, a um dólar a unidade, a um grupo de funcionários de um escritório.[10] Metade recebeu bilhetes aleatoriamente numerados, enquanto a outra metade pôde escolher o bilhete que queria. Alguns dias depois, antes de ocorrer o sorteio da loteria, pediu-se aos detentores dos bilhetes que abrissem mão deles, pelo preço que estipulassem. Nesse momento, entrou em ação o *efeito dotação* (do qual falei no capítulo 12), em que as pessoas superestimam as coisas que já possuem, mesmo que não haja envolvimento sentimental. Por isso, aqueles que receberam bilhetes aleatórios pediram aproximadamente dois dólares para cedê-los. Mas a conclusão principal da pesquisa foi esta: aqueles que escolheram o próprio bilhete pediram muito mais. Queriam incríveis oito dólares.

Outros estudos encontraram efeitos semelhantes em ambientes da vida real. Por exemplo, quando recepcionistas em dois consultórios médicos britânicos pediram aos pacientes que escrevessem por conta própria, em um cartão, o horário e a data da consulta de retorno (em vez de simplesmente receberem o cartão preenchido), o número de consultas perdidas caiu 18%.[11]

Isso tem enorme impacto na forma de nos comunicarmos. Simplesmente dizer às pessoas o que queremos ou precisamos que aconteça pode ser eficaz — e não há problema nenhum quando há pouca coisa em jogo ou a negociação é simples, situação em que convém aplicar meu conselho anterior de fazer a primeira sugestão. Mas quando temos ideias que realmente precisam ser "compradas", em que nossos colegas precisam ter fé para que deem certo, o conselho é outro: não podemos impor nossas demandas aos outros. Se o fizermos, diminui a probabilidade de que eles sejam positivos e deem apoio, se comparado a quando lhes damos espaço, por menor que seja, para chegarem às próprias conclusões em relação ao embasamento do que estamos propondo. É preciso deixar as pessoas escolherem seus próprios bilhetes de loteria.

Emma levou isso em conta ao marcar uma reunião para relatar a um grupo maior de colegas suas novas técnicas de ensino. "Em geral, as sessões de treinamento de pessoal são muito áridas. Você acaba querendo dar um tiro na cabeça", diz. Por isso, decidiu organizar um tipo de reunião bem diferente, que deixasse os professores com a sensação de terem participado, eles próprios, da criação do projeto. "Deixei que cada um apresentasse sua ideia, em vez de simplesmente ministrar uma palestra. Organizei um evento que batizei como 'feirinha', em que dez colegas com excelentes ideias sobre novas estratégias de ensino ficaram cada um em uma mesa e os professores caminhavam pelas mesas para vê-los demonstrar suas propostas." Ela deixou os colegas descobrirem por conta própria o que havia de interessante em cada mesa em que paravam, e os deixou passear o quanto quisessem, anotando aquilo de que gostaram em especial. Ela criou a base para o debate, forneceu as informações para guiá-los, mas deixou que as pessoas tomassem conta do evento o máximo possível. "Depois disso, ganhamos impulso muito rapidamente", diz Emma.

Então, como dar às pessoas um senso de empoderamento, de modo a engajá-las mais naquilo que você quer fazer ou mudar? Eis três sugestões para três situações diferentes:

➠ Situação 1: quando tiver uma sugestão a dar, relacione sua ideia aos pontos de vista e preocupações dos demais.

- Compartilhe os fatos da situação (mas por ora sem expressar seu próprio ponto de vista).
- Peça a reação *dos outros* à situação descrita.
- Encontre, então, um elo entre o ponto de vista deles e sua sugestão: "Seu comentário sobre [XYZ] se relaciona a algo que eu tenho pensado...".

Greg, o empreendedor de crowdfunding, diz: "Quando você está desesperado para passar sua mensagem, sempre é bom perguntar primeiro o ponto de vista dos outros sobre o tema que você quer abordar – no nosso caso, insuficiência no financiamento da pesquisa em medicina –, porque isso puxa a pessoa para a discussão. Deixa de ser simplesmente eu vindo pedir dinheiro, e passa a ser muito mais nós tentando encontrar uma solução juntos".

➨ Situação 2: quando precisar de ajuda, peça conselhos antes.
- Pergunte: "Se você fosse eu, o que faria para isso dar certo?".
- Então, e só então, pergunte: "Existe algo que eu possa fazer para ajudá-lo nisso?".

Quando você apresenta repentinamente um pedido a alguém, é fácil deixar a pessoa estressada por ter pouco tempo de fazer o que está sendo pedido, e no modo de defesa as pessoas são menos generosas. Experimente, em vez disso, apresentar o seu problema e então pedir conselhos (que, é claro, você ouvirá atentamente). Ao mostrar que valoriza a opinião alheia, você propicia uma pequena recompensa social, que ajuda a colocar o outro em modo de descoberta, em que fica muito mais fácil elas terem vontade de ajudá-lo. Como brincou, no século XIX, o conselheiro político Arthur Helps: "Sempre admiramos a sabedoria daqueles que vêm nos pedir conselhos".[12] E, o que é crucial, a discussão permite ao outro chegar a conclusões próprias em relação ao tipo de ajuda que pode prestar.

➨ Situação 3: quando quiser cooperação em algo relativamente fixo, crie alternativas.
- Peça às pessoas que o auxiliem a pensar em alternativas de como reagir ou progredir.

- Se isso não for possível, pelo menos proponha algumas alternativas entre as quais optar, de modo que a pessoa sinta que a decisão foi dela.

Às vezes uma decisão já foi tomada — por você ou por outros — e seu papel é só dar a notícia. "Estamos fazendo uma reorganização e nossa hierarquia vai mudar", você diz, ciente de que é a terceira reestruturação em três anos e de que todo mundo está cansado. Mas dar alternativas às pessoas pode, mesmo assim, propiciar um pouco da autonomia que o cérebro tanto busca — o que pode ajudá-lo a impedir que elas se alienem completamente.

E você não precisa usar essa técnica apenas na hora de dar notícias ruins. É uma boa regra geral a ser seguida sempre que se quer engajar as pessoas naquilo que você está fazendo.

Por exemplo, eu uso essa abordagem em toda oficina que ministro a grupos grandes de clientes. Tenho a obrigação de lecionar certa quantidade de material, e os objetivos da sessão são relativamente fixos. Mas meu trabalho só é bem-sucedido quando os clientes adoram as ideias a ponto de usá-las na vida cotidiana — e, para isso, é importante que sintam envolvimento com aquilo que estou ensinando. Como nunca tenho condição de deixar a agenda totalmente aberta, o que posso fazer? Dou alternativas a meus clientes — várias. Por exemplo, se antes da sessão fiz alguma pesquisa em busca de informações, coloco os resultados na frente deles e peço que apontem aquilo que lhes chama a atenção como mais importante — e refaço as prioridades de meu material conforme a resposta. Quando uma discussão fica acalorada, dou opções: querem continuar falando disso, ou preferem "concordar em discordar" e passar ao próximo assunto? Quando estamos atrasados no cronograma, pergunto se querem pular alguma parte, encurtar o *coffee break* ou continuar até um pouco mais tarde. E assim por diante. Isso me obriga a respeitar qualquer decisão que seja tomada, mas vale a pena. Sei que aquilo que ensinei será mais valorizado caso aquela oficina seja percebida como *deles*, e não minha.

É DANDO QUE SE RECEBE

Quando estamos focados em obter de alguém o que necessitamos, é importante lembrar que estamos em posição tanto de dar quanto de receber.

Como já expliquei neste livro, a reciprocidade é percebida por nosso cérebro sociável como uma recompensa, enquanto a violação dessa reciprocidade ofende nosso senso de inclusão e justiça (a maioria de nós se irrita quando não agradecem ao darmos a preferência a outro carro, ou quando alguém só nos procura quando tem um favor a pedir). Por isso, as pessoas se sentirão instintivamente melhor em ajudá-lo se sentirem que você não é apenas mais um "recebedor", na expressão usada pelo psicólogo Adam Grant, da Universidade da Pensilvânia, para descrever aqueles que sistematicamente recebem mais do que dão. Assim, caso você tenha que procurar ajuda ou cooperação de alguém:

➠ Pergunte a si mesmo não apenas "Do que eu preciso?", mas também "O que eu posso oferecer?".

E se você tiver que pedir apoio a alguém que é muito mais experiente ou que você não conhece muito bem? O que você tem a oferecer? Muita coisa, na verdade. No mínimo você pode expressar admiração pelo trabalho alheio, de preferência dando exemplos específicos de coisas que tenha apreciado. Isso é tão raro que a maioria das pessoas encara como um agrado. Mas é provável que você tenha alguma contribuição mais concreta a dar, até mesmo ao mais eminente de seus colegas. Talvez você possa ajudá-lo divulgando o trabalho dele entre seus pares; talvez possa oferecer um pouco de trabalho voluntário para ajudá-lo em um projeto. Greg, nosso empreendedor de financiamento coletivo, conta: "Uma coisa que proponho com frequência é apresentar alguém às pessoas da minha rede de contatos, mesmo que isso não tenha relação direta com meu trabalho". Pense em maneiras de ser generoso, e é muito mais provável que a generosidade retorne a você.

JUNTANDO TUDO: COMO PÔR A SEU FAVOR TÉCNICAS INTERNACIONAIS DE INFLUÊNCIA

Marcella é imunologista e seu trabalho é decisivo na busca global por uma vacina eficaz contra o HIV. Como cientista de renome, ela poderia ter resolvido focar em sua própria pesquisa, mas decidiu enfrentar um desafio um pouco maior: convencer laboratórios que produzem remédios anti-HIV do mundo inteiro a usar os mesmos processos e padrões, de modo a tornar seus resultados comparáveis e compiláveis. Isso ajudaria a acelerar a descoberta dessa vacina tão importante.

Mas era uma tarefa grandiosa demais, já que a maioria dos laboratórios tem sua própria cultura e seu próprio método de trabalho. Marcella tinha a autoridade e o financiamento de vários patrocinadores para estabelecer esse "sistema de qualidade global". Mas isso, por si só, não bastaria para convencer os céticos responsáveis pelos laboratórios a mudar sua forma de trabalhar. E, como ela não exercia autoridade direta sobre nenhum deles, era preciso uma abordagem sofisticada, que respeitasse o jeito de ser de cada laboratório.

Ela sabia que, depois que alguns poucos laboratórios respeitados aderissem, aumentava muito a chance de outros fazerem o mesmo — um exemplo prático de prova social. Por isso, ela começou com três laboratórios de sua própria rede acadêmica. "Cada um deles fazia uma coisa diferente com anticorpos e células. Eles simplesmente não tinham nenhuma coordenação com ninguém." Se a padronização pudesse ser obtida nesses três laboratórios, ela sabia que daria uma sinalização forte de que isso poderia funcionar com outros laboratórios. E em cada laboratório foi aplicado o mesmo princípio: era importante obter a adesão de alguns formadores de opinião-chave. "Para que ocorresse qualquer mudança com seus colegas, precisávamos que os líderes de cada laboratório comprassem a ideia", conta Marcella. "Por isso, criei um comitê, com dois líderes de cada laboratório, para conduzir tudo."

Apesar disso, nem todos nesse círculo de iniciados ficaram convencidos pelos argumentos em favor do projeto. E mesmo aqueles que davam apoio intelectual precisavam de incentivo para dar o salto e abraçar uma nova forma de trabalhar. "No curto prazo, tivemos que admitir que a padronização daria a impressão de frear a pesquisa, mas mostramos que no fim das contas os benefícios seriam enormes." Marcela fez uma descrição vívida dos benefícios futuros, ressaltando aquilo que ajudaria os laboratórios a realizar um bom trabalho. Por exemplo, ao melhorar sua reputação, o projeto de padronização os ajudaria a atrair financiamento e talentos. Ela disse a todos que seriam vistos como pioneiros, e que poderiam colocar nos próprios currículos um trabalho de prestígio. "Para muitos deles, isso era importante." E, é claro, ela enfatizou a causa que movia a todos. "Fizemos questão de que todos entendessem que, ao participar, iriam melhorar o cenário da pesquisa do HIV para todo mundo."

Marcella também fez com que cada laboratório tivesse a sensação de ter o controle do processo, embora isso complicasse um pouco as coisas. "Fiz cada laboratório elaborar uma lista de seus próprios procedimentos-padrão de operação, e fiz todos se envolverem na criação de modelos para nossos processos-padrão. Evidentemente, isso nos deixou soterrados de documentos!" Mas ela sabia que isso era melhor que deixar uma equipe centralizadora entrar em cena para fazer uma auditoria impessoal e impor ideias que não refletissem o trabalho cotidiano dos laboratórios. Marcella também deixou claro onde havia flexibilidade. "Eu disse a eles que, uma vez implantados os modelos, nem sempre os desvios dos processos-padrão seriam necessariamente uma coisa ruim. Às vezes aprendemos com os erros. Só é preciso registrá-los e documentá-los, de modo a poder rastreá-los." Enquadrar os erros dessa forma foi uma excelente maneira de manter as pessoas no modo de descoberta, mesmo quando alguma coisa dava errado.

Nem todos os momentos eram divertidos. "Para mim, no começo, foi difícil. Era intenso demais, e em alguns casos senti que as pessoas não gostavam de mim, com ou sem razão. Mas meu marido disse: 'Você tem a cabeça perfeita para isso — abrace essa missão.'" E valeu a pena. "Desde o momento em que comecei a trabalhar, sozinha, em um prédio antigo, eu e mais uma pessoa trabalhando juntas, até uma enorme equipe de pessoas, foi um longo caminho. Aqueles três laboratórios originais se conectaram com muitos outros, disseminando as novas técnicas a vários outros laboratórios nos Estados Unidos, na China, na Tailândia, na Índia, na África do Sul, em Uganda, no Reino Unido e na Alemanha. Criamos quase quinhentos processos claros de melhores práticas a serem seguidas. Dispomos de um sistema unificado para controle de qualidade da coleta de amostras. E agora nosso patrocinador quer pegar a experiência do HIV e aplicá-la a outras doenças infecciosas." Foi, e continua a ser, um exemplo inspirador de cooperação internacional.

Como fazer as coisas andarem

Quando você precisar de ajuda, apoio ou envolvimento de alguém:

➡ Ofereça contexto. Ofereça pelo menos uma breve razão para o seu pedido, para explicar por que ele é importante.

➡ Facilite as coisas.
- Descubra aquilo que pode impedir as pessoas de fazer o que você espera, e remova essa barreira (e, como o esforço é uma barreira geral à ação, torne sua opção desejada a alternativa "sem fazer força", sempre que possível).
- Faça uma sugestão concreta que "ancore" a discussão e reduza a quantidade de reflexão exigida (em negociações de números, experimente sugerir uma faixa entre seu resultado desejado realista e um resultado ainda melhor).
- Forneça dicas visuais para atrair a atenção para o resultado que você deseja.

➡ Dê vida aos benefícios. Não suponha que os benefícios que você está pedindo são evidentes para os demais. Pinte um quadro que mostre como isso vai ajudá-los pessoalmente (ou as causas com que eles se importam). Proativamente, aborde tudo que possa parecer uma desvantagem.

➡ Use a "prova social". Mostre como pessoas semelhantes já fizeram o que você está pedindo. Se seu objetivo for engajar um grande número de pessoas, primeiro encontre e concentre-se nos (às vezes escondidos) formadores de opinião: "especialistas", "populares" e "guardiões".

➡ Envolva-os. Quando seu sucesso exigir que as outras pessoas comprem totalmente a ideia, deixe-as contribuir de alguma forma. Peça as opiniões alheias, e depois conecte sua ideia ou pedido aos novos pensamentos dos outros sobre esse assunto. Peça conselhos antes de pedir ajuda. Deixe espaço para que as pessoas apresentem alternativas ou tomem algumas das decisões por conta própria.

➡ É dando que se recebe. Respeite o princípio da reciprocidade. Pergunte a você mesmo o que pode oferecer à pessoa de cuja ajuda ou apoio necessita.

16. Como angariar confiança

Os conselhos dos dois capítulos anteriores foram criados para ajudá-lo a tornar o conteúdo de sua comunicação mais convincente e influente. Agora, gostaria de discutir formas de aumentar ainda mais seu impacto — e sua satisfação nesse processo — projetando autoconfiança em tudo o que fizer.

Levantar a cabeça e expor suas ideias a pessoas que não acham que você é maravilhoso de antemão pode ser uma experiência terrível para os nervos. Na verdade, o teste de Trier de estresse social, um suplício criado para provocar estresse nas pessoas para fins de pesquisa, baseia-se justamente nesse tipo de atividade. Nesse teste, a pessoa tem que fazer um rápido discurso diante de um comitê, explicando por que ela é a pessoa certa para um emprego maravilhoso. Ela se vê na berlinda de diferentes maneiras, e os jurados não têm autorização para sorrir. É uma experiência que, de maneira confiável, eleva o batimento cardíaco e o nível de hormônios de estresse dos voluntários, porque o cérebro e o corpo entram em alerta máximo. Já seria duro o suficiente, mas a vida real é ainda mais cruel que o teste de Trier, em que, pelo menos, o comitê fica sentado escutando. A maioria de nós já passou pela experiência de estar numa sala com gente altamente crítica e opinativa, o que complica transmitirmos nossas ideias, ou em que falhas de equipamento dificultam nosso esforço de manter a calma e seguir em frente.

O que, então, a ciência comportamental tem a nos dizer sobre como projetar confiança nesse tipo de situação de estresse? Antes de tudo, as pesquisas indicam que a confiança é importante, porque, em geral, confiamos e seguimos aqueles que permanecem ponderados diante dos problemas da vida.[1] Na falta de informações em contrário, o sistema automático do cérebro toma outro de seus famigerados atalhos: "Quando alguém parece acreditar no que está dizendo, provavelmente tem razão". Os cientistas chamam isso de *heurística da confiança*. E, nas empresas, seguidos estudos mostram como as pessoas tendem a atribuir status elevado a indivíduos confiantes, valorizando particularmente suas contribuições.[2]

Mas o que *é* confiança? De acordo com a pesquisa, um traço geralmente associado à confiança é a proatividade. Quando vemos alguém pedir a palavra e tomar a iniciativa, temos tendência a supor que estamos lidando com alguém de conteúdo, alguém com poder ou expertise para gerar um impacto. O mesmo ocorre quando vemos alguém com a capacidade de mostrar certeza — ou, pelo menos, a clareza que tem cara de certeza em momentos de incerteza.

Afora isso, não existe uma maneira única de parecer confiante. A confiança pode diferir de uma pessoa para outra, dependendo da personalidade. Todos nós conhecemos pessoas que transpiram confiança, sem parecerem arrogantes. Podem não ser aquelas que falam o tempo todo, mas, quando falam, todos escutam. Greg, o empresário de crowdfunding, tem décadas de experiência nos níveis mais altos do mundo dos negócios e da política, e diz: "A confiança genuína, definitivamente, não tem a ver com ousadia. Tampouco representa ter sempre uma resposta pronta. Ao contrário, às vezes é uma questão de mostrar que se é seguro o bastante para dar uma parada, pensar no que os outros estão falando e dizer: 'Isso é realmente interessante'". Existe até um estudo mostrando que falar de maneira hesitante, numa cultura de cooperação, aumenta a chance de ganhar uma promoção, em comparação com um estilo de retórica mais agressivo, do tipo matar ou morrer.[3]

Portanto, a verdadeira confiança não precisa ser uma questão de falar alto. É mais uma questão de mostrarmos o melhor de nós mesmos, em vez de tentarmos copiar o que achamos que é a autoconfiança que vemos nos outros. É questão de manter-se no modo de descoberta, quando confrontado a situações de estresse: ter curiosidade em relação ao que ocorre, em vez de nos sentirmos ameaçados, o que, por sua vez, permite que o cérebro se concentre em agir com inteligência, em vez de ficar na defensiva. Neste capítulo, vamos conhecer algumas formas de dar vida a esse nosso lado mais destemido.

TRANSFORME SEU NERVOSISMO EM EMPOLGAÇÃO

Vamos começar pelo momento em que, geralmente, temos mais necessidade de reunir toda a nossa confiança: logo antes de subir ao palco para fazer um discurso, uma apresentação ou um pedido.

Quando o cérebro reconhece que estamos diante de algo empolgante ou desafiador, ele nos prepara para a ação, derramando um coquetel de neurotransmissores nas vias neurais e misturando substâncias químicas que turbinam o nível de motivação e atenção, possibilitando assim o salto para a ação. É um processo conhecido pelos cientistas como "excitação". É, pode parar com essa risadinha: em parte, isso é o que também acontece quando sentimos tesão por alguém. Mas "excitação" também é a palavra que descreve o estado de prontidão mental de que necessitamos na vida profissional — por exemplo, quando estamos fazendo a preparação mental antes de dar uma palestra ou pedir um aumento. No momento em que vamos começar a enfrentar um desafio, o cérebro garante que nos sintamos alertas e cheios de vida. Também podemos sentir nervosismo, e duas dessas substâncias neuroquímicas — a adrenalina e a noradrenalina — provavelmente farão o coração acelerar um pouco. Mas enquanto houver emoções positivas no caldeirão, ainda estaremos no modo de descoberta, e não entraremos em pânico.

É apenas quando interpretamos a situação de maneira negativa — por exemplo, como um desafio à nossa competência ou à nossa capacidade de manter o controle — que o nível de excitação nos joga no modo de defesa. Como sabemos, é nessa hora que os circuitos de sobrevivência do cérebro desencadeiam uma reação de luta-fuga-paralisia, elevando as taxas de adrenalina e noradrenalina ao nível de prontidão para a batalha. Em quantidades menores, essas duas substâncias neuroquímicas fazem um bom trabalho de motivação e aguçamento de foco, mas em doses muito mais elevadas nos deixam assustadiços e com a visão bitolada. Porém, é interessante notar que as armas mais pesadas de nossa resposta a ameaças ainda não foram disparadas. Demora vinte a trinta segundos para que as glândulas suprarrenais reajam, liberando *ainda mais* adrenalina e noradrenalina no sistema, assim como um hormônio poderoso, mas de ação mais lenta, chamado cortisol.

Essa é a nossa janela de oportunidade. Durante esse meio minuto entre o alerta inicial e a reação suprarrenal, ainda é possível refrear a resposta à ameaça de maneira rápida e fácil. Nesses poucos segundos depois que noticiamos que nosso coração começou a disparar, temos uma alternativa. Podemos interpretar isso como um sinal de que há uma ameaça no horizonte e permitir que a reação defensiva seja desencadeada ao máximo, ou podemos tomar a resolução de interpretar a crise de nervos como um sinal de que o cérebro e o corpo estão prontos a se levantar diante de um desafio excitante. Podemos enxergar como "fim de jogo" ou "início de jogo". E as pesquisas indicam que a segunda opção pode fazer toda a diferença na maneira como nos portamos sob pressão. Os psicólogos Wendy Berry Mendes e Jeremy Jamieson, respectivamente da Universidade da Califórnia em San Francisco e da Universidade de Rochester, realizaram diversos estudos que mostraram que as pessoas têm melhor desempenho quando decidem interpretar o batimento cardíaco e a respiração acelerados como "um recurso que ajuda a performance". Nas palavras deles: "A excitação é vaga, semântica e psicológica. Nossas reações dependem, em grande parte, da forma como enquadramos uma situação e as respostas do nosso corpo".[4]

Por isso, da próxima vez que notar que está ficando tenso:

- Lembre a si mesmo que são seu corpo e seu cérebro garantindo que você esteja pronto para o que está para acontecer.

- Tente dizer a si mesmo uma versão desta frase: "Isso são meu cérebro e meu corpo me preparando para este desafio. Vamos nessa!".

Isso deve ajudá-lo a se redirecionar ao modo de descoberta, antes mesmo de abrir a boca para falar.

CONECTE-SE A SEUS VALORES

Agora, vamos falar daquilo que você pode fazer para aumentar a confiança antes que a adrenalina entre em ação. Outra maneira de recorrer a seu "eu" no modo de descoberta é recuar um pouco da tarefa que tem pela frente e tirar um momento para refletir a respeito de coisas maiores na vida, como seus valores e seu senso de propósito.

Uma coisa tão simples assim pode mesmo fazer diferença? Sim, e de forma mensurável. Em um estudo da Universidade da Califórnia em Los Angeles, o psicólogo David Creswell e sua equipe pediram a voluntários que fizessem o teste de Trier, indutor de estresse, que descrevi anteriormente. Antes do teste, todos os voluntários passaram por uma pesquisa em que se pediu que ranqueassem os valores e questões que eram importantes para eles. Em seguida, pediu-se a alguns deles que expressassem pensamentos e sentimentos em relação ao valor que mais importava para eles. *Estes* voluntários, aqueles que passaram algum tempo refletindo a respeito de um importante valor pessoal, tiveram uma experiência diferente nas partes estressantes do teste realizado em seguida. Relataram ter lidado melhor com o discurso e ficado menos ansiosos. E aparentemente mente e corpo estavam de acordo, porque o nível de cortisol na saliva, de fato, foi notavelmente menor.[5]

Como recorrer a seus valores pessoais para transpirar mais confiança sob pressão? Eis três coisas a experimentar antes de subir ao palco com um pedido importante ou uma afirmação corajosa:

➠ Escreva duas ou três frases sobre suas aspirações maiores na vida ou no trabalho. Um estudo dos psicólogos Gavin Kilduff e Adam Galinsky (respectivamente das universidades de Nova York e Columbia) concluiu que aqueles que fazem isso são posteriormente avaliados pelos colegas como mais proativos e com mais perfil de liderança, mesmo quando eram tarefas sem relação alguma com as metas pessoais que puseram no papel.[6]

➠ Relembre-se da nobre razão por trás daquilo que você está para realizar. Quem mais (além de você) vai se beneficiar com aquilo que você está pedindo ou defendendo? Vai ajudar sua empresa, a sociedade, ou as pessoas na plateia? Uma das coisas que podem nos impedir de fazer um pedido é a sensação de estarmos sendo de alguma forma egoístas, ou o receio de que as pessoas *achem* que estamos sendo egoístas. É por isso que de tempos em tempos Greg lembra a si mesmo de estar "transformando o futuro da assistência à saúde", e não apenas "pedindo dinheiro". Ele sabe que fica mais tranquilo e confiante quando adota essa perspectiva.

➠ Concentre-se naquilo que lhe desperta os sentimentos mais fortes. Para reunir confiança quando há muita coisa em jogo, até comunicadores experientes podem se beneficiar por focar a mensagem nas coisas que mais lhes dizem respeito pessoalmente. Patrick, presidente de uma empresa de mídia, estava treinando com uma coach de desempenho para uma importante entrevista coletiva. Ele era um líder calejado, acostumado a falar em público. Mas toda vez que ensaiava o discurso, começava a gaguejar ao chegar a um determinado trecho — o que era estranho, porque ele nunca foi gago. No entanto, não parava de acontecer toda vez que tentava falar de sua "empolgação" em relação a alguns projetos novos da empresa. A coach lhe perguntou qual era o problema. "A verdade", disse-lhe Patrick, "é que não estou bem certo se acredito nesta parte do discurso." Ela pediu a ele que tentasse reformular aquele trecho com assuntos que lhe despertassem empolgação genuína. O resultado? A gagueira parou e a apresentação foi amplamente elogiada.

OCUPE SEU ESPAÇO

Gostaria de chamar a atenção para uma técnica inusitada que você pode utilizar para aumentar sua confiança, tanto para se preparar para um desafio quanto em meio a ele.

Na seção Ciência básica, no início deste livro, ressaltei o poder da conexão entre corpo e mente, nos dois sentidos. Essa via de mão dupla se manifesta de uma maneira útil, e incomum, quando se trata de ser afirmativo. Amy Cuddy e seus colegas na Universidade Harvard achavam curioso o fato de agirmos como gorilas quando nos sentimos corajosos e à vontade: temos tendência a "crescer" ("De novo gorilas", você deve estar dizendo). Ficamos eretos, enchemos o peito, talvez com os braços atrás da cabeça ou as mãos na cintura. E quando ficamos reticentes ou temerosos, temos tendência a fazer o contrário. Encolhemos os ombros. Curvamo-nos, ficamos menores, cruzando os braços ou baixando a cabeça.

De maneira notável, a equipe de Cuddy e um grupo de pesquisa comandado por suíços descobriu que esse mecanismo também atua no sentido contrário. Quando alguém "cresce" fisicamente — ficando mais ereto, afastando um pouco os pés, alargando os ombros e os braços —, isso rapidamente aumenta a sensação de autoconfiança.[7] É como se uma posição relaxada, pronta para tudo, sinalizasse ao cérebro a ausência de ameaças no entorno, a possibilidade de sair do modo de defesa. E quando os voluntários passaram alguns minutos alongando braços e pernas para aumentar seu espaço físico antes de fazer um discurso, Cuddy descobriu que o desempenho era mais bem avaliado por observadores independentes do que o de outras pessoas, que ficaram sentadas normalmente antes de discursar.[8]

Agora vamos conhecer Gemma, ex-gerente de operações de uma multinacional de produtos agrícolas na Romênia. Ela supervisionava tudo, da produção local às vendas e relações públicas. Durante vários anos, deu conta bem dessa função complexa, e sentia-se pronta para um desafio maior. Mas quando começou a falar com o chefe sobre a possibilidade de uma promoção, disseram-lhe não considerar que ela tivesse "perfil de direção". Quando pressionou em busca de mais detalhes, não parecia que o chefe tinha qualquer restrição a seu desempenho. Ela simplesmente não era vista como uma pessoa tão afirmativa e séria quanto seus pares. Gemma sentia confiança em sua própria capacidade, mas não transmitia isso em seu comportamento. Ela diz: "Eu estava participando de um jogo que eu nem sabia que estava sendo jogado. Pensei: 'O.k., entendi. Preciso aparecer'. É mais uma questão de atitude que qualquer outra coisa".

Estava marcada uma reunião fundamental, na qual ela precisava convencer a direção a liberar uma verba adicional para a operação em seu país. Ela sabia que era uma oportunidade de mostrar quem era de verdade, e resolveu marcar o cerne da apresentação com uma postura especial. "Essa frase estava o tempo todo na minha cabeça: 'Ocupe seu espaço'. Eu me visualizei conversando relaxadamente e em pleno controle do meu terreno." Quando a reunião começou, conta, "incorporei totalmente aquela imagem. Sentei-me com firmeza, costas eretas, cabeça para cima, ombros e mãos bem abertos. Apresentei meus argumentos. Olhei nos olhos de todos. E aquelas palavras, 'ocupe seu espaço', estavam o tempo todo no meu subconsciente". Funcionou? "O efeito foi eletrizante. Todos ouviam com a maior atenção. Depois, o presidente do comitê me chamou à parte e me instou a me candidatar a funções de maior responsabilidade, e disse que eu teria o apoio dele. Agora, uso esse 'ocupe seu espaço' como lembrete, o tempo todo."

Para experimentar isso por conta própria, antes de sua próxima conversa de peso:

- ➡ Encontre um espaço onde você possa se alongar; serve qualquer sala, corredor ou banheiro vazio. Fique de pé, ereto, pernas bem afastadas. Estique-se e balance os braços. Ponha os ombros para trás e encha o peito. Repouse as mãos bem abertas sobre uma mesa ou atrás da sua cabeça.

- ➡ Ao conversar com alguém, experimente uma versão mais modesta do mesmo exercício. Se você notar que está se curvando, recoste-se na cadeira e respire fundo, enchendo bem os pulmões. Descruze os braços e as pernas. Experimente pôr um braço atrás do encosto da cadeira, ou espalmar as duas mãos sobre a mesa.

GANHE MAIS RECONHECIMENTO PESSOAL

É preciso admitir: na vida profissional, nem sempre é garantido que você receberá o devido crédito pelo seu esforço. Mas o fato é que todos queremos nos sentir úteis e valorizados — como vimos no capítulo 9, atender essa necessidade básica do ser humano ajuda a manter o cérebro no modo de descoberta, de alto desempenho. Por isso, quero compartilhar algumas técnicas elegantes para assegurar que seu nome estará gravado em algum lugar do troféu.

Cristine passou a primeira fase de sua carreira na área de vendas trabalhando para start-ups de tecnologia no Brasil, mas nos últimos anos ela tem trabalhado numa empresa muito maior, com dezenas de milhares de funcionários no mundo inteiro. Ela é responsável por prospectar e gerenciar clientes para sua área, a de serviços a empresas, e é competente em sua função. Mas, numa empresa tão grande, brilhar exige muito esforço. Como ela afirma, "eu não estava contando ao pessoal da cúpula o que estava conseguindo fazer. Sentia que meu estilo não era ficar me gabando dos meus êxitos. Minha tendência era supor: 'Eles sabem o que faço; não preciso ficar contando'. Mas na verdade *preciso* contar a eles. Mesmo gostando de você, as pessoas não têm tempo para prestar atenção nos detalhes e descobrir direito o quanto você é boa. Por isso, se não contar algo positivo e memorável em relação ao seu trabalho, elas nunca vão saber o que você tem a oferecer. Eu sou vendedora — precisava saber disso!".

Uma chefe nova lhe deu alguns conselhos. "Ela disse que, toda vez que encontrasse alguém acima, eu devia contar uma coisa boa que tivesse acabado de realizar. Foi o que fiz. No início, me sentia mal, como se estivesse forçando a barra mesmo. Mas depois foi se tornando natural dizer 'Olha, talvez você fique feliz de saber que da conversa que tive com Fulano semana passada surgiu uma ótima oportunidade'. Isso é mais interessante que o papinho convencional, e no fim não dava nem um pouco aquela sensação de forçado."

Com o passar do tempo, Cristine foi produzindo coisas que a fizeram sentir-se mais à vontade. "Primeiro, descobri que o truque era contar algo que fosse do interesse específico daquela pessoa. Por isso, agora penso como algum trabalho meu recente pode ajudar na área daquela pessoa, e quando posso digo algo que tenha a ver com isso. E, é claro, isso atrai a atenção. Todo mundo se interessa por coisas que lhe dizem respeito. Você só tem que atender o seu público."

Ela também inventou um processo simples, mas muito eficaz, para garantir que sempre terá uma boa notícia a dar. "Toda sexta à tarde, reservo o horário das cinco às 5h30, que de qualquer maneira costuma ser uma hora morta, e escrevo em uma planilha a melhor coisa que fiz durante a semana. Reservo meia hora, mas na verdade só preciso de cinco minutos. Enquanto faço isso, penso em quem pode ter interesse em ouvir cada exemplo. E isso faz com que eu tenha uma enorme base de dados à qual recorrer para minha avaliação anual de desempenho, porque todas as informações já estão ali." Cristine dá um exemplo recente: "Um cliente sofreu um vazamento de informação confidencial e tive que fazer um esforço extra para ajudá-lo a superar o problema. Eles ficaram muito gratos e recebi uma mensagem de uma pessoa uns cinco escalões acima de mim. Mas, francamente, é algo que eu acabaria esquecendo num prazo de seis meses. Colocar por escrito faz com que eu não esqueça".

E qual foi o resultado? "Adquiri o respeito de pessoas que antes nem tinham ouvido falar de mim. Sinto que estou construindo uma marca pessoal, de alguém que entrega resultados. Agora virou uma coisa natural para mim. E até minha chefe adotou meu processo de sexta à tarde."

Da próxima vez que estiver interagindo com alguém cujo reconhecimento você busca, experimente recorrer aos conselhos de toda a parte V — como fez Cristine — usando as seguintes abordagens:

➡ Adote o ponto de partida do outro. Descubra aquilo que mais o preocupa ou empolga em relação ao próprio trabalho. Mostre como o seu trabalho se relaciona àquilo.

- Dê um exemplo. Mencione uma situação específica em que seu trabalho tenha tido um impacto positivo sobre pessoas de carne e osso (clientes ou colegas). Não fale apenas de números ou ideias abstratas.

- Mantenha a simplicidade. Para as pessoas, é mais fácil se lembrar de algumas poucas realizações do que de uma interminável lista de todos os trabalhos que você realizou (que pode ficar à disposição dos interessados).

- Contextualize. Explique *por que* você fez o que fez, chamando a atenção para o acerto de suas avaliações. Um pouco de contexto ajuda a fixar suas realizações na cabeça dos outros.

- Invoque as "provas sociais". Enfatize o retorno entusiasmado que recebeu de outras pessoas, semelhantes a elas, ou de gente que elas respeitam.

- É dando que se recebe. Se você espera receber reconhecimento, certifique-se de também reconhecer. As emoções são contagiosas e as pessoas são programadas para gostar da reciprocidade. Até aqueles que estão no alto escalão gostam de saber que seu esforço valeu a pena.

Como angariar confiança

Pense na próxima oportunidade em que você sabe que vai querer estar em seu estado mais confiante. Experimente as seguintes técnicas:

- Transforme o nervosismo em entusiasmo. Quando perceber os sintomas físicos de que está ficando tenso, como coração e respiração acelerados, enxergue-os como um sinal de sua prontidão para o desafio. Pense "início de jogo", em vez de "fim de jogo".
- Conecte-se a seus valores. O que realmente importa para você, no trabalho e na vida pessoal? Qual é o propósito maior daquilo que você está pedindo ou defendendo? Mantenha esse valor claro em sua mente, talvez anotando-o para si próprio antes do momento crucial. Foque sua mensagem nas coisas que mais lhe importam.
- Ocupe seu espaço. Planeje uma pausa de cinco minutos para se alongar, abrir bem os braços e consertar os ombros. Durante o momento principal, da mesma forma, certifique-se de também "ocupar seu espaço", sentando-se ereto, em vez de se curvar com os braços sobre o corpo.
- Conquiste mais reconhecimento pessoal. Aplique todos os conselhos sobre influência da parte V à maneira como você menciona suas realizações pessoais, como mostrado na lista acima. Registre os pequenos êxitos cotidianos, para que nem você nem seu chefe tenham que confiar na imperfeição da memória para relembrar tudo que você realizou.
- Também vale repassar os conselhos do capítulo 3: contraste mental, sugestionamento e ensaio mental. São, todas elas, técnicas que podem ajudar a turbinar sua autoconfiança diante de um desafio.

PARTE VI

Resiliência

Como atravessar períodos de derrotas e dificuldades

Nada em si é bom ou mau; tudo depende daquilo que pensamos.
WILLIAM SHAKESPEARE, *HAMLET*

Neste livro, até agora, dei ênfase àquilo que você pode controlar. Mas, evidentemente, é difícil passar um dia sem que aconteça algo inesperado – um prazo que muda, uma decisão que não lhe é favorável, os desdobramentos de uma crise em ambiente carregado. Pode ser que você tenha estabelecido suas intenções para o dia e esteja tentando prestar atenção às coisas positivas, mas aí se dá conta de que cometeu um enorme equívoco em relação a alguma coisa. Pode ser que alguém tenha deixado de fazer o que prometeu, ou o deixe à espera de uma resposta. Esse tipo de incerteza e surpresa indesejada nos causa estresse, mas não há como evitá-la. Faz parte da vida.

A boa notícia é que, no longo prazo, temos uma surpreendente resiliência. Como mostrou o psicólogo Dan Gilbert, da Universidade Harvard, em décadas de pesquisa sobre a *previsão afetiva*, temos tendência a superestimar o impacto pessoal de todos os eventos do cotidiano, bons ou ruins. Mesmo diante do pior que a vida pode nos aprontar, temos uma capacidade notável de nos adaptarmos às novas circunstâncias e retornar a nossos níveis anteriores de felicidade.[1] Mas quando decepções e irritações efetivamente nos tiram do rumo, saber que um dia vamos superar aquilo serve pouco como consolo.

Por isso, gostaria de enriquecer seu repertório do "dia ideal" compartilhando algumas técnicas confiáveis, embasadas na ciência, para ajudá-lo a voltar rapidamente aos trilhos quando topar com algum obstáculo. Primeiro, vou falar das maneiras de recuperar o equilíbrio ao ser atingido por um evento desagradável. Depois, vou falar das maneiras de reagir e seguir em frente em situações que o deixam para baixo durante algum tempo. Vou mostrar como lidar com a incerteza e a ambiguidade de forma hábil e elegante. E, por fim, vou falar de alguns conselhos em relação à melhor forma de lidar com situações em que alguém o deixou na mão, para que você possa seguir adiante sem dificuldades.

17. Como conservar a cabeça fria

Na juventude, Bartek sabia que queria trabalhar com comida. Mas quando chegou a Londres, vindo da Polônia, teve que aceitar o primeiro emprego que apareceu: limpar o chão em um hotel onde, recorda, "os corredores eram tão compridos que dava para ver a curvatura da Terra". Seu momento transformador veio quando convenceu o chef do hotel a deixá-lo candidatar-se a uma vaga na cozinha do restaurante — e a partir daí, construiu uma carreira florescente na indústria de alimentação industrial, tornando-se anos depois gerente sênior em uma bem-sucedida empresa especializada em sopas e caldos. Bartek tocava as operações do dia a dia ao mesmo tempo que ajudava os proprietários a expandir o negócio. Mas, em 2012, sobreveio o desastre. Ele resolveu expandir a capacidade de produção da empresa, apostando que seria preciso atender um aumento súbito na demanda de visitantes invadindo Londres para os Jogos Olímpicos de 2012. Mas não foi bem isso o que aconteceu.

"Todo mundo havia previsto que os Jogos Olímpicos iam ser incríveis para os negócios em Londres. Ia ser difícil atender as encomendas, devido à demanda, e ia ser difícil fazer entregas, porque as ruas iam estar engarrafadas com os visitantes. Dediquei muito tempo trabalhando para estarmos prontos para isso. Contratamos mais motoristas e alugamos mais peruas. Estávamos totalmente preparados", diz Bartek. "Eu pensava que estávamos não só protegendo nosso negócio naquele momento, mas que também íamos abocanhar novos negócios de restaurantes cujos fornecedores não haviam planejado tão bem quanto nós. Aí veio o primeiro dia das Olimpíadas. Saímos todos cedo de casa, para chegar no horário, achando que o trânsito ia ser horrível – mas as ruas estavam completamente livres. Nossa frota de caminhões de entrega terminou as viagens e estava de volta ao depósito depois de três horas."

Foi o primeiro de uma série de dias terríveis. Em vez de explodir, o número de encomendas caiu, e a empresa começou a perder dinheiro. "Foi verdadeiramente difícil. E, do ponto de vista pessoal, a impressão era de que estavam questionando tudo que eu fiz." Bartek sentiu-se tão mal com a situação que teve dificuldade para raciocinar com clareza. Sentia os músculos tensos, o que, ele percebeu, era um sinal de que o cérebro estava na defensiva – algo que estava preparado para reconhecer graças a seu treinamento em artes marciais. Ele sabia que precisava encontrar uma forma de administrar sua reação, de ter frieza o bastante para trazer de volta o sistema deliberado do cérebro, de modo a encontrar o caminho certo para seguir em frente. Por sorte, Bartek sabia exatamente como fazer isso (o que significa que eu posso tranquilizá-lo: esta história teve final feliz). Vou explicar o tipo de tática que ele usou.

PONHA RÓTULOS

Uma maneira poderosa de reduzir rapidamente os níveis de preocupação, raiva ou frustração é fazer o que os cientistas chamam de *rotulagem afetiva*. Anos de pesquisa indicam que, quando dá para pôr um nome na emoção negativa que estamos vivenciando, e descrever sucintamente o que está provocando essa sensação, conseguimos reduzir a ascendência dela sobre nós.[1]

Um estudo de pesquisadores da Universidade da Califórnia em Los Angeles fez quatro grupos de aracnófobos encarar uma tarântula viva e aproximar-se o máximo que pudessem para tocá-la.[2] Pediu-se ao primeiro grupo que articulasse, ou "rotulasse", seus sentimentos em relação a esse suplício, dizendo coisas como "Estou ansioso, ou amedrontado, por essa aranha feia e assustadora" (resposta que certamente soa aceitável para a maioria de nós). Outro grupo usou termos combativos: "Essa aranhazinha não pode me machucar. Não tenho medo dela". Um terceiro grupo se distraiu falando de algo completamente diferente, enquanto um grupo de controle não falou absolutamente nada. Os resultados foram evidentes: mesmo uma semana depois, o grupo "rotulador" apresentava visivelmente menos medo que os outros grupos, ao ter que encarar de novo uma aranha. As palmas da mão ficaram menos úmidas e os integrantes desse grupo conseguiam chegar mais perto do inseto.

Essa redução da emoção negativa é espelhada por aquilo que acontece no cérebro quando usamos a técnica de rotulagem. Os pesquisadores descobriram que, enquanto a atividade em nossos circuitos de sobrevivência aumenta quando identificamos possíveis problemas, ela se acalma quando rotulamos o que está acontecendo.[3] Isso torna mais fácil para nós envolver as sofisticadas habilidades de raciocínio do sistema deliberado do cérebro, o que nos permite ver a situação como um todo e — quando necessário — encontrar o caminho para progredir. É quase como se reconhecer a existência de um problema permitisse que nosso cérebro soe o alarme: o equivalente cognitivo de dizer "Sim, eu ouvi você — e agora?".

Bartek usou a rotulagem, com excelente resultado, em meio à sua crise olímpica. "Quando senti o pânico crescendo em mim, pus por escrito como me sentia e o que me preocupava. Na verdade, fiz um diário de meus receios. Assim que coloquei no papel meus sentimentos, tive a sensação de que isso me ajudou enormemente." Ele ressalva, porém, que a rotulagem pode parecer incoerente com os conselhos profissionais que costumamos receber dos colegas. Como diz Bartek, "Muitas vezes nos dizem para 'apenas seguir em frente' ou 'dane-se'". Muito pode ser dito sobre esse tipo de otimismo pertinaz, mas quando ele ocorre à custa da repressão de seus receios, as pesquisas indicam que tende a piorar as coisas, em vez de melhorá-las. Suprimir as emoções negativas, concluiu-se, é um tiro pela culatra, *aumentando* os marcadores psicológicos e neurológicos do estresse.[4] Por isso, afirma Bartek, "quando você vai direto para o modo de solução, antes de reconhecer como está se sentindo, provavelmente não raciocinará da melhor forma sobre o próximo passo."

Doug, o presidente da empresa de varejo on-line que conhecemos na parte I, concorda. "No calor da situação, uma coisa confiável para me impedir de perder o sangue-frio é reconhecer o que está borbulhando dentro de mim. Quando estou sentado numa reunião e alguém faz um comentário estúpido, ou alguém foge da responsabilidade por algo que fez, digo a mim mesmo 'Isso é irritante. Você tem razão de estar irritado. Mas depois você cuida disso'. Assim, eu admito o sentimento na minha cabeça, mas deixo ele guardado para pensar mais tarde. Muitas vezes isso me ajuda a superar aquele momento."

O que você terá percebido, tanto em Bartek quanto em Doug, é que eles não estão usando a rotulagem afetiva para reprimir suas emoções negativas. Eles as estão mantendo vivas e as usando como uma plataforma mental no sentido de pensar mais claramente em soluções. Essa é a atitude que você também deve almejar. Eis algumas coisas a experimentar:

➠ Colocar por escrito. Escreva uma ou duas frases sobre seu sentimento, e a causa dele ("Estou irritado/aborrecido/decepcionado neste instante porque..."). Talvez você também possa consultar a lista de gatilhos, do capítulo 9, em busca de auxílio na rotulagem da causa dos seus sentimentos. Depois, reveja o que você escreveu, sem fazer juízo. Por fim, pergunte a si mesmo: "Agora, qual a próxima coisa a fazer?".

➠ Desabafo estruturado. Se considerar útil conversar com colegas ou amigos sobre aquilo que o irrita, peça a eles que esperem você terminar de articular o que sente e o que causa esse sentimento, antes de lhe darem conselhos. É fácil fazer isso, de maneira informal, dizendo simplesmente: "Posso botar para fora uma coisa que está engasgada?". Com um amigo íntimo, você pode ser ainda mais direto: "Não precisa me dar a solução agora. Só preciso que você concorde e diga: 'Que coisa chata'".

➠ Dê nome aos bois. Da próxima vez que estiver em uma reunião em que a tensão for evidente, experimente dizer em voz alta: "A coisa está feia, agora, não está? Não podemos tentar de outro jeito?". É quase inevitável que o grupo dê um suspiro coletivo de alívio, porque sua admissão acalmará o cérebro de todos, e você terá muito mais condição de seguir em frente a partir daí.

À medida que evoluía a crise na empresa de Bartek, ele estimulou as pessoas a falar abertamente da situação. "Enfiei todo mundo numa sala para discutir o que estava acontecendo. Perguntei às pessoas o que as preocupava mais. Primeiro, falamos do que ia acontecer na linha de produção, e assim por diante. Mas no fim alguém pigarreou e disse o que realmente estava na cabeça de todos: 'Eu temo pelo meu emprego'. E aí todos se abriram, inclusive eu." Bartek e seus colegas não perderam o emprego — na verdade, a capacidade dele de virar o jogo impressionou a todos. Mas, no calor do momento, como ele diz, "o simples fato de conversarmos sobre nossos receios mais básicos já ajudou muito".

DISTANCIE-SE UM POUCO

Você já notou como é mais fácil dar conselhos aos outros do que resolver seus próprios problemas? Canso de ver isso ao ministrar treinamento a clientes coletivos, e não individuais. Muitas vezes dão aos colegas ótimas ideias sobre assuntos com os quais eles próprios têm dificuldade, depois de uma introdução envergonhada do tipo "Sei que é irônico, mas para mim é evidente que você tem que fazer X. Acho que eu também devia seguir meu próprio conselho". Esse é um exemplo daquilo que os cientistas do comportamento chamam de *distanciamento*, em que adotamos um ponto de vista diferente do nosso; as pesquisas confirmam que essa é outra técnica altamente eficaz a ser utilizada sob pressão.

Ethan Kross é diretor do Laboratório de Emoção e Autocontrole da Universidade de Michigan. Em uma experiência,[5] ele e sua equipe ministraram a um grupo de voluntários o teste de Trier de estresse social, que conhecemos no capítulo 16 — aquele em que as pessoas têm que preparar e fazer um discurso explicando por que são a pessoa ideal para o emprego ideal. Nessa versão do teste de Trier, depois que os voluntários prepararam o discurso, mas antes de fazê-lo, foram dados três minutos a mais para que refletissem sobre a própria ansiedade. A um grupo, pediu-se que pensasse na pergunta "Por que estou me sentindo assim?". O segundo grupo foi instruído a se distanciar, sugerindo que os voluntários falassem de si na terceira pessoa: "Por que [o próprio nome, por exemplo, Caroline] está se sentindo assim?". Quando, por fim, eles discursaram diante de um painel de jurados imparciais, o segundo grupo, "distanciado", recebeu notas mais altas pelo desempenho. E também se sentiu melhor. Os pesquisadores concluíram que eles expressaram menos negatividade, do tipo "que horror/que coisa terrível", tanto antes quanto depois de discursar.

Também se concluiu que o distanciamento ajuda quando a ameaça imediata passou. As pesquisas apontam que nos sentimos mais calmos quando olhamos para trás, para um acontecimento desagradável recente, se esse acontecimento for descrito como se estivesse sendo visto por um observador externo. Aprender a usar o distanciamento parece ter um efeito benéfico duradouro, o que facilita ficar calmo na ocasião seguinte em que ocorrer alguma coisa estressante.[6]

Eis algumas maneiras de adotar um ponto de vista distanciado, da próxima vez que isso ocorrer:

➨ Fale consigo mesmo. Em vez de dizer a si próprio "*Estou* preocupado com a reunião desta tarde porque...", experimente "*Você* está preocupado com a reunião desta tarde porque...".

➨ Viaje para o futuro. Pergunte a si mesmo: "O que eu vou achar disso daqui a um mês, ou daqui a um ano?". É simples, mas é uma das minhas técnicas preferidas exatamente por isso.

➨ Ponha-se no lugar do outro. Pense no que outra pessoa diria se tivesse que descrever a situação de uma perspectiva neutra – por exemplo, a de um estranho passando pela rua.

➨ Seja o seu "melhor eu". Pense em como você é nos momentos mais sensatos, e pergunte a esse "melhor de você" o que ele diria da situação. É uma variante da abordagem "de outra pessoa", mas lhe permite recorrer à própria experiência em lidar com situações de estresse.

➨ Dê conselhos a um amigo. Distancie-se um pouco perguntando a você mesmo: "Se estivesse dando conselhos a um amigo sobre exatamente o mesmo problema, o que eu diria?".

Não se trata de uma lista exaustiva, mas são técnicas que vi darem certo. Uma boa ideia é testá-las até encontrar uma técnica de distanciamento à qual seja fácil recorrer quando necessário. Por exemplo, Chloë, diretora de operações de uma empresa do ramo da moda, criou uma pergunta de distanciamento fácil de usar nos momentos de crise. Ela pergunta: "O que o meu 'melhor eu' diria a respeito disso, daqui a uma semana, olhando para trás?". De um só golpe, essa pergunta combina com eficiência pelo menos duas das técnicas de distanciamento acima – muda o horizonte temporal e a faz entrar na pele da melhor versão de si mesma.

Enquanto isso, Doug, o presidente da empresa de varejo, gosta de recorrer a diversas abordagens de distanciamento diferentes. "Muitas vezes pergunto a mim mesmo: 'Francamente, daqui a um ano, isso vai ser uma coisa realmente importante?'. Ou me imagino observando a situação de fora." Em todas as situações, segundo ele, "penso em qual seria a voz da razão, de uma perspectiva diferente. E depois de recorrer a essa voz da razão, é muito mais fácil fazer perguntas sensatas, como 'Qual é a pior coisa que pode acontecer?' ou 'Será *mesmo* que a culpa é daquela pessoa?', quando estou aborrecido com alguém".

E Bartek? "Um truque que eu uso para me distanciar um pouco é uma variante da ideia budista do 'olhar com olhos de criança'. Indo mais longe, faço a pergunta: 'O que uma criança faminta diria disso?'. É dramático, mas funciona comigo. Durante as Olimpíadas, quando estava com medo de meus abacates estragarem porque não estávamos vendendo sopa o bastante, fazer essa pergunta me relembrou de que o mundo não ia acabar. Isso me ajudou a colocar as coisas em perspectiva e reduziu minha ansiedade, permitindo-me pensar mais claramente no próximo passo a dar."

FAÇA UMA PERGUNTA RECOMPENSADORA

Diversas pesquisas mostraram que é mais fácil ficar acima de uma situação desagradável quando nosso estado de espírito é positivo.[7] Mas como é que você vai entrar num estado de espírito positivo quando tem alguma coisa incomodando no trabalho?

É aí que entram as *perguntas recompensadoras*. Elas proporcionam ao cérebro algum tipo de recompensa – não uma iguaria fugaz como chocolate ou bebida, mas o tipo de incentivo mais profundo que obtemos do aprendizado de algo novo, da sensação de competência ou do senso de propósito. Por ajudá-lo a recorrer a essas três fontes clássicas de motivação, as perguntas recompensadoras auxiliam o retorno ao modo de descoberta, que facilita enxergar o jeito de ultrapassar os obstáculos mentais do caminho. Experimente as estratégias adiante para descobrir qual delas funciona melhor para você quando se sentir desgastado por uma situação ruim no trabalho.

"Que coisa fascinante! O que eu posso aprender com isso?"

Tenho certeza de que você já vivenciou o acaso de um momento "Eureka!", ou o prazer proibido de ouvir uma deliciosa fofoquinha interna. Já comentei que o cérebro encara como uma recompensa o aprendizado de coisas novas. É por isso que, quando alguma coisa dá errado, uma das melhores perguntas que você pode fazer a si mesmo é:

➡ "O que eu posso aprender com isso?"

Testemunhei dezenas de executivos seguirem, com bom proveito, o conselho do maestro Ben Zander, que sugere, na verdade, ir um passo além. Ele é conhecido por recomendar a seus músicos que ergam as mãos para o céu e digam "Que coisa fascinante!" quando cometem um erro ao tocar, antes de perguntar a si próprios o que podem aprender com essa experiência.[8] A frase os ajuda a relembrar que a descoberta é uma alegria em potencial, embora com frequência a exclamação acima seja acompanhada de um sorriso sem graça e um palavrão resmungado.

E o que Bartek decidiu achar fascinante em seu fiasco olímpico? "Aprendi a reconhecer que, embora seja do tipo que planeja e se preocupa com tudo, sempre serei surpreendido pelas circunstâncias. Preciso aceitar que não tenho como saber ou prever tudo. Isso é bastante animador." Ele também aprendeu algumas lições mais específicas com essa experiência. "Dei-me conta de que poderia ter entrado em contato com fornecedores de alimentação das sedes olímpicas anteriores e perguntar como as coisas tinham ido para eles. É uma lição para o futuro: posso recorrer mais à experiência alheia, em vez de tentar sempre resolver tudo sozinho, como é minha tendência." De fato, fascinante, e útil.

"O que minhas 'provas de fogo' me dizem?"

No capítulo 10, discuti maneiras de turbinar o desempenho de colegas, ajudando-os a se sentirem capazes de resolver os próprios problemas. Agora, vamos aplicar a nós mesmos essa técnica. Quando acontece alguma coisa que nos faz sentir frustração ou incompetência, é bom nos lembrarmos de experiências e habilidades acumuladas, e como elas podem nos ajudar a estar à altura da situação problemática com que estamos lidando.

Bill George, professor da Harvard Business School e ex-presidente da Medtronic, explica uma forma de fazer isso em seu livro *O líder autêntico*.[9] Nele, George escreve sobre o efeito estimulante de revisitar suas "provas de fogo" – ou seja, os grandes testes que você superou na vida, que ajudaram a forjar quem você é hoje. Esses testes não precisam necessariamente ter ocorrido na vida profissional – provas de fogo também podem ser momentos desafiadores que você superou na vida pessoal. Faça a você mesmo as três perguntas seguintes:

- "Em que momento do passado eu lidei bem com uma situação difícil?"
- "Que qualidades pessoais me permitiram superar aquela situação?"
- "O que isso me diz sobre quão bem preparado estou para lidar com a situação atual?"

Bartek descobriu que revisitar suas provas de fogo lhe propiciava mais otimismo em relação à capacidade de recuperar-se de seus erros. "Provavelmente, o momento mais difícil da minha vida foi quando cheguei a Londres sem um tostão." Ele se recorda de que era flexível e sabia se virar, disposto a limpar o chão de hotéis como uma forma de progredir. Ele sabia ainda possuir dentro de si essas qualidades. "Isso me fez pensar 'o.k., já passei por isso', quando fiquei com medo de perder o emprego. Sabia dispor de energia suficiente para aguentar, se necessário. E isso me fez parar de andar em círculos, preocupado."

O que realmente importa?

Pesquisas científicas sobre a resiliência também indicam que possuir um senso de propósito tende a ajudar as pessoas a se recuperar de adversidades.[10] Às vezes, o conceito de "propósito" pode parecer grandioso demais para absorvermos – em certos momentos, o sentido da vida pode não ser tão evidente. Mas sempre é possível parar um instante para refletir de modo mais amplo sobre as coisas que mais importam para nós, e pensar no que isso pode nos ensinar em relação à melhor forma de reagir a uma situação difícil. Isso nos traz de volta, de certa maneira, ao princípio deste livro, já que um passo inicial simples no sentido de resgatar o senso de propósito é revisitar suas intenções. Bartek diz que isso quase sempre o ajudou a pensar com maior clareza, ao perguntar a si mesmo:

- "O que é mais importante neste momento?"
- "O que eu realmente quero que aconteça aqui?"

Bartek diz que a resposta era "às vezes uma questão de fazer a coisa certa para a equipe, às vezes era uma questão de ser um bom pai, quando eu estava tentando encontrar o equilíbrio ideal entre o trabalho e a família. Sempre era esclarecedor e me fazia sentir seguro com muita rapidez".

RESPIRE PELO DIAFRAGMA

Citei o efeito calmante da respiração no capítulo 6, como parte dos conselhos de "pausa atenta" em momentos de sobrecarga, e no capítulo 9, ao falar da técnica de "recuar e reiniciar", para ajudá-lo a administrar sua reação a uma conversa tensa. E por que esse assunto sempre volta à baila?

Um motivo é que, quando estamos sob estresse, a mudança palpável mais fácil de perceber em nós mesmos é a respiração, que fica mais rápida e superficial. Quando você percebe que isso acontece em meio a uma reunião complicada, é um bom sinal de que você está em alerta máximo. E a respiração é um desses ciclos mente-corpo em que há uma via de mão dupla entre o estado físico e o mental. Inúmeros estudos apontam que, quando nossa respiração fica mais relaxada — mais profunda e mais lenta, puxando muito ar a cada vez —, o corpo parece interpretar isso como um sinal de que a ameaça passou.[11] Os níveis de hormônios do estresse caem, restabelecendo a capacidade de pensar de maneira mais construtiva. Noventa segundos de respiração mais profunda e mais lenta podem bastar para começar a nos liberar do modo de defesa.

No entanto, gostaria de acrescentar alguns conselhos sobre essa técnica, porque existe um tipo específico de respiração que desencadeia, de maneira mais eficiente, essa alteração calmante no sistema neuroendócrino. Ele é conhecido como "respiração diafragmática" – outros a chamam simplesmente de "respirar com a barriga". Ela exige abrir os pulmões até a capacidade máxima, espichando a barriga. Bem, tecnicamente isso representa baixar seu diafragma, mas essa instrução é difícil de obedecer; é mais fácil lembrar de inspirar fundo o bastante para inflar sua cintura.

Nayan, o diretor financeiro de banco que conhecemos no capítulo 12, considera que esse tipo de respiração o ajuda a lidar com os dias mais complicados. E eles não têm faltado. Durante a última crise financeira, Nayan trabalhou com diversas instituições para ajudá-las a não quebrar, e me disse que "chega um ponto em que todo santo dia acontecem aqueles momentos de 'oh, meu Deus', mental e emocionalmente. Estávamos descobrindo questões muito complexas, bem piores do que eu imaginava. O número de horas que trabalhei, o desafio intelectual de encontrar uma solução – foi enorme". Para atravessar esse período, ele usou todo tipo de ferramenta que discuti neste livro, mas uma que empregou todos os dias foi a técnica da respiração diafragmática. Diz ele: "Minha equipe me perguntava como eu conseguia ficar tão calmo diante de tudo aquilo. Então, mostrei a eles o que fazia. Primeiro, eu lhes disse para escutarem a própria respiração, e depois começarem a respirar lenta e profundamente. Disse-lhes que, se também conseguissem fechar os olhos e relaxar o corpo, começando dos dedos dos pés para cima, sem tentar controlar os pensamentos, estariam realizando um exercício básico de meditação atenta. E a parte da respiração pode ser feita no trem, numa sala de reunião, em qualquer lugar".

Raramente meu trabalho envolve o tipo de drama vivenciado por Nayan. Mas, como ele, uso a técnica da respiração com a barriga quase todos os dias, por achar que ela mantém minha serenidade quando encaro voos atrasados ou ruas superlotadas. (E para aqueles preocupados em manter a pose, enquanto enchem os pulmões: se ficar sentado ou de pé bem ereto, de modo a esticar o tórax ao inspirar, concluí que ninguém percebe o que você está fazendo.) Isso neutraliza tão rapidamente a irritação que eu me pergunto por que não existem cartazes nas ruas sugerindo que as pessoas façam isso antes de entrar no carro ou no ônibus. Por ora, espero que isso melhore pelo menos o seu caminho para o trabalho.

Nosso trabalho é repleto de incertezas. Você vai vender o bastante este mês para cumprir a meta? Vai conseguir aquela promoção importante ou seduzir aquele cliente? O que o presidente quis dizer quando falou da necessidade de "buscar eficiência"? Embora não tenha graça nenhuma quando acontece uma coisa ruim, o cérebro encara a incerteza como algo tão estressante quanto um desfecho negativo real, e por isso tentamos evitá-la sempre que possível.

Veja este exemplo, em que é preciso escolher entre duas opções. Você pode aceitar trinta dólares em espécie ou fazer uma aposta em que você tem 80% de chance de ganhar 45 dólares e 20% de chance de não ganhar nada. Qual você escolheria? A segunda opção, objetivamente, é mais lucrativa, já que rende um ganho médio esperado de 36 dólares. Mas, se você fica mais satisfeito com a primeira opção, não está sozinho; a maioria das pessoas concordará com você. É um fenômeno conhecido pelos cientistas do comportamento como *efeito certeza*.[12]

Por que preferimos evitar situações nas quais nos faltam informações? Um motivo é que isso faz o cérebro trabalhar bem mais, nos obrigando a avaliar diversos cenários possíveis — e sabemos o quanto o sistema automático do cérebro gosta de nos poupar energia mental. Não saber o que está acontecendo também nos torna mais sensíveis a experiências negativas; isso parece aumentar a sensação de ameaça. Por exemplo, em uma pesquisa no centro de ressonância magnética Wellcome Trust Centre, no Reino Unido, os pesquisadores fizeram pessoas tocarem em uma placa aquecida a uma temperatura elevada, desagradável ao tato. Aquelas que tinham menos ideia da temperatura que iam sentir descreveram a experiência como bem mais dolorosa.[13]

Mesmo assim, às vezes parecemos gostar da incerteza. Adoramos programas de TV e filmes que criam suspense e nos deixam sem saber o final. As pesquisas mostram que bebês de todas as culturas gostam do jogo de "cadê-achou", em que o rosto de uma pessoa aparece na frente deles em intervalos imprevisíveis.[14] Porém, o que mais chama a atenção na incerteza de que gostamos é que ela *tem limites*. Refere-se apenas a elementos definidos e específicos de uma situação. Por exemplo, quando lemos ou assistimos um romance policial, o autor dá um jeito de não sabermos de muita coisa — mas nós *sabemos* que dentro de um número finito de horas tudo será resolvido, e sabemos que o final surpreendente não vai alterar nada em nossas vidas. E, como se percebe, o mesmo vale para os bebezinhos jogando cadê-achou. Eles só acham graça quando há um elemento confiável — que a pessoa escondida é a mesma que volta, mais ou menos no mesmo lugar. Quando outra pessoa aparece, ou a mesma surge num lugar completamente diferente, os pesquisadores descobriram que os bebês riem muito menos.[15]

Isso nos fornece uma pista para atravessar períodos estressantes de incerteza. Quanto mais limites colocamos à incerteza — reconhecendo aquilo que damos por certo —, mais administrável fica, para o cérebro, a ambiguidade restante. Isto, por sua vez, reduz o estado de alerta do cérebro, o que nos permite tomar decisões mais sensatas em relação ao que fazer.

E por mais turbulenta que seja a situação, sempre há *alguma* coisa que podemos considerar garantida. Em meio a uma crise, podemos ressaltar os aspectos do nosso trabalho que permanecem intocados pelo furacão. Nas áreas que estão confusas, podemos nos dar conta de que é possível prever como 80% da situação vai terminar. Podemos elaborar e planejar cenários possíveis para os 20% restantes, e temos como pelo menos descobrir *quando* a incerteza será resolvida. Também temos controle sobre nossa própria reação à situação: o que decidimos dizer, fazer ou sentir. As pesquisas indicam que essa atitude — focar naquilo que controlamos, e não naquilo que nos é imposto — pode ajudar as pessoas a serem mais resilientes até ao lidar com situações altamente estressantes e caóticas, como combates militares e desastres naturais.[16]

Isso ficou evidenciado na experiência de Jacquie, relações-públicas de uma universidade da Nova Zelândia, que teve que lidar com um terremoto, com vítimas fatais, que atingiu sua cidade em 2011. Jacquie era o contato de mídia da escola, e jornalistas do mundo inteiro começaram a ligar enquanto ela e os colegas tentavam dar conta do caos. Sua equipe estava tentando resolver o que fazer, sem água e sem energia, ainda sem saber se viria um tremor secundário, ou como estavam seus entes queridos.

Em meio a tudo isso, Jacquie descobriu que sua concentração era ajudada por algumas coisas sabidas e controláveis. Antes de tudo, ela rapidamente percebeu que "progredir continuava a ser apenas uma questão de relacionamento — ajudar as pessoas a lidar com pressão, adquirir a confiança da mídia, proporcionar otimismo às pessoas na medida do possível e ser gentil com os outros". Eram coisas que ela sabia fazer bem, mesmo num contexto inteiramente desconhecido. Ela também decidiu encarar a experiência como "a mais profunda oportunidade de desenvolvimento pessoal que já tive. Pensei: 'Se consigo lidar com isso, consigo lidar com qualquer crise'".

Focar nessas duas ilhotas de certeza – sua competência e sua atitude – aumentou a resiliência e a versatilidade de Jacquie durante os dias e meses difíceis que se seguiram. Com muitos prédios danificados, a faculdade realizou a festa dos formandos em enormes tendas no campus, e Jacquie garantiu que essa valiosa "boa notícia" recebesse cobertura nacional da mídia. Isso foi considerado uma conquista notável de toda a comunidade. E, no final, Jacquie e suas colegas receberam um merecidíssimo prêmio especializado pelo trabalho que realizaram depois do terremoto.

Experimente essa abordagem consigo mesmo, ao lidar com uma situação incerta, fazendo as seguintes perguntas restauradoras da clareza:

- "Deixando de lado as coisas que eu desconheço, quais são as que eu *conheço*?"

- "Nisto tudo, o que há de conhecido para mim, considerando minha experiência anterior?"

- "O que cabe a mim controlar ou formatar nesta situação?" (Por exemplo: "Que atitude eu quero ter em relação a isto?", "Que lição eu decidi tirar disto?")

- "Quais seriam alguns possíveis cenários futuros?" (Inclua o melhor possível, o pior possível, e alguma variante entre os extremos.) "O que eu faria em cada um desses cenários?"

- "Que atitudes 'à prova de arrependimento' eu sei que posso tomar?"

Como manter a cabeça fria

Nunca dá para saber com certeza quando alguma coisa vai cair na sua cabeça. Mas você pode se preparar, certificando-se de possuir técnicas para "ficar frio" prontas para a próxima vez que isso acontecer. Treine com aquilo que mais o esteja incomodando neste momento.

➡ Rotule. Escreva como se sente em relação à situação, e por quê.

➡ Distancie-se. Experimente: falar consigo mesmo na segunda pessoa, tratando a si próprio como "você"; viajar para o futuro e olhar para trás; colocar-se no lugar do outro, que pode ser o seu "melhor eu"; imaginar-se dando conselhos a um amigo.

➡ Faça uma pergunta recompensadora.
- Pergunte: "Que coisa fascinante! O que posso aprender com isto?".
- Pense numa prova de fogo, em que você superou um problema no passado. Pergunte: "Quais foram as qualidades que me permitiram superar aquilo? O que isso me ensina em relação à capacidade de melhorar *esta* situação?".
- Pergunte: "O que eu estou realmente tentando alcançar? Como posso reconcentrar meu foco nisto?".

➡ Respire um pouco pelo diafragma. Acostume-se à sensação pouco conhecida de encher verdadeiramente os pulmões. Repita isso algumas vezes e sinta os efeitos.

➡ Domine o desconhecido. Reflita sobre a questão sobre a qual você está encontrando mais incertezas atualmente. Descubra o que você *de fato* sabe ou pode controlar.

18. Como seguir em frente

Às vezes o momento difícil já passou – aquela reunião complicada acabou, aquela decisão difícil foi tomada –, mas não conseguimos nos livrar da irritação ou da decepção com o que aconteceu. Emburramos com uma pessoa que nos aprontou uma, ou com a injustiça de uma situação. Pode ser que estejamos ruminando fantasias de vingança e reparação. Ou simplesmente nos preocupamos o tempo todo com algo que preferiríamos não ter feito, enquanto os desdobramentos se dão à nossa volta.

Embora seja normal e saudável refletir sobre o que está acontecendo em nossa vida, a ruminação obsessiva não ajuda tanto. Além de roubar minutos preciosos de nosso dia, ela nos mantém num modo negativo que dificulta sermos nossa melhor versão cognitiva. Por isso, é bom saber que as técnicas propostas pelas pesquisas vão ajudá-lo a recuperar-se e seguir em frente depois de uma decepção.

REAPRECIE A SITUAÇÃO

Ao longo do livro, expliquei como nossa percepção consciente do mundo é sempre incompleta, porque o sistema automático do cérebro filtra informações aparentemente "irrelevantes" sem que sequer nos demos conta de que elas existem. É por isso que é bom definir as intenções *antes* de qualquer coisa de maior porte que fizermos, porque elas servem para dizer ao cérebro aquilo que é importante o bastante para merecer nossa atenção consciente. Mas se, mesmo assim, o dia ainda se revelar desagradável, a boa notícia é que também podemos editar nossa interpretação da realidade depois do fato, usando uma técnica que os cientistas chamam de *reapreciação*.

A reapreciação representa investigar explicações alternativas para aquilo que observamos, reconhecendo que é possível que não tenhamos visto a situação como um todo. Parece simples, mas pesquisas de vários psicólogos e neurocientistas mostraram que é uma das coisas mais poderosas que você pode fazer para aprimorar sua resiliência emocional.

Usar essa técnica não apenas reduz a intensidade da reação defensiva do cérebro quando as coisas não correm como desejado, mas, concluíram as pesquisas, traz benefícios duradouros. Reavalie uma experiência traumática no trabalho e você saberá lidar com ela da próxima vez que ocorrer algo similar.[1] Na verdade, descobriu-se que as pessoas que aprendem a usar a reapreciação melhoram a estabilidade emocional de longo prazo, as habilidades interpessoais e o bem-estar psicológico.[2] A reapreciação foi inclusive relacionada a melhorias na memória de trabalho e na capacidade de raciocínio, talvez porque a alternância entre diferentes pontos de vista nos ajude a aprimorar a agilidade mental.[3]

Então, como fazer isso? Em experiências, ensinou-se a voluntários a associar histórias alternativas a uma imagem negativa. Por exemplo, cogitar a possibilidade de que a foto de uma mulher chorando do lado de fora de uma igreja represente um casamento, e não um funeral, e que os participantes estejam derramando lágrimas de alegria, e não de tristeza.[4]

Na vida real, em geral, precisamos de um pouco mais de ajuda que isso. Quando uma situação já gerou em nós uma reação negativa, é altamente improvável que a estejamos enxergando com objetividade, uma vez que as emoções negativas tendem a borrar detalhes importantes em nossa memória (como eu disse no capítulo 14). Portanto, por experiência própria, sugiro os três seguintes passos para tirar o máximo partido do poder da reapreciação, quando uma situação o deixar aborrecido ou irritado:

➡ Passo 1: faça uma lista dos "fatos verdadeiros". A esta altura você já estará traquejado nisso, porque também foi um dos passos básicos na técnica "pessoa boa em dia ruim" para lidar com o comportamento difícil de outras pessoas (no capítulo 9). Você há de lembrar que "fatos verdadeiros" são as coisas das quais você realmente tem certeza. Neste capítulo, estamos falando de situações, mais que de pessoas, mas o conselho é semelhante: assim que você percebe um determinado tom emocional se intrometendo, está no terreno da interpretação, e não dos fatos. Por exemplo, suponha que você tenha tido uma avaliação de desempenho menos brilhante do que esperava. Seria fácil dizer "fui sacaneado" ou "não estão reconhecendo minha contribuição". Será que é verdade? Talvez sim, talvez não. A única coisa da qual você tem certeza é mais parecido com isto: "Eu esperava receber um 5. Recebi um 4". É pouco – mas esse é o ponto. Isso ajuda a esfriar uma situação.

➡ Passo 2: dê enfase às suas premissas. Agora, você tem a oportunidade de pensar numa interpretação desses acontecimentos. Escreva uma série de afirmações que começam com "Estou supondo que...". Por exemplo: "Estou supondo que meu desempenho foi equivalente a uma nota 5 e que isso não foi reconhecido"; "Estou supondo que estão tentando baixar minha bola"; "Estou supondo que isso é provavelmente represália por eu ter ignorado a recomendação de cortar meu projeto favorito". Você já deve ter entendido. O truque é verificar todas as suas premissas em relação aos aspectos da situação: as causas, a consequência, você mesmo e todos os envolvidos.

➡ Passo 3: gere interpretações alternativas. Examine atentamente suas premissas e vire de cabeça para baixo as principais. Uma coisa que pode ajudar é saber que elas são, provavelmente, aquelas *pessoais*, *abrangentes* ou *permanentes*. Isto é, você está levando a coisa muito para o lado pessoal, você está supondo que a questão tem consequências amplas, ou está supondo que o impacto vai durar por muito tempo (ou para sempre). Para cada premissa, pergunte a si mesmo:

- E se a premissa não estiver correta? Por exemplo, e se o problema não for pessoal, abrangente ou permanente?
- Que outra maneira de enxergar a situação poderia haver? O que mais poderia estar acontecendo? Não tenha medo de ideias criativas, ainda que no início elas possam lhe parecer improváveis.
- Que evidências poderiam sustentar essas interpretações alternativas?

* * *

Existem duas abordagens básicas para gerar perspectivas alternativas, no passo 3. Uma delas é minimizar a interpretação negativa: "Estou supondo que esse é um sinal de que caí em desgraça, mas é improvável que isso seja verdade, porque a conversa que tive com meu avaliador foi muito positiva". Essa abordagem pode estabilizar a espiral de emoções negativas. Mas você também pode explorar interpretações positivas, algo que, sugerem os estudos sobre elogios, pode ajudar a melhorar ainda mais o seu humor.[5] No exemplo da avaliação de desempenho, qual poderia ser uma versão bem mais otimista dos eventos? "Eles gostam do que eu faço. Mas querem me dar um recado de que não é sensato ignorar o conselho de um colega experiente, e que preciso ser mais cooperativo. Eles querem que seja uma oportunidade de aprendizado para mim." Ao fazer isso, pode cair a ficha de que pelo menos parte disso pode ser verdade.

O que há de notável na reapreciação é que cogitar uma interpretação diferente dos fatos realmente muda a forma como a pessoa vivencia e recorda uma situação difícil — não são apenas palavras de conforto. Cientistas como Kevin Ochsner, da Universidade Columbia, e James Gross, da Universidade Stanford, dois dos mais influentes pensadores no campo da resiliência emocional, demonstraram que, quando se pensa em uma situação desagradável depois de associá-la a uma interpretação mais positiva, a ativação nos circuitos de sobrevivência do cérebro é diminuída.[6] Adotar uma perspectiva diferente altera nossa reação neurológica à situação desagradável original, tornando nossa experiência emocional genuinamente diferente.

A reapreciação foi uma ferramenta importante para Bartek atravessar sua fase ruim durante os Jogos Olímpicos. "Eu estava fazendo todo tipo de suposição negativa, enxergando tudo pelo lado negro, e de repente me dei conta de que meu cérebro estava tendo uma espécie de ataque de pânico. Eu precisava enxergar os fatos como eles eram realmente, e parar de viajar em cima deles. Por isso, aprendi a perguntar a mim mesmo: 'Do que tenho realmente certeza?' e 'O que é suposição minha?' sempre que não conseguia parar de me preocupar." Essas perguntas lhe revelaram que ele estava partindo de uma grande premissa "permanente": a de que suas decisões erradas eram irreversíveis. Quando se propôs o desafio de pensar de forma diferente, constatou que, simplesmente, não era esse o caso. "Na verdade, somos capazes de cortar custos mais rapidamente do que eu imaginava, e a partir dali os negócios começaram a reagir."

Bartek conta que o uso de técnicas de reapreciação o deixou com uma perspectiva mais resiliente em relação à vida: "Agora me sinto muito mais estável diante do sobe e desce das coisas". Isso é exatamente o que indica o estudo de Ochsner e Gross: quanto mais aprendemos a reapreciar situações difíceis, mais fácil se torna mantermos a compostura quando as coisas não vão conforme o esperado. E esse é um talento muito útil no mundo contemporâneo do trabalho.

LIVRE-SE DOS CUSTOS IRRECUPERÁVEIS

Para Bartek, foi um alívio perceber que podia reverter a decisão e cortar custos — mas ele ainda teve que superar uma barreira psicológica a mais ao tomar essa decisão, que foi dizer adeus ao dinheiro que já havia gasto na expansão da capacidade da empresa. Ele sabia que precisava partir para outra, mas havia a tentação de investir ainda mais dinheiro na esperança de que o negócio voltasse a crescer. Desistir disso não foi tão fácil. Como ele diz, "cortar custos foi uma decisão realmente difícil de tomar, porque tínhamos investido tanto! *Eu* tinha investido tanto".

E não é só Bartek. Para qualquer um de nós, em geral, é complicado abrir mão de todo o tempo, esforço ou dinheiro que já empatamos numa situação que tem reduzidas chances de melhora. Você sabe do que estou falando se já decidiu continuar assistindo a um filme horroroso dizendo a si mesmo "já paguei o ingresso" ou "já perdi meia hora com isso", apesar do fato de que ficaria mais contente se fosse embora e poupasse a si mesmo uma hora a mais de tédio. Profissionalmente, talvez você tenha um projeto (ou relacionamento) que não ande bem, que já há algum tempo você tem tentado consertar. Você tem a sensação de que a vida seria melhor se elegantemente desembarcasse daquilo, mas não quer desistir porque já investiu muita energia na tentativa de fazer aquilo funcionar. Essa dificuldade em se livrar de tempo, energia ou dinheiro mal investido é algo tão universalmente humano que os economistas lhe deram um nome — a *falácia do custo irrecuperável*. Lidamos mal com a ideia de perder aqueles custos perdidos do passado, mesmo diante da perspectiva de ganhar mais se alterarmos a rota.[7]

Vamos supor, então, que você esteja lidando com uma situação que não anda bem. Ela é, talvez, resultado de uma decisão anterior tomada por você. Como decidir entre bancá-la ou mudar de rumo e partir para outra? Analistas de investimento e cientistas do comportamento concordam, entusiasticamente, em relação àquilo que você deve fazer. Em poucas palavras, é preciso:

- Imaginar que você está começando totalmente do zero, do ponto onde está, como se todos os eventos e gastos anteriores tivessem sido apagados do quadro.

- Quais são os custos e benefícios futuros mais prováveis de investir ainda mais tempo, esforço ou dinheiro naquela situação?

- Quais são os custos e benefícios futuros mais prováveis de sair daquela situação?

- Compare os dois e pergunte a si mesmo: parar ou continuar?

Ao comparar os prós e contras de continuar versus parar, você pode incluir todo e qualquer custo, para sua reputação ou seus relacionamentos, embutido na decisão de pular fora do compromisso. Mas você tem que ignorar o investimento *anterior* de tempo, esforço e dinheiro. Enquanto vivermos num mundo em que o tempo anda para a frente, e não para trás, esses custos passados são perdidos e irrecuperáveis.

Caso isso ainda lhe pareça ir contra o bom senso, os psicólogos concluíram que as pessoas raciocinam mais claramente em termos de custos irrecuperáveis quando prestam mais atenção nos benefícios de partir para outra.[8] Nossa tendência natural é enxergar com lupa nosso sentimento de perda — aquilo que os economistas chamam de *aversão à perda* — e ignorar os benefícios de livrar-se de algo. No caso de Bartek, isso significou que para ele era difícil não se concentrar no dinheiro jogado fora — gasto em aluguel de mais peruas e na compra de legumes — e no dano à sua autoestima. Mas desistir da capacidade adicional de produção iria trazer enormes benefícios. Ia fazer a empresa parar de sangrar números de cinco algarismos diariamente, e ia melhorar o moral e a produtividade de um golpe só. E assim que ele entendeu isso, a ideia de reverter suas decisões passou a parecer bem melhor.

Por fim, quando você estiver lidando com uma situação na qual não houver benefício financeiro claro de uma redução dos prejuízos, pode ser bom enxergar os erros como tentativas valiosas, que trarão dividendos em termos de experiência de vida. Isso lhe proporciona um benefício claro para levar para o futuro: conhecimentos preciosos em relação às formas de lidar com situações similares, caso um dia voltem a ocorrer.

QUANDO É O OUTRO QUE FAZ BOBAGEM

Muitas vezes dependemos de pessoas sobre as quais não temos controle, seja ao suar a camisa numa equipe virtual em uma empresa de grande porte, seja quando somos um microempresário lidando sozinho com um fornecedor incompetente. E quando eles o deixam na mão, é duro. É claro que agora você dispõe de um arsenal completo para manter a calma, seguir em frente e lidar com a ambiguidade — coisas que podem ajudá-lo a manter-se otimista mesmo estando à mercê de terceiros que não estão entregando o que prometeram ou cumprindo prazos. Mas você também pode aplicar as ferramentas dos últimos dois capítulos ao conversar com a pessoa que provocou a confusão, aumentando a probabilidade de ambos chegarem a uma maneira viável de sair do problema que foi criado.

Antes, porém, deixe-me resgatar parte dos conselhos da parte III. Muitas vezes a pessoa que fez bobagem fica constrangida, temerosa, agressiva, ou os três ao mesmo tempo. E isso quer dizer que ela está num profundo modo de defesa, no qual o sistema deliberado — responsável pelo raciocínio, autocontrole e planejamento — não estará funcionando devidamente. Por mais que ache que a pessoa mereceria estar se sentindo até pior, isso não ajuda quando você precisa da cooperação inteligente dela para encontrar uma solução adequada. Por isso, eis três maneiras de tirar o outro do modo de defesa — ou pelo menos evitar aprofundá-lo ainda mais — caso você precise dele com o raciocínio aguçado.

➡ Mostre entender o que a pessoa sente. Isso não quer dizer que você não possa se sentir incomodado ou aborrecido, mas a probabilidade de ela se sentir menos ameaçada aumenta se você sinalizar compreensão de que ela não tinha (provavelmente) a intenção de provocar o problema atual.

- Parta da premissa "pessoa boa em dia ruim". Converse sobre as atitudes que ela tomou e que levaram ao problema, em vez de criticar o caráter ou a moral da pessoa. Portanto, diga "É a segunda vez que você entrega isto com três dias de atraso", em vez de "Você está sempre atrasado e é uma pessoa complicada" (os conselhos do capítulo 9, sobre como tocar em assuntos difíceis, também podem ajudar aqui).

- Concentre-se em encontrar soluções, não em atribuir culpa. As críticas são uma das maneiras mais garantidas de provocar uma reação defensiva profunda. Por isso, quando você precisa de fato resolver a situação *de imediato*, a melhor estratégia é concentrar-se nas soluções (as decisões mais graves podem ser tomadas depois, se necessário).

Armado com essa atitude, você pode empregar as dicas de resiliência dos dois últimos capítulos para ajudar todos a seguirem adiante.

George é o presidente de uma fábrica de roupas de marca, e é adepto dessa abordagem ao lidar com os erros de terceiros. Certa vez, ele descobriu uma fraude que ocorria havia muito tempo no restaurante da empresa. Dezenas de milhares de dólares vinham sendo desviados fazia vários meses. Era uma grave quebra de confiança numa empresa de cultura basicamente amigável, o que aborreceu todos os seus colegas na cúpula. Depois de cuidar do culpado, alguns executivos voltaram sua ira para a diretoria financeira. "A fraude deveria ter sido detectada antes", diz George, "porque a equipe de finanças deveria ter realizado auditorias. Um de meus colegas entrou em modo de acusação total, perguntando a eles: 'Por que não fizeram isto ou aquilo?'. Não eram perguntas totalmente descabidas, mas a equipe de finanças já estava se sentindo mal, e gritar não ajudou."

Na verdade, com todos em alerta máximo, previsivelmente havia pouco raciocínio claro em ação. "Jogaram tudo no ventilador", lembra, "e isso não estava fazendo chegarmos perto de uma solução. A única que conseguiram imaginar foi fechar de vez a cantina." Esse é um exemplo típico de raciocínio epidérmico, branco e preto, que acontece quando o cérebro da pessoa está em modo de defesa e o sistema deliberado não está totalmente em ação. Por sorte, George sabia um pouco a respeito do modo como o cérebro das pessoas reage quando se sente ameaçado. "Então, apesar de estar mais furioso que todos, eu sabia que não fazia sentido tentar resolver a situação daquela maneira."

George deu uma parada e adotou uma estratégia diferente. Empregou várias das dicas de resiliência que citei nesta parte do livro, a começar pelo distanciamento. "Quando tenho que tratar pessoalmente de algo complicado, gosto de me afastar da situação e olhar para ela como se estivesse de fora", afirma. "Imagino uma situação em que outra pessoa seja o presidente da empresa, e pergunto a mim mesmo que conselho daria *a ela*. Aí, incentivei minha equipe a jogar esse mesmo jogo de abstração. Perguntei a eles: 'Daqui a cinco anos, o que é que nós vamos considerar importante, olhando para trás?'" Em seguida, ele os estimulou a se livrar dos custos irrecuperáveis. "Costumo dizer 'estamos onde estamos' quando acontece algo ruim. É uma frase simples para nos lembrarmos de parar de olhar para trás, de jogar a culpa em alguém, e em vez disso olhar para a frente." Pediu à equipe que relembrasse provas de fogo que a empresa havia enfrentado no passado. "Lembrei-lhes que quando esta ou aquela coisa ruim aconteceu no passado, nós superamos. Somos mais resilientes do que imaginamos."

Depois que os colegas ficaram mais calmos, ele fez outra pergunta recompensadora: "O que podemos aprender com isso?", indagou em voz alta, "e o que devemos fazer em consequência?". Por fim, quando todos estavam prontos para começar a detalhar a solução do problema, ele repassou parte dos conselhos do capítulo 13, reformulando a tarefa com uma pergunta positiva para ajudá-los a pensar de forma produtiva. "Qual é o desfecho ideal que queremos criar?", perguntou. "Foram perguntas que nos fizeram subir consideravelmente de patamar na gestão de riscos", diz George, "a ponto de resolvermos a questão de modo a nunca mais acontecer de novo."

Portanto, da próxima vez que tiver que lidar com uma crise que não seja obra sua — ou mesmo que *seja* —, experimente fazer os seguintes tipos de pergunta para reduzir o estado de alerta no cérebro da equipe e possibilitar a busca de uma solução:

- Distanciamento. "Daqui a um ano, o que queremos poder dizer a respeito da forma como lidamos com esta situação?"

- Perguntas recompensadoras. "No passado, quando lidamos com problemas, o que deu certo?" ou "O que podemos aprender com esta situação?". Ou "O que realmente importa mais, neste momento?".

- Formulação positiva da questão. "Deixe de lado a situação atual por um instante. Qual é o desfecho ideal para nós?" E "Qual é o melhor passo a adotar de imediato?".

Seguindo em frente

Para ensaiar as técnicas deste capítulo, pegue um acontecimento negativo recente que ainda o incomode ou aborreça só de pensar.

- Reavalie. Quais são os *fatos verdadeiros*? O que você está *supondo* (alguma dessas suposições é pessoal, abrangente ou permanente?)? Qual seria uma maneira *alternativa* de explicar os fatos? Que evidência pode dar apoio a essa interpretação alternativa?

- Livre-se dos custos perdidos. Quando a situação não estiver melhorando, apesar do seu esforço, ignore os custos perdidos e olhe apenas para os futuros custos e benefícios de investir mais, comparado a pular fora. Nos benefícios de pular fora, inclua o aprendizado que você terá tido com a experiência.

- Encontre uma solução quando alguém fez bobagem. Evite aprofundar o modo de defesa do outro; reconheça que ele pode não ter tido a intenção de errar; converse sobre as atitudes, e não o caráter da pessoa; concentre-se nas soluções, e não em encontrar culpados (num primeiro momento). Use técnicas de distanciamento e perguntas recompensadoras (do capítulo 17) para reduzir os níveis de estresse. Depois, parta do fim para o começo, começando pelo desfecho ideal desejado por ambos, usando a técnica do enquadramento positivo para manter todos no modo de descoberta enquanto o problema estiver sendo resolvido.

19. Como se manter firme

Quando estamos sob pressão, diante de incerteza, conflito ou decepções no trabalho, não raro cerramos os dentes e tentamos forçar a barra, sem muita preocupação com nosso bem-estar físico. Talvez tenhamos resolvido que não temos tempo para fazer exercícios, ou nos conceder um momento de repouso, ou proporcionar ao corpo o sono de que ele necessita. Mas, a esta altura do livro, você já se deu conta de que nossa condição física afeta diretamente o que pensamos e como nos sentimos. Quando estamos cansados e em descompasso com nossa parte física, tomamos mais decisões erradas em tudo que falamos e fazemos, e somos presa mais fácil para os fatores comuns de estresse.

Mais acima, neste livro, comentei os benefícios de uma compreensão melhor de nosso ciclo mente-corpo, principalmente na parte IV, em que discuti a forma como dormimos e nos exercitamos, e como a "pausa atenta" melhora a qualidade do nosso raciocínio. Aqui, gostaria de me concentrar nos benefícios emocionais da resiliência, e mostrar como o sono, os exercícios físicos e a atenção plena podem melhorar nossa capacidade de suportar os altos e baixos da vida no trabalho.

TENHA O SONO IDEAL

No capítulo 13, falei dos benefícios cognitivos de um sono reparador. Mas respeitar o sono de que necessitamos também aumenta a capacidade de lidar com altivez com situações preocupantes ou incômodas. Diversas equipes de pesquisadores demonstraram que isso ocorre por uma razão que você pode imaginar: porque quando você não dorme bem, fica mais suscetível a reações exageradas àquilo que é negativo.[1]

Os neurocientistas observaram essa diferença em tomografias tiradas do cérebro de pessoas enquanto lhes eram exibidas imagens desagradáveis. Os voluntários que não dormiram tiveram uma ativação muito maior na amígdala cerebral – 60% a mais, em um dos estudos – do que as pessoas com repouso adequado.[2] Em outras palavras, os circuitos de sobrevivência de um cérebro cansado são mais irritáveis e mais propensos a desencadear uma defesa do tipo luta-fuga-paralisia quando diante de algo desafiador ou incerto. Os pesquisadores também descobriram que é mais difícil para um cérebro cansado acalmar-se depois de um período de agitação. E, através da observação de níveis mais baixos de atividade no córtex pré-frontal do cérebro privado de sono, os pesquisadores também puderam concluir que o sistema deliberado não estava fazendo o melhor possível para recobrar uma perspectiva mais equilibrada. Por isso, não surpreende que o sono atrasado torne mais difícil sorrir e colocar-se acima de um revés.

Outros pesquisadores confirmaram o lado positivo da equação, isto é, que um sono adequado torna mais fácil rir dos problemas no dia seguinte. Cheri D. Mah, pesquisadora da Universidade de Stanford, descobriu que, quando jogadores de basquete dormem dez horas por noite – parece muita coisa, mas eram jovens adolescentes ou com pouco mais de vinte anos que fazem muita atividade física –, o humor e a energia durante o dia tiveram melhora. O desempenho nos arremessos também teve grande melhora, de 9%, em média, resultado que provavelmente animou os jogadores mais que qualquer outra coisa.[3]

George, presidente da empresa fabricante de roupas que conhecemos, afirma: "Dormir é subestimado demais no mundo dos negócios. Por que algumas pessoas se gabam de só precisarem de cinco horas? Tudo o que eu li indica que isso é improvável – e o comportamento disfuncional que testemunhei em pessoas com cinco horas de sono é prova disso. Quando estou com o sono atrasado, não fico com vergonha de dizer que no dia seguinte estou detonado, mesmo que pareça que está tudo bem". George conta que costumava dormir muito menos do que necessitava. Mas depois de se dar conta da forma como o sono aumenta tanto sua energia física quanto emocional, alterou seus hábitos e passou a buscar ativamente atingir sua meta. "Passei a medir meu sono com um aparelho de acompanhamento e notei uma forte correlação entre médias baixas de sono na semana e uma sensação de estar particularmente ranzinza e irritável. Por isso, agora monitoro quando minha média de sono está caindo, e tento dormir um pouco mais para recuperar o que perdi."

George passa bastante tempo cruzando o planeta em visitas a clientes e fornecedores. Por isso, a combinação de intenso jet lag e pesada carga de trabalho faz com que às vezes chegue ao limite antes de conseguir recuperar o sono. Ele descobriu que consegue um gás temporário com cochiladas em sua sala, mesmo sabendo que isso não é tão eficaz quanto uma boa noite de sono. Pesquisas indicam que um cochilo rápido pode propiciar sono suficiente para ajudar o cérebro a processar as experiências emocionais negativas e amainar nossa reação instintiva a situações desagradáveis.[4] Isso coincide com a experiência de George.[5] "Eu deito a cabeça, apenas, e desligo por um instante. Depois disso, minha mente sempre fica mais clara, e eu fico mais capaz de encarar o restante do dia", afirma.

Por isso, caso você esteja lidando com uma série de altos e baixos no trabalho, tenha como meta os guias para um "sono inteligente" que compartilhei no capítulo 13. Eis alguns lembretes:

- Enxergue o sono como um elemento importante de seu arsenal profissional, e priorize-o acima de tudo ao se preparar para dias complicados no trabalho.

- Reconheça que sua capacidade de dormir é fortemente influenciada pela quantidade de luz à qual você se expõe. Reserve um tempo para baixar o ritmo, em um quarto com pouca iluminação, e não olhe para telas iluminadas antes de dormir.

- Experimente tirar mais sonecas. Pense na possibilidade de levar consigo protetores de ouvido, tapa-olhos ou um travesseiro de avião (ou, pelo menos, óculos bem escuros).

Em capítulos anteriores, discuti como até mesmo uma pequena quantidade de exercício moderado é suficiente para trazer benefícios intelectuais úteis. Mas os exercícios não ajudam apenas a raciocinar com clareza e ter um bom desempenho. É uma forma confiável, de alta qualidade, para equilibrar nosso estado de espírito e reduzir a ansiedade quando estamos nos sentindo estressados. O fato, sugerem as pesquisas, é que muitas vezes eles têm o mesmo poder de medicamentos antidepressivos no tratamento da depressão clínica de grau baixo a moderado.[6] Embora os efeitos positivos do exercício melhorem com a repetição, pesquisas mostram que até mesmo uma única malhação moderada pode alterar nossa neuroquímica o suficiente para que nos sintamos mais calmos. Uma sessão bem pesada de exercícios vai ainda mais longe, alimentando as endorfinas do cérebro — os analgésicos e estimulantes do humor naturais do corpo (a palavra "endorfina", na verdade, significa "morfina endógena").[7]

Não faltavam endorfinas a Kira, diretora de comunicação, quando ela era estudante. Nas horas vagas, trabalhava como salva-vidas e jogou voleibol na escola. Depois, como muitos de nós, Kira perdeu seus hábitos atléticos da juventude, uma vez encerrada a vida universitária. O trabalho exigia muito dela, e parecia nunca sobrar tempo para o lazer. Como era funcionária de uma empresa global, pedidos urgentes enchiam sua caixa de e-mails a toda hora do dia. Era difícil desligar, quanto mais tirar tempo para cuidar de si.

Depois de anos dando um jeito de, bem ou mal, superar a exaustão física e mental, finalmente ela mexeu na rotina para incluir um pouco de tempo para exercícios e relaxamento. O que provocou essa mudança? "Francamente, me dei conta de que, quando fazia isso, virava uma pessoa melhor. Isso representava a diferença entre gritar com as pessoas ou não gritar. Consegui ficar mais esperta na minha reação a e-mails desagradáveis, consegui não escrever aquelas respostas irritadas, ou consegui simplesmente fazer uma pausa e pensar duas vezes antes de responder. E então comecei a prestar atenção no meu corpo, pela primeira vez em muitos anos."

E que técnica ela usa para encaixar um pouco de cuidados físicos em sua agenda lotada? "Começa logo no início do dia", diz Kira. "Quando vou estabelecer minhas intenções do dia, sempre pergunto a mim mesma: 'Quais as três coisas que fariam do dia de hoje um ótimo dia?', e faço questão de que uma das três seja física. Então, dou uma olhada na minha agenda e resolvo onde posso encaixá-la, e encaro isso como uma prioridade profissional qualquer." A grande mudança por trás dessas pequenas alterações, diz Kira, é "me dar conta de que meu corpo é tão importante quanto meu cérebro, que um é extensão do outro. Por isso, agora, trato meu corpo como um amigo em vez de fazê-lo obedecer à força".

Durante sua crise da sopa olímpica, Bartek adotou sessões de exercícios para se manter centrado: "Quando as coisas vão mal, sei que é bom fazer uma pausa e levar minha mente para outro lugar. Faço judô, e isso ajuda porque simplesmente não dá para se preocupar com trabalho quando alguém está para derrubar você no tatame. Mas, no verão de 2012, também comecei a correr, pela primeira vez. Descobri que isso me ajuda a desligar um pouco a cabeça, que não para nunca, e me ajudou bastante a restabelecer a lógica da situação".

Evidentemente, uma coisa é saber que o exercício é um caminho rápido para sentir-se bem — mas outra, bem diferente, é encontrar tempo para isso. Portanto, como aprendemos no capítulo 2, sobre o estabelecimento de metas, é bom começar o dia com um objetivo alcançável, uma atividade que rapidamente se encaixe no seu dia e que dê uma sensação pelo menos levemente agradável, de modo que o sistema de recompensa do cérebro seja estimulado por ela — uma caminhada rápida, para abrir a mente, antes ou depois de uma reunião, por exemplo (lembre-se de que vários dos entrevistados deste livro citaram isso como uma parte da estratégia pessoal para incluir um pouco de atividade física no cotidiano).

E é importante lembrar que exercício não é tempo perdido; é tempo investido. Ros, executiva da área de saúde que já conhecemos neste livro, diz: "Eu tinha ideias preconcebidas arraigadas em relação àquilo que merece meu tempo, e antigamente exercitar-me nunca estava no topo dessa lista. No entanto, é evidente que me sinto e raciocino melhor desde que passei a cuidar mais de mim mesma. Fiquei mais otimista em relação à minha capacidade e ganhei uma sensação maior de possibilidade de fazer as coisas acontecerem". Por isso, agora, ela pensa nos exercícios como "um investimento prático numa forma melhor de lidar com o estresse diário. Assim, não fica parecendo um capricho, ou um sacrifício, e fico mais propensa a me exercitar".

MOMENTOS DE MEDITAÇÃO ATENTA

Em Ciência básica, falei das evidências de que a prática da meditação atenta melhora todas as funções do sistema deliberado do cérebro ao aumentar a conectividade entre áreas cruciais do córtex pré-frontal. Trata-se de algo importante quando a questão é a resiliência no trabalho, porque o sistema deliberado não apenas permite o raciocínio inteligente, a criatividade e o foco — também dependemos dele para o autocontrole emocional e a flexibilidade. É ele que nos impede de gritar "Não é justo!" quando algo manifestamente injusto acontece, e é o que nos permite reavaliar nossa interpretação de uma situação difícil. Na verdade, pesquisadores que analisaram tomografias do cérebro de pessoas que praticam a atenção plena constataram que ela reduz a reatividade dos circuitos de sobrevivência a eventos negativos, o que de cara reduz a quantidade de comportamento defensivo a superar.[8] Em outras palavras, é mais difícil pessoas que empregam a atenção plena recaírem no modo de defesa. Por isso, a meditação atenta é tão poderosa na melhora de nossa estabilidade emocional quanto na do raciocínio.

No ambiente de trabalho contemporâneo, como esses benefícios se traduzem? Um grupo de pesquisadores da Universidade de Washington reuniu um grupo de profissionais de recursos humanos e pediu-lhes que conciliassem demandas variadas de um dia de trabalho.[9] Em meio à experiência, foi ministrado a parte do grupo um treinamento básico de meditação atenta. Outros tiveram aulas de relaxamento, enquanto um terceiro grupo não recebeu nada. Entre as tarefas que era preciso realizar estavam: marcar uma reunião com vários participantes tendo que lidar com uma disponibilidade limitada de salas; e bolar uma agenda criativa para a reunião. Eles receberam as informações necessárias por uma série de e-mails, mensagens instantâneas, ligações telefônicas, documentos e comentários, que chegavam de modo imprevisto. Parte da informação estava incompleta, e os "participantes da reunião" mudavam de ideia em relação à própria agenda (sim, foi impressionante a dedicação dos pesquisadores para que o estudo parecesse real). Sem surpresa, os voluntários relataram ter ficado exaustos com a experiência — e a ideia era essa. Mas o grupo que recebeu o treinamento de meditação atenta lidou visivelmente melhor com isso, e relatou menos estresse que os dois outros grupos.

Então, vamos lembrar a nós mesmos — o que *é* a meditação atenta? Ela é centrada nos seguintes passos: fazer uma *pausa* por um momento; decidir *focar* toda a atenção em alguma coisa; e, quando a atenção se perder, simplesmente *retornar* ao ponto focal sem julgar a si próprio. A maioria das pessoas que pratica a meditação atenta opta por observar a própria respiração, porque isso pode ser feito em qualquer lugar, e é algo que nunca temos que ficar procurando. É por isso que os exercícios respiratórios foram citados várias vezes neste livro até aqui. Mas nosso ponto focal único pode ser praticamente qualquer coisa. Podemos prestar atenção em um quadro ou uma planta no escritório, ou em cada garfada da comida que estamos almoçando. O que quer que decidamos observar, estaremos dando atenção plena a algo que talvez nem tivéssemos parado para notar, e criando um momento de quietude em meio à nossa roda-viva diária.

À medida que os benefícios da atenção plena vão ganhando repercussão universal no mundo dos negócios, cursos de meditação de dois meses vêm se mostrando cada vez mais populares. Mas, caso a ideia de fazer um curso lhe pareça incompatível com as demandas do cotidiano, a boa notícia é que não é necessário comprometer muito tempo para obter resultados. O neurobiólogo Fadel Zeidan e seus colegas na Universidade da Carolina do Norte fizeram voluntários treinarem vinte minutos de meditação atenta durante apenas quatro dias, e nesse curto período de tempo ocorreram coisas incríveis. As pessoas relataram menos fadiga e ansiedade, e mais autocontrole. Usando uma bateria de charadas e testes, os pesquisadores também constataram melhora significativa em medições da memória de trabalho e do processamento visual e espacial.[10]

E se você não dispuser de vinte minutos diários? Gosto de um estudo da Universidade de Wisconsin-Stout, em que se pediu a voluntários que experimentassem meditar durante 25 minutos, duas vezes por semana — embora na prática, para muitas pessoas, esse tempo tenha ficado mais perto dos cinco a quinze minutos. Até mesmo aqueles que estavam na extremidade menor da escala apresentaram alterações nos padrões de ativação do cérebro, compatíveis com os resultados positivos verificados em estudos de mais longo prazo.[11]

E se você não tiver cinco minutos? E se for mais tipo, um minuto, ou até menos? Também se pode chamar isso de meditação atenta? Eu posso afirmar que sim. Kira, nossa diretora de comunicação, diz: "Aprendi essa técnica de meditação para workaholics como eu. São só 28 respirações, e isso até mesmo eu consigo fazer. A contagem o ajuda a manter o foco. Faço isso quase todo dia. Às vezes penso: 'Bem, não funcionou', porque tenho a impressão de não ter conseguido acalmar minha mente. Mas aí chegam as seis da tarde e, como num passe de mágica, ainda estou me sentindo calma. E nos dias em que eu deixo de fazer minhas 28 respirações, a essa hora do dia estou tudo, menos calma".

Você há de recordar que Anthony, nosso especialista em marketing digital da parte II, tem uma rotina rápida de "pausa atenta" para lidar melhor com sua carga de trabalho. Ocasionalmente, ele também faz uso de um dos vários aplicativos de meditação atenta para smartphone que existem atualmente. "Embora a apresentação desses aplicativos possa parecer um pouco brega, eles funcionam bem. Dá para escutá-los no fone de ouvido, em qualquer lugar. Não é preciso fechar os olhos, então dá para usá-los sentado na sua mesa, e ninguém fica sabendo o que você está fazendo." As sugestões que pipocam na tela do aplicativo são discretos lembretes, como focar por alguns segundos na sensação dos dedos dos pés tocando o chão.

Ros, a gerente da área da saúde, vivenciou uma transformação semelhante com a meditação atenta, quando se deu conta de que "pode ser tão simples quanto perceber de verdade o que estou fazendo agora, prestar muita atenção aos pensamentos que estou tendo e a como estou me sentindo – esteja no meio de alguma coisa no trabalho ou lendo uma história de ninar para meus filhos". No meu caso, gosto de focar na forma como cada pé toca o solo quando saio para uma de minhas caminhadas matinais.

Portanto, vale a pena fazer experiências até achar uma rotina de pausa e concentração que se encaixe com sua personalidade e estilo de vida. E se isso significa se ver olhando intensamente para uma taça de vinho ou um sorvete – bom, você pode dizer às pessoas que a meditação pode assumir variadas formas.

Como se manter firme

Sempre que estiver encarando uma série de altos e baixos, faça o ciclo mente--corpo:

- Durma. Mantenha-se calmo e sensato, tendo todo o cuidado de priorizar a rotina de sono. Se isso for particularmente difícil de realizar agora, verifique se existe uma forma de tirar um cochilo de vez em quando.

- Faça exercícios. Você pode limpar sua mente e melhorar seu humor instantaneamente com vinte minutos de exercícios moderados. Divida-os em duas ou três sessões de caminhada rápida, se isso ajudá-lo a encaixar essa rotina no seu cotidiano.

- Meditação atenta. Experimente algumas técnicas diferentes de pausa e concentração, e depois inclua sua favorita na rotina diária, para colher alguns dos benefícios cognitivos e emocionais da meditação atenta.

PARTE VII

Energia

Como aumentar seu entusiasmo e sua satisfação

A energia é o que permite ao homem abrir caminho entre suplícios insuportáveis e detalhes áridos, levando-o para a frente e para o alto em cada etapa da vida. Realiza mais que a genialidade, com menos da metade das decepções e dos riscos.

SAMUEL SMILES (1897)

A esta altura você já dispõe de um kit de ferramentas completo do "dia ideal". Você se concentra nas coisas certas e organiza seu tempo de modo a dedicar o melhor da sua atenção a essas prioridades. Trata com elegância e sensatez cada interação, e tudo com a sensação de estar em forma. Tudo que diz e realiza tem grande impacto. Atravessa as adversidades sem perder o ânimo, e sente-se preparado para lidar até mesmo com o mais complicado dos dias.

O objetivo desta parte do livro é ser uma espécie de bônus – uma fonte de combustível a mais para aqueles momentos em que seu tanque está ficando um pouco vazio, ou para os momentos em que deseja ver sua luz brilhar um pouco mais forte. Talvez você esteja passando por um momento em que o trabalho não lhe traga inspiração. Ou talvez se trate apenas de um período de sobrecarga, em que um impulso a mais bastaria para atravessar as horas do dia que parecem compridas. O que quer que seja, os conselhos das próximas páginas vão ajudá-lo a turbinar seus dias mais lentos e exauridos, e a tornar ainda melhores dias que já são bons.

Primeiro, vou lhe apresentar algumas táticas eficientes para ajudar a aumentar a energia mental, emocional e física, para dar uma injeção de ânimo quando você mais necessita. Em seguida, o último capítulo vai delinear uma estratégia para gerar um entusiasmo mais profundo e duradouro pelo trabalho – com passos iniciais simples, que trarão frutos de imediato.

20. Como encher o tanque

Quando ficamos sem gás no trabalho, é claro que podemos nos animar com a promessa de repouso e lazer quando chegarmos em casa — ou quando chegar o fim de semana (ou as férias. Ou, em último caso, a aposentadoria). Mas, depois que conhecemos o modo de funcionamento da nossa mente, podemos fazer muito melhor que isso. Com base naquilo que sabemos a respeito do sistema de recompensa do cérebro e a psicologia do bem-estar, existem diversas formas de obter um impulso rápido nos momentos em que estamos mais sobrecarregados e exaustos do que gostaríamos. Selecionei sete táticas que vou compartilhar neste capítulo. Todas elas funcionam bem no ritmo agitado da vida profissional, por serem muito simples e de eficácia instantânea. Depois, também vou sugerir duas formas de extrair o máximo dessas táticas para aumentar a energia — primeiro, através da análise dos períodos em que você necessita recorrer a esse impulso; segundo, garantindo que empregue uma delas para fechar com chave de ouro.

TRÊS COISAS BOAS

Uma das maneiras mais fáceis de melhorar seu humor é pensar em coisas que o deixem contente. Os psicólogos costumam chamar isso de "exercício de gratificação"; eu chamo de "três coisas boas", porque é uma boa descrição de como funciona na prática. Que é simplesmente o seguinte: tire um instante para pensar em três coisas positivas que aconteceram com você. E você vai, sim, sentir-se melhor em consequência disso, mesmo que essas coisas boas não sejam tão importantes. Na verdade, diversos estudos mostram que fazer isso diariamente, durante apenas uma semana, faz as pessoas afirmarem sentirem--se mais felizes, mesmo meses depois.[1]

Não é difícil imaginar por que uma dose de repetição torna duradouros os efeitos do exercício das "três coisas boas". Lembre-se de que descobrimos, no capítulo 3, que cada pensamento nosso corresponde a uma rede de neurônios interconectados, e que essas conexões neurais se fortalecem quanto mais se exige delas. Portanto, quanto mais focarmos em coisas negativas, mais prontamente identificaremos o que há de ruim no nosso dia. Inversamente, todos nós possuímos um mapa neural responsável pelo pensamento que começa com "Bem, o lado bom disso é que...", e se essa rede for constantemente ativada fortaleceremos as vias do cérebro associadas a essa perspectiva em relação à vida. Isso torna progressivamente mais fácil, com o passar do tempo, acionar a versão "copo metade cheio" de nós mesmos.

Portanto, sempre que você estiver em busca de uma injeção de ânimo, pense em três coisas que deram certo hoje, coisas pelas quais você tem a agradecer, ou simplesmente momentos que o fizeram sorrir (pesquisadores alemães descobriram que pedir às pessoas que pensem em três coisas *engraçadas* é tão eficaz quanto pedir-lhes para pensar em três coisas boas).[2] Naqueles dias "mais ou menos", minha lista pessoal pode incluir pequenos êxitos como "não esquecer meu guarda-chuva". Mesmo assim, funciona. E quando você começa a pensar em coisas boas, mesmo que no princípio pareça difícil, seu cérebro associativo frequentemente desencadeará uma cascata de memórias positivas daquele dia — coisas que, do contrário, talvez você tivesse praticamente esquecido.

Eis algumas ideias que vão ajudá-lo a tirar o máximo dessa técnica:

- Programe um lembrete diário na sua agenda, para estimulá-lo a rever as coisas boas do dia.

- Tenha um caderno onde anotar as coisas boas.

- Experimente essa técnica com seu companheiro, ou com seus filhos, como uma forma positiva de terminar o dia, ou quando estiver na cama e quase pegando no sono.

- Use uma versão mais curta antes de começar reuniões, para ajudar todo mundo a ficar de bom humor (e crie um ambiente de reflexão no modo de descoberta, como expliquei no capítulo 10).

GENTILEZAS ALEATÓRIAS

Pode parecer contra o bom senso a ideia de que, quando estamos precisando de um estímulo, é hora de dá-lo a outras pessoas. Mas é verdade. O professor Martin Seligman, da Universidade da Pensilvânia, é um dos maiores especialistas mundiais em bem-estar e elevação do estado de espírito, e, segundo ele, "fazer uma gentileza produz um aumento no bem-estar momentâneo mais confiável do que qualquer outro exercício testado por nós".[3] Uma equipe internacional de neurocientistas comandada por Jorge Moll, diretor do Instituto D'Or, no Brasil, confirmou que, quando voluntários resolveram doar dinheiro a instituições de caridade, o sistema de recompensa do cérebro foi ativado da mesma forma que quando elas próprias recebiam dinheiro[4] (na verdade, Elizabeth Dunn e Michael Norton, respectivamente das universidades da Colúmbia Britânica e de Harvard, descobriram que gastar dinheiro com os outros nos deixa *mais felizes* do que quando gastamos dinheiro com nós mesmos).[5] O *Relatório Mundial da Felicidade*, das Nações Unidas, confirma que as pessoas parecem considerar sua própria generosidade estimulante, qualquer que seja a cultura em que tenham sido criadas.[6]

Por fim, assim como a visualização de nossos êxitos anteriores pode ajudar a recriar um estado de espírito confiante, ao ativar muitas das mesmas conexões neurais, *lembrar-se* de gentilezas é quase tão bom quanto *praticá-las*. Um grupo de pesquisadores japoneses descobriu que as pessoas ficam mais felizes pelo simples fato de relatar os atos de gentileza que praticaram na semana anterior; uma equipe norte-americana chegou à mesma conclusão.[7] Portanto, fazer um favor pode trazer muito mais gratificação futura, quando você voltar a pensar nele.

Como ser generoso e gentil, mesmo num dia complicado:

- Faça um elogio a alguém, sem que a pessoa o peça ou espere. Dizer algo do tipo "Vocês são sempre tão simpáticos", ou "Fico impressionado com a sua organização", ou "Adoro sua música [ou seu relógio, ao qualquer coisa ao acaso]".

- ➠ Expresse admiração. Tire um momento para dizer a alguém que você sente gratidão por algo que a pessoa fez, em vez de passar correndo ao próximo compromisso da sua agenda.

- ➠ Seja prestativo. Quando vir alguém em dificuldade, pare um instante para perguntar se pode ajudar. Você pode especificar o tempo disponível. "Eu tenho quinze minutos antes de sair. Quer uma mãozinha?"

- ➠ Faça algo inesperadamente agradável. Ceda seu assento. Deixe o outro carro passar na sua frente. Leve comidinhas para dividir. Seja particularmente caloroso ao apresentar alguém.

ENCONTRE ALGO INTERESSANTE

Quando você está entediado, uma forma de aumentar rapidamente sua energia é descobrir maneiras de tornar seu trabalho mais interessante. Ouvi você dizer "Fácil falar, difícil fazer"? A razão pela qual você precisa de um estímulo é justamente o fato de que faz algo que não o inspira? Eu o entendo. Mas me permita lembrá-lo da mágica do "bingo do escritório". Caso você nunca tenha ouvido falar desse jogo, as regras são mais ou menos assim: defina alguns chavões, expressões cheias de jargão que, na sua opinião, serão ditas nas apresentações, reuniões e conversas do dia. Combine com os colegas de jogo a lista de frases. Então, procure-as durante o dia, riscando cada pérola que ouvir. O ganhador é o primeiro a completar a cartela. Lá pelos anos 1990, eu tinha colegas que às vezes usavam essa técnica para animar reuniões entediantes, e a consequência era muita gargalhada. Mas também é inegável que isso nos fazia prestar mais atenção ao todo — e não apenas ao jargão estúpido — e nos sentíamos menos exauridos no final de tudo.

Por que isso melhorava tanto nosso estado de espírito? Em grande parte, porque nós *resolvemos* que havia alguma coisa que valia a pena escutar, e direcionávamos nossa atenção de acordo com isso. Lembre-se de que o cérebro está sempre filtrando parte da informação no entorno, para evitar sobrecarregar nossa limitada capacidade neural. Nós nos concentramos naquilo que confirma nossas expectativas (entre outras coisas) e temos tendência a filtrar todo o resto. Por isso, quando concluo que aquilo que vou escutar vai ser chato, terei tendência a observar e escutar coisas que confirmam que tenho razão de estar entediado. Quando resolvo que vai ser interessante, tenho um pouco mais de chance de achar um pouco mais interessante. Sabemos que a realidade que apreendemos é altamente subjetiva; mais vale, então, buscar os aspectos interessantes da realidade, caso queiramos nos sentir estimulados pela vida cotidiana.

Logo, há muito a ser dito em favor dessa estratégia simples, mas eficaz: crie o hábito de propor-se a encontrar *algo* interessante naquilo que está ocorrendo à sua volta. Fixe-se em alguma coisa que valha a pena aprender ou lembrar, mesmo que seja um pouco subversivo ("Hoje vou aprender a não perder totalmente a cabeça quando tiver que tratar com o psicopata do escritório"). Se estiver participando de um treinamento interminável, que se arrasta por tempo demais, proponha-se a encontrar algo que valha a pena em relação à forma como está sendo ministrado, algo que possa melhorar sua forma de comunicar as próprias ideias aos demais. Se estiver envolvido com a tarefa mais chata do planeta, talvez possa pelo menos encontrar a forma mais rápida ou astuciosa de dar conta dela.

Qualquer que seja o critério, Ruby é uma pessoa que teve uma carreira empolgante e variada. No início, ela era uma intérprete muito requisitada; anos depois, tornou-se diretora de uma faculdade de economia. Hoje em dia, dedica seu tempo à produção de filmes. Mas, depois de se diplomar em finanças internacionais, o primeiro emprego de Ruby foi na indústria naval de Taiwan – onde se viu recorrendo quase diariamente à técnica do "encontre *algo* interessante". Segundo ela, "naquela época nada estava informatizado. Havia só um caderno enorme, cheio de preços, que eu tinha que usar para cotar as entregas. Gastei a primeira semana decorando o maior número possível, mas depois de um mês estava terrivelmente entediada. O trabalho se revelou muito mecânico. Sabia que precisava sair à procura de outro, mas nesse meio-tempo decidi aprender algo a respeito das funções dos outros, batendo papo com os colegas e fazendo perguntas sobre o trabalho deles. Aprendi como funcionava a marinha mercante americana, e depois como funcionavam as da Europa e do Oriente Médio. Aprendi até a operar o painel de comando, nas horas livres durante o almoço, o que me ajudou a entender mais do funcionamento da empresa. E aprendi a respeito da função do presidente quando fui apresentada a seu assistente pessoal. Isso tornou minha experiência cotidiana muito mais suportável – e até valiosa. E me proporcionou mais coisas para contar quando fui entrevistada para meu emprego seguinte".

CONCEDA A SI MESMO UM PRÊMIO IMEDIATO

Atingir uma meta que estabelecemos para nós mesmos dá uma sensação boa. Toda vez que fazemos um X num quadradinho, nosso sistema de recompensa vibra de prazer, o que, por sua vez, aumenta nossa motivação para seguir em frente. Pode virar um enorme círculo virtuoso: trabalhe, alcance, vibre, persevere, trabalhe, alcance, vibre etc. É por isso que alguns de nós, de maneira retrospectiva, acrescentamos um triunfo à lista de coisas a fazer, simplesmente para vivenciar a alegria momentânea advinda do ato cerimonial de riscá-lo. E podemos usar essa ideia para fabricar para nós mesmos uma injeção de ânimo rápida, sempre que nosso foco e nosso moral esmorecerem, selecionando uma meta pequena e viável, que podemos atingir com satisfação.

Para levantar nosso moral, alguns triunfos são melhores que outros. Em psicologia existe o conceito de "atividade deslocada", em que, por exemplo, ficamos organizando nossa papelada para fugir de alguma tarefa bastante importante. São atividades que nos dão uma pequena quantidade de gratificação. Mas as melhores metas pequenas são aquelas que nos ajudam a engatinhar na direção de objetivos maiores, que realmente tenham significado para nós. Isso fica claro nas conclusões de Teresa Amabile e Stephen Kramer, da Universidade Harvard, que realizaram um enorme projeto de pesquisa para investigar a experiência cotidiana de mais de duzentos profissionais de sete empresas.[8] Depois de computar ciosamente dados equivalentes a 12 mil dias de trabalho, eles concluíram: "De todas as coisas que podem melhorar as emoções, motivações e percepções durante um dia de trabalho, a mais importante, isoladamente, é progredir numa tarefa que tenha significado". Portanto, o truque é:

- Escolha alguma coisa realmente importante para você.
- Pergunte a si mesmo: "Qual seria o menor passo inicial que eu poderia tomar nessa direção hoje?". Pode ser um telefonema ou o envio de um e-mail.
- Então faça isso — imediatamente — e risque de sua lista, com satisfação.

ARRANJE TEMPO PARA CONEXÃO HUMANA

Centenas de estudos compararam os níveis e causas do bem-estar relatados por pessoas de diferentes países, e as conclusões são claras: o dinheiro importa, mas nem tanto. Na média, o *Relatório Mundial da Felicidade* das Nações Unidas concluiu que a renda explica apenas 2% da diferença entre países no índice geral de satisfação com a vida, e não explica em nada nosso nível diário de felicidade.[9] Bem mais importante, concluíram os pesquisadores, é a qualidade dos relacionamentos. Na verdade, usando um enorme acervo de dados da Grã-Bretanha, o professor Nattavudh Powdthavee, da London School of Economics, concluiu que relações pessoais significativas com terceiros têm um impacto tão importante sobre o bem-estar quanto uma renda adicional de 142 mil dólares por ano.[10]

E nem sempre precisamos bater papo com nossos amigos, parentes ou colegas mais queridos para colher benefícios sociais na prática. Até o mais leve sentimento de vínculo com um ser humano pode nos estimular. Estudos de Gillian Sandstrom e Elizabeth Dunn (respectivamente das universidades de Cambridge e da Colúmbia Britânica) indicam a importância dos chamados "laços tênues" com pessoas que elas definem como "personagens menores de nossas vidas cotidianas". Elas descobriram que tanto introvertidos quanto extrovertidos se sentem melhor nos dias em que têm mais interações, e que as interações com conhecidos — mesmo aquelas tão pequenas, relatadas no estudo, quanto uma breve conversa com um barista ou um colega no ônibus — eram quase tão poderosas, como estímulo para a mente, quanto as interações com amigos.[11]

O que isso representa para nós, na prática? Não estou propondo que saiamos conversando sem parar com estranhos. Mas, de fato, arranjar tempo para alguns momentos de conexão humana durante o dia ajuda a manter a energia.

Catherine é diretora de treinamento de executivos de uma universidade de ponta, e se autointitula uma "introvertida profunda", mas também é entusiasta da importância de dedicar um pouco do dia à socialização. "Dei-me conta de que, embora não seja extrovertida, conversar com alguém é um estímulo garantido para mim", afirma. "Por isso, tento arranjar tempo para sentar com as pessoas no almoço. Seria bem mais fácil comer na minha mesa, sozinha, mas percebo a diferença de energia nos dias em que arrumo tempo para essas interações agradáveis e aleatórias. Diminui muito a chance de ter uma 'sensação de defeito no humor', e sinto que o trabalho fica muito mais fácil."

Para garantir que você não fique sem fontes sociais de energia, experimente o seguinte no dia a dia:

- Arranje tempo para conectar-se com alguém importante para você, mesmo que seja à distância, e não pessoalmente, e por pouco tempo. Caso tenha marcado um encontro com um amigo e esteja pensando em cancelar por causa de excesso de trabalho, pense duas vezes. Encurte o compromisso, se necessário, mas não jogue fora a oportunidade de um estímulo psicológico que, no fim das contas, vai torná-lo mais produtivo.

- Transforme transações em interações ao lidar com estranhos. Em vez de ficar mudo, com os olhos grudados no celular enquanto entrega o dinheiro ao caixa, faça uma pausa de um segundo. Sorria. Faça contato visual. Inicie um breve diálogo, com um comentário simples e simpático, do tipo "Parece que você está bem ocupado esta tarde" ou "O dia ainda vai longe?".

- Procure pessoas que irradiam vibração positiva. Comentei, mais acima, como as emoções são contagiantes. Quando chegar ao fundo do poço, pense na ideia de procurar deliberadamente a pessoa mais otimista e "pra cima" que você conhece, e fique perto dela por algum tempo.

ENCONTRE UM PROPÓSITO PESSOAL

Já comentei como aumenta a probabilidade de fazermos grandes realizações quando perseguimos objetivos que definimos para nós mesmos, e não aqueles que outros nos impuseram. Também apresentei pesquisas indicando que o senso de propósito ajuda a adquirir a resiliência psicológica para atravessar os altos e baixos da vida. Por isso, provavelmente não será surpresa saber que uma injeção de propósito pessoal também pode ser um impulso útil quando você está encarando uma tarefa que não é particularmente agradável. Em outras palavras: por que *você* (e não seu chefe, ou seus colegas) considera esse trabalho importante? Ou, pelo menos, por que a *maneira* como você cuida dele é importante para você? Mesmo que não tenha muita autonomia para escolher o que vai fazer, o "porquê", em geral, pode ser definido ou interpretado por você à sua maneira.

Catherine, nossa diretora de treinamento de executivos, usou essa abordagem quando a divisão que ela comandava foi reestruturada, como parte de uma reorganização geral da empresa. A reestruturação acarretou várias semanas de trabalho que, para ela, não pareciam necessárias — mudar o organograma, em alguns casos transferir pessoas para outra sede, e criar condições para o necessário contato entre as equipes recém-formadas. "No começo, parecia um enorme desperdício de tempo. Mas o que me ajudou foi encontrar alguma coisa por trás em que eu acreditava." No começo não foi fácil, porque ela se sentiu muito incomodada. "Mas *havia* uma coisa: eu descobri que acreditava na ideia de criar uma organização mais global, o que seria um dos benefícios das mudanças que estávamos fazendo — dava para ver que ficaria mais fácil compartilharmos as melhores práticas entre colegas do mundo inteiro. Isso seria uma coisa boa, porque acredito, no fim das contas, que o trabalho da minha equipe torna o mundo um lugar ligeiramente melhor. Era uma ideia grandiosa o bastante para me incentivar quando comecei a me sentir desgastada."

Quando você precisar reconectar o que faz com os objetivos mais amplos, existem duas formas de fazer isso.

➡ Para trás. Comece por aquilo que é significativo para você e volte do fim para o começo naquilo que está fazendo, da seguinte maneira:
  - Com o que você realmente se importa — valores, causas, metas de desenvolvimento pessoal?
  - De que forma aquilo que você faz contribui para esses valores, causas e metas?

➡ Para a frente. Comece com aquilo que está fazendo e relacione àquilo que representa algo para você. Pergunte a si mesmo:
  - O que pode acontecer como resultado de minha tarefa atual?
  - E o que é, no fim das contas, possível como resultado *disso*, para a sociedade e/ou para mim?

As primeiras respostas podem ser um pouco sarcásticas, quando seu dia não estiver muito bom ("Estou fazendo aquele imbecil levar todo o crédito — é *isso* que é 'possível no fim das contas'"). Tente ir além disso, até chegar a algo que o faça concordar, em vez de fazer cara feia.

NÃO SE ESQUEÇA DE SORRIR

Falando em cara feia, vamos tocar na questão das expressões faciais. Comece com um elo causal conhecido: quando estamos felizes, sorrimos. Nem todos sorriem exatamente da mesma forma, mas o sorriso é uma expressão humana universal de contentamento. O que surpreende é que a direção dessa causalidade também parece funcionar no sentido contrário: quando sorrimos, ficamos felizes — ou, pelo menos, mais felizes. E parece ser o caso mesmo quando o sorriso não é genuíno. Quando nos forçamos a sorrir, o cérebro recebe uma dica que significa "Ah, eu estou feliz" — o que melhora de verdade o nosso humor.

Faz alguns anos que os pesquisadores têm feito experiências com o surpreendente poder do sorriso falso na melhora do humor. Já nos anos 1970, um psicólogo atuante chamado James D. Laird instalou eletrodos no rosto de alguns voluntários de boa vontade para causar pequenos espasmos em seus músculos enquanto assistiam a um desenho animado.[12] Em um grupo, os músculos sendo estimulados eram os responsáveis pelo sorriso. Portanto, eles estavam sendo involuntariamente forçados a sorrir. Esse grupo relatou ter achado o desenho mais engraçado do que aqueles que tiveram eletrodos implantados em outros lugares do rosto (um tanto impressionante, diria eu, que, sob tais circunstâncias, estivessem dispostos a considerar qualquer coisa engraçada). Outros pesquisadores, desde então, levaram voluntários a dar sorrisos falsos com métodos menos invasivos, como pedir-lhes que tentassem escrever com uma caneta presa entre os dentes, e chegaram aos mesmos e encorajadores efeitos.[13] Uma equipe de pesquisa descobriu que o sorriso também pode ajudá-lo a superar momentos desagradáveis. Os falsos sorridentes se sentiram menos incomodados quando se lhes pediu que enfiassem a mão em água desagradavelmente fria, e seus batimentos cardíacos voltaram mais rapidamente ao normal depois desse choque de frio.[14]

A via de mão dupla entre o sorriso e o estado de espírito positivo é conhecida como feedback *facial*. Eu vejo nisso um ciclo mente-corpo extremamente útil de conhecer, por ser muito rápido e fácil de encaixar no que quer que estejamos fazendo. Antes de dar uma palestra ou realizar um workshop, você me verá colocando meus papéis na mesa e arreganhando os dentes para o público (que não parece se importar).

Portanto, experimente você mesmo — quando sua energia mental e emocional estiver acabando, dê um sorriso. Quanto mais realista, melhor, mas, na dúvida, faça um pouco de musculação facial e seu humor deve melhorar.

COMO JUNTAR TUDO: CONHECE A SI MESMO

Uma coisa que notei nas pessoas capazes de conservar a energia a despeito de empregos sacrificantes é que elas conhecem muito bem a si mesmas. Compreendem o que causa seus picos e vales mais comuns, e conhecem a maneira mais rápida de levantar o humor e a disposição quando necessário.

Uma dessas pessoas é Rakesh, que há quinze anos é médico numa emergência de hospital. Ele descreve assim sua função: "O tempo todo é preciso cuidar de problemas. Você não dispõe de muito tempo, e nunca para de se mexer. No espaço de uma hora, tem que tomar, talvez, cem ou duzentas decisões: que exames solicitar, para onde enviar um paciente, quais as intervenções necessárias. Você atua em turnos diferentes, às vezes de manhã, às vezes à noite. Um turno de doze horas pode se transformar em catorze, quando acontece algo ruim com um de seus pacientes". E Rakesh confirma que seu trabalho é emocionalmente desgastante, assim como desafiador mental e fisicamente. "É muito duro quando o resultado que você obtém não é aquele que deseja ou espera. No começo, eu costumava dizer 'No meu turno, ninguém vai morrer', mas isso não é realista."

Por isso, Rakesh adota uma atitude calculada para manter o que ele chama de "expressão neutra" durante um turno longo. Ele usa, por exemplo, a música para moldar e alterar o estado de espírito. "Você sabe que vai entrar numa sala de espera lotada, e assim que entrar exigirão que comece a agir. Por isso, preciso bombar meus níveis de energia no caminho para o trabalho, e escolho música que funciona comigo, coisas como Linkin Park. Assim que chego, troco por reggae, e deixo tocando no fundo para todo mundo. É um ritmo meio alegre e também relaxante, que é aquilo de que necessito para ter o desempenho ideal sob pressão."

Rakesh também sabe quando os altos e baixos do turno vão acontecer, e se planeja de acordo com isso. "Você tem que estar ciente de seu próprio ritmo biológico para passar por algo tão cansativo quanto o trabalho na emergência", afirma. "Por exemplo, sei que meus níveis de energia mais altos sempre acontecem nas primeiras duas ou três horas de cada turno. Meu cérebro trabalha com rapidez, me sinto alerta. Por isso, não desperdiço esse período. Quero capitalizá-lo e atendo o maior número possível de pacientes nessas horas." Depois, quando começa a sentir cansaço, Rakesh diz que faz questão de "continuar a conversar com os colegas e os pacientes. Gosto de pedir aos pacientes que me contem suas vidas, principalmente os mais velhos. Outro dia descobri que estava tratando de um homem que tinha sido o artilheiro de cauda de um B-52. Em poucos minutos dá para ter uma conversa importante, e isso ajuda o paciente, assim como ajuda a me manter alerta".

Não é preciso muita coisa para ter tanta consciência de si quanto Rakesh – é apenas uma questão de prestar mais atenção a nossos padrões pessoais. Quando sabemos como é a sensação de cansaço extremo, e sabemos qual é a maneira mais confiável de nos recuperarmos, ficamos muito mais proativos na gestão de nosso estado de espírito e nossa produtividade ao longo de um dia comprido. Eis o que você pode fazer para desenvolver essa consciência de si:

➠ Trace uma linha do tempo, da manhã até a noite. Marque alguns dos picos e vales que você sentiu nos últimos dias (ou semanas) – os momentos em que você está pleno de energia, e aqueles em que se sente vazio.

➠ Busque padrões em seus altos e baixos. O que sempre aumenta ou reduz seu nível de energia? Estes são alguns aspectos a levar em conta:
- Mentais: análise, raciocínio criativo, planejamento, leitura.
- Físicos: exercícios, viagens, trabalho manual.
- Sociais: indivíduos específicos, tipos de pessoas, ficar sozinho versus ficar em grupo.
- Entorno: música e sons, espaço de trabalho, ambiente natural.
- Hora do dia: ritmo circadiano, rotinas familiares ou pessoais.
- Temas da lista de sete fatores de energia deste capítulo: gratificação, generosidade, curiosidade, realizações, conexões, propósito e humor (supondo que coisas engraçadas o façam sorrir).

➡ Decida, então, como aplicar seus estimulantes de energia mais garantidos para reduzir os momentos de baixa. Principalmente:

- Em dias que prometem ser cansativos, ou em momentos do dia em que sua energia regularmente cai, invente um ou dois picos: por exemplo, marque uma conversa com um amigo ou cuide de uma tarefa que sempre o agrade.
- Tente abordar as tarefas que mais lhe consomem energia quando estiver num entorno que seja motivador para você — talvez um lugar que levante o ânimo, pessoas estimulantes ou música "pra cima".

A REGRA DO PICO-FIM (OU: POR QUE VOCÊ DEVE SEMPRE FECHAR COM CHAVE DE OURO)

Se eu perguntasse a você se está feliz hoje, há dois tipos de felicidade que você avaliaria subconscientemente. Existe a felicidade instantânea — o quanto você se sente feliz neste instante, ao responder a questão. E existe a felicidade relembrada — sua memória do que ocorreu até aqui neste dia, e como você se sente ao olhar para trás. Dessas duas, segundo as pesquisas, a felicidade relembrada é a que tem o maior impacto sobre nossa sensação de bem-estar — afinal de contas, é a história do nosso dia contada a nós mesmos.[15] O resumo da soma de nossas memórias se transforma em nossa visão da vida como boa ou ruim. Por isso, aquilo de que nos lembramos tem importância.

Mas aquilo que lembramos a respeito da qualidade do nosso dia não é exatamente a soma de *tudo* que aconteceu. Em vez disso, temos tendência a avaliar nossa experiência como a média dos momentos mais intensos (o pico) e de como ela termina (o fim). Isso é o que os cientistas chamam de *regra do pico-fim*. É o sistema automático do cérebro, mais uma vez, economizando energia, ao criar uma versão simplificada da realidade para ser armazenada em nosso banco de memória — versão que se baseia em dois ou três dados, em vez de exigir que recordemos e avaliemos cada momento isolado.[16]

Daniel Kahneman, o reconhecido psicólogo da Universidade Princeton cujo trabalho popularizou o campo da economia comportamental, demonstrou a regra do pico-fim ao expor voluntários a uma série de experiências desagradáveis. Em uma delas, mergulhou as mãos dos voluntários em água desconfortavelmente fria (14°C) durante sessenta segundos — em alguns casos, gelada o bastante para fazer pessoas comuns contorcerem o rosto e o corpo. Kahneman descobriu que a experiência era avaliada como menos desagradável quando era seguida de *outros* trinta segundos em água apenas ligeiramente mais quente (15°C).[17] Como quinze graus ainda parecem bem ruins, eis a conclusão positiva: as pessoas preferem noventa segundos de desconforto a sessenta segundos de desconforto, porque a última parte não foi tão terrível. E isso é uma verdade geral. As pesquisas apontam que experiências desagradáveis (como colonoscopias e barulhos altos) são consideradas menos desagradáveis quando um período de desconforto ligeiramente menor é *acrescentado* ao final da experiência.[18] Em outras palavras, terminar com alguma coisa ligeiramente menos ruim faz as pessoas se sentirem melhor em relação ao todo.

Os finais também têm um efeito desproporcional sobre experiências positivas. Em outro estudo, ofereceu-se um DVD grátis a voluntários que arrecadaram fundos para uma instituição não lucrativa. Podia-se escolher dentre uma lista de filmes muito bem avaliados. Para alguns, a oferta terminava aí, enquanto para outros, posteriormente, ofereceu-se um segundo filme, de uma lista ligeiramente menos bem avaliada de filmes.[19] Confirmando a expectativa, aqueles que receberam apenas um DVD, de alta qualidade, ficaram mais felizes do que aqueles que receberam um DVD excelente e depois outro DVD, inferior.

Portanto, a regra do pico-fim nos traz algumas importantes indicações quanto à maneira de turbinar nossa sensação geral de ter tido um dia bom. Em primeiro lugar, temos que tentar continuamente engendrar o tipo de pico descrito no restante deste capítulo. Quando temos um rompante brilhante de criatividade em meio a uma reunião aborrecida, isso nos ajuda a ter uma lembrança mais positiva como um todo. Mas a principal lição da regra do pico-fim é que vale a pena ser mais sistemático em relação a encerrar tudo — toda interação, toda tarefa, todo dia — com chave de ouro. Eis algumas maneiras de fazer isso:

- Uma rotina noturna que inclua o exercício das "três coisas boas" é uma ótima maneira de alterar sua forma de lembrar-se do dia.

- Você pode encerrar a maior parte das conversas recapitulando o momento mais positivo — por exemplo, dizendo "Foi ótimo receber essa boa notícia de você!". Isso traz de volta a parte positiva ao primeiro plano da mente – tanto a sua quanto a do seu interlocutor.

➡ Em conversas formais, ao encerrar, você também pode dizer: "Então, o que funcionou bem, hoje, para nós, que deveríamos fazer de novo?". Isso dá às pessoas a possibilidade de rever aquilo que consideraram útil ou interessante na forma como a reunião foi montada. Quando você não tiver tempo de fazer essa pergunta, pode simplesmente comentar aquilo de que mais gostou na conversa – por exemplo: "Essa discussão foi ótima. Foi bom encontrarmos juntos soluções reais para os problemas".

Sabine é editora executiva de um jornal. Ela tem uma visão interessante a respeito da ideia de "fechar com chave de ouro". Embora tenha muito prestígio no emprego, seu chefe atual não é de fazer muitos elogios. Mas Sabine encontrou uma maneira de encerrar cada dia com uma injeção de elogios. "Procuro na internet uma foto de um chefe sensato e amigável – pode ser uma foto genérica, alguém totalmente anônimo, que pareça o tipo de pessoa com quem eu gostaria de trabalhar – e prego a foto no lado de dentro da minha porta. Toda vez que saio da minha sala, vejo a foto e imagino esse chefe perfeito me dando retorno em relação às coisas que fiz direito naquele dia. Claro que é uma piada, e a pausa para rir é boa, mas esse processo também me traz distanciamento – me faz recuar um pouco e me lembrar de realizações que eu poderia ter esquecido." E, como um reloginho, propicia um pico garantido para Sabine todas as noites.

Como encher o tanque

Para adquirir traquejo em turbinar sua energia nos dias cansativos, experimente os seguintes passos:

- Faça experiências com os sete catalisadores de energia. Descubra quais destes funcionam melhor com você: as três coisas boas; gentilezas aleatórias; encontrar *algo* interessante; proporcionar a si mesmo um triunfo rápido; encontrar tempo para conexões sociais; descobrir um propósito pessoal; sorrir de orelha a orelha (mesmo sem muita vontade).

- Conheça a si mesmo. Identifique quais são seus altos e baixos de energia mais rotineiros. Tente descobrir o que tende a estimulá-lo ou desgastá-lo (busque padrões nas atividades mentais, físicas e sociais que isso envolva; entorno e horários do dia; os temas dos sete catalisadores acima – gratificação, generosidade, curiosidade, realizações, conexões, propósito e humor). Escolha uma ou duas estratégias garantidas que você possa usar para prevenir ou reverter uma queda, quando ela ocorrer.

- Feche com chave de ouro. Planeje encerrar cada dia – na verdade, toda interação ou tarefa – com chave de ouro, para tirar partido da regra do pico-fim. Experimente as três coisas boas como uma rotina noturna.

- E para dar embasamento a tudo isso, consulte o capítulo 5, sobre repouso, e o capítulo 19, sobre a manutenção da energia, para relembrar a si mesmo a importância e a forma de criar intervalos na sua agenda para recuperar a energia e fazer a manutenção do corpo.

21. Como favorecer seus pontos fortes

A maioria de nós, tendo a possibilidade, busca o aprimoramento pessoal; ninguém gosta de continuar no degrau mais baixo da carreira a vida inteira. E isso não ocorre apenas devido à ânsia por uma maior segurança financeira ou posição social. Décadas de pesquisa de Carol Dweck, reconhecida psicóloga da Universidade Stanford, indicam que também é importante para nosso bem-estar psicológico saber que nossos talentos não são imutáveis, e que temos uma chance de desenvolver habilidades com o passar do tempo.[1] Isso nos ajuda a nos reerguermos depois de cometer erros, e nos dá um senso de possibilidade e novidade – coisas que o cérebro considera recompensadoras.

Mas, quando não nos contentamos em ficar onde estamos, é provável que ocorram momentos em que nosso trabalho nos exaure e sobrecarrega. Podemos estar mergulhados até o pescoço em um novo projeto profissional, e podemos ter esquecido de como nos manter à tona. Podemos estar num papel difícil ou entediante, que não enxergamos como uma ponte para algo melhor, ou podemos estar nos esfalfando na esperança de dar o próximo salto na carreira, escada acima. Como nos orientarmos em meio a desafios profissionais como esses (e metáforas variadas) com energia e entusiasmo? Neste capítulo, vou lhes mostrar que muitas vezes a resposta é ser mais propositivo ao empregar nossas qualidades, ajudando-nos a permanecer no modo de descoberta à medida que passamos de um aspecto a outro, mais desafiador, no trabalho.

Essa abordagem representa um contraste em relação à maneira como muitos de nós pensávamos, no passado, a respeito da melhoria pessoal, em que muitas vezes focávamos em nossos pontos fracos. Evidentemente, há um motivo para isso – quando somos muito fracos em algo que é importante na vida, como aritmética elementar ou ser pontual, vale a pena elevar essas habilidades a um nível aceitável. Mas é problemático quando essa mentalidade de consertar o que está errado passa a dominar nossa forma de agir em relação ao desenvolvimento pessoal no trabalho, porque focar nos defeitos tende a minar nosso senso de competência – e, como aprendemos no capítulo 9, isso também pode, com grande facilidade, provocar no cérebro uma reação à ameaça. E, quando estamos no modo defensivo, fica mais difícil raciocinar com inteligência – o que nos torna piores naquilo que estamos fazendo. Isso pode se tornar um círculo vicioso.

E como é essa alternativa baseada nos pontos fortes? Falando de maneira genérica: constatamos quais são esses pontos fortes e depois encontramos uma maneira de tirar proveito deles mais plenamente – sobretudo nos desafios mais complicados que enfrentamos no trabalho (em breve explicarei um pouco mais como fazer isso). Em consequência, mesmo que o trabalho ainda pareça difícil, fica mais fácil manter o cérebro no modo de descoberta de alto desempenho quando não somos o tempo todo assombrados por uma sensação de incompetência.

Existem inúmeras pesquisas que descrevem os ganhos de motivação e desempenho associados a essa atitude. Por exemplo, numa série de estudos de grande escala, o instituto Gallup constatou, de maneira consistente, que a satisfação das pessoas no trabalho aumenta quando elas recebem feedback em relação a seus pontos fortes e orientação sobre como empregá-los mais plenamente na função que ocupam (por exemplo, "Você é ótimo em X – eis como você pode usar essa habilidade mais plenamente nos desafios Y e Z"). Observou-se que a lucratividade aumentou 9% nas empresas que adotaram essa abordagem baseada nos pontos fortes, no feedback de desempenho, quando comparadas a empresas com uma abordagem mais tradicional, do tipo "conserte os pontos fracos", nas avaliações.[2] O Conselho de Liderança Corporativa constatou correlações ainda mais fortes. Em um estudo de grande escala com cerca de 20 mil funcionários de 34 empresas, sete setores industriais e 29 países, o desempenho foi entre 21% e 36% maior nas empresas cujos administradores deram ênfase aos pontos fortes.[3]

E, quer trabalhe ou não para uma empresa que "viu a luz", pesquisas bastante abrangentes indicam que você pode fazer bom uso desse conhecimento para si mesmo. Os psicólogos Alex Wood e Alex Linley, respectivamente da Universidade de Stirling e do Centro de Psicologia Positiva Aplicada, concluíram que voluntários incentivados diariamente, ao longo de uma semana, a encontrar uma nova forma de usar seus pontos fortes pessoais relataram níveis mais elevados de bem-estar, autoestima e de algo que os pesquisadores chamaram de "vitalidade" (e que eu chamo de "energia" nesta parte do livro). Ao mesmo tempo, os voluntários também relataram menos estresse. Mais importante que isso, esses ganhos se mostraram duradouros quando os pesquisadores fizeram verificações três e seis meses depois.[4] É um bom retorno para um investimento de apenas alguns minutos de reflexão.

VOCÊ SÓ FALA DAQUILO

Mas de que tipo de "pontos fortes" estamos falando aqui? Em geral, pensamos nessa expressão em termos de conhecimento ou habilidades: eu entendo de teoria macroeconômica; eu sei tocar piano. Esse tipo de coisa. Mas pontos fortes assim, baseados no conhecimento, só costumam ter valor em contextos específicos. Em meu trabalho de coaching, é improvável que discursar sobre política monetária ou dedilhar um teclado me sirva para alguma coisa.

Por isso, quando os pesquisadores convidam as pessoas a "usar seus pontos fortes" plenamente, isso quer dizer mais do que simplesmente aplicar conhecimento acumulado. O que se está pedindo é usar as qualidades que nos definem quando somos nossa melhor versão como seres humanos, aquilo que vem da nossa personalidade e dos nossos valores. O que se pede é não apenas aquilo em que somos bons, mas também aquilo com que mais nos importamos e que mais nos inspira.

Para entender o que quero dizer, dê uma olhada nesta lista, criada pelos psicólogos Martin Seligman e Christopher Peterson. Eles foram os primeiros a elaborar uma classificação daquilo que chamam de "pontos fortes de caráter". Eis as categorias que criaram:

- Bom senso: pontos fortes relacionados à aquisição e ao uso de conhecimentos, como criatividade, curiosidade, sensatez de julgamento, amor ao aprendizado e amplitude de visão.

- Coragem: pontos fortes que exigem exercitar a boa vontade para atingir metas diante de resistência, como bravura, perseverança, honestidade e alegria de viver.

- Humanismo: pontos fortes pessoais relacionados à compreensão e ao auxílio ao próximo, entre eles amor, gentileza e inteligência social.

- Justiça: pontos fortes que embasam uma vida comunitária e cívica saudável, como capacidade de trabalhar em equipe, senso de justiça e liderança.

- Moderação: pontos fortes que servem de proteção contra excessos e comportamentos extremos, entre eles o perdão, a humildade, a prudência e o autocontrole.

- Transcendência: pontos fortes que ajudam a proporcionar sentido e propósito à vida, como a capacidade de apreciar (a excelência ou a beleza), gratidão, esperança, humor e um senso de espiritualidade.

Portanto, você pode saber que é competente em lidar com planilhas ou desenhar logomarcas, mas pode não ter tanta consciência da forma como complementa essas habilidades técnicas com talentos comportamentais que reflitam alguns dos temas da lista acima. Por exemplo, talvez você seja ótimo para reunir as pessoas em torno de uma ideia (sinais de "alegria de viver", "inteligência social" e "liderança"), ou talvez tenha uma habilidade incomum para manter a calma e enxergar o lado bom em uma situação ruim ("amplitude de visão", "autocontrole" e "esperança").

Evidentemente, existem inúmeras maneiras diferentes de rotular esses tipos de pontos fortes de caráter. As categorias de Seligman e Peterson podem representar algo para você, ou você pode preferir outras palavras para definir ideias semelhantes ("empatia" em vez de "amor", ou "entusiasmo" em vez de "alegria de viver", por exemplo). Hoje em dia existem múltiplas categorizações por aí, cada uma com uma terminologia própria. Mas qualquer que seja o linguajar, a ideia-chave é a mesma: quando temos a oportunidade de pôr em ação nossos pontos fortes pessoais, mostram as pesquisas, nos sentimos particularmente estimulados e concentrados naquilo que estamos fazendo (quase por definição). E, por nos colocar de forma tão firme no modo de descoberta, isso também possibilita um desempenho melhor.

COMO IDENTIFICAR SEUS PONTOS FORTES

Então, como identificar seus pontos fortes pessoais – ou lembrar-se de quais são eles – de modo a explorá-los mais conscientemente no seu trabalho cotidiano? Com base naquilo que vi funcionar bem com meus clientes, eis três maneiras complementares que sugeriria para dominar bem seus pontos fortes:

➠ Analise alguns êxitos passados particularmente satisfatórios, tenham sido eles grandes ou pequenos. Foque no tipo de triunfo pessoal em que você se surpreendeu dizendo: "Gostaria de me sentir assim todos os dias" ou "Isso é tão agradável que nem parece trabalho". Pode pensar também em picos que você vivenciou fora do ambiente profissional. Pode ser que tenha resolvido uma situação familiar complicada ou organizado com êxito um evento comunitário. Para cada exemplo, ponha por escrito:
- O que, exatamente, você fez, disse e pensou que o ajudou a ter êxito?
- Que talentos e qualidades pessoais permitiram que você realizasse, dissesse ou pensasse essas coisas (esses são os seus pontos fortes)?

➠ Peça a um punhado de pessoas em quem confia – colegas, amigos, família – a opinião delas. Explique que está tentando obter uma visão mais clara de seus pontos fortes pessoais. Peça que lhe deem um ou dois exemplos específicos de momentos em que você os impressionou ou pareceu particularmente entusiasmado, e pergunte-lhes, com base nisso, quais eles acreditam ser seus pontos fortes.

➠ Realize uma pesquisa de pontos fortes. Hoje em dia existe on-line uma série de pesquisas de pontos fortes.[5] Eles não substituem o exame pessoal de seus picos pessoais e o desenvolvimento do conhecimento próprio de suas qualidades, mas ao fazer uma dessas pesquisas talvez surjam, em seus exemplos, padrões ou rótulos úteis para talentos que você tenha dificuldade em definir.

Quando estiver definindo seus pontos fortes, faça um esforço para ir além das frases feitas que costumam aparecer em avaliações corporativas de desempenho. Por exemplo, não diga apenas "sou um bom comunicador". Explore um pouco mais para desencavar o que realmente o distingue em relação a seu ponto forte como comunicador. Pergunte a você mesmo: "O que é que me torna bom nisto?". Para sua plateia, pode ser a empatia. Pode ser seu domínio da linguagem, ou a agilidade mental. Talvez sua honestidade e sua franqueza sempre conquistem as pessoas.

Lembre-se também de que você está à procura do tipo de qualidade pessoal que efetivamente o estimula quando a emprega livremente. Todos nós aprendemos a fazer um monte de coisas que não nos interessam totalmente, em resposta a desafios no trabalho ou na vida pessoal. Mas, para colocar o cérebro em modo de descoberta, convém estimular a neuroquímica do interesse e da recompensa, e não aquela do dever e da obrigação. Portanto, ao pensar em seus picos pessoais, tente fazer a distinção entre os momentos em que fez coisas que *deveria* apreciar, e os momentos em que realmente se sentiu estimulado.

Ted é engenheiro de formação e executivo sênior de uma empresa global da indústria elétrica. Ele define a questão desta maneira: "Sempre imaginei que, por ser bom em trabalhos analíticos, meu maior ponto forte seria a capacidade de análise. Mas, ao contrário de minha crença em relação a mim mesmo, a área onde eu obtinha verdadeiro estímulo era ensinar outras pessoas. Quando olhei para trás, para minha surpresa, os melhores momentos de verdade aconteceram quando ajudei a desenvolver nossos jovens de maior potencial. Lembro-me de ter organizado uma sessão de brainstorming com eles, para incentivá-los a pensar de forma mais criativa, e foi a coisa mais agradável que eu já havia feito". Tendo tido essa revelação, Ted passou a reservar mais horas do dia ao treinamento e tutoria de colegas mais jovens – e, como resultado, sentiu sua maior motivação no trabalho em duas décadas.

ENCONTRE NOVAS FORMAS DE PÔR EM PRÁTICA SEUS PONTOS FORTES

Pois bem, como aplicar esses pontos fortes no seu dia de trabalho de maneira mais deliberada? Se você pudesse pôr em prática um de seus pontos fortes, o que mudaria na atitude em relação a suas tarefas?

Quando eu trabalhava na McKinsey, descobri que tinha um apetite particular por inventar novos serviços para os clientes (talvez isso não devesse surpreender, considerando que, na pesquisa de pontos fortes de caráter pelo método de Seligman e Peterson, o meu acabou sendo "amor ao aprendizado"). A McKinsey tinha procedimentos consolidados para o lançamento desse tipo de iniciativa empreendedora, que implicava apresentar suas ideias aos colegas até encontrar alguém que achasse que elas poderiam ser benéficas para os clientes. Comecei dessa forma meu esforço para criar um novo negócio, ao estabelecer um serviço para melhorar a eficiência das equipes de executivos seniores. Isso me fez passar noites e noites trabalhando, com colegas excelentes, um monte de papel e um acúmulo lento e constante de êxitos pequenos, mas cada vez mais abrangentes, que no longo prazo me deram uma sensação ótima. Mas, durante esse processo, o esforço me deixou exausta.

Por isso, na oportunidade seguinte em que lancei uma nova iniciativa, experimentei algo diferente. Decidi fazer valer meu talento de relacionamento interpessoal, usando uma abordagem mais centrada nas pessoas. Dessa vez, meu objetivo como empreendedora era criar uma nova unidade de negócio para ajudar empresas do setor de saúde a melhorar o desempenho. Em vez de redigir várias páginas de material, enviei um e-mail entusiasmado a centenas de pessoas perguntando quem estaria interessado em colaborar. Algumas almas generosas responderam — mais que suficiente para começar. Em seguida, concentrei-me em criar e nutrir uma comunidade de colegas para ajudar a lançar o novo serviço, em conjunto. Alguns ajudaram hospitais a redesenhar o atendimento aos pacientes; outros ajudaram empresas de biotecnologia a acelerar os processos de desenvolvimento de medicamentos. Eu organizava reuniões em que as experiências e a expertise eram compartilhadas entre todos, ao mesmo tempo que dava o máximo de suporte possível. Essa abordagem exigiu de mim, como líder, um conjunto bastante diferente de prioridades. Antes de tudo, passei a me preocupar menos com apresentações formais. Passei muito menos tempo na frente do computador, e muito mais em conversas de coaching com minha recém-formada comunidade.

As duas abordagens se revelaram bem-sucedidas, tanto para mim quanto para a empresa. Não havia uma abordagem "certa". Mas a energia que obtive recorrendo à minha personalidade extrovertida fez com que me sentisse permanentemente animada, pela segunda vez. Evidentemente, mesmo que meu maior ponto forte, em vez disso, fosse "organizar o caos", eu ainda teria obtido o engajamento de outras pessoas. Mas, nesse caso, teria focado na criação de um produto padronizado simples, em vez de incentivar meus colegas a criar uma variedade enorme de produtos. E *isso* teria sido altamente estimulante para mim. A lição é: pode-se abordar a mesma tarefa de várias maneiras diferentes — e nossa probabilidade de desfrutar do processo e atuar com brilho é maior quando usamos como trampolim pelo menos um de nossos pontos fortes.

Por isso, pense na ideia de usar seus talentos e interesses mais plenamente no trabalho, principalmente em áreas em que você não estiver inspirado ou se sentir sobrecarregado. Explore, por exemplo, as seguintes possibilidades:

- Aplique seus pontos fortes da mesma forma que você aborda seu trabalho atual. Pense nas tarefas que constam do seu cardápio atual. O que seria necessário mudar, na forma como lida com elas, para utilizar mais plenamente seus pontos fortes? Por exemplo, se você sabe que tem talento para encontrar clareza em meio à confusão, teria como ser mais propositivo no uso desse talento para ajudar a si mesmo e aos demais a manter o foco naquilo que realmente importa? Caso seja bom em inteligência social, há algo a mais que possa ser feito para criar uma coalizão de apoiadores em torno do trabalho que está fazendo, ou para perceber ângulos importantes no relacionamento interpessoal que talvez seus colegas não estejam notando?

- Use seus pontos fortes para ajudá-lo a cuidar de novos desafios. Quando nos é atribuída uma responsabilidade nova, em geral temos muito a aprender — mas ainda podemos encontrar apoio naquilo em que somos bons, para permanecer no modo de descoberta, mesmo quando lidamos com algo desconhecido. Por exemplo, digamos que você tenha que fazer pela primeira vez uma apresentação para a diretoria. Se seu ponto forte for extrair informações relevantes de dados brutos, uma possibilidade é abrir a apresentação com um fato surpreendente e construí-la usando isso como ponto de partida. Mas caso goste de conhecer pessoas novas, pode preferir saber um pouco mais sobre os interesses de cada membro da diretoria, e optar por falar diretamente com eles durante a apresentação. Como quer que seja, você ficará mais relaxado e causará melhor impressão do que ignorando completamente aquilo em que é bom.

Essas mudanças sutis podem fazer a diferença entre a sensação de exaustão e de energia sobrando no fim do dia. E, com o passar do tempo, ter consciência dos próprios pontos fortes o deixa mais bem preparado para criar e aproveitar oportunidades de aumentar a satisfação cotidiana no trabalho, ao assumir tarefas ou projetos que refletem mais plenamente seus pontos fortes. Isso não significa necessariamente mudar de emprego ou trabalhar mais — significa simplesmente tomar a iniciativa na redefinição do foco do seu trabalho, nos limites da descrição de sua função. É o que as professoras Amy Wrzesniewski (Yale) e Jane Dutton (Universidade de Michigan) chamam de "artesanato do trabalho".[6]

Ben descobriu o poder do artesanato do trabalho quando estava empregado em uma agência que realizava uma corregedoria civil do Departamento de Polícia de Nova York. Um dia ordinário incluía coisas como realizar entrevistas na comunidade e analisar relatórios de balística. Mas, à noite, ele mudava totalmente de registro e fazia shows no circuito de stand-up comedy. Ben diz que gostava do emprego durante o dia, mas gostava dele ainda mais quando lhe permitia pôr em prática seu talento mais geral como artista. Ele conta um exemplo: "Trabalhei com três outros colegas, e nossa equipe tinha uma série de compromissos de treinamento, como dar palestras sobre a mecânica das leis de busca e apreensão. Qualquer um de nós podia dar esses cursos, mas me ofereci como voluntário porque percebi que era uma chance de fazer uso da relativa facilidade que tenho no palco. Dava para ser engraçado e divertido, o que prendia a atenção das pessoas, aumentando o impacto dos cursos. Eu me dei conta de que o humor podia ser um trunfo para mim em qualquer contexto, e não apenas depois do trabalho". Refletindo a respeito disso, Ben afirma: "Você precisa assumir o compromisso de conhecer a si mesmo. Ter uma perspectiva franca daquilo que lhe agrada mais, e depois descobrir como fazer mais desse tipo de coisa. Dessa forma, consegue evitar ser um desses caras, no trabalho, cujo único foco é manter a cabeça fora d'água".

COMO COLOCAR EM PRÁTICA SEUS INTERESSES PESSOAIS

Ben descobriu uma maneira de utilizar um talento pessoal mais plenamente no trabalho. Mas e quando seus interesses pessoais não parecem ter nenhuma relação com seu ganha-pão? E aí? Catherine (do capítulo anterior) estava nesse pé algum tempo atrás. Fazia cinco anos que ela trabalhava como gerente operacional sênior e descobriu que estava começando a extrair menos energia de seus dias do que investia neles. "Por fora, tudo parecia bem. Eu ainda estava dando conta do trabalho. Mas minha motivação estava diminuindo. Os dias pareciam mais compridos, e qualquer coisa levava um século para terminar."

Desde a infância Catherine se interessa por artes, literatura e história, e chegou até a passar um período trabalhando para uma gravadora de música clássica. Mas agora seus dias estavam repletos de contas e reuniões convocadas às pressas. Um dia, ela teve uma conversa casual com uma pessoa a respeito do passado. "Um cara comentou como meus interesses não casavam nem um pouco com o que eu fazia para ganhar a vida. Ele me perguntou: 'Como é que você não pira?', e eu me dei conta de que ele tinha razão — alguma coisa estava faltando." Seus interesses culturais pareciam inteiramente separados de seu trabalho cotidiano.

Catherine decidiu ser mais criativa para encontrar um jeito de conectar as coisas que ama às coisas que fazia para ganhar a vida. "Embarquei naquilo que batizei de 'programa de reinspiração estruturada'. Todas as semanas eu assistia a um clássico do cinema, tendo em mente minha vida profissional, e aproveitava algum elemento do filme no meu trabalho. Um dos filmes, por exemplo, tinha o personagem de Tomás Morus, que era, basicamente, um administrador na corte de Henrique VIII na Inglaterra do século XVI, e me dei conta de que o trabalho dele não era muito diferente do meu." Identificar-se com a coragem de Morus de opor-se ao rei a animou. Deixando de lado o detalhe histórico de que Morus acabou sendo degolado, "houve pelo menos um dia em que pensar em Tomás Morus me ajudou a me erguer em defesa de algo que era importante para mim no trabalho, de uma maneira que me fez sentir bem".

Catherine começou a visitar galerias de arte com o mesmo objetivo. Ela escolhia uma pintura para analisar e depois refletir sobre a relação que o quadro poderia ter com as questões que estivesse enfrentando no trabalho. "Sempre me servia de impulso", diz. "Às vezes eu saía inspirada com uma ideia nova. Às vezes era simplesmente algo que me fazia sentir melhor em relação a alguma ocorrência ruim no trabalho. Afinal de contas, na história aconteceram tantas tragédias que isso lhe faz ver que, quando alguém só o prejudica um pouco, não é tão ruim assim. A vida continua."

E isso, segundo ela, trouxe dividendos na forma como se sentia em relação ao trabalho. "Em pouco tempo, meus dias passaram a parecer menos arrastados. Tive a sensação de que meus horizontes se abriram de novo, e pude focar de novo naquilo que era possível fazer na minha função, com mais criatividade na elaboração de soluções." Agora, sempre que sente um pouco de desânimo, afirma Catherine, "eu digo a mim mesma: 'É hora de uma intervenção reinspiradora'. Sempre funciona".

Para criar seu próprio "programa reinspirador" com base em interesses fora do trabalho, pergunte a si mesmo:

- Que temas ou atividades lhe atraem mais? O que considera genuinamente inspirador ler ou aprender sem que lhe peçam ou esperem isso de você?
- Como você poderia engendrar uma conexão mais forte entre esse interesse e seu trabalho cotidiano?
- Isso poderia gerar alguma ideia suscetível de aplicação num contexto profissional?
- Há alguma técnica ou ferramenta que você poderia tomar por empréstimo?
- Na falta de tudo isso, daria para formar um grupo de interesse com colegas de pensamento semelhante – um grupo de leitura, um coral, uma equipe esportiva – para levar mais satisfação pessoal ao local de trabalho?

Em seu livro *Dar e receber*, o psicólogo Adam Grant, da Universidade da Pensilvânia, descreve uma experiência em que se deu a empregados de uma firma a oportunidade de fazer exatamente o mesmo que Ben e Catherine: fabricar uma "visão mais idealizada, mas ainda assim realista, de seus empregos", adaptando as responsabilidades de modo a combiná-las com seus pontos fortes, interesses e valores pessoais. Alguns assumiram projetos novos. Outros personalizaram tarefas existentes, de maneira a torná-las mais agradáveis ou significativas. Muitos descobriram maneiras de delegar tarefas que simplesmente não se encaixavam bem com eles – usando, talvez, uma versão da técnica do "não positivo" citada por mim na parte II. Grant relata que "seis semanas depois, chefes e colegas avaliaram-nos como significativamente mais felizes *e* mais eficientes".[7] E isso é uma coisa à qual todos nós diríamos sim.

Como aproveitar seus pontos fortes

Para sustentar sua energia e seu entusiasmo profissional (e turbinar o desempenho) no longo prazo:

- Identifique seus pontos fortes pessoais. Reserve tempo para refletir a respeito de seus pontos fortes específicos – as qualidades pessoais, os valores e habilidades que são características suas nos seus melhores momentos. Analise seus picos, peça a opinião de terceiros e responda a uma pesquisa. Fique atento aos temas que sobressaem.

- Ponha em prática seus pontos fortes de forma mais consciente. Ao longo de uma semana, todos os dias, encontre um jeito de aproveitar um de seus pontos fortes mais plenamente na sua atitude em relação ao trabalho. Ao assumir novos desafios, leve em conta a forma como você emprega seus pontos fortes pessoais para ajudá-lo a dedicar-se àquilo que precisa aprender.

- Recorra a seus interesses pessoais em busca de inspiração. Seja criativo em relação às maneiras de relacionar seus interesses pessoais ao seu trabalho. Que ideia ou ferramenta você pode trazer para a vida profissional?

Posfácio

Um aprendizado duradouro

Eu gostaria de me despedir com algumas palavras finais de incentivo, para quando você experimentar as abordagens deste livro, porque sei que às vezes pode parecer difícil romper hábitos antigos e adotar outros, novos e maravilhosos. Podemos ter a intenção de apresentar propostas em uma conversa importante, mas só lembrar de pô-las em prática depois que a reunião já está na metade. Podemos gostar da ideia de utilizar as técnicas do "feedback fácil para o cérebro" com colegas mais jovens, mas depois nos surpreendemos fazendo o que sempre fizemos: dizer a eles o que devem fazer diferente. Nada disso causa surpresa, considerando que nosso cérebro busca economizar energia rodando no piloto automático sempre que possível. Entregue a si, o cérebro tende a executar as mesmas rotinas anteriores.

Mesmo assim, apesar da persistência de nossos hábitos, o cérebro é tremendamente adaptável. Cada pensamento ou experiência nova isolada canaliza um conjunto novo de conexões entre nossos bilhões de neurônios, resultando na constante mutação de nossas redes neurais. É por isso que o professor Michael Merzenich, da Universidade da Califórnia em San Francisco, um dos maiores especialistas do planeta na capacidade do cérebro de se reorganizar, descreve o cérebro como "virtualmente conectado", e não fisicamente conectado: uma parte é fixa, sim, mas uma parte é flexível.[1] Essa conexão virtual é o que nos proporciona margem para desenvolver novas práticas e habilidades, *desde que* saibamos como nutrir nossa capacidade inerente de mudança.

Como podemos, então, alterar esse equilíbrio, passando do piloto automático para a adaptabilidade? Três indicadores úteis surgem a partir das pesquisas: a recompensa, a recapitulação e a repetição.

RECOMPENSA

Quando obtém êxito ao experimentar uma nova abordagem no trabalho, você faz uma pausa para parabenizar a si mesmo? A maioria das pessoas não. Como vimos no capítulo 10, temos tendência a acumular êxitos sem muita reflexão, porque nossa atenção se volta naturalmente para as coisas que *não* funcionam tão bem. Mas os neurocientistas, os economistas e os psicólogos concordam que temos maior probabilidade de repetir um comportamento quando o consideramos recompensador. Portanto, caso você queira que um novo hábito perdure, uma boa ideia é encontrar alguma maneira de recompensar a si mesmo pelo esforço despendido.

De que tipo de recompensa estou falando? Bem, muito obviamente, você pode se conceder um capricho pessoal – uma pausa, um lanche, um bate-papo. Mas recompensas que incluem repassar nossos êxitos são ainda mais úteis, porque a reflexão é um processo cognitivo que reforça nossa capacidade de aprender com a experiência (como vimos no capítulo 5).

Por exemplo, suponha que você tenha tentado uma técnica de feedback fácil para o cérebro ao conversar com um colega, e que isso resultou numa conversa satisfatória e produtiva. Assim como Peter no capítulo 10, você começou detalhando todas as coisas de que gostava em relação ao que ele fez, antes de dizer o que o teria feito gostar ainda mais. Seu colega ficou visivelmente estimulado, e não desmotivado, por suas observações, e apresentou um excelente plano de aprimoramento. Excelente! Mas você pode esquecer facilmente esse triunfo assim que surgir o próximo desafio do dia. Por isso, é preciso tirar um momento para recapitular o que funcionou direito – de preferência, tomando nota também – e permitir a si mesmo saborear a sensação agradável durante alguns segundos.

Conheço um profissional que estende ainda mais essa recompensa, mantendo uma contabilidade desse tipo de êxito em um quadro branco na porta de sua sala (usando um código que só ele entende); ele diz que isso lhe dá um estímulo toda vez que passa pelo quadro. Você também pode adicionar uma dimensão social ao senso de recompensa, falando aos outros das mudanças que está realizando e os resultados interessantes que está constatando. Êxitos maiores podem, inclusive, ser acrescentados a uma lista atualizável de realizações a comentar na sua próxima avaliação de desempenho, como Cristine mostrou no capítulo 16. Todas essas ações ajudam a alimentar o sistema de recompensa do cérebro, assim como reforçam aquilo que você aprendeu.

E se você estiver fazendo algo novo e não der tão certo quanto esperava? Inspire-se no fato de que nós consideramos recompensador descobrir informações novas, enxergando a experiência como um teste. Faça a si mesmo a pergunta "Que coisa fascinante! O que eu posso aprender com isso?" do capítulo 17, e comemore todo e qualquer aspecto da experiência que *de fato* tenha funcionado — mesmo que seja meramente ter lembrado a posteriori o que você deveria fazer.

RECAPITULAÇÃO

Caso queira alterar seu comportamento, convém fazer a transição da forma que exija o menor esforço possível. Uma maneira de fazer isso é escolher um objetivo bastante específico, viável, e relacionar esse novo comportamento desejado a algo que já seja parte do seu dia. O segredo é identificar um elemento que você tem certeza absoluta de encontrar — talvez uma atividade, uma situação ou um objeto — e associá-lo à atitude que deseja assumir. Como expliquei no capítulo 2, as pesquisas indicam que o estabelecimento desse tipo de lembrete "quando-então" pode triplicar a probabilidade de atingir suas metas, o que não é pouca coisa.

Por exemplo, caso esteja tentando aprimorar-se na incorporação de exercícios físicos à sua rotina, vai levar tempo até o cérebro formar todas as conexões novas necessárias para que você desenvolva um hábito totalmente novo de ir à academia. Mas você pode fazer progresso imediato se usar algo que já faz regularmente (por exemplo, sair para almoçar) como índice para a atitude que quer tomar (mais exercício). Você pode dizer a si próprio: "*Quando* eu sair para almoçar, *então* vou descer pela escada e não pelo elevador". Pode ir ainda mais longe e dizer "*sempre* que eu tiver a opção entre escadas e elevador, *então* irei pela escada." Voltando ao exemplo das técnicas de feedback fácil para o cérebro, você pode anotá-las num celular e tomar uma decisão: "*Quando* eu sentir um desejo irreprimível de dar retorno a um colega, *então* vou checar meu celular para escolher qual a técnica de feedback que vou usar".

Para uma abordagem mais visual, você pode obter inspiração de diversos clientes meus que usam seus protetores de tela como lembrete das técnicas deste livro. Uma pôs a imagem de um iceberg; ao olhar para ela, lembra-se da ideia "pessoa boa em dia ruim", porque o iceberg submerso a recorda de que o comportamento das pessoas reflete influências escondidas sob a superfície. Encontrei outro que prefere lembretes táteis: anda sempre com uma pedrinha no bolso do casaco, porque diz que, sempre que toca nela, lembra-se do novo hábito que está tentando incutir (não é uma ideia ruim: pedregulhos são baratos e a bateria dura muito).[2] Cada um tem o seu jeito. Escolha o jeito de lembrar que faz sentido para você e que seja mais fácil de incorporar à sua rotina diária.

REPETIÇÃO, REPETIÇÃO, REPETIÇÃO

Na infância, fizemos esforço para aprender a andar de bicicleta; ao cair, nos levantávamos, até que se tornou uma coisa natural para nós. Mas quando tentamos algo novo na vida adulta, em geral, fazemos apenas uma tentativa antes de avaliar se deu certo. Quando a coisa não sai muito bem de primeira, ou quando a sensação é um pouco estranha, dizemos a nós mesmos que não deu certo, em vez de fazer mais uma tentativa.

É uma pena, porque a repetição é crucial no processo de reprogramação do cérebro. Leve em conta a noção de que o cérebro possui uma rede de neurônios que se conectarão uns com os outros sempre que você se lembrar de usar a técnica do feedback fácil para o cérebro. Essas conexões, no princípio, não são muito confiáveis, o que pode tornar seus esforços iniciais em tentativa e erro. Você pode recordar um dos passos do processo, e não os demais. Mas comentei no capítulo 3 que os neurocientistas têm um ditado: "células que disparam juntas, permanecem conectadas". Em outras palavras, a repetição de uma ação reforça as conexões entre os neurônios envolvidos naquela ação. Isso significa que quanto mais vezes você tentar usar essa nova técnica de feedback, mais facilmente ela virá à sua mente quando necessitar.

Por isso, vale a pena canalizar parte de sua perseverança infantil ao tentar algo novo. Relembre a si mesmo que não há problema caso as primeiras tentativas não saiam perfeitas; cada tentativa continua a valer a pena, porque ajuda a reforçar um novo e útil padrão de conexões no cérebro. E, por fim, a "nova" técnica será a primeira coisa a vir naturalmente à sua mente quando precisar.

Por fim, gostaria de incentivá-lo a experimentar tudo que este livro propõe pelo menos uma vez, até encontrar as técnicas que são mais do seu agrado. Nas palavras de Ros, a executiva da área de saúde: "Intelectualmente, você pode saber que uma ideia é boa, mas o momento em que você realmente a aprendeu é quando a experimenta de verdade. E a compreensão de que leva tempo para novas técnicas ficarem marcadas no cérebro me libertou da preocupação de acertar de cara". Doug, nosso varejista, conclui: "Exige um pouco de tentativa e erro para enxergar o que funciona melhor para você. Por isso experimentar é bom. Depois, descobri que, se você mantém frescas as habilidades através do uso regular, fica cada vez mais em forma para lidar corretamente com as coisas — o que quer que surja na sua frente ao longo do dia". E parece excelente terminar com este lembrete.

Apêndice A

Como se destacar em reuniões

Reuniões acontecem de diversas maneiras – conversas informais, atualizações de rotina, ligações demoradas, apresentações chamativas. Nossos dias costumam ser salpicados delas. Mas isso não costuma ser visto como algo positivo. "Reunião" tornou-se, de certa forma, um palavrão; quando ouvimos alguém dizer "tive um dia cheio de reuniões", sentimos pena, e não inveja. Como permitimos que isso acontecesse? Reuniões são uma forma de interação, e somos criaturas sociais. Por que as enxergamos como tão sacrificantes?

A resposta, creio eu, é que em geral damos muita atenção ao *que* está sendo discutido – o documento que estamos apresentando, a decisão que precisamos tomar, a mensagem que queremos transmitir – e pouquíssima atenção a *como* se desenrola a conversa. Pense na última reunião da qual você participou. Quanto tempo foi gasto em pensar na estrutura da conversa e na maneira certa de incentivar boas contribuições de cada um? Bem pouco, suponho. Perdi a conta das vezes em que vi pessoas inteligentes gastarem longas e complicadas semanas preparando uma apresentação, e apenas alguns míseros minutos – muitas vezes no caminho para a reunião – na forma de realizar a maior parte da interação. É uma imensa oportunidade desperdiçada.

Por isso, esta seção foi criada para ajudá-lo a aplicar os conselhos de *Como ter um dia ideal* a todas as suas reuniões. Se você experimentar apenas uma ou duas destas ideias, já irá reconquistar o amor pelas reuniões – esteja você organizando uma ou apenas participando delas.

A PREPARAÇÃO PARA A REUNIÃO

Algumas medidas que você pode tomar para se preparar para uma boa reunião:

➡ Defina intenções respondendo os seguintes tipos de perguntas antes de entrar:

- Ambição: se você só pudesse realizar uma coisa na reunião, o que seria? Portanto, o que é realmente o mais importante?
- Atitude: reconheça o que é a prioridade número um para você ao entrar na reunião. Esteja consciente de que isso vai moldar sua experiência.
- Premissas: especificamente, você tem alguma expectativa negativa em relação à reunião? Algo pode ser feito em relação a isso?
- Atenção: considerando sua prioridade efetiva, em que aspecto da reunião você gostaria de concentrar sua atenção? O que você quer perceber?
- (Pense nos demais participantes. Quais poderiam ser as respostas *deles* a essas perguntas definidoras de intenções?)

➡ Ações: que ações específicas vão ajudá-lo a tornar realidade essas intenções? Quais os gatilhos "quando-então" que vão relembrá-lo de tomar essas atitudes?

➡ Contraste mental: o que pode surgir como obstáculo que impeça as coisas de acontecerem conforme sua expectativa? O que você pode fazer para manter tudo nos trilhos?

➡ Ensaio mental: visualize a forma como gostaria que transcorresse a próxima reunião. O que seria um êxito para você?

➡ Ciclos mente-corpo: caso a reunião o esteja estressando, use os ciclos de feedback físico para incentivar seu cérebro a sair do alerta máximo: dê um sorriso amplo e respire fundo; estique-se — ombros para trás, cabeça para cima, pés firmemente no chão. Experimente fazer isso no banheiro ou ao cumprimentar as pessoas (assim como durante a reunião).

Se você for um dos responsáveis pelo planejamento da reunião, experimente ainda as seguintes medidas:

- Torne a reunião um pouco mais curta que uma hora ou meia hora, para dar às pessoas um pouco de tempo posterior para recuperação mental (e não permita que ela se estenda por mais de noventa minutos sem o devido intervalo).

- Experimente fazer uma lista e apresentar os itens da agenda como perguntas, e não afirmações (por exemplo, "Como podemos melhorar a comunicação da equipe?", em vez de "Comunicação da equipe").

- Escolha o local e monte o espaço de maneira a espelhar aquilo que você espera da discussão. Quer informalidade? Empurre para os cantos mesas que transmitam formalidade, ou pelo menos disponha os assentos nas laterais da mesa, e não nas extremidades. Uma discussão com astral mais positivo? Garanta uma boa iluminação na sala. E assim por diante.

COMO INICIAR DE MANEIRA FORTE

- Incentive um pouco de definição cooperativa de metas perguntando "Aonde queremos chegar ao final desta reunião?", e depois "Qual é a melhor forma de chegarmos lá?" (são perguntas que você pode fazer mesmo que não esteja formalmente presidindo a reunião).

- Se possível, proponha uma regra "aparelho zero". Do contrário, as pessoas vão desperdiçar parte de suas preciosas memórias de trabalho cerebrais monitorando celulares e tablets, o que deixa todos um pouco menos inteligentes do que ficariam se estivessem concentrados na conversa. Em reuniões longas, fiquei conhecida por criar uma "creche de smartphones", uma caixa onde as pessoas podem voluntariamente depositar seus celulares, com direito a visita durante os intervalos (se não der para fazer nada disso, pelo menos se afaste dos seus aparelhos).

- Comece com alguma coisa positiva para colocar as pessoas no modo de descoberta. Não é preciso ser piegas — basta pedir às pessoas que contem algum êxito recente. Pergunte "Até agora, o que tem ido bem?" ou "Qual é a melhor coisa que tem acontecido na sua parte do projeto?".

COMO DEIXAR SUA MARCA

- Para que suas contribuições se tornem memoráveis, ilustre seus argumentos com uma historinha ou exemplo da vida real que demonstre seu efeito sobre os colegas ou clientes.

- Com comentários mais longos, subdivida seu argumento em partes claras para facilitar o processamento, pelas pessoas, daquilo que você diz. "Há três coisas, nisso, que me chamam a atenção. Um... dois... três..."

- Caso você precise discordar ou levantar uma objeção, ajude os demais a se manterem com a mente aberta, no modo de descoberta, ao compartilhar seus pontos de vista, usando uma das técnicas de feedback fácil para o cérebro. (a) Conte o que lhe agrada em relação à ideia em discussão. Seja muito específico. Diga, então: "O que me faria gostar ainda mais seria...". (b) Diga "Sim, e ...", em vez de "Sim, mas...". (c) Pergunte "O que teria que ser verdade para que isso funcionasse?".

- Forneça pistas que empurrem as pessoas na direção daquilo que você necessita delas. Se quiser três sugestões, escreva um "1, 2, 3" indicativo num *flipchart*. Pergunte "Se vocês tivessem três sugestões, quais seriam elas?".

COMO MELHORAR A DISCUSSÃO

Como evitar o pensamento de grupo

Chegar a um consenso rápido dá uma ótima sensação. Mas, quando você fala de alguma coisa importante e não há qualquer contestação na sala, é provável que você esteja deixando passar algum aspecto da questão. Faça algumas das seguintes perguntas para melhorar o raciocínio do grupo:

- "Se tivéssemos que descobrir uma falha nisso, onde ela estaria?";
- "Se Fulano de Tal estivesse aqui para criticar nossa ideia, o que ele diria – e o que teríamos que fazer para tranquilizá-lo?";
- "Vamos projetar o futuro e supor que as coisas deram terrivelmente errado. O que nós deixamos passar?";
- "Quem vai ser afetado por nossos planos? O que vai preocupar essas pessoas?";
- "Se bancássemos o advogado do diabo, qual seria a argumentação do outro lado?".

Como chegar a uma conclusão

Você pode ter o problema inverso, em que ninguém parece chegar a um consenso sobre coisa alguma. Reduza a temperatura da sala fazendo o seguinte:

- Deixe claro os aspectos em que todos podem estar de acordo. Isso promove um sentimento de grupo e acalma a reação instintiva a ameaças.
- Pergunte se é possível concordar em discordar do resto. A resposta deverá ser sim, se já estiver claro que vocês concordam nas coisas que importam.
- Caso contrário: faça o melhor possível para resumir cada posição de maneira objetiva, fazendo justiça a cada ideia. Pergunte aquilo que teria que ser verdade para que cada ponto de vista seja o correto. Decidam juntos qual o processo de obtenção de evidências que permitam testar cada opinião.

Se a questão for menos de discordância e mais de falta de foco, crie um "estacionamento" para ideias fora da pauta que surgirem durante a conversa.

Isso ajuda a fazer todos se sentirem ouvidos, ao mesmo tempo que mantém a atenção das pessoas focada nas verdadeiras prioridades da reunião. Faça uma lista visível em um *flipchart*, quadro branco ou bloco de anotações.

COMO LIDAR COM COMPORTAMENTO DESAFIADOR

Quando alguém começa a ser incômodo, lembre-se de que essa pessoa provavelmente se sente ameaçada por um dos gatilhos mais comuns: exclusão, injustiça, sentir-se desprezado, falta de autonomia, falta de competência, ameaça aos valores pessoais ou incerteza. Caso a pessoa esteja com sono atrasado ou fisicamente exausta, sua sensibilidade a todos esses tipos de "ameaças" também será maior. Para melhorar a situação, pergunte a si próprio:

- O que, exatamente, a pessoa está dizendo ou fazendo (tente não interpretar, apenas observe os fatos)?
- O que poderia estar provocando essa atitude — que necessidade da pessoa não estaria sendo atendida?
- Como você pode reduzir essa "ameaça", atendendo essa necessidade mais plenamente? Por exemplo, mesmo que você não esteja no comando da reunião, pode ajudar a pessoa a se sentir incluída expressando interesse em seus pontos de vista, e pode fazê-la sentir-se ouvida e respeitada fazendo referência a algo que ela disse.

COMO RECAPITULAR

Reserve sempre um momento para recapitular as decisões-chave ou refletir a respeito das ideias surgidas na reunião e cheguem a um consenso em relação aos passos que cada pessoa terá que seguir. Quando possível, faça algum tipo de balanço positivo. Você pode combiná-lo com um resumo dos "próximos passos" para cada pessoa, pedindo a todos que contem (a) uma coisa que os deixou interessados ou inspirados por terem ouvido na reunião, e (b) o que eles se comprometem a fazer, e até quando.

COMO ALIVIAR O FARDO

Uma última questão. Muitas pessoas dizem odiar reuniões devido a seu número excessivo na agenda. Melhorar as reuniões é bom, mas essas pessoas precisam simplesmente de um número menor delas. Se você concorda com isso, pense na possibilidade de inspirar-se em Nayan, o diretor financeiro de banco que conhecemos no capítulo 12. Depois de analisar com cuidado sua agenda, ele descobriu que tinha nada menos que 42 reuniões regulares, repetidas, marcadas. Para reduzir o número de reuniões das quais participava, ele aplicou alguns dos conceitos do capítulo 6, sobre gestão de sobrecarga.

Primeiro, Nayan refletiu sobre aquilo que seria mais importante para ele, profissionalmente, no ano que viria — quais eram suas intenções mais gerais. Rapidamente ficou claro que muitas de suas reuniões não tinham qualquer relação com essas prioridades; elas eram um legado de compromissos passados. Para essas reuniões, ele começou a enviar uma série de "não positivo", para livrar-se delas de maneira gentil. Depois, para as reuniões restantes que realmente casavam com suas prioridades, ele perguntou a si mesmo se participar passava no *teste da vantagem comparativa*: seria ele realmente a única pessoa capaz de contribuir? Ou outra pessoa mais jovem poderia substituí-lo e dar conta do recado razoavelmente? Ao passar a participar apenas das reuniões em que seu papel seria singular, ele não apenas proporcionou aos colegas mais jovens uma oportunidade de brilhar, como cortou pela metade o número de reuniões às quais comparece regularmente. E recuperou sua vida.

Apêndice B

Como ser eficiente em e-mails

O tráfego de e-mail pessoal representa 110 bilhões de mensagens por dia, e esse número não para de crescer.[1] O e-mail tem enormes vantagens: é mais rápido que uma reunião, mais flexível que uma ligação telefônica e carrega mais formalidade que uma mensagem instantânea ou um SMS. Mas quando você pergunta às pessoas o que elas acham do e-mail, pelo menos uma delas deve fazer cara feia. Vai contar que se sente esmagada pela quantidade, para começo de conversa. A maioria de nós tem uma pilha de mensagens não respondidas, muitas delas nem sequer lidas. E mesmo assim ficamos aborrecidos quando outros não nos respondem, ou quando o fazem de maneira que parece descuidada. Ao mesmo tempo, usamos o e-mail para assuntos delicados para os quais ele não foi criado. Passamos séculos rascunhando uma mensagem complicada, mesmo sabendo que seria muito mais fácil encontrar o jeito certo de falar pessoalmente. Em consequência de tudo isso, segundo as pesquisas, passamos em média 25% do dia enviando e respondendo mensagens, e isso não nos deixa contentes.[2]

Então, o que a ciência comportamental nos ensina a respeito de uma maneira de melhorar as coisas? Qual é a melhor maneira de enviar mensagens que tenham o impacto que desejamos e de lidar com o fluxo de maneira a ter uma caixa de correio que nos deixe felizes?

ESCREVA E-MAILS QUE AS PESSOAS QUEIRAM LER

Torne seus e-mails fáceis de entender e de suscitar ação

Gostemos ou não, como o cérebro tem preferência por "fluência de processamento", as pessoas se deixam convencer mais por informações fáceis de processar. Portanto:

➠ Limite a maior parte dos e-mails a apenas algumas linhas, sempre que possível. Use linguagem simples, períodos curtos e expressões sintéticas. Guarde a eloquência para seu romance ou para o discurso no dia do casamento.

➠ Quanto aos e-mails inevitavelmente longos, subdivida-os em parágrafos curtos para facilitar a leitura, usando, talvez, tópicos e títulos.

➠ Ressalte toda ação ou decisão que estiver solicitando ao destinatário. Parta da premissa de que ele ou ela só terá tempo de ler as duas primeiras linhas. Por onde você começaria?

Comece com algo positivo

Às vezes, nos e-mails, é preciso sinalizar questões complicadas — mas mensagens que, logo nas duas primeiras linhas, colocam as pessoas na defensiva muitas vezes acabam sendo mal interpretadas, porque o cérebro do receptor entra no modo de defesa. Por isso:

➠ Comece com algum elogio. Em vez de escrever "Obrigado pelo relatório. Posso fazer alguns comentários?", perca dez segundos a mais para comentar pelo menos uma coisa de que você tenha gostado: "Obrigado pelo relatório. Gostei da maneira como você incluiu o ponto de vista do cliente. Posso fazer alguns comentários?". Elogiar algo específico é mais eficaz que fazer comentários gentis genéricos, como vimos no capítulo 10.

➠ Comece pelas soluções, e não pelos problemas. Em vez de dizer: "Infelizmente, nossa ideia original não vai dar certo porque... Por isso, o que vamos fazer é o seguinte...", inicie com a solução que você propõe: "O que achamos que vai funcionar melhor é... Isso difere do nosso plano original porque...". O conteúdo é o mesmo, a ordem é outra, o impacto emocional é outro.

- Busque engajar o destinatário em relação às razões da importância daquele assunto. Suponha que alguém tenha feito algo terrivelmente errado. O que você fala? "Que tremenda confusão. Você tem que resolver isso de qualquer jeito." Você obtém uma atitude, mas ela pode se basear num raciocínio defensivo, e não sensato. Experimente esta abordagem, que ativa o sistema de recompensa alheio, instando a pessoa a buscar os benefícios da solução do problema: "O sucesso nisso tem importância crucial para nós, por causa de XYZ. O que você pode fazer para consertar?".

Seja o espelho do outro

Tente alinhar-se ao tom do outro sem perder sua própria voz. Lembre que somos psicologicamente atraídos por pessoas que agem e se parecem conosco, e muito menos propensos a tratar os outros como uma ameaça em potencial quando consideramos pertencer ao mesmo grupo. Os menores detalhes podem reforçar ou minar esse sentimento de grupo.

- Caso o último e-mail que você recebeu tenha um tom caloroso, e você, um estilo mais formal, acrescente um comentário caloroso — por exemplo, dizendo estar na expectativa de encontrar o outro.

- Caso o estilo de comunicação do outro seja lacônico, vá direto ao assunto em sua resposta. Brevidade não precisa significar frieza; sempre é possível ser amigável no tom.

- Reflita as escolhas vocabulares da mesma forma que você faria numa conversa. Leve em conta a possibilidade de copiar o estilo de cumprimentar e se despedir. Tática-bônus: experimente repetir o número de pontos de exclamação que o outro usou.

DOMINE O VOLUME

De que forma você pode se livrar do peso da sua caixa de correio e passar menos tempo diário com ela? A ciência comportamental tem muito a dizer a respeito.

Primeiro, pare de olhar os e-mails o tempo todo

Checar os e-mails ao longo do dia – enquanto realiza uma tarefa, durante reuniões ou numa caminhada – nos dá a sensação de que estamos ocupados e somos eficientes. Mas faz com que passemos mais tempo nisso do que é necessário. Como expliquei no capítulo 4, a multitarefa força o cérebro a alternar a atenção entre uma tarefa e outra, desperdiçando tempo e energia cada vez que pulamos de uma tarefa para o e-mail, e do e-mail para a tarefa de novo. Em vez disso, "categorize" seu tempo de e-mail de modo a checá-lo algumas vezes por dia, e não algumas vezes por minuto.

Segundo, filtre sua caixa de entrada

Assim como o cérebro perde tempo alternando das tarefas para o e-mail e de volta para as tarefas, ele perde algum tempo pulando entre diferentes *tipos* de e-mail que exigem tipos de reação cognitiva muito diferentes. Algumas mensagens são de pessoas importantes que demandam resposta; em outras, você está apenas sendo copiado; em outras, é assinante; algumas são convites para reuniões; e há lixo de todo tipo. Todas elas demandam seu cérebro de maneiras diferentes. Por isso, você pode poupar ainda mais tempo de processamento neural se explorar plenamente os recursos de seu aplicativo de e-mail para filtrar as mensagens em pastas diferentes, o que lhe permite agrupar diferentes tipos de e-mail e lidar separadamente com cada um deles. Eis alguns filtros e pastas que pode ser interessante criar:

- E-mails enviados diretamente a você individualmente. Se puder, separe as mensagens em que você está apenas sendo copiado. Você pode criar uma pasta ou guia especial para gente particularmente importante.

- Convites de agenda também devem ser separados, quando você repete muitos.

- Coisas a serem lidas. É fácil naufragar em "coisas que alguém acha que você vai achar interessante", sem falar em serviços de assinatura que acabam fazendo você se sentir sobrecarregado, em vez de informado. Eu tenho uma pasta para material de pesquisa potencialmente interessante e dou uma repassada nela uma vez por semana, ou até menos.

Terceiro, cuide disso só uma vez

Quando você vai lidar com os e-mails na caixa de entrada, faça-o de uma vez só. Se você voltar a ler três vezes uma mensagem antes de responder, vai triplicar o tempo dedicado a ela — e, como você sabe, a capacidade do sistema deliberado do cérebro é bastante limitada. Parafraseando David Allen, autor do maravilhoso livro *A arte de fazer acontecer*, quando você está checando os e-mails, tenha como objetivo a seguinte regra:[3]

- Executar: tome a decisão e responda.

- Delegar: se for algo com que alguém possa lidar de maneira responsável, encaminhe.

- Adiar: arquive para ação ou consulta futura. Mande uma resposta do tipo "Darei retorno" se necessário.

- Largar: se nenhuma das três ações acima se aplica, delete.

Às vezes, por melhores que sejam suas intenções, aquele e-mail ainda pode ter ficado para trás na caixa de entrada, dia após dia. Por isso, dou uma olhada semanal em qualquer e-mail que esteja ali, dando sopa há muito tempo na caixa de mensagens, e pergunto: "Segurar esse e-mail por mais um dia vai me ajudar a melhorar minha resposta?". Caso a resposta seja não, digo a mim mesma para responder na hora, porque uma resposta curta é melhor que uma resposta tardia.

Evite o silêncio total

Caso dê valor ao remetente, não fique sentado em cima do e-mail dele ou dela. O cérebro humano enxerga a incerteza e a exclusão social como uma ameaça, e toda vez que você demora a responder um e-mail, está criando, em pequena medida, essa ameaça. O remetente fica sem saber se você recebeu, leu, odiou, achou bobagem, ignorou ou deletou a mensagem. Isso não é bom para o relacionamento. Por isso, em relação às mensagens importantes para você:

- Envie uma resposta curta e positiva, se possível num prazo de 24 horas. Quanto mais você demorar, mais se sentirá obrigado a escrever uma resposta longa. Caso não se sinta pronto para responder ao pedido, envie uma confirmação de uma linha: "Obrigado por seu e-mail. Pretendo abordá-lo detalhadamente".

- Caso você não tenha tempo nem para mandar uma linha, pense na ideia de criar uma resposta automática de e-mail, explicando que está passando por um período ocupado e dando uma previsão de tempo para responder. Enquanto eu estava trabalhando neste livro, criei uma resposta automática dizendo "Estou ocupada, mas não estou ignorando você", o que me permitiu cuidar dos e-mails quando me senti em condições.

- Caso você receba uma quantidade inadministrável de e-mail de estranhos ou conhecidos eventuais, elabore respostas de e-mail padrão, educadas, que você (ou um auxiliar) possa facilmente colar e enviar.

Recorra ao "não positivo"

Uma razão constante para deixarmos e-mail sem resposta é não querermos lidar com a questão que ele aborda, ou seja, a necessidade de driblar ou contestar o que o outro está propondo: "Não, receio que eu não consiga cumprir seu prazo" ou "Não, não creio que a gente deva escolher a opção de alto custo". Ficamos chateados só de pensar em responder, e por isso deixamos para outro dia. Aqui, ajuda muito usar a técnica do "não positivo" que descrevi no capítulo 6. Eis um lembrete de como funciona:

- Comece sendo simpático. Diga algo elogioso, ou pelo menos agradeça ao remetente pelo e-mail.

- Conte ao outro algo com que você esteja positivamente comprometido – uma meta, uma prioridade, uma indicação.

- *Então* explique que esse compromisso positivo faz com que você tenha que declinar o pedido ou a sugestão dele.

- Termine sendo simpático, fazendo os melhores votos em relação aos projetos do outro.

Estamos tão acostumados a começar com "sinto muito" que o "não positivo" muitas vezes exige reescrever o e-mail antes de enviá-lo. Se você se surpreender digitando essas palavras no começo de um e-mail, dê uma parada e pense se não existe uma oportunidade para uma introdução mais positiva.

APAGUE O INCÊNDIO

Tente não enviar e-mail quando acabou de se irritar ou se aborrecer com alguma coisa. Provavelmente você estará no modo de defesa, e com isso a parte mais inteligente do seu cérebro vai para o segundo plano. Em consequência, por mais cirurgicamente formulado que ache que seu e-mail matador está, você não estará usando seus recursos mentais mais sofisticados ao rascunhá-lo. Pare um pouco e volte a ele quando estiver mais calmo – quem sabe depois de uma noite de sono.

Caso você ache que digitar uma mensagem furiosa serve de catarse, use a técnica da *rotulagem afetiva* do capítulo 17 e saia digitando – mas primeiro delete todos os nomes do campo "Para" de modo a não divulgar inadvertidamente ao mundo sua raiva. Salve na pasta de rascunhos ao terminar, para poder voltar depois e pensar "Graças a Deus não enviei!".

Caso a fonte de irritação seja um e-mail incômodo que você recebeu, não parta da premissa de que o remetente o fez de má-fé. Lembre-se de que temos tendência a cometer o *erro de atribuição fundamental*, pressupondo que o comportamento negativo é provocado por motivações negativas, e não por circunstâncias negativas. Isso quer dizer que costumamos supor que e-mails grosseiros partem de um remetente mal-educado, e não de um remetente sob pressão. E quando o lemos num estado de espírito irritado, também podemos sofrer de *cegueira inatencional* e ignorar completamente nuances mais conciliatórias. Quantas vezes você voltou a ler um e-mail ostensivamente agressivo apenas para descobrir que ele não era tão ruim quanto parecia a princípio?

Quando combinados, esses dois conselhos se transformam num terceiro: não trate de interações delicadas por e-mail, sempre que puder evitar. Ligue para o outro ou sugira um encontro, principalmente se já tiver trocado uma ou duas mensagens ligeiramente tensas. Nosso cérebro sociável é razoavelmente competente para ler os sentimentos alheios, mas o é menos quando não estamos cara a cara. Os pesquisadores concluíram que, quando as pessoas usam sarcasmo no e-mail, ele só é corretamente compreendido como sarcasmo 56% do tempo.[4] As pessoas ficam ligeiramente melhores na identificação do sarcasmo em mensagens de voz na caixa postal, mas foi cara a cara que elas tiveram as notas mais altas nos testes do radar emocional.

CRIE MENOS TRÁFEGO

Um único e-mail pode rapidamente gerar outros três, cinco ou dez, principalmente quando é enviado a múltiplos destinatários. Um estudo na *Harvard Business Review* mostrou como essa "taxa de contágio" funciona em um escritório real, com oitenta funcionários e cinco executivos.[5] Quando cada executivo enviou dez e-mails a menos por dia, o número recebido pelos demais encolheu a menos de um terço. Considerando que leva em média um minuto e meio para cuidar de cada e-mail, essa pequena medida liberou quatro horas diárias de trabalho. Portanto, gerar um tráfego menor de e-mails, quando possível, é uma decisão de negócios inteligente. Eis algumas medidas que ajudam:

- Reduza a ambiguidade. Seja claro naquilo que você está pedindo às pessoas que lerem seu e-mail, e quando suas mensagens não exigirem resposta por e-mail, mencione isso explicitamente.

- Não force as pessoas a correrem atrás da sua resposta. Retardar uma resposta costuma gerar uma nova rodada de e-mails. Se estiver atolado, envie uma resposta rápida avisando que vai dar retorno.

- Faça sugestões concretas de horário, local e prazo. Isso limita o vaivém que acontece quando se tenta marcar algo por e-mail. Devido ao *viés de conformidade*, o mais provável é que suas sugestões sejam aceitas.

Siga essas sugestões e sua caixa de entrada deve ficar menos abarrotada e virar uma fonte menor de estresse — o que fará seus colegas ficarem gratos.

Apêndice C

Como revigorar sua rotina

Pouquíssimos de nós olham para o calendário e dizem: "Caramba – parece a receita da felicidade, vamos mandar ver". Mas não é preciso muito esforço para incluir, de maneira mais proativa, atividades que vão ampliar sua energia e sua satisfação. Eis uma maneira diferente de enxergar a rotina cotidiana, com base nos conhecimentos científicos deste livro. Use este checklist para projetar um dia que vai fazê-lo sentir-se bem.

ANTES DO TRABALHO	Defina suas intenções	Pense no dia diante de você – no chuveiro ou talvez no caminho para o trabalho. Pergunte a você mesmo: "O que é mais importante hoje? O que isso representa para mim em termos de atitude, atenção e ações? Que metas específicas devo estabelecer para este dia?".
	Visualize o ideal	Tire um momento para imaginar a coisa mais importante que você vai fazer hoje. Imagine a si mesmo fazendo isso e dando o melhor de si. Preste atenção naquilo que fizer e disser.
	Planeje um pico	Descubra qual será a coisa que você mais quer fazer hoje, por menor que seja. O pequeno se torna grande quando você pensa nele.

AO COMEÇAR	Categorize suas tarefas	Planeje um bloco de tempo de reflexão ininterrupta para dedicar à sua tarefa mais complexa. Crie outro bloco (ou dois) para leitura e resposta de todas as suas mensagens. Categorize da mesma forma outras tarefas similares – você vai completá-las com mais rapidez.
	Sugestione-se	Descubra quais são os atributos mentais de que mais necessita para sua reflexão hoje e crie índices que o ajudem a recorrer a eles – uma imagem, uma canção, uma alteração na organização do seu espaço de trabalho.
DURANTE O DIA	Dê o tom	Decida que comportamento espera dos outros e como você mesmo pode projetar esse tom. Eles vão espelhar você, mesmo que nem você nem os demais percebam.
	Expresse reconhecimento aleatório	Cumprimente ou elogie alguém por algo, de preferência inesperadamente. Diga à pessoa por que você aprecia aquilo que está elogiando, de modo a deixar isso gravado na mente do outro. Preste atenção no efeito que isso produz sobre os dois.
	Proteja seu tempo de reflexão	No seu bloco de tempo de reflexão focado, afaste-se/desligue seus aparelhos e notificações. Se necessário, defina as expectativas em relação aos colegas/clientes. Por exemplo, crie uma resposta automática de e-mail prometendo dar retorno até o final do dia.
	Parta da premissa "pessoa boa em dia ruim"	Caso se depare com mau comportamento, tente supor que você está lidando com uma pessoa decente cujo senso de autoestima e posição social foi ameaçado. Para reduzir a tensão rapidamente, diga algo elogioso.
	Pegue bom humor emprestado	Dê a si mesmo um estímulo usando o feedback facial: sorria. Até um sorriso falso serve como pontapé inicial.
	Rotule todas as frustrações	Quando se sentir irritado ou aborrecido, ponha no papel os fatos (evitando interpretações) e como eles o fazem sentir-se. Caso tenha tempo – pode ser posteriormente –, volte a ler o que escreveu e pense naquilo que seu "melhor eu" (ou amigo mais sensato) diria ou faria.

	Mantenha os olhos no prêmio	Nos momentos menos sensacionais do dia, pergunte a si mesmo: "O que é realmente o mais importante hoje?". Escreva num post-it ou quadro branco – o que quer que o ajude a manter isso no topo e no centro da sua consciência.
	Atualize e reinicie	Faça uma pausa a cada noventa minutos, mesmo que seja apenas para levantar-se e esticar as pernas. Isso é particularmente importante se você estiver envolvido em um trabalho difícil e complexo, em que propiciar um pouco de processamento subconsciente pode ajudá-lo a ter ideias.
ALMOÇO	Conecte-se com alguém	Abra espaço para pelo menos uma interação curta com alguém de quem você goste. Não precisa ser muita coisa. Se não der para ser pessoalmente, tire um momento para entrar em contato com um amigo ou ter uma conversa mais calorosa que de costume com um estranho.
	Faça um pouco de exercício	Os exercícios não precisam ser espetaculares para estimular seu humor e sua concentração. Dê uma caminhada rápida. Suba escadas. Faça alguns polichinelos. Tudo isso ajuda.
PARA CADA TAREFA	Maximize sua motivação	Pergunte a você mesmo: "O que é a coisa mais interessante nesta tarefa?"; "Qual é a principal razão para fazer isto?"; "Se eu pudesse aplicar meus pontos fortes pessoais na minha maneira de realizar este trabalho, como eu faria?"; "Quando isto foi bem-feito antes (por mim ou por outros), e o que eu posso aprender com isso?".
	Comece com força	Principie com uma pergunta positiva (por exemplo, "O que está indo bem até agora?" ou "Qual é o desfecho ideal?"). Faça isso antes de abordar o assunto mais complicado.
	Saia do impasse	Se algo estiver há muito tempo na sua lista de coisas a fazer, seja franco em relação ao que está atrapalhando – pergunte alguns "por quês" até chegar ao obstáculo real. Para resolvê-lo, o que você teria que fazer? E qual seria o menor passo inicial? Troque por isso na sua lista de coisas a fazer.

NO FINAL DO DIA	Termine com chave de ouro	Pense nas três melhores coisas que aconteceram no dia. Escreva-as em um bloquinho de cabeceira, conte a seu companheiro enquanto se prepara para dormir ou use-as para meditar quando estiver na cama. Podem ser coisas bem pequenas – não há problema.
	Durma um sono reparador	Evite olhar para telas brilhantes pouco antes de dormir: isso pode dificultar o sono. Ou seja, não leve o celular para o quarto. Se você não tiver despertador e precisar do celular para acordar, deixe-o na porta do quarto, virado para baixo (e aí, no dia seguinte, compre um despertador de verdade).

Leituras sugeridas

Existem livros excelentes para o público leigo interessado em psicologia, economia comportamental e neurociência. Estes são alguns dos meus favoritos, caso você queira aprofundar-se em algum dos temas deste livro.

Primeiro, dois livros de grande alcance sobre como a neurociência se relaciona com o mundo do trabalho, abordando muitos dos assuntos de *Como ter um dia ideal*.

David Rock, *Your Brain at Work*. Como o conhecimento da neurociência pode melhorar o desempenho e as interações no trabalho.

Tara Swart, Kitty Chisholm, Paul Brown, *Neuroscience for Leadership*. Como usar a neurociência para aguçar suas qualidades de líder.

Depois, para cada seção do livro:

CIÊNCIA BÁSICA

O duplo sistema cerebral

Jonathan Haidt, *A conquista da felicidade*. Discute as consequências psicológicas de mais amplo alcance da interação dos dois sistemas para o bem-estar, e relaciona essas ideias novas à sabedoria da Antiguidade e a como levar uma vida feliz.

Daniel Kahneman, *Rápido e devagar: duas formas de pensar*. Obra-prima de um dos mais influentes pensadores da ciência comportamental.

O eixo de descoberta e defesa

Matt Lieberman, *Social*. A importância das ameaças e recompensas sociais, e as consequências de nossa natureza altamente social.

Dan Pink, *Motivação 3.0*. A importância das recompensas intrínsecas para a motivação: autonomia, competência, propósito.

O ciclo mente-corpo

Arianna Huffington, *The Sleep Revolution*. Um envolvente resumo das questões relativas à visão da sociedade moderna sobre o sono, e como obter mais repouso do tipo de que você necessita.

Gretchen Reynolds, *The First 20 Minutes*. Uma revisão acessível das pesquisas sobre os poderosos efeitos que têm até mesmo pequenas quantidades de exercício.

Jon Kabat-Zinn, *Wherever You Go There You Are*. Um livro clássico que mostra como aplicar técnicas de meditação com atenção plena na vida contemporânea. Existem muitos livros sobre a atenção plena para leigos, mas este é a referência de todos.

PARTE I: PRIORIDADES

Chris Chabris e Daniel Simons, *O gorila invisível: e outros equívocos da intuição*. Um divertido resumo das esmagadoras evidências que confirmam a atenção seletiva.

Heidi Grant Halvorson, *Sucesso: como alcançar suas metas*. Livro obrigatório caso queira se aprofundar em como estabelecer metas que de fato cumprirá.

David Allen, *A arte de fazer acontecer*. Um clássico que abrange as partes I e II com seus conselhos a respeito da maneira certa de definir intenções claras, elaborar listas de afazeres e administrar seu tempo de acordo com elas.

PARTE II: PRODUTIVIDADE

Edward Hallowell e John J. Ratey, *Tendência à distração*. Um programa prático para readequar sua atenção de modo a focá-la de maneira mais eficiente.

Paul Hammerness e Margaret Moore, *Organize Your Mind, Organize Your Life*. Costura a neurociência com histórias de pessoas que alteraram a própria rotina de modo a poder pensar com mais clareza e produzir mais.

Tim Ferriss, *Trabalhe 4 horas por semana*. Conselhos práticos e abrangentes para pensar de maneira criativa a respeito de como você gasta seu tempo.

PARTE III: RELACIONAMENTOS

Douglas Stone, Bruce Patton e Sheila Heen, *Conversas difíceis*. Um guia passo a passo para enfrentar conversas complicadas.

Max Landsberg, *O Tao da motivação*. Excelente (e sucinto) livro para aqueles dispostos a adotar o modelo GROW de coaching.

Nancy Kline, *Time to Think*. Apresenta um sistema que permite melhorar todas as interações por meio de uma escuta mais eficiente.

PARTE IV: REFLEXÃO

Tom Kelley e David Kelley, *Confiança criativa*. Mostra como o raciocínio criativo pode ser incentivado, mesmo em tipos de trabalho não criativos.

Dan Ariely, *Previsivelmente irracional*. Ilustra de forma agradável a forma como nossas decisões estão sujeitas a atalhos cognitivos, por um dos gigantes da economia comportamental.

Edward Russo e Paul Schoemaker, *Decisões vencedoras*. Conselhos práticos para tomar decisões empresariais corretas, incluindo estudos de caso e planilhas de trabalho.

PARTE V: INFLUÊNCIA

Chip Heath e Dan Heath, *Ideias que colam*. Aprofunda-se na questão de como garantir que todas as suas mensagens tenham impacto efetivo.

Richard Thaler e Cass Sunstein, *Nudge: o empurrão para a escolha certa*. Célebre livro de economia comportamental que descreve como os tomadores de decisão podem dar um empurrãozinho no sentido de garantir com que as pessoas tomem as decisões corretas.

Adam Grant, *Dar e receber*. Convincente explicação da importância da reciprocidade, e dos benefícios de dar tanto quanto receber.

PARTE VI: RESILIÊNCIA

Carol Dweck, *Mindset: a atitude mental para o sucesso*. Uma revisão, inspiradora de otimismo, das evidências que mostram o quanto abrir-se ao aprendizado e à mudança melhora tanto o desempenho quanto o bem-estar diante do fracasso.

Viktor Frankl, *Em busca de sentido: um psicólogo no campo de concentração*. Memórias de um prisioneiro de guerra que ilustram de uma maneira bela o poder da reapreciação e do contraste mental.

Bill George, *O líder autêntico*. Como obter clareza em relação aos pilares psicológicos que podem lhe trazer apoio em meio a altos e baixos. O livro é formulado sob o ponto de vista da liderança, mas seu cerne é relevante para qualquer pessoa.

PARTE VII: ENERGIA

Jim Loehr e Tony Schwartz, *Envolvimento total: gerenciando energia e não o tempo*. Conselhos práticos para turbinar diversos tipos de energia.

Sonja Lyubomirsky, *A ciência da felicidade*. Guia sobre as maneiras de engendrar na sua vida as atividades estimulantes de energia da parte VII deste livro, assim como para aumentar a resiliência (parte VI) quando as coisas dão errado.

Marcus Buckingham, *Descubra seus pontos fortes*. Mostra como adaptar o seu trabalho de forma a aplicar mais plenamente seus pontos fortes.

POSFÁCIO

Norman Doidge, *O cérebro que se transforma*. Resumo aprofundado, mas ainda assim bastante legível, da forma como o cérebro se adapta às demandas que lhe são feitas.

Charles Duhigg, *O poder do hábito: por que fazemos o que fazemos na vida e nos negócios*. Explicação mais detalhada do mecanismo de formação de hábitos, e sua aplicação na mudança pessoal (e organizacional).

Glossário

AMEAÇA: tudo aquilo que é percebido pelo cérebro como tendo potencial para minar nossa segurança física, nosso senso de autoestima ou posição social.

AMÍGDALA: duas áreas do cérebro em forma de amêndoa que desempenham um papel crucial no processamento de experiências emocionais ambíguas, incertas ou inéditas, inclusive situações de ameaça em potencial. Fazem parte dos *circuitos de sobrevivência* do cérebro.

ANCORAGEM: quando somos expostos a um item de informação (ou "âncora"), mesmo que seja irrelevante para a questão que está sendo tratada, vamos usá-lo subliminarmente como ponto de partida do nosso raciocínio — e não nos afastaremos muito dele.

ATENÇÃO SELETIVA: subjetividade de nossas percepções conscientes do mundo, resultante da filtragem, pelo nosso sistema automático, dos dados e das alternativas que percebemos conscientemente.

AVERSÃO À PERDA: perdas ficam na nossa mente por mais tempo que ganhos da mesma dimensão; ficamos mais aborrecidos com a perspectiva de perder dez reais do que empolgados com a perspectiva de ganhar dez reais.

CEGUEIRA INATENCIONAL: tendência do *sistema automático* a direcionar nossa atenção consciente a qualquer coisa que consideremos importante, ao mesmo tempo que filtra outras informações para que não nos demos conta delas. Exemplo de *atenção seletiva*.

CIRCUITOS DE SOBREVIVÊNCIA: redes cerebrais que atuam na percepção e identificação de ameaças em potencial, e no desencadeamento do modo de defesa, por meio do acionamento de uma reação de *luta-fuga-paralisia*.

CONTRASTE MENTAL: abordagem relativa a definição de metas que compara o resultado ideal com a realidade dos obstáculos encontrados, resultando num plano de ação mais robusto e bem-sucedido.

CÓRTEX PRÉ-FRONTAL: parte evolutivamente mais recente do cérebro, onde ocorre grande parte da atividade do *sistema deliberado*.

DESCONTO: preferência por opções que proporcionam benefícios reais aqui e agora, quando comparadas a opções que não trarão dividendos imediatos e às quais, por exigirem mais esforço de compreensão, damos menos valor.

EFEITO CERTEZA: preferência que costumamos ter pela "coisa certa", e não correr riscos, e por evitar ambiguidades sempre que possível.

EFEITO DOTAÇÃO: atribuição desproporcional de valor a coisas que já possuímos em relação a coisas que não possuímos e têm igual valor. Aplica-se até mesmo quando não há envolvimento emocional.

EFEITO EINSTELLUNG: limitação cognitiva vivenciada quando temos uma tarefa incompleta no fundo da mente, resultante da pequena quantidade de energia dedicada à reflexão sobre aquela tarefa incompleta.

ERRO DE ATRIBUIÇÃO: cometer um erro em nossas premissas relativas às motivações por trás do comportamento alheio. Ver também *erro de atribuição fundamental*.

ERRO DE ATRIBUIÇÃO FUNDAMENTAL: um *erro de atribuição* comum, em que pressupomos que o comportamento errado da parte dos outros é resultado de mau-caratismo, e não de circunstâncias difíceis que levam uma pessoa boa a agir mal.

FADIGA DECISIONAL: intensa carga cognitiva criada pela tomada de grande número de decisões sucessivas, resultante do fato de essa tomada de decisões ser cansativa para o sistema deliberado do cérebro. Resulta num declínio do desempenho do *sistema deliberado*.

FALÁCIA DO CUSTO IRRECUPERÁVEL: tendência a termos a atenção desviada por aquilo que já investimos ao decidir se devemos continuar a investir num projeto, e a não focarmos naquilo que realmente está em jogo: os prós e contras do investimento futuro.

FALÁCIA DO PLANEJAMENTO: tendência a estimar o tempo que uma tarefa exigirá para ser completada com base na melhor experiência que tivemos, e não no tempo médio que ela exigiu no passado.

FLUÊNCIA DE PROCESSAMENTO: gravitação natural em direção a ideias fáceis de entender (também conhecida como "fluência cognitiva").

GRUPO: pessoas que se parecem conosco de alguma forma, e que portanto ficam menos propensas a serem tratadas por nosso cérebro como ameaça potencial.

INTENÇÃO DE IMPLEMENTAÇÃO: nome técnico para uma meta "quando-então", com a qual articulamos um gatilho situacional claro que nos lembre de tomar a atitude que pretendemos adotar (também conhecida como "se-então").

LUTA-FUGA-PARALISIA: três formas alternativas comuns de reação de proteção, desencadeadas pelo cérebro no *modo de defesa*. "Lutar ou correr" é a expressão típica na linguagem corrente, mas a "paralisia" é outra reação à ameaça comum, que tipicamente ocorre quando há incerteza em relação à natureza da ameaça potencial.

MALDIÇÃO DO CONHECIMENTO: saber alguma coisa leva a superestimar as probabilidades de que outra pessoa saiba o mesmo, levando-o, inadvertidamente, à falta de clareza na comunicação.

MEMÓRIA DE TRABALHO: capacidade de armazenamento cerebral para reter e processar informações temporariamente. De capacidade limitada, mas crucial para o funcionamento do *sistema deliberado* (você a está empregando agora, para compreender esta frase).

MODO DE DEFESA: estado em que o cérebro desvia importantes recursos mentais para uma reação de defesa automática (*luta*, *fuga* ou *paralisia*) a uma suposta ameaça, física, social ou pessoal, seja ela real ou imaginária. Reduz os recursos disponíveis do *sistema deliberado* do cérebro. Ver também *modo de descoberta*.

MODO DE DESCOBERTA: estado em que estamos focados nos aspectos recompensatórios de uma experiência, e não nas ameaças potenciais que ela representa, o que nos permite permanecer fora do modo de defesa e, portanto, maximizar os recursos mentais disponíveis para o *sistema deliberado* do cérebro.

PENSAMENTO DE GRUPO: quando todos à nossa volta pensam alguma coisa, tendemos a concordar. Não apenas isso poupa alguma energia do cérebro para decidir o que pensar, mas nos dá um sentimento, importante do ponto de vista evolutivo, de pertencer ao grupo.

PROPAGAÇÃO DA ATIVAÇÃO: lembrança de partes de uma memória desencadeada automaticamente pela lembrança de outra parte dessa mesma memória, inclusive estados de espírito associados a ela.

PROVA SOCIAL: tendência a aderir a outras pessoas, semelhantes a nós, ao sabermos que elas estão a favor de alguma coisa.

RECOMPENSA: benefícios que o *sistema de recompensa* do cérebro considera válidos buscar. Assim como as coisas que atendem nossas necessidades físicas básicas, inclui recompensas que aumentam nosso senso de autoestima e posição social, além de ganhos de informação.

REGRA DO PICO-FIM: valor desproporcional atribuído a uma experiência, afetado por seu pico e pela forma como termina. Poupa-nos de pensar em todos os dados intermediários entre esses pontos.

REGULAGEM EMOCIONAL: Capacidade de manter nossas emoções relativamente estáveis diante de altos e baixos, em vez de cair numa espiral de desespero quando as coisas dão errado.

SISTEMA AUTOMÁTICO: também chamado de sistema reflexivo (ou "X"), sistema 1, sistema rápido ou inconsciente. Áreas abrangentes do cérebro que, juntas, controlam a maior parte da atividade cerebral, atuando abaixo do nível de consciência.

SISTEMA DE RECOMPENSA: série complexa de áreas do cérebro envolvidas na nossa motivação para buscar e perseguir experiências potencialmente recompensadoras. Ver *recompensa*.

SISTEMA DELIBERADO: também conhecido como sistema controlado (ou "C"), sistema 2, sistema lento, funcionalidade executiva ou parte consciente do cérebro. Responsável por funções cognitivas sofisticadas, que incluem: raciocínio, autocontrole (inclusive a regulagem emocional e a capacidade de concentrar a atenção) e planejamento (inclusive pesar o futuro diante do presente). A capacidade para todas essas funções é limitada pelo tamanho da nossa *memória de trabalho*.

SUGESTIONAMENTO: forma como a exposição a um indício (palavra, imagem, objeto) pode ajudar a desencadear em nós uma ação ou emoção, devido à *propagação da ativação* e a uma associação subjacente do passado entre esse indício e nossa reação.

VANTAGEM COMPARATIVA: tarefa na qual existe a maior distância entre suas habilidades e as de outra pessoa (diferente de "vantagem absoluta", que simplesmente quer dizer que você é melhor que o outro em alguma coisa).

VIÉS DE CONFIRMAÇÃO: tendência a procurar informações que confirmam nossas expectativas e premissas, e a ignorar tudo que as contradizer. Trata-se de um exemplo de *atenção seletiva*.

VIÉS DE CONFORMIDADE: tendência a acatar uma sugestão alheia que seja clara, considerada razoável e que não exija decisões proativas da nossa parte.

VIÉS DE OMISSÃO: tendência a avaliar os prós e contras de realizar alguma coisa, mas não avaliar os prós e contras de *não* realizar essa mesma coisa.

VIÉS DE PROJEÇÃO: tendência a supor que todos são mais ou menos como nós, de modo a não termos que quebrar a cabeça tentando descobrir por que agem da forma como agem.

VIÉS DE RECÊNCIA: tendência de tudo aquilo que tenha ocorrido recentemente a dominar nossa visão daquilo que é provável e verdadeiro em relação ao mundo.

VIÉS DO PRESENTE: tendência a atribuir muito mais peso àquilo que está presente e nos é conhecido, provocada pelo fato de que conceber o futuro abstrato exige muita energia mental.

VIÉS DO STATUS QUO: tendência a preferir manter as coisas como estão, todas as demais permanecendo iguais, devido à demanda, sobre a mente, de conceber um futuro desconhecido.

Agradecimentos

Escrever um livro tão pessoal e abrangente uniu vários lados da minha vida – e o resultado é que gostaria de poder agradecer a cada pessoa que, pelo menos uma vez, tenha concedido a mim dez minutos de seu tempo. Mas quero selecionar algumas das maravilhosas pessoas que estiveram diretamente envolvidas em transformar este projeto numa possibilidade.

Começarei com os três grupos de pessoas que representam o cerne deste livro. Primeiro, aqueles que compartilharam suas histórias – e não apenas aqueles que acabaram por ter os nomes citados no livro, mas todos aqueles cujas reflexões ajudaram a moldá-lo. Vocês me trouxeram enorme inspiração com sua sabedoria, e acredito que todos que lerem este livro sentirão o mesmo. Em seguida, estão os muitos clientes com quem trabalhei ao longo dos anos, sempre dispostos a experimentar essas formas de trabalhar e pensar, e sempre tolerantes com meus terríveis desenhos do cérebro. Por meio deles, aprendi como ensinar as coisas que mais importam. E, às centenas de cientistas cujo trabalho pilhei descaradamente para este livro, não tenho como expressar gratidão e admiração o bastante.

Sou grata a Todd Shuster, Jane von Mehren, Esmond Harmsworth – a equipe de primeira linha da Zachary Shuster Harmsworth, que me ajudou a pegar o germe de uma ideia e transformá-lo em algo muito maior do que eu poderia ter imaginado ser possível. Agradeço a todos na Crown, pelo entusiasmo permanente em relação ao projeto e pelo apoio que me deram, o tempo todo, com seus talentos mágicos: especialmente Roger Scholl, Tina Constable, Cindy Berman, Sally Franklin, Ayelet Gruenwaldt, Carisa Hays, Megan Perritt e Campbell Wharton. Um enorme agradecimento, ainda, à equipe da Pan Macmillan, especialmente Cindy Chan, Robin Harvie e Laura Langlois, por terem me feito sentir como uma estrela do rock.

Na Sevenshift, há uma extensa equipe que criou o espaço e o suporte de que eu necessitava para conseguir escrever o livro – sem eles, eu não teria conseguido: Hannah Bullmore, Alex Hardy, Susan Moore, Shireen Peermohamed, Tom Warner. Obrigado a vocês por terem tomado conta de mim tão bem. Um agradecimento especial a Audree Fletcher, minha diretora operacional nos primeiros dias do projeto, por ter me ajudado a fazer o bicho decolar e por ter sido um ouvido cheio de sensatez para todas as minhas ideias iniciais.

Tenho uma dívida inestimável para com meus colegas da McKinsey, que tanto me apoiaram ao longo dos anos. Meus primeiros mentores em prática organizacional guiaram e incentivaram meu trabalho comportamental, mesmo quando ele me afastou dos demais: Colin Price esteve junto o tempo todo, mostrando-me o poder das aspirações elevadas; Keith Leslie me ensinou como projetar experiências de ensino transformadoras; Jonathan Day me convenceu de que era bom ler um livro de não ficção por semana; Mary Meaney me mostrou como estruturar e contar minha história. E cada uma das seguintes pessoas mereceria um parágrafo à parte para descrever a orientação e o incentivo que me proporcionaram em momentos importantes da minha carreira: Zafer Achi, Gassan Al-Kibsi, Maria-Eugenia Arias, Nora Aufreiter, Steve Bear, David Birch, Nina Bhatia, Felix Brück, Ian Davis, Derek Dean, Carolyn Dewar, John Dowdy, John Drew, Pierre Gurdjian, Nico Henke, Suzanne Heywood, Nathalie Hourihan, Tsun-yan Hsieh, Vivian Hunt, Neil Janin, Conor Kehoe, Scott Keller, Michiel Kruyt, Kevin Lane, Emily Lawson, Mark Loch, Nick Lovegrove, Judy Malan, Martin Markus, Tore Myrholt, Jeremy Oppenheim, Michael Rennie, Tim Roberts, Peter Slagt, Karen Tanner, Catherine Tilley, David Turnbull, Magnus Tyreman, Laura Watkins, Quentin Woodley.

Gostaria de citar um grupo particularmente especial de profissionais, pelo profundo impacto que tiveram neste livro. Kirstan Marnane, minha tão querida companheira de reflexão, cuja criatividade e sensatez possibilitaram tantas coisas fascinantes em minha vida profissional. Joanna Barsh, a notável líder de um notável movimento revolucionário. A extraordinária turma de liderança centrada, em especial Natacha Catalino, Elizabeth Schwarz Hioe,

Johanne Lavoie, Josephine Mogelof, Svea Steinweg, Gauthier van Eetvelde. A brilhante equipe de transgressores de ciência comportamental: Matthias Birk, Claudia Braun, Nils Cornelissen. Na Mobius, Amy Fox e Erica Fox, que foram valiosos colaboradores, sábios e amigos o tempo todo. As ideias e o espírito de todas essas pessoas estão presentes entre as linhas deste livro.

Vários colegas cederam parte de seu tempo para me ajudar a trazer ao mundo este livro. Em especial, Rik Kirkland foi uma fonte de generoso apoio e entusiasmo desde os estágios mais precoces desta obra. Sean Brown e Allen Webb me ajudaram a ativar o tipo de rede que todo escritor sonha.

E há ainda incontáveis outros colegas da McKinsey que tornaram tudo isto possível; os chefes de escritório e oficina de todos os lugares que visitei na empresa; os parceiros e equipes com os quais trabalhei (principalmente nas oficinas de Organização e Saúde); os pesquisadores e administradores do primeiro time; e as equipes das sedes, que permitiram que eu fizesse coisas estranhas em salas de reunião ao redor do mundo. A todos, obrigada.

Tive a sorte de poder me apoiar, ao longo dos anos, em vários pilares da comunidade de coaching, pessoas que me ajudaram a crescer como consultora e, em vários momentos, me fizeram provar do meu próprio remédio: Myles Downey, Judith Firman, Carol Kauffman, Jane Meyler, Anne Scoular, David Webster.

Devo agradecer a vários economistas que me ajudaram a enxergar para além das fronteiras convencionais da disciplina: Andi Kumalo, o iniciador de tudo; Bill Allen, que estimulou meu interesse pelo aspecto humano do desenvolvimento econômico; Paul Fisher, que me convenceu de que eu era na verdade uma economista, ainda que não me encaixasse no molde; DeAnne Julius, que me mostrou ser possível transitar entre os setores público e privado; Mervyn King, que me ensinou a nunca escrever uma palavra que não pudesse embasar com evidências e uma sintaxe correta.

Juntamente com meus maravilhosos editores, Roger Scholl e Cindy Chan, houve pessoas gentis e trabalhadoras que revisaram o livro em profundidade, proporcionando um retorno inestimável tanto em questões estilísticas quanto técnicas: Dan Bilefsky, Molly Crockett, Brian Dumaine, Audree Fletcher, Cabe Franklin, Alex Hardy, Paul Schoemaker, Peter Slagt, Tara Swart, Nik Webb. Seus comentários e críticas tornaram o livro incomensuravelmente melhor. Um agradecimento extra a minhas neuroamigas, Molly Crockett e Tara Swart, pelo apoio multifacetado, que me tornou mais inteligente e corajosa com o passar dos meses. Elizabeth Feldman Barrett e Jessica Payne também me proporcionaram mais auxílio do que eu ousaria esperar, respectivamente nas neurociências afetiva e cognitiva. Quaisquer defeitos que tenham persistido se devem a mim, unicamente a mim.

Muitas outras pessoas contribuíram generosamente com sugestões, auxílio ou incentivo para este livro, em momentos-chave ao longo dos quatro anos de projeto. Entre elas estão: David Allen, Guy Barnes, Vaughan Bell, Lauren Bern, Geoff Bird, Charles Duhigg, Lynda Gratton, Valerie Keller, Max Landsberg, Matt Lieberman, Antony Mayfield, Deborah Mattinson, Margaret Moore, Gus O'Donnell, David Rock, Paul Schoemaker, Owain Service, Laurence Shorter, Greg Simon, Hitendra Wadhwa e Laurie Young. Agradeço a Janet Bedol por ter me ensinado a usar o EndNote e por me salvar das minhas referências. Obrigado ainda a minha maravilhosa família e amigas pelas *tapas* terapêuticas, pelas pausas para martínis e pelos encontros de supermulheres. Vocês me animaram quando eu mais precisava, e não reclamaram quando me refugiei no bunker.

Nicole Webb plantou todas as sementes deste livro no início da minha vida: o apetite pela exploração intelectual, o amor pela escrita e a compreensão do poder transformador do ensino. Agradeço a ela pelas palavras de incentivo semanais e por sempre estar disposta a discutir em detalhes o que quer que fosse importante em minha mente (quer isso significasse dopamina ou o jantar).

E, por fim, sou mais que grata a Cabe Franklin, o grande pensador e companheiro a meu lado em cada passo desta aventura. Fiquei espantada com seus inúmeros atos de extremo apoio intelectual e emocional ao longo do caminho. Não resta dúvida — ser casada com você é a maior sorte que pode existir.

Notas

INTRODUÇÃO [pp. 11-9]

1. Por exemplo, o Instituto Gallup concluiu que apenas 29% dos trabalhadores americanos se sentem comprometidos com o trabalho, e que "os índices de comprometimento apresentam uma leve tendência de queda à medida que aumenta o nível de instrução atingido pelo trabalhador". No âmbito mundial, concluíram que apenas 13% se sentem comprometidos (Gallup, *State of the Global Workplace*. Washington: Gallup, 2013. Disponível em: <http://www.gallup.com/services/176735/state-global-workplace.aspx>. Acesso em: 22 mar. 2016). Segundo a Conference Board, instituição sem fins lucrativos que congrega milhares de empresas nos Estados Unidos, "pelo oitavo ano consecutivo, menos da metade dos trabalhadores americanos está satisfeita com o emprego" (Ben Cheng et al. *Job Satisfaction Survey*. The Conference Board, 2014).

CIÊNCIA BÁSICA [pp. 21-46]

1. Stanley Milgram, "Behavioral Study of Obedience". *Journal of Abnormal and Social Psychology*, v. 67, n. 4, pp. 371-8, 1963.
2. Daniel Kahneman e Amos Tversky. "Prospect Theory: an Analysis of Decision under Risk". *Econometrica*, v. 47, n. 2, pp. 263-91, 1979.
3. Keith Stanovich e Richard West, em especial, são os autores de um artigo influente, que definiu os dois sistemas como Sistema 1 e Sistema 2, terminologia também adotada por Daniel Kahneman. Keith E. Stanovich e Richard F. West, "Individual Difference in Rea-

soning: Implications for the Rationality Debate?". *Behavioral and Brain Sciences*, n. 23, pp. 645-726, 2000.

4. Uma versão do discurso de aceitação do prêmio Nobel feito por Daniel Kahneman em 8 de dezembro de 2002 foi publicada como: Daniel Kahneman, "A Perspective on Judgment and Choice: Mapping Bounded Rationality". *American Psychologist*, v. 58, n. 9, pp. 697-720, 2003.

5. Daniel Kahneman, *Thinking Fast and Slow*. Nova York: Farrar, Straus and Giroux, 2001. [Ed. bras.: *Rápido e devagar: duas formas de pensar*. Trad. de Cássio de Arantes Leite. Rio de Janeiro: Objetiva, 2012.]

6. Quando uma série de dados – por exemplo, um conjunto de algarismos – está suficientemente bem conectada em nossa memória a ponto de a lembrança de uma parte puxar a do restante, essa série pode ser considerada um "bloco". Assim, a razão pela qual conseguimos recordar um número de telefone de sete dígitos é tê-lo transformado em dois blocos de três e quatro dígitos, respectivamente – ou até mesmo, com a repetição, em um bloco único. Ver: Nelson Cowan, "What are the Differences between Long-term, Short-term, and Working Memory?". *Progress in Brain Research*, n. 169, pp. 323-38, 2008. Ver também: Nelson Cowan, "The Magical Number 4 in Short-term Memory: a Reconsideration of Mental Storage Capacity". *Behavioral and Brain Sciences*, n. 24, pp. 87-185, 2001.

7. Paul E. Dux, Jason Ivanoff, Christophe L. Asplund e René Marois, "Isolation of a Central Bottleneck of Information Processing with Time-resolved FMRI". *Neuron*, v. 52, n. 6, pp. 1109-20, 2006 (veja o capítulo 4 para outras referências sobre a multitarefa).

8. Roy Baumeister e John Tierney, *Willpower: Rediscovering the Greatest Human Strength*. Nova York: Penguin, 2011. [Ed. bras.: *Força de vontade: a redescoberta do poder humano*. São Paulo: Lafonte, 2012.]

9. Bava Shiv e Alexander Fedorikhin, "Heart and Mind in Conflict: The Interplay of Affect and Cognition in Consumer Decision Making". *Journal of Consumer Research*, n. 26, pp. 278-92, 1999.

10. Anne Treisman e Gina Geffen, "Selective Attention: Perception or Response?". *Quarterly Journal of Experimental Psychology*, v. 19, n. 1, pp. 1-17, 1967.

11. Simons e Chabris escreveram de forma divertida a respeito dessa e de outras pesquisas sobre atenção seletiva em seu livro: Chris F. Chabris e Dan J. Simons, *The Invisible Gorilla: and Other Ways Our Intuitions Deceive Us*. Nova York: Crown, 2010. [Ed. bras.: *O gorila invisível: e outros equívocos da intuição*. Trad. de Angela Lobo de Andrade. Rio de Janeiro: Rocco, 2011.] O artigo acadêmico original é: Dan J. Simons e Chris F. Chabris, "Gorillas in Our Midst: Sustained Inattentional Blindness for Dynamic Events". *Perception*, v. 28, n. 9, pp. 1059-74, 1999. Você descobrirá que as pessoas que estavam contando camisetas negras

estavam mais propensas a ver o gorila, presumivelmente porque ele era muito negro — por isso, seus cérebros trataram a imagem como algo ligeiramente mais "relevante" do que aqueles que estavam contando camisetas brancas.

12. Se você não tiver visto o vídeo, acabei estragando a surpresa. Peço desculpas por isso. Mas se você ainda estiver a fim de assistir, ei-lo: <https://www.youtube.com/watch?v=vJG698U2Mvo>. Você também pode experimentar assistir a este excelente vídeo feito pelo psicólogo Richard Wiseman, que mostro a meus clientes agora que o vídeo do gorila (perdão, do basquete) ficou tão amplamente conhecido: <https://www.youtube.com/watch?v=v3iPrBrGSJM>.

13. Joseph LeDoux, "Rethinking the Emotional Brain". *Neuron*, v. 73, n. 4, pp. 653-76, 2012.

14. A adrenalina é, às vezes, chamada de epinefrina, e a noradrenalina, às vezes, de norepinefrina.

15. A amígdala desempenha um papel complexo no direcionamento da atenção do cérebro para tudo aquilo que é emocionalmente ambíguo, seja positivo ou negativo. As pesquisas se concentraram particularmente no papel central da amígdala em nossa reação a ameaças em potencial. Por exemplo, este estudo concluiu que as amígdalas reagem quando expostas por apenas trinta milissegundos a um rosto amedrontado, período curto demais para ser percebido conscientemente: Paul J. Whelan et al., "Masked Presentations of Emotional Facial Expressions Modulate Amygdala Activity without Explicit Knowledge". *Journal of Neuroscience*, v. 18, n. 1, pp. 411-8, 1998. O seguinte artigo concluiu que as amígdalas subconscientemente reagem a expressões zangadas em fotos mesmo quando se pediu às pessoas que focassem na imagem dos prédios: Adam K. Anderson et al., "Neural Correlates of the Automatic Processing of Threat Facial Signals". *Journal of Neuroscience*, v. 23, n. 13, pp. 5627-33, 2003. No seguinte estudo, os pesquisadores concluíram que danos à amígdala faziam com que as pessoas não conseguissem identificar expressões de medo em rostos alheios: Ralph Adolphs et al., "Fear and the Human Amygdala". *Journal of Neuroscience*, v. 15, n. 9, pp. 5879-91, 1995.

16. Amy Arnsten, "Stress Signalling Pathways that Impair Prefrontal Cortex Structure and Function". *Nature Reviews Neuroscience*, v. 10, n. 6, pp. 410-22, 2009. Para um resumo menos acadêmico do princípio básico, eis uma boa leitura: Amy Arnsten, "The Biology of Being Frazzled". *Science*, v. 280, n. 5370, pp. 1711-2, jun. 1998.

17. Andreas Eder e seus colegas fizeram uma revisão dos padrões comportamentais de "descoberta e defesa" no mundo contemporâneo, em: Andreas B. Eder, Andrew J. Elliot e Eddie Harmon-Jones, "Approach and Avoidance Motivation: Issues and Advances". *Emotion Review*, n. 5, pp. 227-9, 2013.

18. Por exemplo, o trabalho feito por Mark Beeman com colegas na Universidade Northwestern, citado em: Karuna Subramaniam et al., "A Brain Mechanism for Facilitation of Insight by Positive Affect". *Journal of Cognitive Neuroscience*, v. 21, n. 3, pp. 415-32, 2009. Ver também a abrangente revisão de Alice Isen: Alice Isen, "Positive Affect and Decision-making". In: Michel Lewis, Jeanette Haviland-Jones e Lisa Feldmann Barret (Orgs.), *The Handbook of Emotions*. 2. ed. Nova York: Guilford Press, 2000.

19. Edward L. Deci, Richard Koestner e Richard M. Ryan, "A Meta-analytic Review of Experiments Examining the Effects of Extrinsic Rewards on Intrinsic Motivation". *Psychological Bulletin*, v. 125, n. 6, pp. 627-68, 1999.

20. Robin I. M. Dunbar, "The Social Brain: Mind, Language, and Society in Evolutionary Perspective". *Annual Review of Anthropology*, v. 32, n. 1, pp. 163-81, 2003.

21. Para uma revisão das pesquisas, veja o excelente livro de Matt Lieberman sobre o cérebro social: Matthew Lieberman, *Social*. Nova York: Crown, 2013.

22. Richard M. Ryan e Edward L. Deci, "Self-determination Theory and the Facilitation of Intrinsic Motivation, Social Development, and Well-being". *American Psychologist*, v. 55, n. 1, pp. 68-78, 2000.

23. George Loewenstein, "The Psychology of Curiosity: a Review and Reinterpretation". *Psychological Bulletin*, v. 116, n. 1, pp. 75-98, 1994. Trabalhos mais recentes podem ser encontrados em Min Jeong Kang et al., "The Wick in the Candle of Learning: Epistemic Curiosity Activates Reward Circuitry and Enhances Memory". *Psychological Science*, v. 20, n. 8, pp. 963-73, 2009.

24. Jessica D. Payne, "Memory Consolidation, the Diurnal Rhythm of Cortisol, and the Nature of Dreams: A New Hypothesis". In: Angela Clow e Patrick McNamara (Orgs.), *International Review of Neurobiology*, v. 92. Waltham: Academic Press, 2010.

25. É bem verdade que existe uma diminuta proporção da população que necessita de menos sono, mas os pesquisadores só encontraram um número pequeníssimo de pessoas que são verdadeiros "dormidores curtos". Daniel Buysse, professor de psiquiatria e ciência clínica e translacional do Centro Médico da Universidade de Pittsburgh, afirma: "De cada cem pessoas que afirmam necessitar de cinco ou seis horas de sono por noite, apenas cinco, aproximadamente, são realmente assim". Citado em Melinda Beck, "The Sleepless Elite", *Wall Street Journal*, 5 abr. 2011.

26. Charles A. Czeisler e Bronwyn Fryer, "A Conversation with Harvard Medical School professor Charles A. Czeisler". *Harvard Business Review*, out. 2006.

27. Para uma excelente revisão das evidências dos benefícios do exercício, inclusive muitas referências a estudos que são, eles próprios, meta-análises, ver John .J. Ratey e James E. Loehr,

"The Positive Impact of Physical Activity on Cognition During Adulthood: a Review of Underlying Mechanisms, Evidence and Recommendations". *Reviews in the Neurosciences*, v. 22, n. 2, pp. 171-85, 2011. Para uma meta-análise de 150 estudos que mostram efeitos benéficos no trabalho, ver também Vicki S. Conn et al. "Meta-analysis of Workplace Physical Interventions". *American Journal of Preventative Medicine*, v. 37, n. 4, pp. 330-9, 2009.

28. Para uma lista completa de referências, ver John J. Ratey e James E. Loehr, op. cit.

29. Jo C. Coulson et al. "Exercising at Work and Self-reported Work Performance". *International Journal of Workplace Health Management*, v. 1, n. 3, pp. 176-97, 2008.

30. Do site do livro de Ratey: John J. Ratey, *Spark: the Revolutionary New Science of Exercise and the Brain*. Nova York: Little, Brown, 2008. <http://sparkinglife.org/page/why-exercise-works>.

31. U.S. Department of Health and Human Services. *Physical Activity Guidelines, Advisory Committee Report*, 2008. As recomendações sugerem 500 MET-minutos (equivalentes metabólicos por minuto) por semana, o equivalente a 150 minutos de atividade aeróbica moderada. Para uma descrição narrativa das consequências desse relatório, ver: Gretchen Reynolds, *The First 20 Minutes: Surprising Science Reveals How We Can Exercise Better, Train Smarter, Live Longer*. Nova York: Hudson Street Press, 2012.

32. Por exemplo, sobre a regulagem emocional: Norman A. Farb et al., "Minding One's Emotions: Mindfulness Training Alters the Neural Expression of Sadness". *Emotion*, v. 10, n. 1, pp. 25-33, 2010. Sobre a memória de trabalho e a concentração: Michael D. Mrazek et al., "Mindfulness Training Improves Working Memory Capacity and GRE Performance While Reducing Mind Wandering". *Psychological Science*, v. 24, n. 5, pp. 776-81, 2013. Com militares: Amishi P. Jha et al., "Examining the Protective Effects of Mindfulness Training on Working Memory Capacity and Affective Experience." *Emotion*, v. 10, n. 1, pp. 54-64, 2010.

33. Wendy Hasenkamp e Lawrence W. Barsalou, "Effects of Meditation Experience on Functional Connectivity of Distributed Brain Networks". *Frontiers in Human Neuroscience*, n. 6, p. 38, 2012; Norman A. Farb et al., "Minding One's Emotions: Mindfulness Training Alters the Neural Expression of Sadness". *Emotion*, v. 10, n. 1, pp. 25-33, 2010; Britta K. Holzel et al., "Stress Reduction Correlates with Structural Changes in the Amygdale". *Social Cognitive and Affective Neuroscience*, v. 5, n. 1, pp. 11-7, mar. 2010; Judson A. Brewer et al., "Meditation Experience Is Associated with Differences in Default Mode Network Activity and Connectivity". *Proceedings of the National Academy of Sciences USA*, v. 108, n. 50, pp. 20254-9, 2011.

34. Christopher A. Moyer et al., "Frontal Electroencephalographic Asymmetry Associated With Positive Emotion Is Produced by Very Brief Meditation Training". *Psychological Science*, v. 22, n. 10, pp. 1277-9, 2011. Outros estudos mostrando benefícios positivos da atenção plena,

mesmo com quantidades modestas de prática, incluem este estudo, que constatou alterações duradouras no desempenho cognitivo depois de apenas quatro dias de prática: Fadel Zeidan et al., "Mindfulness Meditation Improves Cognition: Evidence of Brief Mental Training". *Consciousness and Cognition*, v. 19, n. 2, pp. 597-605, 2010.

35. É a filosofia que percorre o livro de Langer: Ellen Langer, *Mindfulness*. Reading: Addison Wesley, 1989.

CAPÍTULO 1: A ESCOLHA DOS FILTROS [pp. 50-63]

1. Christopher Chabris e Daniel Simons, *The Invisible Gorilla: and Other Ways Our Intuitions Deceive Us*. Nova York: Crown, 2010. [Ed. bras.: *O gorila invisível: e outros equívocos da intuição*. Trad. de Angela Lobo de Andrade. Rio de Janeiro: Rocco, 2011.]
2. Traffon Drew, Melissa L. H. Võ e Jeremy M. Wolfe, "The Invisible Gorilla Strikes Again: Sustained Inattentional Blindness in Expert Observers". *Psychological Science*, v. 24, n. 9, pp. 1848-53, 2013.
3. Rémi Radel e Corentin Clément-Guillotin, "Evidence of Motivational Influences in Early Visual Perception: Hunger Modulates Conscious Access". *Psychological Science*, v. 23, n. 3, pp. 232-4, 2012.
4. Joseph P. Forgas e Gordon H. Bower, "Mood Effects on Person-Perception Judgments". *Journal of Personality and Social Psychology*, v. 53, n. 1, pp. 53-60, 1987.
5. Cedar R. Riener et al. "An Effect of Mood on the Perception of Geographical Slant". *Cognition & Emotion*, v. 25, n. 1, pp. 174-82, 2011.
6. Thorsten Hansen et al., "Memory Modulates Color Appearance". *Nature Neuroscience*, v. 9, n. 11, pp. 1367-8, 2006.
7. A frase é central no conto "The Claustrophile" ["O Claustrófilo"], que pode ser encontrado em: Theodore Sturgeon, *And Now the News... Volume IX: The Complete Stories of Theodore Sturgeon*. Londres: Hachette UK, 2013.

CAPÍTULO 2: COMO ESTABELECER METAS EXCEPCIONAIS [pp. 64-75]

1. Edwin A. Locke e Gary P. Latham, "Building a Practically Useful Theory of Goal Setting and Task Motivation: a 35-year Odyssey". *American Psychologist*, v. 57, n. 9, pp. 705-17, 2002.
2. Andrew J. Elliot e Marcy A. Church, "A Hierarchical Model of Approach and Avoidance Achievement Motivation". *Journal of Personality and Social Psychology*, v. 72, n. 1, pp. 218-32, 1997.

3. Edward L. Deci e Richard M. Ryan, "The 'What' and 'Why' of Goal Pursuits: Human Needs and the Self-determination of Behavior". *Psychological Inquiry*, v. 11, n. 4, pp. 227-68, 2000.

4. Metas geradas externamente são processadas no córtex pré-frontal lateral; as internas, no córtex pré-frontal medial. Elliot Berkman e Matthew D. Lieberman, "The Neuroscience of Goal Pursuit: Bridging Gaps Between Theory and Data". In: Gordon Moskowitz e Heidi Grant (Orgs.), *The Psychology of Goals*. Nova York: Guilford Press, 2009, pp. 98-126.

5. Peter Gollwitzer comandou boa parte das pesquisas sobre intenções de implementação, como são chamadas as afirmações "quando-então". Uma referência fundamental é Peter M. Gollwitzer e Veronika Brandstätter, "Implementation Intentions and Effective Goal Pursuit". *Journal of Personality and Social Psychology*, v. 73, n. 1, pp. 186-99, 1997. Igualmente: Robin R. Vallacher e Daniel M. Wegner, "What Do People Think They're Doing? Action Identification and Human Behavior". *Psychological Review*, v. 94, n. 1, pp. 3-15, 1987; Yaacov Trope e Nira Liberman, "Temporal Construal". *Psychological Review*, v. 110, n. 3, pp. 403-21, 2003.

6. Heidi Grant Halvorson, "Get Your Team to Do What It Says It's Going to Do". *Harvard Business Review*, maio 2014.

CAPÍTULO 3: COMO REFORÇAR SUAS INTENÇÕES [pp. 76-88]

1. Citação de Jim Collins, *Good to Great: Why Some Companies Make the Leap — and Others Don't*. Nova York: HarperBusiness, 2001. [Ed. bras.: *Empresas feitas para vencer*. São Paulo: HSM, 2013.]

2. Gabrielle Oettingen, *Rethinking Positive Thinking: Inside the New Science of Motivation*. Nova York: Penguin Random House, 2014.

3. Allan Collins e Elizabeth Loftus, "A Spreading-activation Theory of Semantic Processing". *Psychological Review*, v. 82, n. 6, pp. 407-28.

4. Isso é conhecido como "regra de Hebb". Para a referência original, ver Donald O. Hebb. *The Organization of Behavior*. Nova York: Wiley & Sons, 1949.

5. Aaron C. Kay et al., "Material Priming: the Influence of Mundane Physical Objects on Situational Construal and Competitive Behavioral Choice". *Organizational Behavior and Human Decision Processes*, v. 95, n. 1, pp. 83-96, 2004.

6. Henk Aarts e Ap Dijksterhuis, "The Silence of the Library: Environment, Situational Norm, and Social Behavior". *Journal of Personality and Social Psychology*, v. 84, n. 1, pp. 18-28, 2003.

7. Hajo Adam e Adam D. Galinsky, "Enclothed Cognition". *Journal of Experimental Social Psychology*, v. 48, n. 4, pp. 918-25, 2012.

8. Dar uma caminhada curta em um espaço aberto ou verde parece ser mentalmente renovador para muitos de nós. Marc G. Berman, John Jonides e Stephen Kaplan. "The Cognitive Benefits of Interacting with Nature". *Psychological Science*, v. 19, n. 12, pp. 1207-12, 2008. Marily Oppezzo e Daniel L. Schwartz, "Give Your Ideas Some Legs: the Positive Effect of Walking on Creative Thinking". *Journal of Experimental Psychology: Learning, Memory, and Cognition*, v. 40, n. 4, pp. 1142-52, 2014.

9. Stephen M. Kosslyn, "Mental Images and the Brain". *Cognitive Neuropsychology*, v. 22, n. 3-4, pp. 333-47, 2005.

10. Alvaro Pascual-Leone et al., "Modulation of Muscle Responses Evoked by Transcranial Magnetic Stimulation During the Acquisition of New Fine Motor Skills". *Journal of Neurophysiology*, v. 74, n. 3, pp. 1037-45, 1995.

PARTE II: PRODUTIVIDADE [pp. 89-90]

1. Juliet Schor, "The (Even More) Overworked American". In: John de Graaf (Org.), *Take Back Your Time: Fighting Overwork and Time Poverty in America*. San Francisco: Berrett-Koehler, 2003.

2. Por exemplo, o estudo de amostra ampla de Whitehall descobriu uma relação forte entre trabalhar mais horas (além de quarenta horas semanais) e notas menores em testes verbais e de raciocínio: Marianna Virtanen et al., "Long Working Hours and Cognitive Function: the Whitehall II Study". *American Journal of Epidemiology*, v. 169, n. 5, pp. 596-605, 2009. A OECD também publicou dados mostrando uma relação negativa entre os níveis nacionais médios de produtividade e as horas trabalhadas entre 1990 e 2012. Disponível em <http://stats.oecd.org/Index.aspx?DatasetCode=LEVEL#>.

CAPÍTULO 4: MONOTAREFA – UMA COISA DE CADA VEZ [pp. 91-100]

1. Paul E. Dux et al., "Isolation of a Central Bottleneck of Information Processing With Time-resolved fMRI". *Neuron*, v. 52, n. 6, pp. 1109-20, 2006. Na verdade, outros pesquisadores descobriram que interrupções mais longas aumentavam ainda mais a taxa de erros – enquanto uma interrupção de dois segundos na concentração duplicava a taxa de erros, uma distração de quatro segundos a triplicava: Erik M. Altmann, J. Gregory Trafton e David Z. Hambrick, "Momentary Interruptions Can Derail the Train of Thought". *Journal of Experimental Psychology: General*, v. 143, n. 1, pp. 215-26, 2014.

2. Cheri Speier, Joseph S. Valacich e Iris Vessey, "The Influence of Task Interruption on Individual Decision Making: an Information Overload Perspective". *Decision Sciences*, v. 30, n. 2, pp. 337-60, 1999.

3. Shamsi T. Iqbal e Eric Horvitz, "Disruption and Recovery of Computing Tasks: Field Study, Analysis, and Directions". *Proceedings of the SIGCHI Conference on Human Factors in Computing Systems*, San Jose, Califórnia, abr./maio 2007.

4. Michael N. Tombu et al., "A Unified Attentional Bottleneck in the Human Brain". *Proceedings of the National Academy of Sciences*, v. 108, n. 33, pp. 13426-31, 2011.

5. Brian P. Bailey e Joseph A. Konstan,"On the Need for Attention-aware Systems: Measuring Effects of Interruption on Task Performance, Error Rate, and Affective State". *Computers in Human Behavior*, v. 22, n. 4, pp. 685-708, 2006.

6. Estou considerando acidentes "sérios" como aqueles em que alguém ficou ferido; 18% destes envolviam uma distração de um dos motoristas. *Traffic Safety Facts – Research Note (Summary of Statistical Findings)*. DOT HS 812 012. Washington, D.C.: U.S. Department of Transportation, 2014. Disponível em <http://www-nrd.nhtsa.dot.gov/Pubs/812012 .pdf>.

7. Eyal Ophir, Clifford Nass e Anthony D. Wagner, "Cognitive Control in Media Multitaskers". *Proceedings of the National Academy of Sciences*, v. 106, n. 37, pp. 15583-7, 2009.

8. David M. Sanbonmatsu et al., "Who Multi-tasks and Why? Multi-tasking Ability, Perceived Multi-tasking Ability, Impulsivity, and Sensation Seeking". *PLos ONE*, v. 8, n. 1, p. e54402, 2013.

9. Para um exemplo da forma como o conselho típico da "hora do dia" não se aplica da mesma forma a diurnos e noturnos, ver: Brian C. Gunia, Christopher M. Barnes e Sunita Sah, "The Morality of Larks and Owls: Unethical Behavior Depends on Chronotype As Well As Time of Day". *Psychological Science*, v. 25, n. 12, pp. 2272-4, 2014. Era uma reação a pesquisas amplamente divulgadas segundo as quais as pessoas têm maior moralidade pela manhã. Isso parece ser verdade para pessoas matutinas; para as noturnas, é o contrário.

CAPÍTULO 5: COMO PLANEJAR UM DESCANSO VOLUNTÁRIO [pp. 101-10]

1. Shai Danziger, Jonathan Levav e Liora Avnaim-Pesso, "Extraneous Factors in Judicial Decisions". *Proceedings of the National Academy of Sciences*, v. 108, n. 17, pp. 6889-92, 2011.

2. Roy Baumeister e John Tierney, op. cit.

3. Hengchen Dai et al., "The Impact of Time at Work and Time off from Work on Rule Compliance: the Case of Hand Hygiene in Health Care". *Journal of Applied Psychology*, v. 100, n. 3, pp. 846-62, maio 2015.

4. A alimentação desempenha um importante papel na renovação da capacidade de assumir a leva seguinte de tarefas. Existe, porém, controvérsia em relação ao motivo exato. Para a maioria, a razão é a necessidade de glicose no cérebro; ver Roy Baumeister e John Tierney, op. cit. Outros dizem que a fome drena energia do sistema deliberado do cérebro, por provocar uma distração desagradável que precisa ser gerida com autocontrole: David Kohn, "Sugar on the Brain". *New Yorker*, 6 maio 2014. O resultado, entretanto, é o mesmo: você precisa alimentar seu cérebro, ou ficará irritadiço e distraído.

5. Marcus E. Raichele, "The Brain's Dark Energy". *Scientific American*, n. 302, pp. 28-33, 2010. Um artigo mais acadêmico cobrindo terreno semelhante é: Marcus E. Raichele, "Two Views of Brain Function". *Trends in Cognitive Sciences*, v. 14, n. 4, pp. 180-90, 2010.

6. Saber Sami, Edwin M. Robertson e R. Chris Miall, "The Time Course of Task-Specific Memory Consolidation Effects in Resting State Networks". *Journal of Neuroscience*, v. 34, n. 11, pp. 3982-92, 2014.

7. Giada Di Stefano et al., "Learning by Thinking: How Reflection Aids Performance". Artigo em andamento da Harvard Business School, n. 14-093, mar. 2014.

8. Entrevista por telefone com Jessica Payne, 5 mar. 2015.

9. K. Anders Ericsson, Ralf T. Krampe e Clemens Tesch-Romer, "The Role of Deliberate Practice in the Acquisition of Expert Performance". *Psychological Review*, v. 100, n. 3, pp. 363-406, 1993.

10. Saku Tuominem e Pekka Pohjakallio, *The Workbook: Redesigning Nine to Five*. [S.l.]: CreateSpace Independent Publishing Platform, 2013. Disponível em <http://www.925design.fi>, 2013.

CAPÍTULO 6: COMO SUPERAR O EXCESSO DE TRABALHO [pp. 111-26]

1. Daniel Kahneman e Amos Tversky, "Intuitive Prediction: Biases and Corrective Procedures". *TIMSStudies in Management Science*, n. 12, pp. 313-27, 1979.

2. Emer J. Masicampo e Roy F. Baumeister, "Consider It Done! Plan Making Can Eliminate the Cognitive Effects of Unfulfilled Goals". *Journal of Personality and Social Psychology*, v. 101, n. 4, pp. 667-83, 2011.

3. Disponível em: <http://lifehacker.com/5458741/productivity-in-11-words>; a conta original no Twitter está desativada. Acesso em: 14 abr. 2016.

4. É bastante comum (mesmo em publicações renomadas) ver gente se referindo à "vantagem comparativa" como sendo "aquilo em que você é melhor" ou "uma coisa em que você é o melhor". Está errado — isso é simplesmente uma referência à "vantagem absoluta",

que não nos informa muito a respeito de priorização, caso aconteça de você ser bom em um monte de coisas. Você tem uma vantagem *comparativa* na coisa em que houver a maior diferença de capacidade entre você e outra pessoa. Você pode encontrar isso definido de maneira apropriada em qualquer manual básico de economia, mas a referência original está aqui: David Ricardo, *On the Principles of Political Economy and Taxation*. Londres: John Murray, 1817.

5. Michael Lewis, "Obama's way". *Vanity Fair*, 2012. Disponível em: <http://www.vanityfair.com/news/2012/10/michael-lewis-profile-barack-obama>. Acesso: 16 abr. 2016.

CAPÍTULO 7: COMO DERROTAR A PROCRASTINAÇÃO [pp. 127-36]

1. George A. Akerlof, "Procrastination and Obedience". *American Economic Review*, v. 81, n. 2, pp. 1-19, 1991.

2. Hal Ersner-Hershfield et al., "Don't Stop Thinking About Tomorrow: Individual Differences in Future Self-continuity Account for Saving". *Judgment and Decision Making*, v. 4, n. 4, pp. 280-6, 2009.

3. Molly J. Crockett et al., "Restricting Temptations: Neural Mechanisms of Precommitment". *Neuron*, v. 79, n. 2, pp. 391-401, 2013. As "tentações" apresentadas pelos pesquisadores eram, na verdade, fotografias eróticas, e não o estímulo ligeiramente mais sedativo da procrastinação, mas o mecanismo é o mesmo.

PARTE III: RELACIONAMENTOS [pp. 137-8]

1. Ver, por exemplo, John F. Helliwell, Richard Layard e Jeffrey Sachs, *World Happiness Report 2013*. Nova York: UN Sustainable Development Solutions Network, 2013. O relatório resume estudos que mostram os efeitos de "ter alguém com quem contar".

2. Veja o livro de Matt Lieberman para uma excelente explicação em profundidade da natureza social do cérebro: Matthew Lieberman. *Social: Why Our Brains Are Wired to Connect*. Nova York: Crown Archetype, 2013.

CAPÍTULO 8: COMO CONSTRUIR RELAÇÕES AUTÊNTICAS [pp. 139-52]

1. Diana I. Tamir e Jason P. Mitchell, "Disclosing Information About the Self Is Intrinsically Rewarding". *Proceedings of the National Academy of Sciences USA*, v. 109, n. 21, pp. 8038-43, 2012.

2. Um interessante ensaio sobre essa poderosa pergunta de acompanhamento: "Tell Me More: The Art of Listening" ["Conte-me mais: a arte de escutar"]. In: Brenda Ueland, *Strength to Your Sword Arm: Collected Writings of Brenda Ueland*. Duluth: Holy Cow! Press, 1992.

3. Para uma visão geral de como a empatia atua para o sentimento de inclusão e exclusão em membros de grupos, ver: Mina Cikara et al., "Their Pain Gives Us Pleasure: How Intergroup Dynamics Shape Empathic Failures and Counter-Empathic Responses". *Journal of Experimental Social Psychology*, n. 55, pp. 110-25, 2014.

4. Jason P. Mitchell, C. Neil MacRae e Mahzarin R. Banaji, "Dissociable Medial Prefrontal Contributions to Judgments of Similar and Dissimilar Others". *Neuron*, v. 50, n. 4, pp. 655-63, 2006.

5. Lauren A. Rivera, "Hiring as Cultural Matching: the Case of Elite Professional Service Firms". *American Sociological Review*, v. 77, n. 6, pp. 999-1022, 2012.

6. Kyle G. Ratner e David M. Amodio, "Seeing 'Us vs. Them': Minimal Group Effects on the Neural Encoding of Faces". *Journal of Experimental Social Psychology*, v. 49, n. 2, pp. 298-301, 2013.

7. Piercarlo Valdesolo e David Desteno, "Synchrony and the Social Tuning of Compassion". *Emotion*, v. 11, n. 2, pp. 262-6, 2011.

8. Loren J. Martin et al., "Reducing Social Stress Elicits Emotional Contagion of Pain in Mouse and Human Strangers". *Current Biology*, v. 25, n. 3, pp. 326-32, 2015.

9. Rick B. Van Baaren et al., "Mimicry for Money: Behavioral Consequences of Imitation". *Journal of Experimental Social Psychology*, v. 39, n. 4, pp. 393-8, 2003.

10. Robert Axelrod e William Hamilton, "The Evolution of Cooperation". *Science*, v. 211, n. 4489, pp. 1390-6, 1981.

11. Os cérebros de pessoas jogando o Dilema do Prisioneiro foram examinados em: James K. Rilling et al., "Opposing BOLD Responses to Reciprocated and Unreciprocated Altruism in Putative Reward Pathways". *Neuroreport*, v. 15, n. 16, pp. 2539-43, 2004. Outros jogos que exigem cooperação ou competição foram examinados por Jean Decety et al., "The Neural Bases of Cooperation and Competition: an fMRI investigation". *Neuroimage*, v. 23, n. 2, pp. 744-51, 2004.

12. Arthur Aron et al., "The Experimental Generation of Interpersonal Closeness: a Procedure and Some Preliminary Findings". *Personality and Social Psychology Bulletin*, v. 23, n. 4, pp. 363-77, 1997.

13. Andrew K. Przybylski e Netta Weinstein, "Can You Connect With Me Now? How the Presence of Mobile Communication Technology Influences Face-to-face Conversation Quality". *Journal of Social and Personal Relationships*, v. 30, n. 3, pp. 3237-46, 2013.

CAPÍTULO 9: COMO RESOLVER SITUAÇÕES TENSAS [pp. 153-83]

1. Anatol Rapoport, *Fights, Games, and Debates*. Ann Arbor: University of Michigan Press, 1960. [Ed. bras.: *Lutas, jogos e debates*. Trad. de Sérgio Duarte. Brasília: UnB, 1980.]

2. Um dos debates mais acalorados e sem resolução na neurociência é a forma precisa pela qual nossa biologia permite esse contágio — alguns acreditam que "neurônios-espelho" são os responsáveis; outros apontam que não se observaram diretamente neurônios-espelho no cérebro humano. Mas os efeitos não são objeto de controvérsia: todos sabemos que, quando uma pessoa de mau humor entra numa sala, a negatividade pode ser transmitida sem que uma palavra seja dita.

3. Ron Friedman et al., "Motivational Synchronicity: Priming Motivational Orientations with Observations of Others' Behaviors". *Motivation and Emotion*, v. 34, n. 1, pp. 34-8, 2010.

4. Tony W. Buchanan et al., "The Contagion of Physiological Stress: Causes and Consequences". *European Journal of Psychotraumatology*, n. 3, 2012. Disponível em: <http://dx.doi.org/10.3402/ejpt.v3i0.19307>. Acesso em: 17 abr. 2016.

5. Barbara Wild et al., "Are Emotions Contagious? Evoked Emotions while Viewing Emotionally Expressive Faces: Quality, Quantity, Time Course and Gender Differences". *Psychiatry Research*, v. 102, n. 2, pp. 109-24, 2001.

6. Lee D. Ross, Teresa M. Amabile e Julia L. Steinmetz, "Social Roles, Social Control, and Biases in Social-perception Processes". *Journal of Personality and Social Psychology*, v. 35, n. 7, pp. 485-94, 1977. Ver também: Daniel T. Gilbert e Patrick S. Malone, "The Correspondence Bias". *Psychological Bulletin*, v. 117, n. 1, pp. 21-38, 1995.

7. Daniel T. Gilbert, Brett W. Pelham e Douglas S. Krull, "On Cognitive Busyness: When Person Perceivers Meet Persons Perceived". *Journal of Personality and Social Psychology*, v. 54, n. 5, pp. 733-40, 1988.

8. Lee D. Ross, Teresa M. Amabile e Julia L. Steinmetz, op. cit.

9. Keise Izuma, Daisuke N. Saito e Norihiro Sadato, "Processing of Social and Monetary Rewards in the Human Striatum". *Neuron*, v. 58, n. 2, pp. 284-94, 2008.

10. Philippe R. Goldin et al., "The Neural Bases of Emotion Regulation: Reappraisal and Suppression of Negative Emotion". *Biological Psychiatry*, v. 63, n. 6, pp. 577-86, 2008.

CAPÍTULO 10: COMO OBTER DOS OUTROS O RENDIMENTO IDEAL [pp. 184-97]

1. Veja o livro de Nancy Kline em busca de outras maneiras de criar um ambiente propício ao raciocínio para outra pessoa: Nancy Kline, *Time to Think: Listening to Ignite the Human Mind*. Londres: Octopus, 1999.

2. Edward L. Deci e Richard M. Ryan, "The 'What' and 'Why' of Goal Pursuits: Human Needs and the Self-determination of Behavior". *Psychological Inquiry*, v. 11, n. 4, pp. 227-68, 2000.

3. Geoffrey C. Williams et al., "Facilitating Autonomous Motivation for Smoking Cessation". *Health Psychology*, v. 21, n. 1, pp. 40-50, 2002.

4. Roy F. Baumeister et al., "Bad Is Stronger than Good". *Review of General Psychology*, v. 5, n. 4, pp. 323-70, 2001.

5. Colin F. Camerer e Richard H. Thaler, "Anomalies: Ultimatums, Dictators and Manners". *Journal of Economic Perspectives*, v. 9, n. 2, pp. 209-19, 1995.

6. Golnaz Tabibnia et al., "The Sunny Side of Fairness: Preference for Fairness Activates Reward Circuitry (and Disregarding Unfairness Activates Self-control Circuitry)". *Psychological Science*, v. 19, n. 4, pp. 339-47, 2008. Para uma discussão mais geral da forma como a justiça é tratada pelo cérebro, ver James K. Rilling e Alan G. Sanfey, "The Neuroscience of Social Decision-making". *Annual Review of Psychology*, n. 62, pp. 23-48, 2001.

CAPÍTULO 11: COMO CRIAR IDEIAS NOVAS [pp. 201-11]

1. Essa é uma descoberta antiga da psicologia cognitiva. O artigo de referência que cunhou o termo foi: Abraham S. Luchins, "Mechanization in Problem Solving: the Effect of Einstellung". *Psychological Monographs*, v. 54, n. 6, 1942.

2. Ibrahim Senay, Dolores Albarracin e Kenji Nogochi, "Motivating Goal-directed Behavior through Introspective Self-talk: the Role of the Interrogative Form of Simple Future Tense". *Psychological Science*, v. 21, n. 4, pp. 499-504, 2010.

3. Por exemplo: Robert E. Burnkrant e Daniel J. Howard, "Effects of the Use of Introductory Rhetorical Questions versus Statements on Information Processing". *Journal of Personality and Social Psychology*, v. 47, n. 6, pp. 1218-30, 1984.

4. J. David Creswell et al., "Mindfulness-based Stress Reduction Training Reduces Loneliness and Pro-inflammatory Gene Expression in Older Adults: a Small Randomized Controlled Trial". *Brain, Behavior, and Immunity*, v. 26, n. 7, pp. 1095-101, 2012.

5. Marteen W. Bos, Ap Dijksterhuis e Rick B. Van Baaren, "On the Goal-dependency of Unconscious Thought". *Journal of Experimental Social Psychology*, v. 44, n. 4, pp. 1114-20, 2008; Chen-Bo Zhong, Ap Dijksterhuis e Adam D. Galinsky, "The Merits of Unconscious Thought in Creativity". *Psychological Science*, v. 19, n. 9, pp. 912-8, 2008.

6. Mariane Abadie, Laurent Waroquier e Patrice Terrier, "Gist Memory in the Unconscious-thought Effect". *Psychological Science*, v. 24, n. 7, pp. 1253-9, 2013.

7. Pam A. Mueller e Daniel M. Oppenheimer, "The Pen Is Mightier than The Keyboard: Advantages of Longhand over Laptop Note Taking". *Psychological Science*, v. 25, n. 6, pp. 1159-68, 2014.

CAPÍTULO 12: COMO TOMAR DECISÕES SENSATAS [pp. 212-30]

1. Dan M. Kahan et al., "Who Fears the HPV Vaccine, Who Doesn't, and Why? An Experimental Study of the Mechanisms of Cultural Cognition". *Law and Human Behavior*, v. 34, n. 6, pp. 501-16, 2010. Para resultados semelhantes: Brendan Nyhan e Jason Reifler, "When Corrections Fail: the Persistence of Political Misperceptions". *Political Behavior*, v. 32, n. 2, pp. 303-30, 2010.

2. Warren Buffett e Carol Loomis. "Warren Buffett on the Stock Market". *Fortune*, 10 dez. 2001. Ver também: Jason Zweig, "Lesson from Buffett: Doubt Yourself". *Wall Street Journal*, 5 maio 2013.

3. Karen E. Jacowitz e Daniel Kahneman, "Measures of Anchoring in Estimation Tasks". *Personality and Social Psychology Bulletin*, v. 21, n. 11, pp. 1161-6, 1995.

4. Dan Ariely, George Loeweinstein e Drazen Prelec, "'Coherent Arbitrariness': Stable Demand Curves Without Stable Preferences". *Quarterly Journal of Economics*, v. 118, n. 1, pp. 73-106, 2003.

5. Meghan R. Busse et al., "Projection Bias in the Car and Housing Markets". Artigo em preparação para o NBER n. 18212, 2012.

6. Hyunjin Song e Norbert Schwarz, "Fluency and the Detection of Misleading Questions: Low Processing Fluency Attenuates the Moses Illusion". *Social Cognition*, v. 26, n. 6, pp. 791-9, 2008.

7. Solomon E. Asch, *Effects of Group Pressure on the Modification and Distortion of Judgments in Groups, Leadership and Men*. Pittsburgh: Carnegie Press, 1951.

8. Carol S. Dweck, *Mindset: the New Psychology of Success*. Nova York: Random House, 2006. [Ed. port.: *Mindset: a atitude mental para o sucesso*. Amadora: Vogais, 2014.]

9. Daniel Kahneman, Jack L. Knetsch e Richard H. Thaler, "Experimental Tests of the Endowment Effect and the Coase Theorem". *Journal of Political Economy*, v. 98, n. 6, pp. 1325-48, 1990.

10. Amos Tversky e Daniel Kahneman, "Loss Aversion in Riskless Choice: a Reference-dependent Model". *Quarterly Journal of Economics*, v. 106, n. 4, pp. 1039-61, 1991.

11. Inga J. Hoever et al., "Fostering Team Creativity: Perspective Taking as Key to Unlocking Diversity's Potential". *Journal of Applied Psychology*, v. 97, n. 5, pp. 982-96, 2012.

12. Entrevista de Eric Schmidt: James Manyka, "Google's View on the Future of Business: an Interview with CEO Eric Schmidt". *McKinsey Quarterly*, nov. 2008.

13. Gary Klein, "Performing a Project Premortem". *Harvard Business Review, Project Management*, set. 2007.

14. Ting Zhang, Francesca Gino e Max H. Bazerman, "Morality Rebooted: Exploring Simple Fixes to Our Moral Bugs". Artigo em preparação para o NOM da Harvard Business School, n. 14-105, 2014.

CAPÍTULO 13: COMO TURBINAR SUA ENERGIA MENTAL [pp. 231-46]

1. Ronald S. Friedman e Jens Försters, "The Effects of Promotion and Prevention Cues on Creativity". *Journal of Personality and Social Psychology*, v. 81, n. 6, pp. 1001-13, 2001.

2. David L. Hamilton, Lawrence B. Katz e Von O. Leirer, "Cognitive Representation of Personality Impressions: Organizational Processes in First Impression Formation". *Journal of Personality and Social Psychology*, v. 39, n. 6, pp. 1050-63, 1980. Jason P. Mitchell, C. Neil Macrae e Mahzarin R. Banaji, "Encoding-specific Effects of Social Cognition on the Neural Correlates of Subsequent Memory". *Journal of Neuroscience*, v. 24, n. 21, pp. 4912-7, 2004.

3. Peter C. Wason e Philip N. Johnson-Laird, *Psychology of Reasoning: Structure and Content*. Cambridge (EUA): Harvard University Press, 1972.

4. Leda Cosmides e John Tooby, *Cognitive Adaptations for Social Exchange in the Adapted Mind: Evolutionary Psychology and the Generation of Culture*. Nova York: Oxford University Press, 1992. Os psicólogos têm debatido por que, exatamente, é tão mais fácil para nós equacionar o segundo teste. Talvez tenhamos destreza na identificação de comportamentos fraudulentos de má-fé. Talvez, simplesmente, sejamos capazes de descobrir qual informação é relevante quando apresentada em um contexto socialmente conhecido. O que quer que seja, tem origem em nossa avançada inteligência social.

5. Teresa M. Amabile et al., "Time Pressure and Creativity in Organizations: a Longitudinal Field Study". Artigo em preparação para a Harvard Business School n. 02-073, 2002.

6. John Kounios et al., "The Prepared Mind: Neural Activity Prior to Problem Presentation Predicts Subsequent Solution by Sudden Insight". *Psychological Science*, v. 17, n. 10, pp. 882-90, 2006.

7. Jeffrey M. Ellenbogen et al., "Human Relational Memory Requires Time and Sleep". *Proceedings of the National Academy of Sciences USA*, v. 104, n. 18, pp. 7723-8, 2007.

8. Matthew P. Walker et al., "Cognitive Flexibility Across the Sleep-wake Cycle: REM--sleep Enhancement of Anagram Problem Solving". *Brain Research: Cognitive Brain Research*, v. 14, n. 3, pp. 317-24, 2002.

9. Yvonne Harrison e Jim A. Horne, "One Night of Sleep Loss Impairs Innovative Thinking and Flexible Decision Making". *Organizational Behavior and Human Decision Processes*, v. 78, n. 2, pp. 128-45, 1999.

10. Robert Stickgold, "How Do I Remember? Let Me Count the Ways". *Sleep Medicine Reviews*, v. 13, n. 5, pp. 305-8, 2009.

11. Joshua J. Gooley et al., "Exposure to Room Light Before Bedtime Suppresses Melatonin Onset and Shortens Melatonin Duration in Humans". *Journal of Clinical Endocrinology and Metabolism*, v. 96, n. 3, pp. E463-72, 2011.

12. Mary R. Rosekind et al., "Alertness Management: Strategic Naps in Operational Settings". *Journal of Sleep Research*, v. 4, n. S2, pp. 62-6, 1995.

13. Sara Mednick, Ken Nakayama e Robert Stickgold, "Sleep-dependent Learning: a Nap Is as Good as a Night". *Nature Neuroscience*, v. 6, n. 7, pp. 697-8, 2003.

14. National Sleep Foundation. *International Bedroom Poll*, 2013. Disponível em: <http://sleepfoundation.org/sites/default/files/RPT495a.pdf>.

15. Troca pessoal de e-mails com David Allen, 18 jun. 2015.

16. John J. Ratey e James E. Loehr, op. cit.

17. Kenneth E. Powell, Amanda E. Paluch e Steven N. Blair, "Physical Activity for Health: What Kind? How Much? How Intense? On Top of What?". *Annual Review of Public Health*, v. 32, n. 1, pp. 349-65, 2011.

CAPÍTULO 14: COMO SUPERAR OS FILTROS ALHEIOS [pp. 249-60]

1. Emily B. Falk et al., "Creating Buzz: the Neural Correlates of Effective Message Propagation". *Psychological Science*, v. 24, n. 7, pp. 1234-42, 2013.

2. Estudo inédito de Zakary Tormala. Para mais informações: <http://www.cmo.com/articles/2014/9/3/whiteboard_beats_pow.html>.

3. Elizabeth A. Kensinger e Daniel L. Schachter, "Memory and Emotion". In: Michael Lewis, Jeanette M. Haviland-Jones e Lisa Feldman Barret (Orgs.), *Handbook of Emotions*. 3. ed. Nova York: Guilford Press, 2008.

4. Barbara J. McNeil et al., "On the Elicitation of Preferences for Alternative Therapies". *New England Journal of Medicine*, v. 306, n. 21, pp. 1259-62, 1982.

5. Elizabeth A. Kensinger, "Remembering the Details: Effects of Emotion". *Emotion Review*, v. 1, n. 2, pp. 99-113, 2009.

6. Jonah Berger e Katherine L. Milkman, "What Makes Online Content Viral?". *Journal of Marketing Research*, v. 49, n. 2, pp. 192-205, 2012.

7. Jason P. Mitchell, C. Neil MacRae e Mahzarin R. Banaji, "Encoding-specific Effects of Social Cognition on the Neural Correlates of Subsequent Memory". *Journal of Neuroscience*, v. 24, p. 21, pp. 4912-7, 2004.

8. Deborah A. Small, George Loewenstein e Paul Slovic, "Sympathy and Callousness: the Impact of Deliberative Thought on Donations to Identifiable and Statistical Victims". *Organizational Behavior and Human Decision Processes*, v. 102, n. 2, pp. 143-53, 2007.

9. McKinsey & Company Internal Communications Team. *McKinsey News Update*. Relatório Interno, maio 2014.

10. Esta é uma excelente revisão acadêmica de vários tipos de fluência de processamento: Adam L. Alter e Daniel M. Oppenheimer, "Uniting the Tribes of Fluency to Form a Metacognitive Nation". *Personality and Social Psychology Review*, v. 13, n. 3, pp. 219-35, 2009.

11. Adam L. Alter e Daniel M. Oppenheimer, "Predicting Short-term Stock Fluctuations by Using Processing Fluency". *Proceedings of the National Academy of Sciences USA*, v. 103, n. 24, pp. 9369-72, 2006.

12. Matthew S. McGlone e Jessica Tofighbakhsh, "Birds of a Feather Flock Conjointly (?): Rhyme as Reason in Aphorisms". *Psychological Science*, v. 11, n. 5, pp. 424-8, 2000.

13. Ian M. Begg, Ann Anas e Suzanne Farinacci, "Dissociation of Processes in Belief: Source Recollection, Statement Familiarity, and the Illusion of Truth". *Journal of Experimental Psychology: General*, n. 121, pp. 446-58, 1992.

14. Para os efeitos de uma apresentação visual mais simples: Rolf Reber, Piotr Winkielman e Norbert Schwarz, "Effects of Perceptual Fluency on Affective Judgments". *Psychological Science*, v. 9, n. 1, pp. 45-8, 1998. Para os efeitos de uma linguagem mais simples: Daniel M. Oppenheimer, "Consequences of Erudite Vernacular Utilized Irrespective of Necessity: Problems with Using Long Words Needlessly". *Applied Cognitive Psychology*, v. 20, n. 2, pp. 139-56, 2006.

15. Jeffrey R. Binder et al., "Distinct Brain Systems for Processing Concrete and Abstract Concepts". *Journal of Cognitive Neuroscience*, v. 17, n. 6, pp. 905-17, 2005.

16. Behavioural Insights Team. *Annual Update 2010-11, 2011*. Disponível em: <https://www.gov.uk/government/uploads/system/uploads/attachment_data/file/60537/Behaviour-Change-Insight-Team-Annual-Update_acc.pdf>.

17. Colin Camerer, George Loeweinstein e Martin Weber, "The Curse of Knowledge in Economic Settings: an Experimental Analysis". *Journal of Political Economy*, v. 97, n. 5, pp. 1232-54, 1989.

18. Boaz Keysar e Anne S. Henly, "Speakers' Overestimation of Their Effectiveness". *Psychological Science*, v. 13, n. 3, pp. 207-12, 2002.

CAPÍTULO 15: COMO FAZER AS COISAS ANDAREM [pp. 261-79]

1. Ellen J. Langer, Arthur Blank e Benzion Chanowitz, "The Mindlessness of Ostensibly Thoughtful Action: the Role of 'Placebic' Information in Interpersonal Interaction". *Journal of Personality and Social Psychology*, v. 36, n. 6, pp. 635-42, 1978.

2. Richard H. Thaler e Cass R. Sunstein, *Nudge: Improving Decisions About Health, Wealth, and Happiness*. 2. ed. Nova York: Penguin, 2009. [Ed. bras.: *Nudge: o empurrão para a escolha certa*. Trad. de Marcelo Lino. Rio de Janeiro: Elsevier, 2009.]

3. Eric J. Johnson e Daniel Goldstein, "Do Defaults Save Lives?" *Science*, v. 302, n. 5649, pp. 1338-9, 2003.

4. Paul Rozin et al., "Nudge to Nobesity I: Minor Changes in Accessibility Decrease Food Intake". *Judgment and Decision Making*, v. 6, n. 4, pp. 323-32, 2011.

5. Fritz Strack e Thomas Mussweiler, "Explaining the Enigmatic Anchoring Effect: Mechanisms of Selective Accessibility". *Journal of Personality and Social Psychology*, v. 73, n. 3, pp. 437-46, 1997.

6. Daniel R. Ames e Malia F. Mason, "Tandem Anchoring: Informational and Politeness Effects of Range Offers in Social Exchange". *Journal of Personality and Social Psychology*, v. 108, n. 2, pp. 254-74, 2015.

7. O pedido precisa parecer razoável. Quando se pediu a voluntários que pensassem em doze exemplos de situações em que foram assertivos, isso os fez avaliarem a si mesmos como *menos* assertivos que pessoas às quais foram pedidos apenas seis exemplos, devido à dificuldade para pensar em tantos: Norbert Schwarz et al., "Ease of Retrieval as Information: Another Look at the Availability Heuristic". *Journal of Personality and Social Psychology*, v. 61, n. 2, pp. 195-202, 1991.

8. Michael J. Platow et al., "'It's not Funny if They're Laughing': Self-categorization, Social Influence, and Responses to Canned Laughter". *Journal of Experimental Social Psychology*, v. 41, n. 5, pp. 542-50, 2005.

9. Dan M. Kahan et al., op. cit.

10. Ellen J. Langer, "The Illusion of Control". *Journal of Personality and Social Psychology*, v. 32, n. 2, pp. 311-28, 1975.

11. Pedir aos pacientes que estavam marcando consulta por telefone que repetissem os detalhes da consulta reduziu em mais 3,5% as faltas. E quando essas medidas foram associadas a algum tipo de prova social — pôsteres com dizeres como "No mês passado, 99% dos seus colegas pacientes compareceram às consultas" —, o número de consultas perdidas caiu em um terço. Steve J. Martin, Suraj Bassi e Rupert Dunbar-Rees, "Commitments, Norms and

Custard Creams: a Social Influence Approach to Reducing Did not Attends (DNAs)". *Journal of the Royal Society of Medicine*, v. 105, n. 3, pp. 101-4, 2012.

12. Adam Grant cita um estudo de Katie Liljenquist que indica que as pessoas podem perceber quando o pedido de conselho é falso (Adam M. Grant, *Give and Take: Why Helping Others Drives Our Success*. Nova York: Viking Penguin, 2013. [Ed. bras.: *Dar e receber: uma abordagem revolucionária sobre sucesso, generosidade e influência*. Trad. de Afonso Celso da Cunha Serra. Rio de Janeiro: Sextante, 2014.])

CAPÍTULO 16: COMO ANGARIAR CONFIANÇA [pp. 280-90]

1. Por exemplo, sobre confiança em grupos: Paul Zarnoth e Janet A. Sniezek, "The Social Influence of Confidence in Group Decision Making". *Journal of Experimental Social Psychology*, v. 33, n. 4, pp. 345-66, 1997. Sobre a confiança no testemunho ocular: Steven L. Sporer et al., "Choosing, Confidence, and Accuracy: a Meta-analysis of the Confidence-accuracy Relation in Eyewitness Identification Studies". *Psychological Bulletin*, v. 118, n. 3, pp. 315-27, 1995. Sobre a confiança e as avaliações de probabilidade: Paul C. Price e Eric R. Stone, "Intuitive Evaluation of Likelihood Judgment Producers: Evidence for a Confidence Heuristic". *Journal of Behavioral Decision Making*, v. 17, n. 1, pp. 39-57, 2004.

2. Gavin J. Kilduff e Adam D. Galinsky, "From the Ephemeral to the Enduring: How Approach-oriented Mindsets Lead to Greater Status". *Journal of Personality and Social Psychology*, v. 105, n. 5, pp. 816-31, 2013.

3. Alison R. Fragale, "The Power of Powerless Speech: the Effects of Speech Style and Task Interdependence on Status Conferral". *Organizational Behavior and Human Decision Processes*, v. 101, n. 2, pp. 243-61.

4. Jeremy P. Jamieson, Wendy B. Mendes e Matthew K. Nock, "Improving Acute Stress Responses: the Power of Reappraisal". *Current Directions in Psychological Science*, v. 22, n. 1, pp. 51-6, 2013.

5. J. David Creswell et al., "Affirmation of Personal Values Buffers Neuroendocrine and Psychological Stress Responses". *Psychological Science*, v. 16, n. 11, pp. 846-51, 2005.

6. Gideon J. Kilduff e Adam D. Galinsky, op. cit.

7. Não está claro se o benefício advém simplesmente de "reiniciar" as associações que o cérebro faz entre "sentir confiança" e "erguer-se confiante", ou se uma postura mais altiva também turbina os hormônios associados à tomada de riscos. Este estudo concluiu que os hormônios fazem parte da mistura: Dana R. Carney, Amy J. Cuddy e Andy J. Yap, "Power Posing: Brief Nonverbal Displays Affect Neuroendocrine Levels and Risk Toler-

ance". *Psychological Science*, v. 21, n. 10, pp. 1363-8, 2010. Este estudo de maior alcance replicou os efeitos sobre a confiança (mas não os efeitos sobre a testosterona e o cortisol): Eva Ranehill et al., "Assessing the Robustness of Power Posing: no Effect on Hormones and Risk Tolerance in a Large Sample of Men and Women". *Psychological Science*, v. 26, n. 5, pp. 653-6, 2015.

8. Dana R. Carney, Amy J. Cuddy e Andy J. Yap, op. cit.

PARTE VI: RESILIÊNCIA [pp. 291-2]

1. Timothy D. Wilson e Daniel T. Gilbert, "Affective Forecasting: Knowing What to Want". *Current Directions in Psychological Science*, v. 14, n. 3, pp. 131-4, 2005. Ver também o altamente acessível livro de Gilbert: Daniel T. Gilbert, *Stumbling on Happiness*. 6. ed. Nova York: Vintage Books, 2007. [Ed. bras.: *O que nos faz felizes*. São Paulo: Elsevier, 2006.]

CAPÍTULO 17: COMO CONSERVAR A CABEÇA FRIA [pp. 293-307]

1. Timothy Wilson, *Strangers to Ourselves: Discovering the Adaptive Unconscious*. Cambridge (EUA): Belknap Press, 2004.
2. Katharina Kircanski, Matthew D. Lieberman e Michelle G. Craske, "Feelings into Words: Contributions of Language to Exposure Therapy". *Psychological Science*, v. 23, n. 10, pp. 1086-91, 2012.
3. Matthew D. Lieberman et al. "Putting Feelings into Words: Affect Labeling Disrupts Amygdala Activity in Response to Affective Stimuli". *Psychological Science*, v. 18, n. 5, pp. 421-8, 2007.
4. Para referências gerais sobre os pontos fracos da supressão como estratégia para suportar: Ethan Kross e Ozlem Ayduk, "Making Meaning Out of Negative Experiences by Self--distancing". *Current Directions in Psychological Science*, v. 20, n. 3, pp. 187-91, 2011. Outros estudos mostram como a supressão é menos eficiente que a reapreciação como técnica: Philippe R. Goldin et al., "The Neural Bases of Emotion Regulation: Reappraisal and Suppression of Negative Emotion". *Biological Psychiatry*, v. 63, n. 6, pp. 577-86, 2008; James J. Gross e Oliver P. John, "Individual Differences in Two Emotion Regulation Processes: Implications for Affect, Relationships, and Well-being". *Journal of Personality and Social Psychology*, v. 85, n. 2, pp. 348-62, 2003. Para um estudo que mostra como a supressão pode ter o efeito contrário e afetar outros à nossa volta, ver Emily A. Butler et al., "The Social Consequences of Expressive Suppression". *Emotion*, v. 3, n. 1, pp. 48-67, 2003.

5. Ethan Kross et al., "Self-talk as a Regulatory Mechanism: How You Do It Matters". *Journal of Personality and Social Psychology*, v. 106, n. 2, pp. 304-24, 2014.

6. Ethan Kross e Ozlem Ayduk, op. cit.

7. Bart P. Rutten et al., "Resilience in Mental Health: Linking Psychological and Neurobiological Perspectives". *Acta Psychiatrica Scandinavia*, v. 128, n. 1, pp. 3-20, 2013. O seguinte estudo também concluiu que a capacidade de gerar emoções positivas instantâneas aumenta a resiliência: Michael A. Cohn e Barbara L. Fredrickson, "In Search of Durable Positive Psychology Interventions: Predictors and Consequences of Long-term Positive Behavior Change". *Journal of Positive Psychology*, v. 5, n. 5, pp. 355-66.

8. Rosamund S. Zander e Benjamin Zander, *The Art of Possibility*. Boston: Harvard Business School Press, 2000. [Ed. bras.: *A arte da possibilidade: criando novas possibilidades para transformar sua vida*. Rio de Janeiro: Campus, 2001.]

9. Bill George e Peter Sims, *True North: Discover Your Authentic Leadership*. San Francisco: Jossey-Bass, 2007. [Ed. bras.: *O líder autêntico*. Rio de Janeiro: Campus, 2009.]

10. Bart P. Rutten et al., op. cit.

11. Uma boa lista de referências é citada em: Richard P. Brown, Patrícia L. Gerbarg e Fred Muench, "Breathing Practices for Treatment of Psychiatric and Stress-related Medical conditions". *Psychiatric Clinics of North America*, v. 36, n. 1, pp. 121-40, 2013.

12. Daniel Kahneman e Amos Tversky, "Rational Choice and the Framing of Decisions". *The Journal of Business*, v. 59, n. 4, pp. S251-S278, 1986.

13. Wako Yoshida et al., "Uncertainty Increases Pain: Evidence for a Novel Mechanism of Pain Modulation Involving the Periaqueductal Gray". *Journal of Neuroscience*, v. 33, n. 13, pp. 5638-46, 2013.

14. Anne Fernald e Daniela K. O'Neill, "Peekaboo Across Cultures: How Mothers and Infants Play with Voices, Faces, and Expectations". In: Kevin MacDonald (Ed.), *Parent-Child Play: Descriptions and Implications*. Albany: State University of New York Press, pp. 259-85, 1993.

15. W. Gerrod Parrott e Henry Gleitman, "Infants' Expectations in Play: the Joy of Peek-a-boo". *Cognition and Emotion*, v. 3, n. 4, pp. 291-311.

16. Amy F. Arnsten, "The Biology of Being Frazzled". *Science*, v. 280, n. 5370, pp. 1711-2, 1998.

CAPÍTULO 18: COMO SEGUIR EM FRENTE [pp. 308-17]

1. Annmarie MacNamara, Kevin N. Ochsner e Greg Hajcak, "Previously Reappraised: the Lasting Effect of Description Type on Picture-elicited Electrocortical Activity". *Social Cognitive and Affective Neuroscience*, v. 6, n. 3, pp. 348-58, 2011.

2. James J. Gross e Oliver P. John, op. cit.

3. Kateri McRae et al., "Individual Differences in Reappraisal Ability: Links to Reappraisal Frequency, Well-being, and Cognitive Control". *Journal of Research in Personality*, v. 46, n. 1, pp. 2-7, 2012.

4. Kevin N. Ochsner et al., "Thinking Makes It So: a Social Cognitive Neuroscience Approach to Emotion Regulation". In: Roy F. Baumeister e Kathleen D. Vohs (Orgs.), *Handbook of Self-Regulation: Research, Theory, and Applications*. Nova York: Guilford Press, 2004.

5. Michelle N. Shiota e Robert W. Levenson, "Turn down the Volume or Change the Channel? Emotional Effects of Detached versus Positive Reappraisal". *Journal of Personality and Social Psychology*, v. 103, n. 3, pp. 416-29, 2012.

6. Kevin N. Ochsner e James J. Gross, "The Cognitive Control of Emotion". *Trends in Cognitive Sciences*, v. 9, n. 5, pp. 242-9, 2005. Também: Annmarie MacNamara, Kevin N. Ochsner e Greg Hajcak, op. cit.

7. Halr R. Arkes e Catherine Blumer, "The Psychology of Sunk Cost". *Organizational Behavior and Human Decision Processes*, v. 35, n. 1, pp. 124-40, 1985.

8. Daniel C. Molden e Ching M. Hui, "Promoting De-escalation of Commitment: a Regulatory-focus Perspective on Sunk Costs". *Psychological Science*, v. 22, n. 1, pp. 8-12, 2011.

CAPÍTULO 19: COMO SE MANTER FIRME [pp. 318-26]

1. Matthew P. Walker e Els Van Der Helm, "Overnight Therapy? The Role of Sleep in Emotional Brain Processing". *Psychological Bulletin*, v. 135, n. 5, pp. 731-48, 2009. Ver também: Els Van Der Helm e Matthew P. Walker, "Sleep and Affective Brain Regulation". *Social and Personality Psychology Compass*, v. 6, n. 11, pp. 773-91, 2012.

2. Seung-Schik Yoo et al., "The Human Emotional Brain without Sleep — a Prefrontal Amygdala Disconnect". *Current Biology*, v. 17, n. 20, pp. R877-8, 2007.

3. Cheri D. Mah et al., "The Effects of Sleep Extension on the Athletic Performance of Collegiate Basketball Players". *Sleep*, v. 34, n. 7, pp. 943-50, 2011.

4. Tony J. Cunningham et al., "Psychophysiological Arousal at Encoding Leads to Reduced Reactivity but Enhanced Emotional Memory Following Sleep". *Neurobiology of Learning and Memory*, n. 114, pp. 155-64, 2014.

5. Edward F. Pace-Schott et al., "Napping Promotes Inter-session Habituation to Emotional Stimuli". *Neurobiology of Learning and Memory*, v. 95, n. 1, pp. 24-36.

6. Chad D. Rethorst, Bradley M. Wipfli e Daniel M. Landers, "The Antidepressive Effects of Exercise: a Meta-analysis of Randomized Trials". *Sports Medicine*, v. 39, n. 6, pp. 491-511.

7. Por exemplo, Arthur F. Kramer et al., "Ageing, Fitness and Neurocognitive Function". *Nature*, v. 400, n. 6743, pp. 418-9, 1999. Citado em: John J. Ratey e James E. Loehr, op. cit.

8. Judson A. Brewer et al., "Meditation Experience is Associated with Differences in Default Mode Network Activity and Connectivity". *Proceedings of the National Academy of Sciences USA*, v. 108, n. 50, pp. 20254-9, 2011.

9. David M. Levy et al. "The Effects of Mindfulness Meditation Training on Multitasking in a High-stress Information Environment". Artigo apresentado na Proceedings of Graphics Interface 2012, Toronto, Ontário, Canadá, 2012.

10. Fadel Zeidan et al., "Mindfulness Meditation Improves Cognition: Evidence of Brief Mental Training". *Consciousness & Cognition*, v. 19, n. 2, pp. 597-605, 2010.

11. Christopher A. Moyer et al., "Frontal Electroencephalographic Asymmetry Associated with Positive Emotion Is Produced by Very Brief Meditation Training". *Psychological Science*, v. 22, n. 10, pp. 1277-9, 2011.

CAPÍTULO 20: COMO ENCHER O TANQUE [pp. 329-44]

1. Entre os artigos fundamentais estão: Martin E. P. Seligman et al., "Positive Psychology Progress: Empirical Validation of Interventions". *American Psychologist*, v. 60, n. 5, pp. 410-21, 2005; Myriam Mongrain e Tracy Anselmo-Matthews, "Do Positive Psychology Exercises Work? A Replication of Seligman et al. (2005)". *Journal of Clinical Psychology*, v. 68, n. 4, pp. 382-9, 2012.

2. Fabia Gander et al., "Strength-based Positive Interventions: Further Evidence for Their Potential in Enhancing Well-being and Alleviating Depression". *Journal of Happiness Studies*, v. 14, n. 4, pp. 1241-59, 2013.

3. Martin E. P. Seligman, *Flourish: A Visionary New Understanding of Happiness and Well--being*. Nova York: Free Press, 2011. [Ed. bras.: *Florescer: uma nova compreensão sobre a natureza da felicidade e do bem-estar*. Trad. de Cristina Paixão Lopes. Rio de Janeiro: Objetiva, 2012.]

4. Jorge Moll et al., "Human Fronto-meso Limbic Networks Guide Decisions about Charitable Donation". *Proceedings of the National Academy of Sciences USA*, v. 103, n. 42, pp. 15623-8, 2006.

5. Existem várias evidências a respeito disso no livro de Elizabeth Dunn e Michael Norton, *Happy Money: The Science of Happier Spending* (Nova York: Simon & Schuster, 2013). Esse estudo também mostrou que as pessoas são ainda mais generosas depois de relembrar a própria generosidade. Portanto, começa um círculo virtuoso: Lara Aknin, Elizabeth Dunn e Michael Norton, "Happiness Runs in a Circular Motion: Evidence for a Positive Feedback

Loop Between Prosocial Spending and Happiness". *Journal of Happiness Studies*, v. 13, n. 2, pp. 347-55, 2012.

6. Outra conclusão da reunião de pesquisas sobre felicidade no *Relatório Mundial da Felicidade*. John Helliwell, Richard Layard e Jeffrey Sachs, op. cit.

7. Keiko Otake et al., "Happy People Become Happier through Kindness: a Counting Kindness Intervention". *Journal of Happiness Studies*, v. 7, n. 3, pp. 361-75, 2006; Lara Akin, Elizabeth Dunn e Michael Norton, op. cit.

8. Teresa M. Amabile e Stephen J. Kramer, *The Progress Principle: Using Small Wins to Ignite Joy, Engagement, and Creativity at Work*. Watertown: Harvard Business Review Press, 2011. [Ed. bras.: *O princípio do progresso: como usar pequenas vitórias para estimular satisfação, empenho e criatividade no trabalho*. Trad. de Ana Deiro. Rio de Janeiro: Rocco, 2013.]

9. John Helliwell, Richard Layard e Jeffrey Sachs, op. cit.

10. Nattavudh Powdthavee, "Putting a Price Tag on Friends, Relatives, and Neighbours: Using Surveys of Life Satisfaction to Value Social Relationships". *Journal of Socio-Economics*, v. 37, n. 4, pp. 1459-80, 2008.

11. Gillian M. Sandstrom e Elizabeth W. Dunn, "Social Interactions and Well-Being: the Surprising Power of Weak Ties". *Personality and Social Psychological Bulletin*, v. 40, n. 7, pp. 910-22, 2014.

12. James D. Laird, "Self-attribution of Emotion: the Effects of Expressive Behavior on the Quality of Emotional Experience". *Journal of Personality and Social Psychology*, v. 29, n. 4, pp. 475-86, 1974.

13. Fritz Strack, Leonard L. Martin e Sabine Stepper, "Inhibiting and Facilitating Conditions of the Human Smile: a Nonobtrusive Test of the Facial Feedback Hypothesis". *Journal of Personality and Social Psychology*, v. 54, n. 5, pp. 768-77, 1988.

14. Tara L. Kraft e Sarah D. Pressman, "Grin and Bear It: the Influence of Manipulated Facial Expression on the Stress Response". *Psychological Science*, v. 23, n. 11, pp. 1372-8, 2012.

15. Daniel Kahneman, "Objective Happiness". In: Daniel Kahneman, Edward Diener e Nobert Schwartz (Orgs.), *Well-Being: Foundations of Hedonic Psychology*. Nova York: Russell Sage Foundation, 1999. A palestra TED de Daniel Kahneman também aborda esse assunto: Daniel Kahneman, "The Riddle of Experience vs. Memory", 2010.

16. Barbara L. Fredrickson, "Extracting Meaning from Past Affective Experiences: the Importance of Peaks, Ends, and Specific Emotions". *Cognition and Emotion*, v. 14, n. 4, pp. 577-606, 2000.

17. Daniel Kahneman et al., "When More Pain is Preferred to Less: Adding a Better End". *Psychological Science*, v. 4, n. 6, pp. 401-5, 1993.

18. Colonoscopias: Donald A. Redelmeier e Daniel Kahneman, "Patients' Memories of Painful Medical Treatments: Real-time and Retrospective Evaluations of Two Minimally Invasive Procedures". *Pain*, v. 66, n. 1, pp. 3-8, 1996. Ruídos altos: Charles A. Schreiber e Daniel Kahneman, "Determinants of the Remembered Utility of Aversive Sounds". *Journal of Experimental Psychology: General*, v. 129, n. 1, pp. 27-42. Revisão das conclusões sobre pico--fim: Barbara L. Fredrickson, op. cit.

19. Amy M. Do, Alexander V. Rupert e George Wolford, "Evaluations of Pleasurable Experiences: the Peak-end Rule". *Psychonomic Bulletin & Review*, v. 15, n. 1, pp. 96-8.

CAPÍTULO 21: COMO FAVORECER SEUS PONTOS FORTES [pp. 345-56]

1. Resumido em: Carol S. Dweck, op. cit.

2. Durante a pesquisa Liderança Baseada nos Pontos Fortes, de cujo relatório foram extraídos esses números, os pesquisadores do Gallup estudaram mais de 1 milhão de equipes de trabalhadores, realizaram mais de 20 mil entrevistas em profundidade com líderes e entrevistaram mais de 10 mil subordinados. Esses números, especificamente, vêm de um estudo com 65 672 trabalhadores, 530 "unidades de trabalho" (isto é, equipes) e 469 unidades de negócios, que vão de lojas de varejo a fábricas.

3. Corporate Leadership Council. *Building the High-Performance Workforce: A Quantitative Analysis of the Effectiveness of Performance Management Strategies*. Washington D.C., 2002.

4. O estudo original que apresentou esses números foi: Martin E.P. Seligman et al., "Positive Psychology Progress: Empirical Validation of Interventions". *American Psychologist*, n. 60, pp. 410-21, 2005. O trabalho de Alex Linley foi particularmente útil para mostrar a durabilidade dos efeitos de longo prazo, por exemplo, em: Reena Govindji e Alex P. Linley, "Strengths Use, Self-concordance and Well-being: Implications for Strengths Coaching and Coaching Psychologists". *International Coaching Psychology Review*, v. 2, n. 2, pp. 143-53, 2007; e Alex M. Wood e Alex P. Linley et al., "Using Personal and Psychological Strengths Leads to Increases in Well-being Over Time: a Longitudinal Study and the Development of the Strengths Use Questionnaire". *Personality and Individual Differences*, v. 50, n. 1, pp. 15-9.

5. A pesquisa original de pontos fortes, que fez parte do estudo de Seligman e Peterson, pode ser encontrada em <http://www.viacharacter.org>. O Gallup também mantém uma área de ferramentas baseadas em pontos fortes que pode ser acessada, mediante pagamento, em <https://www.gallupstrengths center.com>. O Centro de Psicologia Positiva Aplicada oferece uma pesquisa que distingue entre pontos fortes adquiridos versus inatos, e pontos fortes realizados versus não realizados, em <https://assessment.r2profiler.com>.

6. Amy Wrzesniewski e Jane E. Dutton, "Crafting a Job: Revisioning Employees as Active Crafters of Their Work". *Academy of Management Review*, v. 26, n. 2, pp. 179-201, 2001. Você pode fazer a pesquisa de "artesanato de emprego" criada por elas acessando <http://jobcrafting .org>.

7. Adam M. Grant, op. cit.

POSFÁCIO [pp. 357-61]

1. Michael Merzenich, *Soft-wired: How the New Science of Brain Plasticity Can Change Your Life*. San Francisco: Parnassus, 2013.

2. Existem, inclusive, pesquisas indicando que ele tem razão em relação ao poder da pedrinha. Em um estudo que testou a eficácia de diversas intervenções em fazer as pessoas gastarem mais, Dan Ariely e seus colegas concluíram que um "aparelho tangível de rastreamento" (nesse caso, uma moeda grande e brilhante mantida sempre à mão) funcionava melhor que qualquer outra coisa. Merve Akbas et al., "How to Help the Poor to Save a Bit: Evidence from a Field Experiment in Kenya". Universidade Duke, jan. 2015. Disponível em: <http://sites.duke.edu/merveakbas/files/2014/08/How-to-help-the-poor-.pdf>. Acesso em: 1 abr. 2016.

APÊNDICE B: COMO SER EFICIENTE EM E-MAILS [pp. 370-78]

1. Radicati Group. *Email Statistics Report, 2015-2019*. Palo Alto, 2015.

2. Michael Chui et al., *The Social Economy: Unlocking Value and Productivity Through Social Technologies*. [S.l.]: McKinsey Global Institute, 2012.

3. David Allen, *Getting Things Done: The Art of Stress-free Productivity*. Nova York: Viking Penguin, 2001. [Ed. bras.: *A arte de fazer acontecer: uma fórmula anti-stress para estabelecer prioridades e entregar soluções no prazo*. Trad. Maurette Brandt. Rio de Janeiro: Elsevier, 2005.]

4. Justin Kruger et al., "Egocentrism over E-mail: Can We Communicate as well as We Think?". *Journal of Personality and Social Psychology*, v. 89, n. 6, pp. 925-36, 2005.

5. Chris Brown, Andrew Killick e Karen Renaud, "To Reduce E-mail, Start at the Top". *Harvard Business Review*, set. 2013.

Índice remissivo

ESTA OBRA FOI COMPOSTA PELA ABREU'S SYSTEM EM INES LIGHT E
IMPRESSA EM PROCESSO SOB DEMANDA PELA UM LIVRO SOBRE PAPEL OFFWHITE
DA SUZANO S.A. PARA A EDITORA SCHWARCZ A PARTIR DE 2025